在学校教育中
学作研究

Learning
to research
in school education

首都师范大学出版社

CAPITAL NORMAL UNIVERSITY PRESS

图书在版编目（CIP）数据

在学校教育中学作研究／刘玉莲编著．—北京：首都师范大学出版社，2006.11

ISBN 978-7-81119-008-3

Ⅰ．在…　Ⅱ．刘…　Ⅲ．教学研究－方法－农村学校－师资培训－学习参考资料

Ⅳ．G420

中国版本图书馆 CIP 数据核字（2006）第 134521 号

zai xuexiao jiaoyu zhong xue zuo yanjiu

在学校教育中学作研究

刘玉莲　编著

责任编辑	衣方杰	
封面设计	奇胜视觉	
出　版	首都师范大学出版社	
地　址	北京市海淀区西三环北路 105 号 (100048)	
电　话	总 编 室：010-68418523	
	系统发行：010-58802818	
	新华书店：010-68418521	
网　址	www.cnupn.com.cn	
邮　箱	zunshiyuan@hotmail.com	
印　刷	北京洛平龙业印刷有限责任公司	
版　次	2011 年 6 月第 2 版	
印　次	2011 年 6 月第 1 次印刷	
开　本	787mm×1092mm　1/16	
印　张	29.5	
字　数	510 千字	
定　价	52.00 元	

序 言

　　农村教师在农村基础教育质量方面起着关键作用，重视和加强农村教师的学习和培训，不仅可以提高广大农村教师的教育教学能力，更好地落实基础教育改革的目标，而且可以促进教育公平和体现社会公正。为此，我们根据农村教师学习与培训的需求和特点，努力把国家新课程改革和联合国开发计划署 403 项目对师资培训的外部要求与农村教师内在的相关素质的改变需求结合起来，组织部分高等学校的专家学者、中小学教师和教研人员为农村教师开发专业发展继续教育课程资源，希望农村教师在学习过程中，不断更新自己的教学观念，更新自己的教学行为，丰富自己的教学方法，并把自己学习的内容和方法应用到教学实践中，努力提高教育教学质量，让学生能够在愉快的环境中学习成长。

　　尊重农村教师的实践，引导他们提升自己的实践水平，是我们所开发的课程资源期待获得的基本价值，是课程资源开发的鲜明特色。

　　※充分尊重教师的经验与知识，从教师已有的实践经验出发，让教师在学习的过程中，借鉴别人的认识和实践，体验自己的实践感受，总结反思自己的实践经验，改造或提炼自己的实践性知识，从而，主动构建新的知识和理念，提升自己发展的需要。

　　※注重通过再现教育教学情景、讨论、交流、思考和总结等活动，让教师在熟悉、真实、具体、客观的活动中，体会和感悟其所包含的理念，让教师在"做中学"，"学中思"，"思中做"，促使其更深地理解和挖掘一些日常教学行为中习以为常的问题，使教师的学习过程成为一种深层次的学习。

　　※始终把教师的学习及其实践问题的解决作为课程资源开发的中心问题。课程资源内容的取舍与编排，一方面应充分关注教师原有的经验和知识，以及他们所在地的资源，并视这些经验、知识和资源为重要的课程资源。另一方面要把知识与实

践问题、教学问题与学习活动相结合，让教师在问题探索、任务完成及其相关的各种探究活动，获得相关知识、思想和研究方法。

　　※在资源的呈现方式和学习方法上，不是用师者的语言来要求学习者怎么样，必须怎么样，而是视教师为学习、探究的伙伴，与教师进行双向交流，共同探讨问题，同时利用远程教育手段与 ICT 技术的优势，为教师配置了交流活动的光盘，让教师在自己研学的基础上，到教师学习资源中心与其他教师进行互动交流、讨论和共享。

　　引发教师进一步学习、探索与实践是开发教师专业发展继续教育课程资源的目的和出发点。课程资源在为教师揭示新理论的同时，也列举了一些把理念转化为实践的行为策略，力求做到贴近教育教学实际，帮助教师将理念具体化，为辛劳的一线教师出谋划策。当然，每一位教师都不能忽视自己所处的实践环境和所教学生的具体情况，因而教师不能把课程资源所提供的观点、建议和方法照搬作为现成的"例子"，否则，会限制其教学特长的发挥，约束其教学的创造性。我们期待教师在繁忙的教育教学实践中能够不断地探索，总结出更好的经验，创造出新的理论成果，使自己的教育教学能力和水平不断提高，为农村儿童的成长带来福音。

　　本课程资源的开发，由 UNDP403 项目资助，并得到国家项目和项目专家的帮助。课程资源的出版，并得到首都师范大学出版社的大力支持，在此表示衷心的感谢。

UNDP403 项目云南省项目办公室
2006 年 2 月

前 言

　　本书是受 UNDP403 项目云南省项目办公室委托，为农村教师学习与培训而编写的教材。

　　学校是教育发生的地方，是教育改革的基点。学校和教师为了学校的改革与发展顺利进行，必须在学校的真实环境中展开一系列的实践研究，其中以教学研究为主。学校与教师基于学校，为了学校，在学校中所进行的研究是一种学习、工作和研究三位一体的学校活动和教师行为。它不是一种具体的研究方法，而是一种研究的取向；它不仅是一种教师的专业发展活动，更是一种经验的理论提升过程；它不仅是教师个人的行为，更是学校提高教育质量，创建个性化、特色化的主要途径之一。中小学教育科学研究自 20 世纪 80 年代以来，如火如荼地开展，解决了大量的学校实际问题，为教育理论的发展提供了丰富的养料，促进了学校的健康发展。但与此同时，那种假定关于教育真理的知识能够通过教育实践工作者很好地再现于教育实践中，而教育研究的任务则是直接为这类知识的增加作贡献的传统研究，还是许多研究者甚至许多实践工作者所持的立场，导致有些中小学校的教育科研活动"神秘化"、"专家化"，把研究当作教师的"附加"行为，当作教师在教育（教学）以外的"第二专业活动"，大多是把原先由专业性理论研究者从事的活动搬进了学校，转由部分教师进行而已，呈现出了热热闹闹的"校兴科研"，但却少见"科研兴校"的状况，学校难以从科研中获得无尽的源泉和动力。这种状况，从一个方面揭示了要真正实现"科研兴校"，学校与教师在研究中就要直面学校实践，以改进学习的实践活动，提升学校、教师教育教学水平为目的，以能否解决学校问题，能在多大程度上解决学校问题作为衡量和评判学校教育科研的主要依据与标准。这样的研究价值取向是本书所主张的旨趣，也是本书选择学习内容的主题。

　　本书在介绍中小学教师从事研究活动应把握的基本价值取向和理念的同时，重点与学习者共同探讨教师在从事教育教学的真实实践中如何展开研究，如何将研究与自己的工作实践和学习融为一体，从而在获得教育教学高质量的同时，自身的专业化程度得以不断提升。本书共分九章，其中第一、第二章集中探讨教师成为研究者的使命、教师研究的基本价值取向和研究对教师专业发展提出的要求。第三、第四章主要探讨教师在学校和工作实践中选择、界定研究问题及其研究活动的设计。第五、第六章从教师实践研究的特点出发重点介绍了教师研究的两个基本途径：质的研究和行动研究。第七、第八、第九章重点探讨了教师研究的常用方法以及研究成果的表达方式。我们希望通过上述内容的学习，帮助教师形成实践研究的意识，提升教师在实践工作进行研究、学习的自主能力。

　　本书在各章的设计上既相互联系，又相互独立。学习者可以根据自己的学习需要和熟悉的学习方式安排学习。可以从头开始，循序渐进地进行系统学习，也可以根据自己的需要有选择地进行针对性的基于问题的学习。

　　本书建议学习者与培训者在学习与培训过程中要结合教学实践中碰到的问题进行学习与教学，切忌学习与培训脱离教学实践，同时要强调学习者在反思自己和他人的经验的过程中与其他教师进行合作学习。此外，还应充分运用学习资源中心提供的多方面的支持。

　　本书为学习者留有一定的开放性空间，所提出的一些问题并没有唯一的答案，而是让学习者自己进行回顾、反思和判断，从而引发更多的问题与思考。本书设计的一些活动，学习者可根据自己的实践加以大胆创新与运用。

　　本书的编写得到云南师范大学林兆其教授的指导和帮助，借此表示衷心感谢！本书的编写参阅并引用了一些同行的观点和材料，在此一并致谢！

　　由于本书在写作体例上带有很大的探索性，加之编著者的水平有限，难免有疏漏和不妥之处，敬请学习者给予批评指正，也请同行们不吝赐教，以便再作修改，使之更臻完善。

刘玉莲

2006 年 9 月

目 录

第一章
努力成为教育研究者

📄 本章学习任务

☞ 理解专业、专业化和教师的内涵，并能参与到教师专业的标准讨论中，从中寻找到自身专业发展的方向。

☞ 用自己的教育活动感悟到教师成为研究者是教师专业化的内容，同时也是教师专业发展的条件。

☞ 用自己的教育实践解释教育的意义，并能以自己或同事的课例说明如何实现教育的意义。

☞ 运用教师成为研究者具有的特征，反思自己的专业化现状，寻找专业发展的近期目标。

一、引　言

近几年来，"教师成为研究者"已成为教育界关注的一个焦点。围绕这一焦点，人们纷纷展开讨论，发表意见。有的认为，教师成为研究者是提升教师教学理性、促进教师专业自主的重要途径，应予以倡导和进一步研究；而有的人则认为，教师从事教育研究在时间、研究方法和技术、研究经费等问题上都不存在必要性和可能性。本章从两个方面，即教师是否有必要、有可能成为研究者以及教师成为研究者的定位问题，参与到讨论中来。

"教师成为研究者"的本质属性是实践。你在自己的教育生涯中有无研究活动？请你回顾自己的教育经历，参加到活动中来。

活动 1.1

1. 回顾你在小学或中学"从教"的日子，其中有无你认为称得上教育研究活动的，把它们叙述出来。

2.同时,你用一段简短的话写出:(1)教师的教育研究活动应该是什么样的?(2)这样的教育研究活动对自己有什么样的帮助?

下面让我们来考察两位教师的研究活动。在读完这两个情景后,把它们与你记忆中的自己的教育研究活动作一下对比。

情景 1.1

一个山村教师艰辛的科研路

就像所有的年轻人一样,福建省永定县湖山中心小学教师陈文明也怀揣着渴望与梦想。20多年来,他坚持在教学教研的第一线,深入课堂苦苦地探索与研究。但湖山地处偏僻,交通不便,信息不灵,教育经费奇缺,除了课本和粉笔外,要找本参考书都非常难,更不用说采用多媒体等现代化教学手段。如此的条件,山村小学教师教研之路的艰辛是可想而知的。

为此,他怀着虔诚的心拜访县教研室的专家,虚心求教;为了教学需要,他买下大量教育教学参考资料,订阅各种报刊杂志;他努力学习,刻苦钻研教材、教法。寒来暑往,他挑灯夜读,伏案挥毫,凭着坚韧的毅力把别人聊天、打牌的时间用在对教学的研究上。终于,多篇教育教学文章得以发表,……

陈文明就像一个播种者,不但自己勤于教学,善于思考,积极探索教学教研的新路子,还乐于指导、培养青年教师,使一大批青年教师脱颖而出,成为山区教学骨干。[①]

启示:教师教育智慧的开发、积累、丰富都得益于走上"痛"但愉快的研究之路。

情景 1.2

一位教师的成长手记

今天,区里召开课程改革阶段总结会,我这个中年教师也被评上了优秀实验教师。站在领奖台上,看着身边的年轻教师,自己感到无比欣慰。

回到家,就得赶快备课。这半年活动多,忙得很!我打开抽屉,看到了躺在里面的那本心爱的笔记本。我轻轻翻开,近三年来的事历历在目……

---

① 分享"十杰"教师的教育智慧.中国教师报,2005-9-7.

2001 年 10 月 20 日

自从参加课改实验以来,工作比以前劳累了许多。自己工作二十来年了,还真没有像现在这样过。

前天的教研会上,教研员又提出课改实验的目的之一是促进教师专业发展,说什么教师要具有研究意识,要认定个人研究课题,随时做好研究的记录。我一听,心里就急了,头上又加一个箍。还让不让人活了?

散了会,我找到了教研员,把心中的怒气一下子发泄到她身上:课题研究、多写论文哪是教师的事? 不是有那么多的专家吗? 应该他们来研究。教材编者的理论讲起来一套一套的,"认写分开,多认少写"……一个学期要求认读 500 个生字,课文又特别长,让人怎么教?

还是人家有涵养,她帮我对比了新旧教材的识字量和识字要求,分析了新课程阅读教学的要求,设计了课时的分配。合情合理,纠正了我很多不正确的认识,切实可行。

这几天,我一直琢磨这件事,突然感到课改的第一步是端正自己的心态,要抱着一种积极的态度,认真学习课改的思想,分析我们该继承什么,摒弃什么,创造什么。只有用新的理念认识和实验,才能把实验工作做好。

看到这,我不由得有些内疚。当初真是个"落后分子",自己不能接受课程改革的思想。起步时,的确很艰难,我抵触过,发过牢骚。不过,我这人说归说,还是肯干的,而且努力地干。

2002 年 3 月 15 日

为了研究"学科横向联系"的课题,我可是煞费苦心。

今天,要学习"松树、柏树、槐树……"等词语。指导学生认读了词语。然后让学生用这些词语编几道应用题。"校里有松树 12 棵,柏树比松树多 11 棵,槐树比松树少 2 棵,柏树和槐树各是多少棵?"学生们热情挺高,既算了数学题,又多次复习了生词。效果不错,就是不知道这算不算"横向联系"?

看到这里,不由得笑了起来。当时,就是为了"联系而联系",现在看起来显得幼稚了!

2002 年 9 月 30 日

学生们已经积累了不少成语。为了提高学生的兴趣,我每天利用晨读时间,让学生们一天讲一个成语故事。同学们的积极性很高,大家纷纷收集资料或去书店购买相关书籍,互相传阅,班上形成了良好的学习氛围。

我组织学生进行了有趣的成语研究活动。如把成语分成历史故事、寓言、数字类、自然现象类、心情类、军事类、结构相同相对类等不同类型进行研究。

在期末复习的紧张阶段，为了缓解学生的压力，我让学生搜集有关十二生肖中动物的成语，如弓杯蛇影、对牛弹琴等。同学们乐此不疲，共搜集了100多条。根据同学们的搜集，我给学生编了一个小品，在期末成果展示会上受到了学生的欢迎和家长的赞扬。

我的备课本还保留着收集来的、分好类的成语呢！

2002年11月20日

过去我留作业，不外乎预习、读文、写生字、默生字、组词、造句等机械性作业，后来在教研员的点拨下，我增加一项写"调查报告"作为弹性作业，留给有能力的学生。如学习《沙漠之舟》，调查一种动物；学习《西藏的大森林》，调查中国的森林；学习《植物妈妈有办法》，调查植物播种的方法；学习《说说石油》一文，调查石油方面的知识；学习《李时珍》一课，调查中国古代名人；学习《炸药工业之父——诺贝尔》，调查外国科学家等等。全班同学参与到研究性作业中，虽然有的人写得很多，有的人写得很少，但都很认真。

小小的一本笔记记录了我参加课程改革实验的每一步。它是我专业发展的历史。这可是我教师职业第一本，是一份永久而珍贵的纪念啊！我从中发现了自己引以为荣、自以为乐的东西。[①]

启示：以研究的态度走好教育实践的每一步，经历着、痛苦着、感悟着、快乐着。在品味和反思中，发展自我。

活动1.2

1. 你是否也有类似故事中老师的经历？

2. 这些经历让你如何感悟中小学教师的教育科研活动？

3. 你是否把自己的教学经历和体会及时记录下来？如果没有，请从现在开始记一记，体会它的好处。

当回想你自己的教育经历时，你可能会发现你的经历中会有各种各样的研究或

---

① 孔惠玲等著. 感悟新课程：新课程实验教师的心灵对话. 北京：高等教育出版社，2003：99-101.

具有研究性质的教育活动,你会从这样的教育活动中获得自身成长的快乐,一种对生命价值的自豪的欢乐。在下一节中,我们将探讨教育研究在教师职业实践活动中的存在以及它对我们自身成长的意义。

二、对教师专业化的理解

教师专业化是当前教育改革的一个重点,它是现代教育的重要标志。

提高教师专业化水平是世界各国的共同目标,也是我国实现科教兴国战略,实现中华民族伟大复兴事业的需要。

联系"相关链接"中"教师专业化运动的蓬勃发展"相关内容理解。

(一)专业与职业

✦ 职业的含义

任何一个成年人都必须从事一定的职业,担负起不同的职责和任务。因为职业是一种谋生手段,而且从事职业也是一个社会人应承担的社会角色和社会责任。《中国大百科全书·社会学》解释:"职业是随着社会的分工出现的,并随着社会分工的稳定发展而构成人们赖以生存的不同的工作方式。"人类的职业生活是一个历史范畴。职业不是从来就有、永恒不变的,而是在历史上产生并随着社会分工和劳动分工的变化不断发生着变化的。

✦ 专业的含义

这里的"专业"是个社会学概念。社会学中的"专业"也称"专门职业",是指一群人经过专门教育或训练,具有较高深和独特的专门知识与技术,按照规定的专业标准进行专门化的处理活动,从而解决人生和社会问题,促进社会的进步并获得相应报酬待遇和社会地位的专门职业。相对于职业来说,专业作为一种专门的职业,具有特定的社会功能、服务领域、专业知识,需要接受长期的专业教育并且具有研究意识。相对于行业来说,一般说,行业更重在工匠的技艺,木匠、钟表匠都有很高的技艺,但是他们缺少学术性质;专业更侧重于学术性质,教师若被称为教书匠,也就是说教师的工作好像是一种技艺性的工作,缺乏足够的学术水平。专业是社会分工、职业分化的结果,是社会分化的一种表现形式,是人类认识自然和社会达到一定深度的表现。

✦ 专业与职业的区别

区别之一是每一个专业都有一个科学的知识基础,必须以一套严格高深的理论为基础；一般职业无需高深学理作基础，只按照例规行事。区别之二是专业需要长时间的专业化训练；职业主要通过个人体验与个人经验总结。区别之三，专业较之职业要更多地提供一种独特、明确、必要的社会服务与奉献，其从业人员的服务表现较之报酬更为人看重。区别之四是专业的一个重要特点在于需要不断地面对变化，需要不断进修，并作出创新；职业仅提供一种服务，没有研究意识。专业人员不仅要提供优质的专业服务，同时为了保证服务品质和服务水平的提高，还需在服务中不断进行研究，通过研究提高专业水平。

（二）专业化

✦ 专业化的内涵

专业化就是一个普通的职业逐渐发育成为专门职业的过程。一个普通的职业群体在一定时期内逐渐获得鲜明的专业标准和相应的专业地位，这个职业就发展成为一门专业。

✦ 专业化的标准

普通职业发展成为专门职业，大致要有如下标准：

(1)运用专门的知识与技能；

(2)强调服务的理念和职业伦理；

(3)经过长期的培养与训练；

(4)需要不断地学习进修；

(5)享有专业有效的专业自治；

(6)形成坚强的专业团体。

联系"相关链接"中"成熟的专业工作的特征与标准"相关内容理解。

一个普通的职业走向专业化，是一个建设的过程，是一切建设性的运动。教师专业化就是教师这个职业从一个普通的职业发展成为专门职业的建设过程。

（三）教师专业化

✦ 教师专业化的含义

> **重要观点**
> 　　教师专业化是一个内涵不断丰富的教师职业发展成为专门职业的建设过程。

教师专业化所要做的就是教师职业从一个普通职业发展成为专门职业的建设，它包括两个方面的内容：(1)教师作为一种职业被社会认可，成为专门职业，获得应有的专业地位的过程；(2)教师个人成为这个专业的成员的专业成长过程。这两个方面是相互联系的：教师职业的专业化，将形成对教师队伍每个成员的专业要求，同时也保证他们享受应有的专业声誉；而每一位教师的专业成长，又是对社会认可教师职业作为一门专业的支持。

✦ **教师专业化的地位**

教师专业中的"专业"不是所教的"学科专业"，而是把教师的"教育行为或教育活动"视为专业表现的领域。根据上述的专业标准对教师的专业水平加以评估，探讨当今教师职业在专业化的过程中应达到何程度。

（1）专业知能。运用专门的知识与技能是专业条件中的首要条件。但教师的专业知能究竟包括哪些内容？对此众说纷纭，莫衷一是。就当今世界各国教师教育而言，在课程与实际做法上，其专业知能一般包括普通文化知识、学科专业知识、

> **重要观点**
> 教育的关切点是如何培养完整的人，而不是以传授某一学科领域的知识和技能为终极目的。

教育专业知识三大类。这三大类课程，又各有其深厚的理论基础和专门的研究领域。学者们对教育专业知能的性质与具体内容争论不休，意见不一。从"教育行为与教育活动"才是教师表现其专业水平和专业能力的主要领域，到中小学教师应该以所教学科为其专业领域，到教师必须既是"学者"又是"教育家"。

（2）专业道德。"在新的教学道德规范中，专业化和专业精神将围绕对教学和学生的道德定义而达到统一。"（《教育展望》，2001年2月）教育活动首先是道德活动，教师的专业特征首先是以道德要求为基础的，是教师专业最根本、最直接的体现，作为学生个体社会化的承担者的教师，必须对学生身心强加符合社会要求的影响。这种影响能

> **重要观点**
> 作为师生互动的一方，教师所能强加的影响能否被学生接受内化，在很大程度上决定于教师责任态度驱使下的人格魅力和职业道德魅力。

否得以实现，主要有赖于师生之间的互动。教师专业道德是其他相关专业特征形成和发展的动力和统帅，这不仅因为道德具有统帅作用，而且教师专业道德本身也包含对其他标准的要求，是教师各种素质的综合表现。

（3）专业训练。当教师职业被视为一种专业领域时，就必须把它看成是一种终生的专业发展形式，与其他专业领域的训练有着同样重要的共同特征。当今国际中小学教师的培养大都已经提升到大学教育阶段，有的由师范院校实施封闭式培养，有的由一般大学实施开放式培育，有的由师范院校和综合性大学共同实施混合式培养。

（4）专业发展。教育以了解及适应学生的发展需要，培养学生各方面的能力，使

其身心得以健全发展为要务。这需要教师对身临其境的教学成效予以极大的关注，花大量的心思自我反思。这是教学成为一种专业的重要方面之一。为此，教师在整个职业生涯中都应有继续培训的机会，不断进行专业发展和进修，将理论和研究成果运用于职业实践中，经常对自己的教学进行自我反思和批判分析，在理论与实践互动经验中不断地学习进步。

（5）专业自主。教师不仅是学校生活的主要参与者，影响着学校的发展方向和日常生活的重要决定，在课堂教学情景中教师更具有课程与教学的相对自主权，在课程设计、教学过程、学生动机、学生管理、学生评价等方面享有"结论"权威。

（6）专业组织。为执行政令，提高教师的专业精神，增进教师福利和鼓励教育研究，世界上许多国家均有种类繁多、性质功能不尽相同的教师专业组织。例如，1952年由"世界教育工作者组织"、"国际教师协会联合会"、"国际中学教师联合会"合并组成的"世界教育工作者组织联合会"。其宗旨包括促进国际间教师相互理解和友好愿望的实现；改进教学方法、教育机构以及教师的专业训练和学术准备；维护教师职业的权利、物质利益和道德原则；进一步密切各国教师间的关系。正式会员来自95个国家的149个全国性教师组织。

用上述6个指标进行衡量，教师专业至少在专业知识、专业道德、专业训练及专业发展上已有一定的水准。明确地说，现在的教师职业是一个"形成中的专业"。从实践来看，教师的各种教育教学活动又已经在一定程度上达到了专业化标准的要求；从教育发展来看，现代教育本身的发展对教师的要求已经与这种专业化的标准非常一致。

✦ 专业成员的发展

教育教学工作是一项难度较大的"形成中的专业"，从事这一工作的中小学教师应当是较高层次的专业人员或专业角色。专业化包含了两层含义：一是一个普通职业群体逐渐符合专业标准，成为专门职业并获得相应的专业地位的过程；二是指一个职业群体的专业性质和发展状态处于什么情况和水平。这里，探讨的教师专业化是在上述两种含义上使用专业化这一概念的，但更侧重于第一种含义的使用。教师专业化是指教师个体专业水平提高的过程以及教师群体为争取教师职业的专业地位而进行努力的过程。前者指教师个体专业化，后者指教师职业专业化。

教师个体专业化是教师职业专业化的基础和源泉，是教师专业化的根本方向。它是指教师在整个专业生涯中，依托专业组织，通过终身训练，习得教育专业知识技能、实施专业自主，表现专业道德，逐步提高自身从教素质，成为一个良好的教育专业工作者专业成长的过程,即由一个"普通人"变成"教育者"的专业发展过程。教师职业专业化是教师群体专业化的发展和社会承认的形成,它是教师群体专业化发展的必然结果,又影响着教师个体化的过程和水平。

在本质上,教师专业化强调的是成长和发展的历程。因为专业研究的意义不应只是停留在二元化的"是或不是"的思考角度,而是应该让专业成为一种动态的生长过程,即专业化过程。中小学教师专业化,并非实质上"有"还是"无"的问题,而是专业化程度"高"与"低"的问题,是一个由"低"到"高"的成长和发展的历程。其中,要着力强调两点:一是长期性。这种个人的变化、成长的过程在持续不断地进行,是一个贯穿个人职业生涯的连续过程。这一变化过程并不会在教师毕业于教育院校刚从事教师职业之时就终止。在长期的与教育环境的互动过程中,教师需要不断调整自己的思想观念、价值取向,丰富专业知识和技

> **重要观点**
> 教师专业化需要在整体上把握,教师专业化发展和教师个体专业发展两个方面,更应注重教师个体专业化的发展问题。

能,满足自身不同层次的需求,从而表现出与特定职业发展阶段相适应的教师角色:从职前教育到见习实习,从实习引导到正式担任教学,从资浅到资深,均是不断发展成长的过程。二是生长性。教师专业化发展具有累积和连续的特性,过去所学的知识和经验,是现在立身的基础,也是未来发展规划的基础。所以教师专业化发展是一种动态发展的过程,教师的态度、价值、信知识技能和种种行为表现需要不断地调整、修订。重新审视评估和接受挑战考验。他们必须不断充实自己,才能在发展过程保存活力,减少工作不适感和倦怠感。

活动 1.3

1. 理解专业是一种动态的生长历程。

2. 根据教师专业的相关指标,衡量自己的专业水平现状和水平,寻找出与专业素养的差距。

3. 其中,主要差距是什么?并能用教育的实例来描述。

三、教师成为研究者:教师专业化的要求

教师职业所承担的社会责任以及它对社会生活的贡献是十分突出的,且随着社会现代化的进程日益被社会所公认,所重视。1966 年,联合国教科文组织在法国巴黎

召开"教师地位之政府间特别会议",明确教师专业队伍,自此,在经历了差不多半个世纪之后,教师专业化的现实状态如何呢? 当前教师专业化最需要的是什么?

(一)教师成为研究者:专业化的重要内容

当我们用前面说到的那些专业标准来衡量当前教师专业化的现状时,我们不仅加深了对教师专业是一个"正在形成专业"的认识,同时也明显地看到缺少研究和创新是教师专业化现状中最突出的问题。

1. 教师提供的教育在现代社会日趋重要,无论在发展中国家还是在发达国家,教师或教学工作毫无疑问地发挥着重要作用。随着知识经济社会的到来,这种作用的重要性日益突出。

2. 教育有一支稳定的专业队伍。现在,全世界大约有 5000 多万教师,中国有 1000 多万教师。这是一支十分庞大的专业队伍。在我们这个世界上,每天每 100 人中有 1 个人是在自己的课堂上履行着教师的职责。对他们的专业道德规范要求一直非常高。一般说,教师们都是在尽责地工作着。

3. 尽管对教师应掌握哪些知识存在争议,但教师必须掌握足够的学科知识技能和教育知识技能才能做好教学工作是毋庸置疑的。尤其是在现代社会,如何把无限丰富的知识有效地传递给受教育者,如何促进青少年的身心健康发展,如何使受教育者具有创造能力等问题,已成为每一位教师需要解决的问题。当代青少年的培养需要的是专业化的教师,这就需要把教师教育作为专业教育;而教育与人的理论发展使教育理论知识与技术日益系统化,为教师专业化和教师教育专业化提供了可能。

4. 教师任用资格与在职进修日益制度化、法律化。许多国家包括中国都开始制定专门的法规严格规范教师专业标准,只允许那些达到标准的人进入到教师队伍中。同时,从法规制度上要求和保证在职教师获得各种形式的职业培训。

5. 教师的经济待遇和职业声望正在提高。

> **重要观点**
> 教师成为研究者是教师专业化的重要内容。

从以上 5 个方面看,教师职业作为一门专业受到了保护和支持。那么,教师专业化最缺乏的就是专业工作应有的创造性质、研究性质,并且由此使得教师职业没有享有足够的专业声誉,在专业知识的支持方面,现在形成的教育科学体系存在与教师实践的脱离,未能提供强有力的支持。长期以来,我们的教师观念中仅把教师视为普通知识的传递者。而教师所讲授的知识是前人、别人的发现和创作。教学要遵循学生身心发展的规律,但是,学生身心发展的规律是由心理学家研究的。就教育研究来说,中小学教师总是处在教育研究的旁观者、消费者的地位。脱离了研究的氛围,他们只能是一个教书匠的角色,毫无专业而言;教师有知识,但只是传递知识,教师在社会上成了一个特殊的、封闭的知识阶层。

情景1.3

救救老师

学生不会飞,是因为老师剪掉了他们的翅膀,可怕的是也缺乏翅膀的老师已不以蓝天、不以飞翔为意。所以要救学生,先要救救老师。当然,老师目前这种状况受背后体制的巨大影响,但体制难以在短时期内迅速转变,只能靠老师们意识到危机,并且自救。而危机意识需要全社会提醒。要从机制上让优秀的人当教师,让当了老师的人努力创新,不能不作为,教育体制改革才能被真正地推动。此外,学校要减负,首先要减轻老师之负。老师的沉重负担减不下来,他们便永远飞不起来。知识经济社会是个高度个性化的创造性社会,学生在青少年时代就被扼杀了想象力和创造性,很可能一生都难以有开拓的成就。下一代缺乏创造性,这是民族最大的危机。

现在课程改革已经大规模地铺开,新的课程体系要求高中教师能开出3～5门选修课,但目前老师的素质恐怕大多数难于胜任。本来立意高远的课程改革可能又要落空。解放教师,尽快促使教师从老套子中跳出来,让教师多与变化迅速的大千世界接触,多接受新观念、新思想、新知识,使教师展开想象和创造的翅膀又成为重中之重。他们的解放,从某种意义上说,就是民族的解放。

刻不容缓,救救老师。[①]

启示:教师要做学问,搞研究,不是奢望,而是现实。提高教学质量需要学问和研究,促进教师的自身成长需要学习和研究。没有学问,无从指导学生和提升自我;没有研究,无从产生自主的认识。教师要学会走研究的路子,成为研究型教师。

(二)教师成为研究者:教师专业发展的条件

随着教师个体的专业化强调教师个体的被动专业化转向强调教师个体发展的主动适应的专业化的发展,教师成为研究者对教师专业发展的重要作用日益突出。具体表现主要有以下几个方面:

✦ 使教师"讲学习"

教师成为研究者为自身的学习提供了强大的动力和明确的方向。要研究,就得

---

① 中国教育报,2004年7月7日,B4版.

学习,不学习不行。不学习,教师就不能更新知识和观念,不能提升自己发现问题的能力;不学习,教师就不能对问题作出准确的归因;不学习,教师就不能对自身的教学行为作出调整和改进;不学习,教师就不能对研究的成果作出进一步的反思。教师参与研究的过程,乃至成为研究者的过程就是教师有目的的学习过程,有目的地学习理论,学习同行的经验,学习别人的优秀实践。教师在开展教育研究的过程中所形成的"讲学习"的氛围,也是学校构建"学习型组织"的重要内容。

✦ 使教师养成反思的良好习惯

反思的实践能力和习惯的养成,是体现教师专业性的一项重要内容。"教师对自我发展的反思是'自我更新'取向教师专业发展的基础,没有教师对自我专业发展过程的反思,也就没有'自我更新'取向教师专业发展。所以应保证教师对自我专业发展的反思不被遗忘。"[①]教师的研究活动,尤其是教育行动研究,是中小学教师落实反思性实践的最佳平台。如,在问题的发现阶段,研究强调教师寻找和对照理论,回顾与反思实践,从中发现问题。在问题的归因阶段,研究要求教师整理理论和经验所提供的各种归因线索,逐一反思排查,确定调查的重点,并通过实际调查使问题的原因得以明确。在措施与行动阶段,研究要求教师根据归因的结果,反思自己的工作,并对自己的教学行为和工作方式作出相应的调整。在评估和反思阶段,研究要求教师对研究结果进行副作用分析和替代分析。中小学教师的研究是对实践的研究,其反思是研究的主要特征之一。所研究需要反思,而研究又使教师养成对自身实践进行反思的良好习惯。

✦ 增强教师的专业敏感性和解决实际问题的能力

一些教师在进入教育岗位后,随着时间的推移,容易出现业务水平衰退,专业感觉迟钝,职业倦怠等问题。例如,一些本是大学本科乃至研究生毕业教高中的教师,时间长了,只有高中的知识水平了,教初中的,只有初中的知识水平了,"该忘的忘了,不该忘的也忘了,只有所教学科的那几本教科书了";"我在教室中呆坐着,想想生活中众多的不如意,评职、考核、进修……越想自己越觉得当老师没劲,肯定我当时的表情很痛苦,不知不觉泪水也流下来了。"[②]这些是教师成长需要着重解决的问题。

---

① 《教师角色与教师发展新探》,第318页.
② 中国教育报,2004年8月25日.

情景1.4

以变克倦

机械、重复,不单身体容易劳累,影响到心态,则身心俱疲。年年岁岁生相似,岁岁年年教不同,以变化的准备,迎接变化的学生,我们多一份有备而来的主动、轻松,少一点被动的叹气、埋怨……

人的一生是奋斗的一生,若人生中没有奋斗目标,不管干什么事,时间久了就会不思进取,产生厌倦情绪。因此,人要有远大的理想和目标。但目标太高了往往会使人产生一种遥不可及的感觉。就像登山一样,一步不能从山底登上山顶,如果用欣赏沿途的景点的心情来走过漫长的登山路程,这样才可以不断地体验到成功的快乐,在自信中逐渐接近山顶。人的奋斗目标的实现也是如此,需要把远大的目标化解为一个个小的奋斗目标。[①]

启示:强调"变",也就是突出了教育的"不确定性"。强调"不断制定小目标,经常体验成功的快乐",也是在强调"变",强调在变中获得生动,生动即动的活力。而"变",尤其是从变中体验成功的快乐,那就离不开"研究"了。因"研究"而"变",因"变"而"研究",最终因研究而体验着专业的生命力。

教师工作有它自身的专业性,教师对教育问题应该有专业的感觉和专业的处理方式,研究在提升教师专业敏感性方面的作用是十分明显的,包括对问题的敏感性,对问题可能原因的敏感性,对自身行为改进的敏感性,对研究结果的敏感性。具备了专业敏感性,教师能够专业地发现和处理工作中的问题,从而使自己更有能力应付不断变化的教育教学工作的挑战。

✦ 培养教师的交流与合作精神

教育研究所要解决的教育问题往往是一个需要群体关注、需要合作解决的问题。教师参与教育研究有助于教师开展实质性的交流与合作,有助于消除教师在业务上"自我封闭"的状况,使他们养成一种开放的心态,随时准备听取同事和他人的意见,并能从多个角度来考虑问题。在研究过程中,教师不仅可以让同事分享自己的研究成果、经验和问题,也可以了解同事的研究状况,达到相互学习、取长补短、共同进步的目的,而且有利于通过研究培养教师的交流与合作精神,营造学校良好的学习互动

---

① 中国教育报,2004年8月23日,B1版.

氛围,使学校的整体创新能力和管理效能不断得到提高。

✦ 增强教师的工作责任心和敬业精神

> **重要观点**
> 教师的教育研究活动是教师工作责任心和敬业精神的一种具体体现。

对中小学教师而言,教师研究的过程实际上是教师在实际工作中主动去发现问题,诊断问题和解决问题的过程,这本身就是教师工作责任心和敬业精神的一种具体表现。正因为如此,教师参与教育研究,是学校将"师德教育"落实到实处的重要手段之一。教师的工作责任心和敬业精神不能仅仅停留在口头上,更要体现在具体的行动中。

四、教师成为研究者的使命

教师成为研究者并不意味着离开教师的工作去做另外一件事情。教师成为研究者的使命,就在于实现教育的意义。"实现",不仅仅是怎样认识教育的意义,更主要的是怎样在教师自己的实践中体现教育的意义。

(一)教育意义的生成

> **重要观点**
> 教育的意义是一个实现生成的过程,与教师和学生之间发生着一系列的生活联系。

意义是一个人人都十分熟悉但又很难把它表述清楚的词。教育的意义也是如此。我们很难定义它,但又时刻在追求之。我们教育的追求就在于使学生在道德、智慧、精神和身体各个方面得到发展。这就是教育的意义。教育的意义总是要形成什么,总是要对学生的成长、发展有所形成,有所构建。教育的本身是实践的,教育的意义在它发生的地方显现着,与教师和学生之间发生着的一系列生活相联系着。因而,教育的意义不是一个概念的认识,而是一个实现生成的过程。

情景1.6

两个教学片段

片段一:数学课上,老师按照自己的教学设计讲完了规定的课程,老师问:"同学们,听懂了吗?"全班学生大声说:"听懂了。"老师又问:"谁还没有听懂的地方,请说出来,老师再详细讲解一下。"张同学站起来怯生生地讲了不懂的问题,老师认真作了解答。最后,老师说:"记住,今后要专心听讲啊。"

片段二:语文课上,老师要求学生用"活泼"一词造句,学生甲站起来说:"李华同学性格开朗,在体育课上表现得很活泼。"老师点评道:"很好。"学生乙站起来说:"河里面的水很活泼。"老师沉吟了一会儿,评点说:"说水'活泼'不合适,这个造句不贴切。"学生乙疑惑地坐下了。

启示:教学注重的是学生对知识的"准确"掌握,并没有真正走进学生的精神世界,其教学意义是不完整的。同时,教育的意义并非极其宏大而无法为教师所掌握,恰恰相反,它体现在、实现在教学的细节之中,但必须为教师所清醒地意识到。

教育作为人与人之间的一种生活方式,是整体存在的,教育的意义应当有整体的、完整的理解。如果教育只涉及学生的知识结构和认知图式,即只涉及了学生整体精神的一面,教育并没有与学生精神的完整性、经验的完整性、生活的完整性联系起来。因而这样的教育是不完整的。

教育作为人类有意义的活动,在整体上是怎样与学生的生活和人生意义关联的?教育是怎样与学生沟通的?从而使学生接受教育的价值和效用?学生如何接受教育?教育如何实施意义引导呢?这些该是教育意义生成的研究课题,也是教师成为研究的基本的使命。首先要求教师应当有对教育意义生成的清醒意识,即教师应当对自己的语言、行为能否引导学生的道德、智慧、身体、精神、生活的变革、成长、发展有所形成,有所建构,具有清醒的意识。

(二)所授学科的特有的教育意义

在当前的学校里,教师主要是通过教授某个或几个学科在实现着教育。每个学科都有自己的特点,也就都有与这种特点相联系的每个学科特有的教育意义。批评把教育仅仅作为知识的传递是不完整的,是批评这种教育只看到了知识传递的认识层面,而忽视了与这个过程相伴随和通过这个过程所实现的丰富的教育意义,只关注知识的内容,而没有注意到这些内容本身所具有的和由于这些内容的获得可以形成的丰富的教育意义。

活动1.4

1. 欣赏"一个数除以小数"的教学片段。

师:请同学们填空,想一想你的根据是什么?

(板书:65÷5=( )÷( )=( )÷( )=( )÷( )……)

师:前几天学习除法是整数的除法,今天,我们要研究0.065÷0.05这样的问题。

这道题和以前学过的题有什么不同?(揭示课题)

......

生:这道题的除数是小数。

师:除数是小数的除法,你觉得应该怎样算?

生1:整数。(板书)

生2:商不变性质(板书)

......

师:参考以上两种意见后,你觉得自己已经能够计算的可以开始独立计算,觉得还不能计算的,再和老师一起从简单的问题出发研究。

(15位同学不能尝试计算,就到讲台前和老师一起研究)

师:豆奶5角1袋,1元5角可以买几袋?(板书)可以买几袋。

生(异口同声):3袋。

师:能把算式列出来吗?

生1:$15 \div 5 = 3$

生2:$1.5 \div 0.5 = 3$

师:两个算式得数都是3,就可以用等号把她们连起来,写成$1.5 \div 0.5 = 15 \div 5$,你们能不能用另外的理由说明它们都是相等的吗?

生1:被除数和除数同时扩大10倍。(师点评:商不变性质)

生2:1.5元就是15角,0.5元就是5角。

师:把等式从左往右看,左边是今天要学的算式,右边是我们已经学过的算式,实际上我们只要把没有学过的转化成已经学过的算式就行了,现在你们能算了吗?

生:能做了。[①]

2.点评这个教学片段所要体现的教育意义。

> **重要观点**
>
> 一个有意义的教学过程除了有学习客观知识的特点外,还应该成为师生共同建构知识的人生的生活过程。

知识是人类认识的成果。每一门学科知识的形成,都凝聚着人类世代积累的宝贵智慧。教师有足够的基础和才智,能够也应当对自己所教授的学科的特点、特有的教育意义有清醒的意识。而一个有意义的教学过程,除了具有学习客观知识的特点之外,还应该成为广大师生共同建构知

---

① 雷玲.听名师讲课:数学卷.南宁:广西教育出版社,2004:19-20

识的人生的生活过程。当广大师生的生活、经验、智慧、理解、问题、情感、态度、价值观等因素能够真实地进入课程、进入教学过程的时候,教师和学生才会真实地感受到教学过程是他们的人生过程,是他们生命的有机组成部分,教材有可能真正地促进学生的健康成长和健全发展,才有可能不断地提高教师的专业发展水平,才有可能普遍恢复它应有的生机和活力。教师成为研究者的目的就是把这些生机和活力去研究、落实到教学的一个个细节之中。

在教学内容的问题上,还要注重所教的内容,在整个学科体系、与其他学科相通而整体显现其教育的意义。中小学的任何一门学科的知识都是一个有机的整体,而教师正在教授的总是其中的一个部分、一个环节、一个点。教育的意义是整体地实现的,但这个整体,是由每一学期、每一天、每一堂课、每一个瞬间教师所教授的每一个部分所组成的。学科与学科之间,有些是相通的,它们共同构成着人类的知识体系,并且与生活的历史、现在和未来相联系的。因此,要实现教育的意义,教师通过研究去把握所教授的内容在本学科知识体系、人类知识体系以及社会生活中处于什么位置,它与哪些内容有着怎样的联系,它自身具有怎样的教育意义,它与其他内容相联系,又将具有怎样的教育意义。

联系"相关链接"中"钻研和处理教材"相关内容学习。

(三)教育的意义在自己的学生身上得到实现

教育是充满意义的世界,意义的实现以理解为基础。"理解是人的生活本源性的生活方式。"人自降生,呱呱落"地",而"大地"已是人文世界,人与此世界不可能分开,就如树不能脱离"大地"

> **重要观点**
> 教育意义的实现以理解为基础。

一样。人——此在总是向着"此"人文世界而在,他必须理解"此"人文世界,他必须理解自己,建构他在"此"的意义,他从人有了(理解)这个世界,人也就有了意义,"此"世界也显示出意义。人生的意义就是生活在"此"世界中理解来的,是生活世界"教"给我们的,我们向"世界"向"生活"领教。离开了理解也就无所谓生活,人生也就失去了意义。我们的生活,离不开世界,离不开"意义",离不开社会与历史,更离不开理解。理解在教育过程中是普遍的。因为在教育过程中,学生的精神在变革,生活在变化,经验在丰富,人生在发展,而这些都是在理解生成的"教育意义"引导下实现的。人生的发展脱离不了生活的意义,而生活的意义只能通过理解而建构。学生在学校接受教育,进行学习,这是他们成长时期的生活方式,他们必定从自己的生活经验出发,理解教育环境、课程内容、师生、同伴关系对他个人的意义,理解这些意义与他们成长的关系,通过理解,他们改变着自己与它们的关系。在学生接受教育的生活中,理解使学生的人生、生活、经验、精神与教育的整体意义发生关联,形成他在接受教育过程中的各种生活体验,形成了他的情感和态度,他的意图和希望,他的经验和行为,从而形成他的发展。

相关研究表明,学生的理解基本上具有四个方面:①对教材,课程和教师的解释的理解,这主要是指知识的理解;②理解各种"教育表达方式"——教育活动、教育环境、教育关系、校园文化以及学校的一切所表达的一定的教育意义(有教育的价值和作用),这种理解直接影响着学生生活的信念、对教育的希望、对生活的意义以及学生对教育意义接受的态度;③对同处于教育情景中的他人,对师生关系,同伴关系的理解;④学生在发展中对自我的理解。

理解的交互性,与现场情景相伴随,与生活经历相联系的,每个学生的生活经历、对情景的感受又是各不相同,这使教育的意义的实现具有丰富的发生、创造和建构的性质。它不是预先确定,而是现场发生的,教师本人也置身于这个现场之中,教育所负荷着的意义与价值,教师对教育意义的意识,乃至学生对教育意义的理解的"结论",在具体生动且复杂多彩的教育实际中,在很多的细节上都是"难于预料"的。教师不能仅仅从教育意义、学科的教学内容的教育意义上去实现教育,也不能仅仅从人的角度去实现教育,而必须在理解自己的学生基础上,去研究教育意义怎样在自己身上得到实现。

> **重要观点**
> 教师的教育教学注入了研究态度,他的工作就是专业化的。

教师成为研究者就是要研究怎样使自己的每一个教学活动都有教育的意义,怎样在自己的学生身上实现教育的意义。这样做,教师的教育教学活动也因为有了明确的、自觉的实现教育意义的意识而不再仅仅是知识的传递,它本身就是教育根本的价值和意义的体现。

五、教师成为研究者应具有的特征

> **重要观点**
> 教师成为研究者的实质是在中小学教师中形成教育、研究、学习合一的专业生活方式。

教师成为研究者的实质是教师的一种专业生活方式,即在中小学教师中形成教育、研究、学习合一的专业生活方式。这种专业生活方式应具有下面几个基本特征:

✦ **探究的态度**

研究首先是人们对未知事物的一种态度,对于未知的事物,人总是抱有好奇,探究之心,因而会去研究它。教育的人与人交往互动的生命特性决定了教师的工作永远充满着未知的因素,尽管教师讲授的内容是相对稳定的,但学生怎样理解这些内容都有很大差异的,教师工作的动态变化,时时面对的未知因素,需要教师以探究的态度去对待和把握,教师的工作因此永远充满着研究的性质和机会。

✦ **理论自觉的态度**

中小学教师在自己的教育教学实践中进行研究并不是指那些自发的零星的询问性的活动,而是需要理论、自觉的态度。作为研究者的教师不仅要肩负自己的责任,而且也要审视自己,对正在发生的教育故事、教育事件有广阔的视野。但是,理论不是实践的对立面,理论的价值和意义,它不仅仅在于认识的高度,更在于其实现的无比丰富和创造。活动对思想领域的人来说,他们的行动是理论的,而他们的理论本身也是一种实践。教育、教师的工作正是这种思想领域的活动,因而更需要这样一种对待理论的态度和方式,既包括自觉地认识,也包括并且更注重自觉地实践,不仅仅关心认识到什么,而且更加关注实现着什么。新课程改革不仅关心教师,不仅要认识树立正确的教育理念,而且更关注教师把认识了的理念转化为自己的教育行为,以新理念去引导课程教学的实践,就是我们讲的"理论自觉"。

✦ **教育研究的能力**

具有科研意识、知识和能力,是所有专业人员的共同特征。所以本章阐述的一个重点就是提高教师专业化水平,必须强调有关研究能力的要求。中小学教师的大量研究是结合自己的实践工作与对象开展的,其科研能力是高质量教育和教师自身专业能力不断发展的必要条件。教师的研究能力,首先表现为对自己的教育实践和周围发生的教育现象的反思能力,着手从中发现问题,发现新世界现象的意义,对日常工作保持一份敏感和探索的习惯,不断改进自己的工作并形成理性的认识。教师研究能力的进一步发展是对新的

> **重要观点**
> 中小学教师的科研能力主要是指研究学生及教育实践的能力。

教育问题、思想、方法等多方面的探索和创造能力,这使教师的工作更富有创造性和内在魅力。而教师创造意识和能力的形成,在教育实践中的成功,会使他十分看重对学生创造意识和能力的培养,无疑,这是教育十分期望实现的意义。

◆ **反思的习惯**

探究与反思都是教师成为研究者不可缺少的专业素养。探究是指向一个即将发生的开始,反思是指向一个已经发生过的经历。教师在自己的课堂上,讲授着教材的内容,感受和面对着学生的反应,不断地出现"场"的调整和灵机处置,这使教师保持着创造和探究的激情。然而,在即时发生的情景中,教师却无法直接看到自己在怎样行动。因而,教师的工作需要反思。反思使教师可以审视自己的实践,通过审视自己课堂上的每个人、每一件事、每个行动,教师为自己的教育实践获得新的起点。反思也是一种研究,它的功能

> **重要观点**
>
> 　教师工作需要探究也需要反思,教师应是反思型的探究者。

"在于将经验到的模糊、疑难、矛盾和某种纷乱的情境,转化为清晰、连贯、确定和和谐的情境"。(赵祥麟等编译:《杜威教育论著选》,第 298 页)

活动 1.5

1. 阅读下面的教学情境《课堂因生成而精彩》。

2. 这样的反思型研究活动,你曾经有过吗? 如果有,通过回顾把自己的一次反思研究活动再描述出来。

3. 结合本情境,你能感悟到教师成为研究者的使命吗? 你能感悟到教师通过把教育的研究具体落实在教学的细节上,并通过对细节的研究获得某种程度的专业发展吗? 请把感悟写出来。

课堂因生成而精彩

在教学制作简单的条形统计图这节课时,在师生共同现场统计完全班同学最喜爱的图书后,我提出这样一个问题,同学们,除了可以用统计表来表示统计的结果外,你知道还可以用别的什么来表示吗? 提出这一问题充其量是作为我在教学环节衔接上的一个设问,一句过渡语,并不指望学生能作出深刻而敏锐的回答。但学生迅疾回答的"统计图"这三个字,却让我感到了他们其实对统计图并非一无所知,于是我对原本在此预设的让学生认识感受直观的条形统计图的想法产生了动摇。我何不在此让学生自己尝试去创作一幅他们心中的统计图呢? 实践证明我的调整是正确的,因为我从学生精彩的表现中看到了因生成而绽放的美丽。以下是本环节教学过程的再现。

师:该用一幅什么样的统计图来表示统计的结果呢? 自己试着画画看好吗?

学生绘制结束,开始交流。

生1:我是用线段图来表示统计结果的,我用1毫米表示1个人。

生2:我用一个三角形表示一个人,喜欢每种图书的人数是多少我就画多少个三角形。

生3:我用正方形来表示4个人,圆形表示3人,三角形表示2人,就画出了这样一幅统计图。

生4:我是用一个正方形表示全班人数,然后根据喜欢每种图书的人数的多少将正方形分成面积不同的四块。

生5:我根据喜欢每种图书人数的不同画了4条长短不一样的条形。

师:大家对他们创作的统计图还有什么意见呢?

生:我对第二种画法有意见,如果人数很多,那么要画很多三角形。这样的统计图画起来太麻烦。

生:我认为第一种画法也有这样的不足,当人数很多时,线段也要画得很多。而且我还认为这样不像统计图,倒像我们做应用题时画的线段图。

生2:如果人数很多的话,我可以用1毫米表示几个或几十个人,这样画出来的线段就不太长。(他据理力争)

生:我以为像第四幅这样画,很难精确地根据人数的多少来确定分成的四块长方形面积的大小。

生:我认为第四幅统计图很形象,能让我们一眼看出喜欢哪种图书的人数最多。但我认为他画得不是很准确,喜欢故事书的人数比喜欢童话书的人多6人,而在图中的条形就相差了那么一点……

……

在以往的课堂教学中教师更多地关注自己的预设。我们总认为一节好课是建立在教师完美的设计和高超的教学艺术之上的,很少考虑学生怎样从自身的角度来理解课程的内容,即使考虑了,我们关注更多的是这样的设计学生能作出符合老师意愿的回答吗?新课程强调学生也是教学资源的一种重要的生命载体,因为在任何一节课上学生都是带着自己的经验认识、思考和灵感等因素参与到课堂教学之中去的。当教师无视这些因素存在的时候,势必让学生走向一个教师设计的狭隘而偏僻的"知识胡同"。在这样的过程中学生收获的是教师为他们预设的认知成果,丧失的是自己对教学的理解、思考和体验。如果在这节课的教学中,我没有把握学生那句迅疾而敏锐的回答,依然按照我的预设,经过现场的统计得到表后,让学生去认识课本上最初的条形统计图的雏形,这节课也许就领略不到学生因自己的创造而生成的精彩。[1]

资源中心活动	1. 阅读与本章相关的文本、网络资料。
	2. 与其他教师交流学习心得,进行共享。
	3. 就学习的疑难之处,与其他教师讨论。

📑 本章小结

本章在阐述专业与职业的区别的基础上,论述了教师专业化是一个由普通职业发展成为专门职业的建设过程。当前,在这个过程中,教师专业发展最需要弥补的就是教师成为研究者。教师成为研究者不仅是教师专业化的重要内容,更是教师专业发展的重要条件。

教育的意义就是使学生在道德、智慧、精神和身体各个方面得到发展。教育是教师成为研究者的使命。为完成这个使命,教师不仅要认识教育意义,而且去实现它,生成它。为此,教师对教育的整体意义、所接受学科的特有意义以及意义在自己学生身上得到实现有清醒的意识。

教师成为研究者的实质是在中小学教师中形成教育、研究、学习合一的专业生活方式。在这种专业生活中工作的教师应具备有研究的态度,理论的自觉,一定的教育研究能力和反思的良好习惯。

⌨ 本章重点

❖ 专业人员不仅要提出优质的专业服务,同时为了保证服务的品质和水平的提高,还要在服务中,不断进行研究,通过研究提高专业水平。

❖ 教师专业化所要做的是教师职业从一个普通职业发展成为专门职业的建设。它包括作为一种专业,教师获得应有的专业地位的过程和教师个人成为这个专业的成员的专业发展过程,教师专业化需要在整体上把握这两个方面,但更应该注意教师

---

[1]　中国教育报,2005年5月18日,B1版.

个体专业化的发展问题。

❖ 教师成为研究者既是教师专业化的重要内容,又是教师专业发展的条件。教师之所以被称之为"正在形成的专业",一个很重要的因素就是缺乏专业工作者应有的创造性质、研究性质。无数教师经历表明,教育研究能使教师"讲学习",使教师养成反思的良好习惯,增强教师的专业敏感性和解决实际问题的能力,培养教师的交流与合作以及增强教师工作责任心和敬业精神,因此,教育研究能促使教师的专业发展。

❖ 实现教育的意义是教师作为研究者的使命。教育意义的实现不仅仅是怎样认识教育的意义,更主要的是教师怎样在自己的实践中实现教育的意义。

❖ 教师成为研究者的实质是教师的一种专业生活方式。它应该具有研究的态度、理论的自觉、教育研究能力和反思的习惯等特征。

本章学习反馈

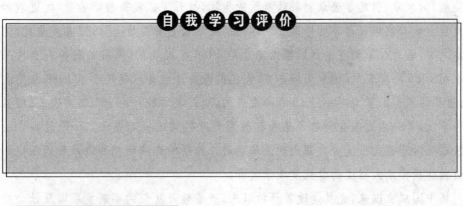

自我学习评价

疑问和没有解决的问题

相关链接

教师专业化运动的蓬勃发展

1966 年,联合国教科文组织与国际劳工组织在《关于教师地位的建议》中提出:应当把教师职业作为专门职业来看待。世界教育年鉴于 1963 年和 1980 年两度以教师和教师教育为主题:1963 年世界教育年鉴的主题是"教育与教师培训";1980 年的主题是"教师专业发展"。此后又多次以教师专业发展为主题,再次强调教师在社会变革中的作用,并建议从四个方面予以实施:通过给予教师更多的自主权和责任提高教师的专业地位;在教师的专业实践中运用新的信息和通讯技术;通过鉴定个人素质和在职培训提高其专业性;保证教师参与教育变革以及与社会各界保持合作关系。

进入 20 世纪 80 年代,教师专业发展日趋成为人们关注的焦点和当代教育改革的中心主题之一。就美国而言,1980 年 6 月 16 日《时代周刊》一篇题为《救命! 教师不会教》的文章,引起了公众对教师素质的担忧,拉开了以提高教师素质,促进教师专业发展为核心的教育改革的序幕。随后,由"高质量教育委员会"1983 年发表的《国家在危急中:教育改革势在必行》,霍姆斯小组 1986 年发表的《明日的教师》、卡内基工作小组 1986 年发表的《国家为培养 21 世纪的教师作准备》,复兴小组 1989 年发表的《新世界的教师》,霍姆斯小组 1980 年发表的《明日之学校》和 1995 年发表的《明日之教育学院》等一系列报告引起了学校和教育行政机构的极大关注。……教师专业化很快在美国形成为一场势力强大的改革运动。此后的许多研究和改革都是围绕如何促进教师获得最大程度的专业发展来展开。

新中国成立以来,尤其是改革开放以来,随着教师队伍的不断发展以及社会发展对教师质量要求的不断提高,我们对教师专业性的认识也正在逐步深入。1994 年我国开始实施的《教师法》规定:"教师是履行教育教学职责的专业人员",这是第一次从法律的角度确认了教师的专业地位,在师范教育史和教师队伍建设史上具有划时代的意义。1995 年国务院颁布《教师资格条例》,2000 年教育部颁布《〈教师资格条例〉实施办法》,教师资格制度在全国开始全面实施。2000 年,我国出版了第一部对职业进行科学分类的权威性文献《中华人民共和国职业分类大典》,首次将我国职业归并为 8 个大类,其中教师属"专业技术人员"一类,定义为"从事各级各类教育教学工作的专业人员",下分高等教育教师、中等职业教育教师、中学教师、小学教师、幼儿教师、特殊教育教师、其他教学人员等小类。2001 年 4 月 1 日起,国家首次开展全面实施教师资格认定工作。

成熟的专业工作的特征与标准

1. 运用专门的知识与技能

构成专业的标准首先需要一套完善的专门知识和技能体系作为专业人员从业的依据,简称专业知能,其他特征都是由它派生而来并依赖于它而存在的。在现代社会里,高等学校在发展专业知识技能方面扮演了重要角色——专业知识技能的系统化(发展成课程)、结构化(组合成专业课程计划)、合法化(课程和课程计划获得确认的过程)和传承(传授给大学生)主要在高校完成的。一个成熟专业的科学知识技能体系已经被系统、普遍地组合成大学的学位课程,修完这些课程的毕业生则是该领域的"准专业人员"。这些已经成为大家公认的看法。

2. 强调服务的理念和职业伦理

专业一方面指精湛的学识卓越的才能,另一方面指服务或奉献的专业道德。专业道德或是专业伦理或是专业规范,在本质上都是相同的。它是该职业群体为更好地履行职业责任、满足社会需要、维护职业声誉而制定的自我约束的行为规范——一套一致认可的伦理标准。这一套由一个专业全体成员共同遵守和全面应用的标准界定在提供一个专业服务的恰当和不恰当的行为。2001 年,法国思想家、社会学家雅克·德里达来华并以" Profession 的未来与无条件的大学"为题做过一个简短的讲演。其中,他特别强调"Profession"这个词不仅仅是"专业"与"职业"的意思,而且更有"专业信仰"的含义。照德里达的解释,"profession"这个词更强调的是"行为介入",是一种"诺言"、一种"责任"。他进一步说,一个教师教授理论知识、发挥陈述知识,这是他的基本任务。但是,他要完成的义务,他的权力,并不是理论的,而是行为的,是对"义务"、"责任"的"承诺"。美国教育学家舒尔曼在 1998 年也提出"一个专业首要的社会目的就是服务。专业工作者应是那些接受了教育并且利用其知识和技能为不具备这些知识和技能的大众服务的人。他们内心要有为大众提供服务的倾向,有义务以道德理解为起点来运用复杂的知识与技能","并通过提供实际工作以表现出公正、责任和美德来"。

3. 通过长期的培养与训练

"在现代体系中,专家知识的深奥……依从于长期的训练和专业化的结合。"通过专业训练以获得专业知识,是一个长时间的过程。高度专业化的职业如医生、律师等,他们的养成阶段,绝不是一段时日就能成功的。

4.需要不断地学习进修

个人生命周期的不同阶段以及相关的自我认同与专业生涯紧密相关。职业生涯包括了30年及其以上的生命周期。在这漫长的过程中,个人置于飞速运转的现代社会之中,处在复杂多变的专业活动之中,需要不断地适应和学习进修,不断地进行专业社会化,才能跟得上时代前进的步伐。这可简称为专业发展。①

5.享有有效的专业自治

当一个专业处于一个相对强盛的地位时,它的专长能满足重要的社会需求,它的科学知识体系已经高度专门化而十分深奥复杂,以至外行不能挑战专业人员的技术判断,自治就成为可能。专业自主的成员不受外行的评判和控制,他们自己决定进入该职业所需的教育和培训标准,并能在帮助国家形成规范这一职业实践的法律上发挥巨大的影响力。然而,直到一个专业已经以实际行动证实了它对公众福利的承诺前,社会并不贸然授予它自治权。

6.形成坚强的专业团体

一种工作是否专业,也可从是否形成坚强的专业组织上来看。专业成员发起组织,诸如学会、协会、联合会这类没定入会资格的民间组织,形成由专业人员组成的自我管理的专业团体并对专业人员的个人成就给予认可。一方面能够保证专业地位的确立,保护和提高他们的个人利益;另一方面则能通过设立章程和伦理法规,促进伦理规范与权利义务的实施,强化个人以及团体的责任感,保障客户和公众的利益。为了达成上述目标,专业组织传播信息和知识、培训成员、监督和纠正他们的非专业行为。而且,通过其会员和专业的意识形态去影响和规范同一领域里尚未入会的专业人员的行为。专业组织也发起或资助有关的研究发展活动、出版专业性刊物以及鼓励技术交流等,并通过积极努力的工作去影响国家,以形成常常包括了一个特许市场保护在内、规范一个专业实践的法律和法规。

钻研和处理教材

中小学的教材绝大多数都是统编教材,由于一些因素的限制,它还不是特定学生学习的现成的完善的"知识载体"或"工具"。教师如果满足于照本宣科,只能教给学生一大堆散乱的结论,教学肯定难以优化。要提高运用教学内容的水平,教师就必须

---

① 教育部师范教育司.教师专业化的理论与实践.北京:人民教育出版社,2001:5,6,12.

在了解教材编写原则的基础上,认真钻研教材和妥善处理教材内容。

1. 钻研教材

教材的钻研应着眼于科学的制高点,揭示教材内容的内在关系和潜在因素,以求达到"学科"与"科学"两者在精神、思想与方法上的一致。为此,教师必须从整体联系、思维情感和思想方法等方面去钻研教材。

(1)整体联系观念。中小学任何一门学科的知识都是一个有机的整体。它要求教师在指导思想上要有整体的观念,以整体的眼光去钻研教材,来看待和处理所教的知识。在平时的教学中,对任何具体的知识内容,都要了解其本身的规定和含义,而且还要以整体观念的指导,瞻前顾后,随时把它与其他内容联系起来理解、掌握,弄清其来龙去脉。对于知识间的相互联系,教师还可以从横向和纵向两个方面进一步理解:在横向方面,要注重比较知识前后左右之间的相似、相同、差异、不同等意义,消除知识间的混淆和矛盾冲突,并使其相互融合和重新组织,从而帮助学生头脑里的知识"竖成线,横成片",或"由点构成线,由线构成面",形成一个网络清晰、融会贯通的整体知识结构。在纵向方面,要致力于揭示知识间的上下从属关系,弄清知识的源和流,从而帮助学生把学科知识构成一个具有等级性和层次性的金字塔形的结构。"源"具有一种统一的力量,它对"流"起着统率、整合、组合、和解释的作用。弄清了"源","流"的掌握也就顺理成章了。所以,布鲁纳和奥苏贝尔两位教育心理学家都非常强调"源"的作用,布鲁纳把知识结构中的"源"称为"一般概念",要求教师的教学要反复回到"一般概念",直至学生掌握了与这些观念相伴随的完全形式的体系为止。奥苏贝尔称之为"上位观念",它们在抽象性、包摄性、概括性程度上高于其他知识,他建议教师采用"先行组织者"的教学策略来突出"上位观念"的桥梁和组织作用。

(2)思维情感观念。知识的两个基本特征,是它的思维性和情感性。

知识是思维的产物,智慧的结晶,没有思维就谈不上知识。这是人类的普遍规律,也是学生获得知识与发展智力相统一的理论依据。知识的思维是潜在的,是隐含在现成的结论和现成的说明之中的。这就要求教师在钻研教材时,不能只停留在对教材表面的结论和说明的表述上,而要进一步深进去,挖掘和揭示这些表面结论和说明的产生与形成的思维过程中,并在教学中引导学生的思维深入到知识的发展或发现的过程去。如教学中的公式是怎样地提出来的,又是怎样加以证明;语文中每篇的主题,作者是怎样体现的,作者为什么要选择这些材料来表达主题,作者在课文中为什么要用这个词,而不用其他同义词? 这些在教材中往往不容易直接看到,但它们常常又是创造性思维的典范,是学生最需要吸收的精神养料。

知识不仅具有思维价值,还具有情感价值。情感主要有道德感、理智感、审美感三种。列宁说得好:"没有人的情感,就从来没有,也不可能有人对真理的追求。"中学各科教材都隐含着丰富的情感因素,这就要求教师善于挖掘和表达教材内容的情感因素,把情感教育贯穿于课堂教学的始终,让学生充分地感受和体验,并受到良好的陶冶,这样也有助于学生深刻领会教材内容的意义。

(3)思想方法观念。每门学科都有其自身的思想与方法,它们同样蕴含在教材的知识体系中,是学生学习的重要内容。所谓学科的思想指的是人们通过学科活动形成的对学科基本知识和基本问题的一种根本性看法,它具有本质性、概括性和指示性的意义,是人们分析和解决学科问题过程中思维活动的导航器。所谓学科的方法指的是人的学习和应用学科知识的思维策略或模式,掌握了它,人们才能快速有效地获取学科知识和求解学科问题。可以认为,前者是学科思维的"软件",后者是学科思维的"硬件",它们都基于学科知识,又高于学科知识,与学科知识具有不可分割的辨证统一性。学科知识蕴含学科思想方法,学科思想方法又产生学科知识。这就要求教师在钻研和处理教材时,不能只停留在知识本身,还要进一步揭示知识所蕴含的思想方法。一方面在知识教学中提炼思想方法,另一方面又以思想方法为指导来构建知识。这样,不仅促进学生学科能力的发展,而且还能推动学生思维品质乃至整个思想素质的全面提高。

2. 处理教材内容

教材内容的处理则应从心理学的角度对教学内容重新构建,使其成为学生最容易吸收和最为丰富的精神养料。为此,必须认真解决好教学内容的选择、组织、落实三个基本问题。

(1)教学内容的选择。教学内容的选择应遵循以下几点要求:

第一,内容质量要求达到"四性":①科学性。要求教师所选内容必须是正确反映客观规律的知识。②目标性。要求教师必须围绕教学目标选择教学内容,为此教师必须首先钻研标准,吃透教材,从而掌握规定的教学目标,明确要求学生掌握哪些知识、技能,发展哪些方面的智力、能力,培养哪些道德品质、习惯等。③启发性。要求教师尽量选择那些具有思维和智力价值的内容。④思想性。要求教师尽量选择对学生思想和品德有积极影响的内容。通过观点正确、事实确凿的科学知识传授、寓智力开发、品德培养、性情陶冶、世界观与方法论教育于教学之中,充分发挥教书育人的积极作用。

第二，内容深度。要求立足于目标，把高难度和量力性有机结合起来。内容的深度是学生通过努力可以接受的，使其成为学生可以消化的精神食粮，成为他们智力持续发展的催化剂。这样，学生在教学中才会有一种"跳一跳摘果子"的满足感和成功感，从而不断激发兴趣，追求成功。内容太深、太浅都无法激发学生的学习情绪，难以调动他们的积极思维。

第三，内容的广度（容量）。要求围绕目标，把"博"与"精"有机结合起来。所谓"博"，要求教学内容的选择不仅限于既定教材，还要适当加以延伸、补充（包括理论联系实际、增加学生感性材料、恰如其分的比喻等），使其尽量宽广一些，让学生在课堂里有一种充实感、生动感、趣味感；所谓"精"，要求教学内容的选择必须是经过精心筛选的，使其具有基础性、范例性、结构性和典型性，这是教学内容的重点所在，掌握这些内容可以使学生达到以纲带目、以简驭繁的效果。

(2)教学内容的组织。教学内容的组织应努力遵循和理顺以下两个"序"：

第一，教材本身的"序"。每门学科的知识都是有机的整体。各个概念和各条原理之间具有内在联系的逻辑性、系统性和连贯性，它反映了教材自身知识传授、能力培养的节奏，使前后内容互相蕴含、自然推演，在思维上为学生提供一个由已知到未知的逻辑思路。这样，有利于学生形成一个具有生命力的处于运动中的思维网络，从而能深刻领会各个概念、各条原理的实质，还能掌握蕴含在各概念与原理相互关系中的各种推理思维形式。

其二，学生认识"序"。学生学习知识的认识活动也有其内在的"序"，如：由已知到未知、温故知新的"序"；由感知、理解到巩固、应用的"序"；由特殊到一般和从一般到特殊的"序"；由易到难、由简到繁、由近及远的"序"等等。教学内容的组织同样必须遵循学生认识的"序"，从而使学生在有序的轨道上拾级而上，一步一个脚印地奔向"光明的顶点"，到达"胜利的彼岸"。

(3)教学内容的落实。教学内容的落实要致力于突出重点，排除难点、抓住关键。

第一，突出重点。所谓重点是个相对的概念。就教材篇章结构来说，重点指的是教材内容的重点，如，重点章、章中的重点，重点单元、单元中的重点，重点课、课中的重点等等；就知识类型而言，知识重点，指的是知识的中心点，即本讲上述的知识的"源"。知识的"源"具有理论性、基础性、结构性、典型性四个特征，与其他知识点相比，它们是构成两者矛盾运动中的主要方面。教学中教师务必集中精力深刻揭示教学重点的学科内涵,使学生掌握重点知识的内在的本质,切忌平均用力而减少对重点内容的深入全面探索,结果导致重点不清、非重点也不清的败局。

第二,排除难点。所谓难点指的是学生难于理解和掌握的内容。难点的形成,一是教材的原因,二是学生认识和接受能力的限制。教学中排除难点,首先要求教师明确"难"在哪里,然后对症下药加以排除。如有的难在内容抽象,教师就应该设法提供具体形象的内容,使学生从感性认识入手;有的难在内容深奥,教师就应设法通过复习或联系有关知识,来铺路搭桥,帮助学生理解;有的难在内容复杂,教师就应采取分解、化简和分散处理的方式来解决。总之,难点不排除,教学就难于顺利进行。

第三,抓住关键。所谓关键指的是教材中对顺利学习其他内容(包括重点难点)起决定性作用的知识。准确地抓住关键,往往能在教学中起到画龙点睛、纲举目张的作用。关键点的处理,要视其与重点、难点的关系而定,三者的关系有全部重叠、部分重叠、非重叠三种。全部重叠者,只要抓住关键,重点、难点也就解决了;部分重叠时,关键点与重点重叠或与难点重叠,抓住关键就意味着能突出重点或排除难点;在非重叠的情形下,对关键的处理,务必要精心设计、精心安排,争取以最少的时间获得最佳效果,以保证有足够的时间去解决重点与难点。①

---

① 林兆其. 教学优化与评价. 成都:四川大学出版社,1998:64-69.

第二章
在学校真实生活中研究

📄 本章学习任务

☞ 明确教师应该而且必须具备一种新的专业特性,即"扩展性的专业特性",并以此为一个专业指标反思自己,制定专业发展规划。

☞ 用自己的教或别的教师实践经验体悟教师是教育实践的研究者,自觉或不自觉地都在扮演着研究教育实践者的角色,从中理解实践取向是教育研究的基本取向。

☞ 理解学校的教育教学实践不完全是系统化的"理论"、"观念"、"理性"指导行为,还要受很多"不明确"的内外因制约,这样的实践需要教师在它所构成的"场"中去研究。

☞ 学习者尝试着在自己的实践"场"中进行研究。

一、引 言

无论我们是否意识到,实际上我们每天都在变化。这种变化是我们生活中的一部分。旧的"世界"逐渐隐去,而新的"世界"正向我们展示。一个漫长的确定性的时代已经过去了,现在是一个充满不确定性的时代,这个新的正在发展着的时代,凸现了教育本来就存在的不确定性:教育目

> **重要观点**
> 充满不确定性的新时代增加了教育固有的不确定性。"不确定性"需要教师从事实践的研究,同时,提供了教师研究的实践空间。

标与结果的不确定性,学生在知识、能力、态度、情感、价值观方面的多元表现;教育对象的不确定,培养规格和评价标准的多样,"因材施教"的教学;教学内容的不确定性,教材、教参为教师留有极大的余地,课程的综合性加大;教学方法和教学过程的不确定性,教师在教学过程中可支配的因素增多,在灵活地选择与使用教学方法上有较大

的自主权;教学评价的不确定性,考试的得分点大大减少和淡化,不再起支配作用,教师要花很多时间查找资料,补充教材内容。多样化、变动性、生成性是教育活动的真实情景,处于如此情景中的教师,具有更新颖的创造新形式、新内容的空间,教师需要创造出特有的班级气氛和学习环境,设计教学活动,通过教育表达自己的教育理念。这些都要求教师以一种研究的态度与方式投入到属于自己和自己学生的特有的教学情景之中去创新,使教育焕发出师生的生命活力,达到改善师生生活质量,提升师生生命价值和意义的目标。

活动 2.1

1. 阅读下面两个实例。

实例(1):

1998 年 3 月 1 日《文汇报》曾经报道了这样一则消息:在成都某小学里,教师出了一道练习题问学生:"雪融化了,变成了什么?"绝大多数的学生回答是"变成了水",只有一名学生写的是"变成了春天"。回答"变成了水"的学生教师都一一打对勾,而回答"变成了春天"的那位同学,教师打了叉叉⋯⋯

实例(2):

一位教师引导学生学习屠格涅夫的作品《麻雀》,当讲到文章的主题是"赞扬母爱"时,一名学生马上提出了自己的异议:课文中并没有说老麻雀是小麻雀的妈妈,它也许而且极可能是小麻雀的父亲,因为面对庞大的猎狗,父亲的力量会更大,更有希望战胜对手,把小麻雀救出来。这位教师怎么也没有想到,自己教了多年的教材,使用了多年的教参,众口一词的观点和见解,竟然被学生一下子问住了!

2. 思考

(1)真实的课堂教学是否如实例中显示的那样,总会或多或少的出现"预料不到的情况(问题)"呢?

(2)要妥善地解决这些问题,教师应该采取什么样的态度?

(3)如果你是实例中的教师,你会怎样去面对那样的情景(问题)? 为什么?

当你在思考活动所提出的问题时,你也进入了一种研究的状态,本章即将与你共同讨论的问题就是学校真实生活中的教师应该是一位研究者。

二、研究着的实践者

教育教学发生于具有极大复杂性的社会情景中，它既有特定的社会历史背景，又指向我们理想的某种未来；它既关乎个人发展的问题，也是一种产生社会效果的"社会活动"。教育的这些现实特征使得教育实践不可能被简化成简单的技术控制过程，教师也不可能仅仅是一个知识的传递人，不仅仅是一个教育技术操作的人。教育本身以及教

育所处环境的复杂性，使得从事教育教学的人必须基于他们对对实践的深思而作出的许多决定，他必须对自己所处的环境，对自己行为的目标及其可能的结果进行审慎的思考和判断。缺乏这些教师活动，无论是教育政策、还是理论研究，都无法真正地让实践中的教师走上某种轨道。教师不可缺少的"这些活动"，就是对自己的实践的研究活动，是教师教育教学工作的重要组成部分。

(一)扩展性的专业特性

随着教育理论和教育实践的不断发展，近些年来，人们对"教师专业活动包括哪些内容"这一问题的理解发生着变化，越来越多的人开始把"研究"看成教师专业发展活动的一个组成部分。"研究"成为教师专业活动的内容，其意义不仅仅明确了教师专业活动的内涵，更重要的是，这个变化使

得教师的专业活动多了一个不断发展的纵向的维度，一种新的教师形象正在确立：作为实践者的教师这个与一切专业理论研究者一样有自己的特定的知识和思想，有着理能力、认识能力和创造能力的人，应该结束长期以来消极被动的"教书匠"形象，而代之以积极、主动的新形象——教师即研究者。

请阅读"相关链接"中"教师与教学研究关系的演变"的相关内容。

这意味着在传统上对教师的"专业特性"的界定之外，教师还有必要拥有一种"扩展的专业特性"，其内容包括：把自己教学实践的质疑和探讨作为进一步发展的基础；有研究自己教学实践的信念和技能；有在实践中对教学理论进行质疑和检验的意向；愿意接受其他教师或研究人员来观察他们的教学实践，并能就此进行坦率而真诚的讨论。

活动 2.2

1. 对教师要求的隐喻举例：

学高为师。

要给学生一碗水,教师自己要有一桶水。

教师是蜡烛。

教师是人类灵魂的工程师。

2. 讨论：

(1)你如何看待上述对教师的隐喻?

(2)在当今,应该怎样要求教师?

(二)实践者就是研究者

情景 2.1

实践发展推动教师开展研究

第一,20 世纪 70 年代以来,教育越来越来被理解为一项"社会事业",人们对教育的政治、经济等后果日益重视,进而认为教师有责任审慎地对待他们的教育实践,有责任对他们的行为进行反思,以确保教育的正确方向,并尽量减少负面影响。这种责任兑现的方式之一,就是教师直接参与教育(教学)的研究。

第二,日益频繁而且日见深刻的教育改革,使得广大教师不得不经常面对新的教育思想、新的课程计划、新的教学方法和设施,这些"新生事物",既要求教师知识结构上的更新,也要求教师情感与技能上的适应,而且改革往往需要教师对这些"新生事物"作出评价与讨论,这种压力也成为许多教师从事研究的动因。

第三,最近几十年间,教学的"专业化"问题成为一个颇为教育界关心的话题,这个话题争论的结果之一,是使相当一部分人相信:教师的专业特性尽管不是全部,但至少在很大程度上表现在教师是一个"理智的人"而不是一个简单的"工具",教师对情景、教育过程和教育结果的深刻理解与把握,应该构成教师专业生活的一部分。

第四,作为教育改革的举措之一,许多国家的教育政策发生了变化,在一些原来是教育决策中央集权的国家(包括我国)近年的改革也使教师和学校在课程等问题上有了更多的自主权和责任。这些自主权既为教师从事研究提供了重要的现实基础,也使教师研究、探讨新形式下的教学问题显得尤为重要。[①]

---

① 施良方,霍允澍. 教育理论:课堂教学的原理、策略与研究. 上海:华东师范大学出版社,1999:377-378.

启示：在今天，教师从事研究，已经不再完全是出于缩小理论和实践之间差距的考虑，而更多的是在自己的教育（教学）实践中，研究自己、改进自己的实践。教师不仅是实践的研究者，而且更是研究的实践者。

(三)知识经济带来教育的变化

✦ 深刻的历史性的变革

知识经济时代维系人类经济生活的不是静态的知识本身，而是知识的不断创新。创造是人类的天性，人类经济生活的维系转向对知识创新的依赖，是对人类自身资源的依赖，从物的依赖转向对人类自身创造性的依赖，标志着人类文明的新的历史时代。

> **重要观点**
> 知识经济使教育日益显现出它对于人类社会生活的直接的、根本的意义联系。

这个新的时代扩展着和加深着对于教育的需求，导致了教育的深刻的历史性变革：宏观意义上，由于教育需求的扩张，人口、资金、信息向教育优势地区聚集，使教育自身成为一种社会发展的经济资源，甚至能够在一定条件下以教育的发展振兴一方经济。微观意义上，教育需求的深化，使教育直接面向人的发展，更加关注人的创新意识、创新能力，它所强调的是育人的根本意义及其实现，知识本身相当的成分因其迅速变化而难以与人相伴久远，唯有知识的不断创新才能使人学会生存。知识经济、信息时代敞开了教育丰富的实践和它的根本意义，几乎在人类社会生活的一切方面，都在日益深刻地显现出它们与教育的直接的和根本的联系。教育将与社会融为一体，因而是直接的，教育形成人的创新意识创新能力，从而达成人的生存和发展，因而是根本的。

✦ 文化融合

在教育重新与社会日益融为一体的过程，发生着教育在社会各个不同层面的各方面的各种不同文化人群的丰富联系，在这种联系中，汇集在教育之中的是积淀于不同人身上的不同文化，教育与社会的一体化因而成为一个文化融合的过程。"融合"不等于传递，传递的含义是单向度的，而融合蕴含着不同的文化、不同文化人群或个体之间交互影响、情景参与、创造生成。

> **重要观点**
> 教育作为文化的融合，总是交互的、建构的、创造的、发展的，在教育的过程中获得发展的是所有参与其中的人，他们的发展可能有不同的角度、不同的基础、不同的内容，但他们共同经历着发展的过程。

教育作为文化融合的过程，其结果总是多种文化以及积淀着多种文化的不同人群，体现着多种文化的不同人群，体现着多种文化交互作用和影响的情景中形成一种新质的变化，这种新的文化同时又积淀于参与其中的所有人的精神之中。以往的教育过于强调文化中知识内容方面，教育因而成为知识的传递、生活的准备。今天，对创新意识、创新能力的强调，改变着我们对教育的理解，知识可以传递，但创新是一种精神，精神的达成不是传递的而是通过理解建构和生成的。教育的内容是文化的结晶，研究者，一切参与教育的人都有着潜在的文化背景，所有这一切在教育的现场情景中相遇，交互作用并融合为新的精神。从单向度的知识传递到多向的文化融合，表现着当今时代教育的历史性变革。

✦ 主体间的理解

任何实践活动，都有主体对客体的认识改造，也都有作为实践主体的人与人之间的相互影响和理解。人与人之间的关系是主体间的关系，它的特殊之处在于人与人之同样具有主体性。具有主体性的人与人之间的影响和联系是交互的。在真实的教育过程中，教师与学生之间的理解和认识是在同一过程、同一活动中同时地、交互地、共同地发生和达成的：(1)教育主体间的理解是交互的，从这一角度出发，要求交互的双方(各方)作为整体性的存在，每一方都不是孤立的，都是不可缺少的；(2)教育主体间的理解表达一种平等、共性的关系，作为主体的人彼此之间同样尊重，不存在霸权的、支配的和中心地位；(3)教育主体间的理解包含着对情景的关注，作为教育主体的人在主体相互作用的构成情景中表现出自己的激情和智慧。

联系"相关链接"中"教育主体与主体间性"的相关内容学习。

✦ 面向实践本身

> **重要观点**
> 教育与现场情景不可分离。

马克思以实践的观点解释和改变世界。他指出：社会生活在本质上是实践的。凡是把理论导致神秘主义方面去的神秘的东西，都能在人的实践中以及对这个实践的理解中得到合理的解决。(《关于费尔巴哈的提纲》)马克思主义哲学实现了哲学的根本性变革，真正实现了人类思想的实践转向。展开了以实践认识和改变人类生活世界的现实途径。教育不应该仅仅作为一种静态的概念去理解。对教育的理解，只有在丰富的现实的教育实践中才能真正获得。面向实践本身是教师、教育工作者重新理解教育的基本态度、方式、方法论的思想，将让教师、教育工作者以教育实践生动、丰富、强劲的现实源泉克服旧的形而上学方法论传统的思辨影响，在中小学教育实践中研究教育，使重新理解教育的问题，促进教育的发展在教师的实践中得到合理解决。

◆ **实现教育意义**

教育研究与教育本身并没有根本区别，教师成为研究者并不意味着离开教师的工作去做另外一件事。教师成为研究者的使命，就在于实现教育的意义，即使人的道德、智力、身体、精神的发展得到实现。为了实现教育的意义，教师不仅要关注怎样认识教育的意义，更要关注怎样在自己的实践中实现教师的意义。

> **重要观点**
> 教师以研究者的态度和方式进入教育学实践，研究完全融入他的日常的教育教学活动中，成为活动的一部分。

联系本书第一章中"教师研究者的使命"的相关内容学习。

教育的本性是实践的，实现教育的意义，不是一句空话，它有着极其丰富的内容。其中，包括教师能否认识对教育意义的过程意识，对自己所教学科特有的教育意义的意识，对自己正在教授的内容在整个学科体系中的位置和它们怎样整体地显现其教育的意义有清醒的认识以及对教育怎样在自己的学生身上得到实现有清醒的意识等等。一位教师，当他对教育意义实现的实践问题都有清醒的意识的时候，他的教育、教学实践就注入了研究的态度、研究的方式：在哲学层面上对教育的意义的研究，对各个学科知识系统分析和意义的研究，对学生的全面深入理解，又直接地发生在教师日常的教育教学之中，直接地与学生的成长、进步、发展相联系。此时，教师的研究就深入到教育教学的每一个具体环节，对每一堂课、每一个概念、每一道题目，从而使他们都深刻而具体地体现着教育的意义，从而使教育教学实践真正成为教育意义的实现而发生着超越认识论传统的变革。

三、教育研究的实践取向

活动 2.3

1. 认真阅读下面一段文字：

在教育改革中有一种奇怪现象，那就是人们的教育观念、教育行为不能够充分地一致起来。实际情况往往是，人们虽然在思想上理解或树立某种新的教育观念，从主观意愿上也想努力地按照新教育理念的要求革新自己的教育行为，但是，传统的教育行为模式似乎非常"顽固"，以至于试图按照这种新教育观革新自己教育行为的教师们时常落入它的窠臼之中，也使得那些提出新教育观念的教育理论家们非常苦恼，因为他们提出的教育理论似乎总是不能实现其价值。……一般来说，师范生们进行过系统的教育理论学习,从事教育教学实习,应该能够很好地将这些理论应用到教育教学实践中去。但是,实际指导师范生从事教育教学实习的经验却说明,他们似乎很难将在师范院校中学习的有关理论应用到自己的教育教学工作中去。大多数人在描述自己教育教学行为时也承认自己的行为与所学理论的关系不大,不少人承认自己是在模仿自己以前的教师。①

2. 通过对现象的剖析思考如下问题:

(1)造成这种现象的原因是什么?

(2)如何有效地克服这种广泛存在的理论与实践脱节的问题?

(一)确立实践取向的必要性

教师的科研是教育研究,是在其职业生涯中现实地开展的,而研究的需要和动力也是在教师职业生涯中产生的。

情景 2.2

赵老师的一个专业发展日

赵老师在这个专业发展日汇报的课的内容是"氧气的性质"。从她的报告"我的第一个教师专业发展日"中可以看到,教师专业发展日的意义不仅仅在于那一天,那一节课,更多的是在于准备和实行的过程。赵老师所经历的大致是这样一个过程:

1. 分析课堂,了解学生

(1)查找小学自然课本。赵老师是个很踏实、很认真、也很用心的老师。她从理解学生入手。一方面,她查阅了小学自然课教材中的有关内容,设计了调查性作业,了解学生的知识基础。她发现有关这方面的知识已经讲了不少内容,但她一问学生,学生们回答不上来,说对这些内容全都没有印象了。怎么办?赵老师想上课的时候把这些自然书全都呈现在那儿,一点点儿引导。

(2)改变学生的知识是靠记忆形成的状况。赵老师认为,学生之所以没有记住小学所学的知识,就是因为学生的知识是靠记忆得来的。只依靠记忆而不去观察、理解、做实验,只能记忆一时。

学生觉得化学课和其他课不一样,有许多实验可看可做,特别感兴趣。喜欢实验,就是因为觉得新鲜,别的什么都没考虑。学生是很单纯、很天真的,所有喜怒爱乐都会写在脸上。只要是喜欢的东西,新鲜的东西,他们都会很开心、很兴奋;不喜

---

① 王中灵.知识转型与教育改革.北京:教育科学出版社出版,2001:200.

的、没兴致的东西,他们可能会连眼皮都不抬一下。赵老师说她就想改变知识的获得靠书本、靠记忆而脱离实验这一状况,让实验发挥它的作用。

2. 建立教育的内容与教育意义的联系

学生实验知识的获得靠书本而不是靠实验本身,一方面由于长期以来机械记忆式的教学留下的学习习惯,另一方面,是由于实验往往受条件的限制不能达到理想的效果。

由此,赵老师制定的这堂课的目标之一,就是要使学生形成科学认识来自实验的科学态度。这一点很重要的,它使教学和教育的意义联系起来,氧气的性质这个教学内容不再仅仅是知识的传递,而是体现出它的教育意义。[①]

启示:赵老师从理解学生开始,建立了教学内容及其针对自己学生的教育意义的联系,形成了清醒的教育意识。这是她以研究的态度准备课的过程中经过反复的思考和学习形成的,这个过程恰恰体现着教师教学、研究、学习的合一。这种合一,是在她自己的准备过程中十分自然地实现的,并不是事先设计的,仅仅是在总结和反思的时候,才意识到这个过程竟然在教育、教学、研究、学习四个方面都丝丝相入。

情景 2.3

赵老师的感悟

据赵老师讲,别的老师对她说:"这节课看起来很一般,没有什么呀?"的确,这节课就是一节平常的课,不是"做课"而是上课,没有什么新意,却是"真实中的平淡","平淡中的真实",但赵老师与其他老师不同的地方就在于自觉:行动的自觉与理论的自觉。赵老师说:"我是一个普普通通的农村中学教师,在学校中我按照教学大纲、教学参考书、课本,循规蹈矩地教着我的课程,日复一日、年复一年,如果不是教师发展日的出现,我可能就这样按照我原有的教学轨迹,教一辈子。但是经历了教师发展日之后,我发现教学原本是这么有魅力,有这么广阔的空间让我去研究、去发现、去创造,重要的是它让我体验到了另外一种生活的样式,教学中的研究、思索、设计让我充满了教育的激情和生命的活力,在这儿感受到了教育人生的欢乐与价值。""专业化的教师不是想出来的,也不是模仿出来的,它需要教师在实践中去感悟、去实现。"[②]

启示:赵老师的努力,使研究的态度融入自己日常的教学工作,不是与教学相分离的研究,体现着一位专业化的教师应有的、贯彻于教师日常工作的研究意识和主体

---

① 宁虹. 教师成研究者. 北京:首都师范大学出版社出版,2002:247-248.
② 宁虹. 教师成研究者. 北京:首都师范大学出版社出版,2002:249.

意识。赵老师的实践让我们对教师专业化的理解具体起来:教师专业化不是一个空洞的口号,它可以贯彻于教师生活的每一天、每一件事、每一道题,并且使每一天、每一件事、每一道题都有了新的、生动的、丰富的意义。事情仍像过去一样普通,但是,在这些原本普通的经历中,有了新的态度、体验和欣喜,有了不深入其中就不会感受的意义。

> **重要观点**
>
> 教师研究水平的提高依赖于不断进取的校园文化以及在这种文化熏陶下的对教育教学实践优化的不断追求。

教师专业发展的主要空间存在于其受教学校,任教学校以及教师进修或培训机构。由于社会对不同教育阶段的教师内化职业价值、认同教师职业规范及形成教师职业性格三个方面(统称为内化教师职业文化)并无层次上的区别,教师职业文化的内化是教师工作实践活动的一种产物,师范院校的学生很难仅仅通过深度学习即可完成,只能在教师工作实践中去理解、去体验。有关研究表明:教师任教目的,其态度与任教学校同事的相似大于其受教学校相似性;任教学校显然是比受教学校具有重要影响的教师职业社会化机构,任教学校的校长、同事及学生都是教师职业社会化的重要影响因素。教师群体的职业显文化与教师职业社会化之间具有密切的关系,在一定程度上,教师任教学校才是教师职业社会化的真正摇篮。

教师研究意识的增强,研究能力和水平的提高,离不开良好的校园文化及其熏陶下的不断追求优化的教育实践。

(二)教育教学与研究的实践都是生成的实践

生成是生长和建构,都是教学和研究的本质属性。研究始于问题、终于问题的解决。教师的科研是教育教学研究,是在教育教学活动中展开的。教育教学既是教师活动的场,又是生活的内容,还是教师参与知识的一种方式,它的本质是实践的,实践中普遍存在着问题,或者说学校的教育教学"世界"就是由一个个问题构成的。"全面提高北京初中教育质量"课题组深入 23 所中学,进行了历时三年的实践研究,在其书名为《在真实的教育中研究教育》中列出了学校(教师)面对的若干问题:学校发展道路的选择,包括"学校办学理念的形成"、"教育竞争的日益激烈和学校发展道路的选择";学校领导和管理群体的形成,包括"校长的威信和影响力的分析"、"良好学校领导和管理群体的构建"、"学校的制度化建设与反思";实现教师自身的发展,包括"关注教师的成长与发展"、"关注教师在教育变革中的作用"、"关注教师教育观念与教育行为的关系"、"教师如何应对当前的教育改革"、"学校促进教师发展的策略与途径";学校教育教学改革与学生的发展,包括"学校德育的定位与改善"、"对学校德育目标与德育方法之间关系的反思"、"课堂教学的改革与学生成长环境的改善"、"学校生活对学生发展的影响"、"成功、自信、成长——教育评价的变革";学校文化的构建与办学特色的形成,包括"学校文化的概谈"、"社会文化转型背景下的学校文化冲突"和"校本课程开发——学校特点的鲜明表征"。学校教育教学实践就是在解决一个个问题中而获得发展的。

联系"相关链接"中"研究活动及其过程"的相关内容学习。

情景 2.4

有"问题"的课

在新课程的实施过程中,我们有太多的疑问,存在着太多自己无法解决的问题,这些存在的疑问、问题有许多是普遍存在的,这也是调研课要解决的。如果在调研课中能够暴露这些问题,在评课时,大家可以就如何解决这些问题发表自己的看法、做法,集众人之智慧来解决问题,甚至可以作为教师日后教研的内容。这样,调研课就会实质性地推动新课程的进行。然而,在调研课中,我们看到的是一个又一个"完美"的课。因为调研课对上课的学校、老师是一种荣誉,也是一种压力。学校和老师都会把这个当作展示的机会。在上级领导及各个兄弟学校教师面前,如果出了"问题",谁都输不起。为了不出"问题",只好全科组一起出谋划策,集众人之力来备好一节课,然后在不同的班里多次试验,把可能出现的问题一一解决,等到上课时,一切都是那么的完美。老师激情飞扬,学生热烈合作,思维敏捷,毫不费力地完成了一个个难题的学习。但现实是调研课上的师生同平常上的课是不一样的。一个经过多次演练完美的表演课也就掩盖了现实教学中存在的问题。

有真正生成的课

新课程一改过去满堂灌的教学方法,提倡学生的主动性、主体性。这样,教学中有教师备课里的预设,也有课堂上学生的生成。学生是一个个鲜活的个体,有不同的经历、知识构成和想法。如果真的体现学生的主体性,课堂上的生成将是丰富多彩的。教师如何处理课堂上的生成,以达到最佳的效果,既有个人的知识储备,也有教学经验的原因。这样通过调研课我们将可以从不同老师的处理中学到丰富的技巧,相互学习,相互提高。但由于前面所说的原因,许多调研课中看似生成了很多问题,实则上课的师生早已滚瓜烂熟。一个问题刚提出来,学生不费吹灰之力就能完美地解决。在一次调研课上,有个学生对"家庭联产承包责任制"提出不同的看法及对策,但在评课时我们却发现该生座位里有一份详细的答案。这样的调研课,我们看到的只是无聊的表演,没有经验的交流。[①]

　　启示:教学的实际是什么呢? 就一般而言,备课的时候,教师总会遇到困难,教师总会调整教材,这里困惑如何解决,为什么这样调整;教学过程中,教师的眼前是一群充满不同的情感与知识期待的学生,这些学生有着不同的情感期待和知识准备,他们会以不同的方式,或明或暗、或显或隐地提出不同的困难和疑惑,表达不同的意见,从而使教学不断涌现出"意料之外的问题";下课后总会感到有些比较满意的地方,或有些困惑或有些遗憾和问题等等。教育实践中普遍存在问题,问题是教学实践发展的动力,因为有了问题,教师才会去研究、去学习、通过研究与学习,在解决问题过程中去推动教学实践的发展和自身的成熟,而教育教学的实践构成了教师问题发生的"场",决定教师学习和研究的时空、内容及目的。

情景 2.5

我被学生将了军

　　今天的语文课堂上,我随便地问同学们:"对语文学习,你们最怕什么?"同学们异口同声地回答:"最怕背古文!"声音整齐、响亮、有气势,令我瞠目结舌,心发抖。座位上站起勇敢的王小雷同学:"老师,书上的古诗文你都能背得出来吗?"猝不及防的反问,令我回答的声音软绵无力。下课后,我在苦笑中背着沉重的心理负担回到办公室,回到家里。

　　我知道,我的学生在语文学习上害怕的不仅是背古诗文,还有害怕写作文,读课外名著,以前学生们就有所反映。但从来没有像现在这一次的反映让我心灵震颤。我承认,最近一段时间,我特别关注学生文言文的背诵,因为我认定,学习文言文,不把课文背得滚瓜烂熟,那就等于白学! 所以,我每天都要用一些时间抽查学生背诵文言文。我想让同学们在韵味十足的背诵中,去感悟那些古人独特的人文情怀和丰厚的哲学意蕴,从而领略到祖国语言丰厚的底蕴,奇妙的情趣和鲜活的表现力。于是,同学们被我压得喘不过气来,在"之乎者也"的咀嚼中生发出苦涩的意味来。

　　说实在话,背诵文言文,是语文教师的一项扎实的基本功。做学生的年代,在中学里,历史长河里的著名篇章诗句,我着实背诵了不少……

　　从教二十载,虽然兢兢业业、勤勤恳恳、一直没有中断中学语文教学工作,我凭着我深厚的功底把语文教得还不算差,学生们也还算喜欢我的课。但我知道,在教书育人的精神境界里,我一直在吃着老本。不甘落后的责任心,工匠般的应试教学,繁忙

---

① 高矛智. 新课程,我们需要怎样的调研课. 中国教师报,2005-9-7.

的公务,摆不脱的家庭琐事,使我无暇自觉地坚持进修,尤其是对古诗文的背诵。春花秋月,斗转星移,一晃二十来年过去,我的知识袋子开了口,越漏越显得干瘪。课本上的传统篇目,温习两遍,我还能够记忆犹新;而新编入课本的篇章,从前没有花时间去背诵过,没有勇气去"嘤嘤嗡嗡"地再做当年殷勤的学生,许多时候,面对学生,我会黯然失色地出现窘态。这一次,我要求学生背古诗文,学生反而将了我的军,给我渐渐麻木的思想敲响了警钟,使我心里涌起了辛酸麻辣苦!

教书育人,为人师表,要求学生做到的,老师首先要做到,背诵古诗文也不例外,这是毋庸置疑的道理。我本来出于好心,想让学生多背一些古诗文名篇佳作,积累一些古汉语的功力,没成想学生的求知心理到底是个什么样的状态,更没想过自己是否说话不嫌牙疼,站着能够直起腰来。客观地想一想,我们不少教师确实把学生生涯定位在上学阶段,而工作任教以后,就认定自己是教师,就认定教师的职责只是"传道"、"授业"、"解惑",没有从教师的职业特点,职业素质上去深层次地挖掘教师的职责内涵。其实,教师的从教生涯是一个动态发展的流程。学生一茬又一茬,一届又一届,都带着鲜明的时代特征、心理特征、情趣爱好、理想追求,但也相差很大。教师本人对待变化的学生理所当然要能更新教学内容、教学方式和教学思维。用原有的知识结构和智能基础,难于长久有效地应对鲜活的生命。因此,教师的学习生涯是终身制的,是提升式的,不仅在做学子的时候致力于学习,而且做教师以后更应该致力于学习和锻炼。何况学子时主要是吸取知识、养成能力,是储备性的充实;而在任教过程中不仅要重视新的知识信息的及时获取、新的运作能力的不断养成,更要致力于"人学"的研究。苏霍姆林斯基说过:"教育,首先是人学。"教师必须在关注原有知识、能力巩固的同时,关注新的知识视野和能力空间,必须致力于对学生身心特点的研究,时刻关注学生的认知、情感、意志、性格等方面的发展变化,适时调整教育教学的设计创意。所以,知识能力的"新陈代谢",是教师职业人的一大特点。

但愿学生常学常新,教师常教常新,这样,我们的教坛才能有花常艳。[①]

启示:"学生常学常新,教师常教常新"的良好愿望的实现,就得靠教师面对自己所碰到的教学实践中必然会出现的这样那样的问题,去研究、学习和解决。像这位教师一样,遇到了实践问题,去研究它,或从学生方面去研究,或从教师自身去研究,在研究中会获得"新"。当一个问题解决了,新的问题又来了,再一次去研究、学习与解决,如此循环往复,就能"常新"。"常教常新"必然会带来"常学常新",而"常学常新"势必要推动"常教常新",师生如此的良性互动带来的是教学生命之树长青。

---

① 韩军.教育有悟.福州:福建教育出版社,2005:130-132.

活动 2.4

1. 阅读下面五个案例。

2. 案例中,每位教师遇到了什么问题? 这些问题由何而生?

3. 就案例所反映的问题,分析影响教师教育教学实践行为的种种因素,并由此撰写一篇认识教育教学实践的文章。

案例一:

下午教学的铃声刚刚响起,数学教师就让我喊几名学生帮她搬煤球。

这也不是第一次了,我虽然对这"理所当然"的做法有些微辞,但作为同事,又同任教一个班级,我还是应允了。

"同学们,现在交给大家一个光荣而又神圣的任务,能不能完成?"

"能!"几乎是震耳欲聋。

"老师,干什么? 您快点说啊,我们保证胜利完成。"生活委员有点迫不及待了,有些同学跃跃欲试,想一展身手。

这些可爱的孩子,在我和他们一起生活的两年里,学校教给的任务他们总是能顺利地完成! 想起我们清理操场时是那么幸福:我拉车他们推;打扫教室时,我负责玻璃,他们负责地面。每一次劳动后,孩子们脸上都留下道道污迹。当我让他们清洗时,他们也都指着我的脸大笑不止。

看他们高兴快乐的劲儿,我心里美滋滋的。

"数学老师让大家给她搬一次煤球。"

班里顿时静寂下来,好长一段时间。

窗外又响起了数学老师的催唤声。

"老师,我不去,我们不去。"几乎是异口同声。

这些孩子怎么了? 这可能是他们第一次没"睬"我的话,我的脸有些发热。这,这……我怎么向数学老师解释呢?

……

数学老师显然等急了,她竟来到了班级门前。

"很对不起,学生们正在做试卷,请您找别的同学帮忙吧!"我也说谎了。数学老师走了,显得很生气,孩子们却拍起了小手。

我知道以后要做的事还很多,有些事我怕这一生都做不好或不知怎么做(我如何向学生解释我的谎言,我和数学老师的协调、学生与数学老师的交流)。①

案例二:

这是一节《年、月、日》的练习课,上节课我和四(3)班的同学一起学习了时间单位年、月、日、世纪、季度的知识,课后布置学生通过各种方式了解其他时间单位的知识。于是今天一上课,我就问学生:"关于时间单位,你已经知道了哪些?"

……

学生们出色的表现让我感到意外,有些我在课前都没有设想到,甚至我不知道的内容。学生视野的宽广,让我震惊,也让我欣喜,我们不能忽视这些重要的课程资源。我把学生们说的要点按回答的顺序都写在黑板上。课刚过半,黑板上已经写得满满的。

这时从底下冒出来一个声音:"老师,你的板书太乱了!"

我回过去看了看自己的板书:内容确实有点多,因为今天学生们的表现太好了,书写确实有点乱,因为我没有按照备课来书写,而是让学生指挥我。平时我可是对板书一丝不苟的,学生在课即将结束的时候往往根据我的板书来总结自己学会了什么,今天的板书看来是不行了。

我调整了一下自己的情绪,既然是学生发现了这个问题,那就还是把这个问题"踢"给学生吧!

"这位同学说得非常好,关于时间单位知识这么多,这样的板书不利于同学们理解和记忆,老师不如把它擦了吧!"我刷刷几下就把板书全擦了,黑板上一片空白,学生们都不解地望着我。

"你们认为老师的板书应该怎样写?"

"要按一定的顺序"!"可以按时间单位的大小顺序写!"学生的回答给了我一些提示。"下面我们就把已了解的时间单位,按从大到小的顺序排一排。"

随着学生的发言我重新板书。②

案例三:

星期一早上,我刚到办公室,班长就邀请我参加他们的一周例会。

"老师,班里很多同学的学习劲头不如以前了,好像是在家干活累的。"

"老师,好多同学都要请假,说不参加今天下午的集体活动了,要回家帮父母收拾庄稼。"

① 韩军.教育有悟.福州:福建教育出版社,2005:3-4.
② 韩军.教育有悟.福州:福建教育出版社,2005:28-29.

"什么什么,有这样的事,长此以往,班将不班了。"我一听火冒三丈。这些同学简直是不可理喻,我要好好给他们上一节"政治课"。

"你们回去吧,我马上就去。"说着,我已经走到了讲台上。

"同学们。"我一脸严肃地盯着全班同学。

"我们是农家子弟,我们的出路在哪里? 我们的父母整天面对黄土背朝天,辛勤地劳作,还有的忍受百般屈辱去打工,他们都是为什么?"

学生都低下了头,好像意识到了自己的错误。

"我看大家还没有吃够当农民的苦,还舍不得那一亩三分地。干脆我们都别上课了,回家干活好了。大家想想,我们是农民的孩子,我们要想活个样子出来,读书才是唯一的出路。你看看,你们在做些什么? 为了干农活,学习劲头没有了,也会迟到了,竟然提出不参加集体活动。你们还是学生吗?"

我越说越激动,我觉得应该给他们指明前进的方向,这是我的职责。

"我们的父母在外打工的特别多,你知道他们被称做什么吗? '打工仔'、'打工妹'。你们听了好受吗? 他们在外干最重的活,却拿很少的钱,为什么? 因为他们是农民;他们有的在外干了一年的活,却拿不到一分钱,只好忍饥挨饿扒车回家,为什么? 因为他们是农民。"

我哽咽了。

"同学们,你们愿意将父母的路重新走一遍吗? 记住,农民是最卑贱的。你们好自为之吧!

好了,今天的课我们不上了,大家就以我刚才讲的内容为主题写一篇作文。"

……

意想不到的发生了。

当批阅学生作文时,我震惊了。

……

我不敢再看下去,我也是农民的孩子,我也深深地疼爱着父母,高中时我也曾经逃课帮家里收麦子。但为什么这一切都忘记了?

……

我抱起作文本,步履沉重地向班里走去。

"同学们,我错了,我应该为当农民的父母感到骄傲。为了他们辛勤劳作的身影,为了远方期盼的眼神,让我们一起努力学习,建设我们的新农村吧!"

一阵如潮的掌声响起来,我的眼泪也掉下来。[1]

----

① 薛农基,冯卫东.教育有悔.福州:福建教育出版社出版,2005:8-10.

案例四:

课堂上,该学习生字"掰"了。认读字音、识记字形、分析字义,我正按部就班地边引导边讲解,学生马小华忽然站起来问:"老师,'掰'有反义词吗?"

是啊,"掰"有反义词吗?说实在的,我还从没有想过这个问题。为避免尴尬,我稳了稳情绪,又把皮球踢给了马小华:"你说呢?"

"我想'掰'应该有反义词。"马小华忽闪着眼睛说。

"哦?说来听听。"此时我已无力控制课堂,只能任其发展了。

"'掰'的反义词与'掰'的结构相似,两边各有一个'手'字,中间应该是'分'的反义词'合'字,它表示双手合拢的意思。"马小华也边说边做了一两个并拢的动作,那模样,既憨态可掬,又略显自信。

看他分析得头头是道,我不由得暗暗佩服。但究竟有没有这个字呢,我心里却没有一点儿底。怎么办?怎么办?情急之中,我想到了那位不会说话的"老师",赶紧就坡下驴:"请同学们查查字典,看究竟有没有这个字。"

教室里立刻响起了翻阅字典的哗哗声。可不大一会儿,学生们便失望了,尤其是马小华,更犹如一只泄气的皮球一样,一动不动地瘫坐在座位上。原来《新华字典》里根本就没有这个"掰"字!

马小华呀马小华,你把"掰"字描述得活灵活现,好像你有十足的把握似的,甚至把我也给唬住了!想不到闹了半天,竟是你一个人的凭空捏造!一想到这里,我气就不打一处来,先是狠狠地瞪了他一眼,既而又劈头盖脸地将他数落一通:"以后不要在课堂上胡思乱想,提那些毫无根据的问题,以免浪费同学们的宝贵时间……。"

"老师,我查到这个字了,是在《现代汉语词典》里查到的,它读 gé,用力抱的意思,不信你看。"吃罢午饭,我刚走进办公室,马小华就抱着一本厚厚的《现代汉语词典》,风风火火地闯了进来。

看到词典上的"掰"字,我傻眼了,呆呆地站在那儿,半天说不出一句话来。[①]

案例五:

下课铃响了,目送着前来听课的学校领导面无表情地走出教室,我沮丧地叹了口气。这堂花费我两周时间精心打造、凝聚着备课组同仁心血和智慧、准备用来做"江苏省三级学校达标评估验收"汇报的公开课就这样泡汤了!问题到底出在哪里呢?

"老师,我可以说您这堂课一定花了不少时间吧?课件做得真精美!"他好像很随

① 薛农基,冯卫东.教育有悔.福州:福建教育出版社出版,2005:77-78.

意地说。但从他的小心翼翼、字斟句酌中,我敢肯定,他一定经过了深思熟虑,是"蓄谋已久"的行为。果然,见我还是微笑看着他,他继续说:"……可我老觉得你备课时对课件考虑得太多了,对我们学生考虑得太少了!"

这时,班上十几个学生围了上来,大家七嘴八舌地说开了。

"是考虑我们太少了!你投影上打出的'参考答案',好多跟我们的回答不一样,还有的是我们连想都没有想过的……"

"'作者介绍'太多了。有好多的识记点是你以前多次跟我们讲过,我们大家都已熟知的,你完全可以省掉不讲!"

"'背景介绍'我认为可以挪到课文结尾,在分析作者感到'人生如梦'的理解时再给我们提示一下,这样处理效果似乎好一些。"

"你老是喜欢打断回答问题的同学,似乎总想把我们的思路硬往你准备好了的'标准答案'上拉……"

"投影字体太小了,坐在后面的同学看不清。"

"板书又少又潦草!"

"还读错两个音。"

"……"

我脸红了,感到有点招架不住了,额头上也渗出了冷汗。这些小鬼头,说话可真不讲情面啊!还"你"呀"我"的,仿佛此时的我只是他们的一般同学、朋友,甚至"铁哥们",说起话来是那样无拘无束,那样自然随意!

说真的,对于教龄十几年的我来说,对自己的教学方法还是很有信心的,有时甚至是比较自负的,没有想到今天却被跟我儿子年龄差不多的学生一下子指出这么多问题,这真是形势逼人、"后生可畏"呀![①]

四、教师的学校实践

教育教学实践是一个极其复杂的行为,在它的内部构成的错综复杂的各种各样的关系,在它的外部所形成的方方面面彼此制约的关系,是用简单的眼光无法打量与把握的。认识教育实践是很难的。一般情况下,教师身处实践系统之中,拥有丰富的"实践感",但很少把"实践"作为一种谈论的主题,所谈论只是实践的诸多细节,困难和策略的问题(当然这应该也是教育实践中的问题)。理论工作者身处实践之外与实

---

① 姚流齐. 老师,你考虑我们太少…… . 中国教师报,2005-12-14.

践本身保持着必要的时间、空间乃至情感上的距离,尤其是当他们开口谈论实践的时候,实践本身立即被符号化、客观化、对象化。"话语中的实践"已非"实践着的实践"了。

联系"相关链接"中"关于'教育实践'的概念"的相关内容学习。

(一)教师的实践受制于和受惠于"习性"

当一个普通的"社会人",走上教师岗位后,就会主动或被动地想自己从外表到内心究竟要做出哪些改变才"像个教师","什么才像教师"的答案不是由当教师的这个人提供的,而是社会文化系统早已安排好的,这种安排,可能是通过显性制度如《教师法》或相关资格条例中规定的或规范的,也可能是通过一种社会无意识而加以暗示的,更

> **重要观点**
> 习性通过个体而发挥作用是自动的、非反思的、不证自明的,赋予教师们一种娴熟的"实践技巧",保证了教师在处理各种问题时的高效率。

可能是两者交互影响、共同作用的结果。显性的制度安排来自现实的政策,隐性的社会无意识可能来自遥远的过去,是教师文化长期积淀的结果。——一种先于个人而存在并赋予个人以某种社会身份的文化系统和心理习惯,即"习性"。教师丰富的"实践感"也表明这种历史形成的习惯。习惯使得充满偶然和意外的教育实践活动获得了某种连贯性和必然性;正是由于习性的存在,使得个性迥异、任务不同的教师能够产生共同的感知、策略和评价系统,彼此之间有一种"自然的"熟识感和亲密感,比较容易产生心灵共鸣;也正是因为习惯的存在,使得教育实践获得了一种深厚的历史性,从而成为历史性的实践,服从种种历史生成的内在法则。

(二)教师的实践是有"意图"的实践

"意图"是教师主观上发起某个教育行为的直接原因,其属性既可能是在观念上明确的,在价值上得到充分辩护的某种"预期结果",也可能是观念上不清晰的,在价值上也缺乏充分论证的,在形成时可能更多地受到情绪因素的影响。上面所列举的5个案例中的教师行为的起源,大多数属后者,尤其是案例三最为典型。教师行为的意图是复杂多样的,影响教师行为意图的因素也是复杂多样的,有的基于行为目的的达成,有的是基于一些行为条件的变化,有的则根本无关。而且教师行为的意图还不断地为这种意图所引起的行为结果修正、改变甚至阻滞,此时,教师原初的意图就会被改变,并产生新的意图。

(三)时间对教师教育实践行为的影响

实践在时间中展开,具有"不可逆性",行动的节奏、速度,尤其是方向构成了教师教育实践的意义。由此,教师在实践过程中产生一种"紧张感"乃至"紧迫感",在这种

感觉的支配下,教师身处教育实践过程中,但并没有多少时间来驻足静观,反躬自省,必须尽可能快地对各种情况作出"恰当"的处置。这一特点,使置身于学校教育实践现场之中的教师必须能在信息不充分和无法预见全部结果的情况下采取行动。所以,任何教师的实践行为只有"有限的合理性",缺乏或抵制理论研究所具有的从容不迫与"充分的合理性"。

(四)空间对教师教育行为的影响

空间与时间一道构成实践的"情景"或"场",包括身体空间和社会空间。身体空间是指实践过程中各方面的态度、情感和价值观等方面相互信任与相互理解的空间;社会空间则指实践过程中各方社会身份及其关系的结构、性别的差异,种族的不同、阶层的分化,信仰的多样性构成了客观的社会空间。这三层空间之间具有内在的联系,经常是综合性地作为关键要素影响教师的意图、感受与策略的选择。像时间一样,空间不仅构成了实践的"舞台",而且也直接影响到教师的实践意图与行为。如果说,时间性给予实践行为以某种程度的"紧张感"或"紧迫感"的话,空间性则给予了实践行为以某种程度的"可区分性"或"方向性"。二者共同构成影响教师实践行为的"情景"或"场"——"一种任务的和人为的社会构成",一种"漫长和缓慢的自主化过程的产物"。(皮埃尔·布迪尔,2003)

(五)学校的真实实践是教师研究的"场"

> **重要观点**
> 实践活动的原则不是一些能意识到的、不变的和形式化的原则,而是一些经由文化的长期积淀而形成的实践图式,这些图式自身是模糊的,并常因情景逻辑及其规定的几乎总是不够全面的观点而异。

教师的学校实践是有教育意图的实践行为,不管其具体行为内容有多大差别,都有自身的一般结构或生成原则——受事先习得的习性支配;受虽有所准备但仍不断被情景因素所修正或改变的意向支配;受固定的、单向的时间结构的支配;受身体——心理——社会构成的三维空间结构的支配。这种种的支配使得教师实践逻辑的步骤很少是完全严密的,很少是完全清晰的,也很少是一点儿都不清晰的。这种实践的逻辑主要支配的是身体——包括思想、说话、姿态、动作、行为等完整的身体;正是由于这种支配形式的控制,教师才不能随心所欲地对待教育实践,使得教育实践在某种程度上有规律或规则可循,表现出一定的实践合理性;同时,也正是由于这种支配形成的作用,教育实践才能被源源不断地生产出来,才能在千差万别的独特性之中形成某种具有很大一致性的实践风格。教育实践的这一逻辑特征即它并非是甚至远非是教师个体理性自主和观念体系的产物,而是关涉到许多客观的非理论的历史与现实的因素,在教育改革的过程中,人们期望通过理论学习和培训方式来彻底变革实践的目的,显得有些单纯或简单了。如果这种主观的努力不融合到经年累月形成的习性,并同时伴随着客观情景以及时间和空间结构的改造,其有效性是会大打折扣的。这恐怕也是以往教育研究或教育改革大打折扣的一个重要的原因。

实践终归是实践者的实践,教育实践终归是教师的实践。教育研究的理论工作者在研究教育实践的理论时,习惯上采用总体化、客观化和清晰化的认识路线,忽视实践的历史性,忽视活动的细节,忽视客观存在的时间性和空间性,忽视那些对于教育实践的构成来说至关重要的缄默的、偶然的与不确定的因素,从而传统研究路线可能不仅使研究者远离实践,而且从总体上使研究者存在一种"实践的无知"。一些有着丰富教育教学实践经验的人在走上传统学术道路之前,似乎还不知道"教育"、"教学"、"管理"是什么,有着健全的实践感或实践意识。一旦他从实践步入理论的殿堂,学习了许多的教育理论之后,反而对实践的认识更加模糊了。所以,理论研究者即便深入实践、亲自实践,只是获得正确认识的必要条件,而不是充分条件。面对复杂的具体不确定的实践,最需要的是对实践和实践者的尊重。与理论研究者不同,在实践过程中教师总是深深地、直接地卷入到实践活动中去,他们作为有教育意图的行为主体,是行为的发起者、协调者和终结者,他们是教育实践的"当事人",对实践的过程与结果负有责任,与教育实践之间存在着实在的、利益的和内在的关联。这样的责任及这种种的联系应该是也必然是他们研究的动因,研究的起点和研究的落脚点。为了实践而研究是教师研究的属性,因而教师的研究是在实践中,对实践的研究,是在学校真实生活中的研究。

活动 2.5

1. 读本章内容,梳理出本章所阐述的观点(认识),并就其中的一个或两个观点,联系自己的实践,谈对这些观点(认识)的认识。

2. 阅读案例"用爱心浇灌学生的心田",并回顾在自己的教育经历中这样的"故事"。

3. 在某种程度上,案例中的教师已经进入到了"在研究中工作"的状况,以研究的态度评析该案例;在评析基础上,请你尝试对你的实践进行类似的研究。

用爱心浇灌学生的心田

两次观察

观察一:这几天,班内中午吃饭时,同学们总是出现抢着吃饭的现象。打饭时一窝蜂似的,你一盒,我一盒,回来就迅速把饭吃完,然后脸上露出打了胜仗似的喜悦。

看到这种场面，我想可能是小家伙们在学校学习了大半天早就饿了吧！于是，我也没在意，就回到办公室去吃饭。这样的现象一直持续了好几天。这天，我刚回到办公室准备吃饭，有一个男生进来，站在我身边用很小的声音说："刘老师，我的饭没有了。""是撒了吗？""不是"。"那是怎么回事？是不是食堂没有饭了？"他摇了摇头："我把饭放在位子上，又去一趟厕所，回来饭就没有了。昨天××就没有吃饭。"我来到班内了解情况，大家都在安静地吃饭。他们说班里每天都有人吃不上饭。问原因，他们都说不知道，但从他们的眼神中我发现，大家肯定是知道原因，只是不愿意（或别的原因不敢）说出来。通过细心地调查，我发现每一天第一个冲出教室打饭的总是魏健。

魏健是一个又高又壮、不善言辞的男孩。平时很少与班内的同学聊天，下课也总是一个人到教室外呆会儿，看起来很成熟的样子，不像个十三四岁的孩子。同学们好像对他有一种畏惧感。这与他的家庭情况有关系，他的爸爸妈妈离婚了。但爸爸很快就结婚了，他跟着爸爸和阿姨一起生活。但每星期六、日都要回姥姥家，因为姥姥从小把他看大。魏健的爸爸自己开了个饭馆，很少有时间关心孩子，他中午在学校吃饭，晚饭爸爸就从饭馆带一些回来给他吃，他小学经常旷课。这些都是开学前家访时知道的。

我便注意观察魏健。

观察二：每天早晨魏健不是迟到，就是少上一节，到了教室听不了一会儿课，他就会趴在桌子上睡觉。有时连下课都不知道，一连睡上几节课。睡醒就要求去厕所，而且有些同学反映，他去厕所的次数特多。回想我平时从他身边走过时，发现他身上有很大烟味。

难道他为了避开别人抽烟就趁上课时去厕所？那么他为什么要吸烟呢？烟又是从哪儿来的呢？这会不会与班里经常少饭有关系呢？是不是家长给他的午饭钱买烟了，才导致中午没有钱买午饭吃，而去吃其他同学的饭呢？这一连串的问题使我有点儿晕，但是又马上冷静下来想着解决问题的方法。

问题的解决

这样的猜测和分析到底对不对，我心里也没有数。但是无论什么原因，我必须要冷静，当务之急的一件事就是着手调查魏健的思想情况，为了把情况弄清，我决定与魏健耐心地谈一谈，我对他充满信心，我觉得他会跟我说实话，作为一个学生，都渴望得到他人的信任与尊重。

1. 第一次谈话

下课铃响了，魏健从座位上走过来。当他走到讲台桌前时，我说："帮老师把书和教具送回办公室，好吗？"

生："行！"说着他拿着东西，向办公室走去，我随他来到办公室，看到办公室没有其他老师,我于是说:"魏健,老师想跟你聊聊可以吗?你是不是要去厕所呢?"

生:不,没事。

师:我相信你一定会跟我讲实话,对吗?

生:"嗯!"于是低下头。

师:前天为什么没有来上学?

生:家里有点儿事儿。

师:什么事情?能告诉老师吗?

生:姥姥病了。

师:那么妈妈呢?为什么不去照顾呢?

生:妈妈不在家(妈妈是导游,经常不在家)。妈妈在家一般也帮不上忙,姥姥有病全靠我背进背出。

师:咱们魏健还真棒!

生:真的!老师!我没骗您!(真诚地看着我)

师:老师非常相信你!而且,老师还相信你是一个有爱心、很有孝心的好孩子。

生:(笑了笑)姥姥家就我这么一个劳动力。

师:但是,以后再发生这样的事情一定要先请假,尽量不耽误学习,好吗?

生:好!

通过和魏健的谈话,我觉得我们都是彼此相信着对方,我一定要抓住机会趁热打铁,帮助他!

师:那么,你中午为什么不在学校吃饭了?

生:……(没有说话)

师:是不是学校的饭不好吃呢?

生:不是。

师:与你爸爸饭馆的菜比呢?

生:……

师:中午回家吃饭,家里没有人,谁给你做饭呢?

生:刘老师,我知道您为什么要跟我谈这些。

师:是吗?为什么呢?

生:其实,我每天都在这吃饭。(拿别人的饭吃)

师:是吗?那咱们就谈谈这件事吧!

生:其实,也不怨我。

师:那又怨谁呢?是你爸爸没有给你钱吗?

生:钱倒是给了。

师：那钱呢？

生：（摇头）。

师：是不是丢了？

生：老师，我把钱……

师：你相信老师吗？

生：嗯。您别去告诉我爸爸，好吗？（他爸爸的教育就是打）

师：你相信老师吗？

生：嗯。（点了点头）

魏健很委屈地对我说："这一段时间，爸爸和阿姨每天都很晚才回家来。我每天都在家等着，实在饿得受不了就到外面买点东西吃（有时没有钱就一直饿着），等爸爸回来再随便吃一点，有时等到十一点多钟，他们都不回来，有时还一夜不回来，我自己就睡觉了。早晨醒来就晚了，到学校总是迟到，一上课就犯困。这时想起大人说抽烟能提神。于是，我也买了烟到厕所去抽，刚开始太呛，后来适应了，还真管用，抽完烟回来上课就不困了。"

师：你的饭费，爸爸给你了吗？

生：给了，我都花了，有的买晚饭，有的买烟了。

师：饿着的时候一定很难受吧？

生：是。

师：我很心疼你，那你是不是应该想想跟爸爸谈一谈呢？

生：我都很少见到他。

师：那你这样把别人的饭吃了，对吗？

生：不对。

师：吃了别人的饭，别人就要饿着，对吗？

生：（点点头）

师：好，你能认识到不对，就是进步，我今天也特别高兴。因为你能把所有的心里话都跟老师说。说明你对老师信任，我也愿意帮助你。我再跟你爸爸谈谈好吗？

生：行，您别告诉他我抽烟行吗？

师：好。

生：（笑了笑）一言为定。

师：好，咱们先谈到这里吧？

生：刘老师，再见。

2. 做好家长工作

通过与魏健的这次谈话，说明了我的猜测是对的，第一次的成功使我更加坚定了信心,怎样更好地帮助魏健呢?我把魏健的父亲请到学校来,魏健的父亲是个对儿子很上心的人,为了儿子,离婚时,没有任何其他要求,只要让儿子在身边就行,我把魏健在学校的情况向他讲述一遍。这时,他一再说:"都是我不好,是我疏忽了。这一段,饭馆生意好,顾不上他了,有时回来晚了,看他睡了,也就没有想他吃没吃饭。把带回来的饭放在那儿。第二天,他吃不吃我也不知道。老师您帮帮我,可别让孩子学坏了!"我跟魏健的父亲确定了教子的方案。

(1)以后每月1号,他父亲来学校把饭费交给我,我帮他管理饭费。他买饭我付款,到月底多退少补。这样他就没有钱去买烟了。

(2)以后他爸爸再有晚回来或不回来的情况,就给我打电话,我早晨给魏健打电话,叫他起床,上学不迟到。

(3)晚饭问题,他父亲保证今后早些回来。

这样,我、魏健和他父亲约法三章,各负其责。后来的一段时间内,魏健表现得很好,不再拿别人的饭了。上课不迟到,也不犯困了,就更不去厕所"提神"了!

两三个月后,同学们跟我反映,这一段,魏健经常向班里同学"借钱"且不还。我听了以后很生气,我想这回得好好说说了,当我把他叫到办公室时,本想狠狠地批评他一顿,可是一看到他,脑海里浮现出,他每天回家后,就一个人独守房间等爸爸的情景,再也不忍心对他"狠"了。问明情况,原来是爸爸这段时间总是回不来,晚饭总是吃不上,就向同学"借"钱,买点饭吃。

"是不是又去买烟了?""没有,老师,真的没有买过烟。"

看到他的表情,我相信了,可是这样长期下去,又要养成"坏"习惯了。于是我决定,这一段时间先把魏健带回自己家。就这样,每天放学他和我一起回家,在我家吃饭,写作业,让他住下,他说什么也不肯,坚持回家住,不几天他的爸爸知道后,来到学校一再向我表示感谢,说:"今后,我实在没有时间,就让一个伙计给魏健送饭回来,一定让孩子吃好饭。"问题得到了解决。以后魏健再也没有出现类似问题,一直坚持到初中毕业。看到魏健的进步和他爸爸的转变,我心里有一种说不出的高兴与满足。

反思与讨论

1. 做好家长工作,统一教育力量

教师与家长共同担负着教育下一代的重任。要成功地教育好孩子,老师和家长首先应注意思想上的沟通和理解,教师运用准确、艺术的语言,崇高的品行赢得家长的信任和尊重。不但对学生有激励作用,对家长也有教育影响。虽说家长是成人,有时他们的感情也很脆弱,因为他们望子成龙,对孩子付出了很多心血,而孩子的表现有时不尽人意,家长沮丧、失望的心理比较严重。这些不良心理又潜移默化地干扰着家长采取正确、理智的方法教育孩子,从而产生恶性循环。作为班主任要及时与家长沟通,使其走出家教误区,重新调整心态,发现孩子身上的闪光点,燃烧希望之火,用正确的方法教育激励孩子。在教育魏健的过程中,我以真诚打动家长的心,让他感到教师对教育事业的责任心和对孩子无私的爱,与我密切配合,共同完成教育任务。

2. 真诚的爱,浇开幸福的花

爱,是人间的春风;爱,是生命的源泉;爱,是世界最美好的事物。师爱是教师在培养学生成长的过程中所产生的感情。师爱比母爱更无私,比情爱更真诚,比敬爱更可赞。通过辅导、教育和帮助魏健,我感到爱是通向孩子心灵的路径,是教育的基础。没有爱,就没有教育。教育要在爱中对单亲教庭中的孩子进行帮助和教育,每个孩子的家长都深深地知道,他的爱对子女意味着什么。可是,单亲家庭的父母们奉献给孩子的爱毕竟残缺。这些家长整日忙于工作的事情根本无暇顾及孩子的教育。甚至有些人对孩子放任,不加管教。特别是和父子生活在一起的孩子,虽有父爱,却不享有母亲细微的照顾。因而常常使孩子养成一些不良的学习、生活习惯。这就需要我们教师从生活、学习、思想等各方面关心他们,对他们充满耐心、爱心和信心。同时教师还要抽出一定的时间做家长的工作,唤起他们的责任感,得到家长的理解与帮助。只有老师、家长和学生的共同努力,才能使孩子更健康地成长。我深信,教师的爱像阳光,会慢慢融化学生心灵的冰雪。

3. 坚持不懈做好教育工作

我还感到教书育人的过程是长期的、反复的。在教育学生的过程中,常常会出现反复。这是正常现象,因为学生思想觉悟的提高,道德行为习惯的形成是一个反复发展的过程,我们作为老师应"导之以行,持之以恒",不要简单禁止,不能奢望"一蹴而就","一劳永逸"。要善于疏导,正确对待学生转化过程中的反复,深入调查了解反复的原因。坚持不懈、耐心细致做好反复教育工作。对他们的心理摸透摸准,选择正确的教育方法。对他们在教育过程中重犯错误不急躁,不嫌弃,尽可能把工作想在前头,做在前头,防患于未然。

资源	1. 与其他教师交流学习的心得。
中心	2. 学校中的研究活动,案例编写与分析。
活动	3. 就学习疑难之处,阅读与本章相关文件、网页资源。

本章小结

本章从教师的扩展性专业特性要求出发,在阐述教师的"研究着的实践者"的这一角色的基础上,通过教育教学现实中实践情景,论证了教育科学研究的价值取向——实践取向,明确提出教师的教育研究是在教育教学活动中展开的,是在教师的职业生活现实中展开,而研究的需要和动力也是在执教生活中产生的。从本质属性上看,教育教学的实践与研究的实践都是生成的实践。教师的学校实践,无论是制约它的带有社会性的教师"习性",还是时间和空间,都需要而且必然要教师在"学校真实生活中研究"。

⌨ 本章重点

❖ 新的正在发展着的时代是一个充满不确定性的时代,这样的时代凸现出教育固有的不确定性。"不确定性"需要教师从事实践的研究,也提供了教师研究的实践空间。

❖ 教师研究的基本目的是焕发出师生的生命力,达到改善师生生活质量,提升师生的生命价值和意义。

❖ 教师不是消极被动的"教书匠",而是积极、主动的研究者,必须拥有扩展性的专业特性,即有研究自己教学实践的信念和技能,有在实践中对自己教学理论的进行质疑和检验的意向,愿意接受其他教师或研究员来观察他的教学实践,并能进行坦率而真诚的讨论。

❖ 教师从事研究,更主要的是在自己的教育实践中,研究自己的实践,改进自己的实践;教师的研究是实践的研究,是完全融入教师日常的教育及教学活动中,成为活动的一个部分。

❖ 教师的环境不是一个空洞的口号,它可以贯彻于教师生活的每一天,每一件事,每一道题,并且使每一天,每一件事、每一题都有新的、生动的、丰富的意义。

❖ 教师的日常教育实践是普普通通的经历,如果教师从中有了新的感受、体验和欣喜,有着不深入其中就不会感受其意义的时候,那么此时教师就在进行研究。

❖ 教育是实践的,实践是由问题组成的,实践者是为解决问题而实践的;研究起于问题,终于问题的解决。从这个角度看,教育实践与研究的实践在属性上都是生成的,具有质上的共性。

❖ 学校的真实实践需要实践者——教师去研究它,并通过研究去推动它的发展,同时学校的真实实践又是教师研究的"场",制约着、甚至规定着教师研究的方向、问题、对象和方法。

📖 **本章学习反馈**

自·我·学·习·评·价

疑问和没有解决的问题

📼 **相关链接**

教师与教学研究关系的演变

1. 早期关系

　　在教育史上相当长的时期内,教学实践对教学研究的需求并不高,原因大致有四个:第一,教学内容相对固定,而且这些内容大多带有比较浓重的宗教或政治色彩,对这些内容的诠释有比较固定的结论,不允许教师或其他关心教育的人对这些内容作个人的阐释。这客观上使以解释和创造为目的的"研究"没有立足之地。第二,教学手段比较单调,教学方法比较简单,社会对教育效率、教育质量等问题尚缺乏清晰的意识,一个人要成为一位"合格的"教师,在技术上只要沿袭传统的一套做法就已经足够了,还谈不上在各种教学方法之间进行选择,更谈不上根据教学实际予以优化调整或创新。第三,社会舆论对教师专业能力的要求主要集中于他对教学内容的掌握程度上;在教学方法、教学手段等方面,古代教师并不像现代教师那样面临较大的压力。第四,就一般而言,古代教师的素质普遍较低,从事教育对大部分人来说只是一种糊口的途径,很少有人把教师当作一项事业活动。

古代时期也有"教学研究",大致可以分为两类:一类是教育领域之外的学者,尤其是哲学家和政治(学)家,从他们的角度出发,对教学发表的一些意见;一类是有直接教学经验的教师,在总结自己或他人经验的基础上,就教学问题发表的一些见解。尽管这些意见与见解对他们教学实践的影响并不很大。

2. 中期关系

17世纪以后,资本家在欧洲的兴起,近代科学技术的发展,大大改变了教育的面貌。其中,两个因素使得教学研究变得必要起来:一是随着人类知识日益丰富,越来越多的人觉得,有必要通过教育把这些知识教给学生;二是社会的发展需要更多的人接受一定程度的教育。这样,如何能够把尽量多的知识以最有效的办法教给尽量多的人,逐渐成为关心教育的人们不能不思考的问题,要解决这个问题,就需要进行教学上的研究和实验。17世纪后期,特别是进入18世纪后,教学实践与"教学理论"的关系开始密切起来,因为出了师范学校这一新的培养教师的机构,它把学习、探索教学方法和问题摆在了未来教师的面前。对一般教师来说,教学终于成为一个可以探索与尝试的"问题"了。19世纪末20世纪初,因为社会进步要求教育不断调整自己适应社会发展的需要,因为人们关心教育的效益与质量而期望教学实践得到可靠的研究成果的支持,因为诸如心理学、社会学、统计学测量等科学及科学研究技术的逐渐成熟,为教学研究提供了丰富资源,独立的教学研究迅速发展起来,出现了更多的研究成果,形成了一套比较规范的研究模式,并且有一批人能够专门从事教学研究。但教学研究逐渐成为一部分人的"专利",而这部分人往往并不参加直接的教学实践,从而导致了教学研究与教学实践的距离。

3. 近期趋势

20世纪中期以后的教学研究与教学实践,比以往任何时候都显得密切;各种各样的教育理论异彩纷呈,研究的领域不断拓展,这些研究成果都急切地想在教学实践中找到自己的一席之地。教师们不但在师范院校普遍地接受过教学理论方面的专门训练,而且工作之后也能通过各种渠道接触到最新的教学研究成果,他们在教学实践中遇到什么难题,或多或少都期望"专家们"能够通过教学研究为他们提供一些建议……毫无疑问,教学研究已经成为促进教学实践改进的一股相当重要的力量,而且随着人们对教学质量的越来越高的要求,这股力量的作用似乎也在日益增强。但这并不能掩盖现代教学研究与教学实践的格局所暴露出来的日益明显的难题:为什么有众多的教学研究成果被束之高阁?为什么教育研究专家与教师之间的共同语言越来越少?为什么有许多教学研究的成果应用到实践中后,并不能产生预期的效果等等。

作为思考这些问题的结果,一种新的理念开始产生:教学研究不应该只是教育研究专家的"专利",从事教学实践的教师,也应该从事教学研究,教学研究应该成为教师专业内容的一个必要组成部分。

教育主体性与主体间性

1. 教育主题性

狭义的教育主体性是指确证了教育主体地位,正在发挥着教育主体作用的人的属性。即有一定的目的性、选择性、创造性与自我调节性等。

(1)目的性是教育主体在自觉活动中表现出来的事先确立目的并按目的行事的一种属性。

(2)选择性是教育主体在自觉活动中表现出来的对行为目的和达成目的的手段与途径等,按照自己的价值观进行比较和择优的属性。

(3)创造性是教育主体在教育活动中表现出来的求新的属性。

(4)自我调节性是主体对自身进行反思,加大自己的合理行为,改变不合理行为的属性。

上述诸种主体性有着内在的一致性。合理的目的性,离不开选择性、创造性和自我调节性。而创造性本身体现着目的性,也是一种自我选择,同时从主客观实际情况出发的创造,不是主体可以为所欲为的,因而受自我调节性的制约。至于选择性,往往处于目的性指导下;而富有新意的选择性毫无疑问要受创造性影响。再看自我调节性,作为与自我意识、自我能力等密切相关的主体性,它理所当然地对目的性与选择性和创造性产生着作用。因为要使目的性、选择性和创造性的发展与发挥比较好,就离不开自我调节。

2. 教育主体间性

主体间性是主体通过发挥自己的主体性与其他主体保持理解关系的属性,主要包括理解性、通融性和共识性。

(1)理解性。认识论意义上的理解,通常意味着了解或认识;本体论意义上的理解是指人的存在方式,即人的本领或能力。在这种意义上,理解是在自我解蔽中敞开人的各种可能性,是人在自己生命意义上的自我发展与完善。教师主体间的理解性是人认识与本体论两种理解意义的统一,即相互理解与自我理解。

(2)通融性。这是主体之间表现出来的不苟求对方、最大限度地接受对方的意见与行为的属性。它意味着求大同、存小异,是在不违背原则前提下的最大宽容,给人方便,自己方便。

(3)共识性。在交往过程中,不同主体尽管想表现自己的主体性,坚持自己的独特见解和行为,但他们通常能接受与自己意见相左、但比自己意见更合情合理或处于优势地位的意见,形成一种"人同此心,心同此理"的趋同性和一致性。①

研究活动及其过程

研究从根本上说是一种活动或一个过程。这一活动或过程是有系统的,是由一连串有因果关系的步骤构成的。如果把这一过程进行线性描写,就如图 1-1 所示。

确定问题 → 查阅文献 → 收集资料 → 分析资料 → 得出结论

图 1-1 研究的系统过程

从过程角度分析,研究过程的连续性特点就显得很突出,但从活动角度去看时,活动的重复性又显现出来,有时两项或两项以上的活动可能同时出现在过程中。我们来透视一项研究活动的一般活动的系列模型图,见图 1-2。②

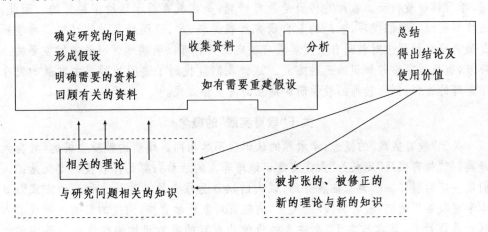

图 1-2 活动系列模型流程图

图 1-2 是一般研究活动的活动系列模型流程图,它描绘了不同研究过程活动的一般情况。上框(实线)表示的是一般活动,为了显示研究过程的灵活性和研究类型的多样性,活动之中是有重复的。下框(虚线)不表示活动,但也是研究的组成部分。箭头表示的是知识、与知识之间的关系(包括现有的知识、相关的理论,被扩张和被修改的知识、新的理论和知识)。它们之间的关系表现为:首先,所有的一般活动都来自现有的知识。其次,相关的理论就是指现有知识中的一部分,而不是全部。在教师的科研活动中,相关的理论就是与确定要解决的教育问题相关的理论知识。再次,新扩展、被修改的知识和新知识,有的是在研究过程中形成的,有的则是从研究的结论中

---

① 熊川武.实践教育学.上海:上海教育出版社,2001:68-72.

② 威廉·维尔斯曼著.教育研究方法导论.袁振国主译.北京:教育科学出版社,1997.

产生的。这些就都成了现存知识的一部分。

从图 1-2,我们可以清楚地看到这样一个事实:在研究活动中,从确定研究问题入手到问题的解决,这一过程大量的活动是收集资料和分析资料。而这些活动,都与研究者现有的知识相关。在研究过程中,与研究相关的知识被不断地修改、扩展,而研究的结果又必然产生新知识,使现有知识不断得到扩展。通过对科研活动及其过程进行透视,我们可以看到科研活动有两大功能:知识扩展功能与问题解决功能。往往我们注意科研对问题解决的现实的有用的效果,而看不到其对扩展知识面的功能。实际上这是科研活动的中间步骤,这一步骤相当重要,它占研究时间分配的绝大部分份额。就是在这一个环节中,在这段占很大份额的时间流程中,发生着两个奇迹——一个是教师转型的奇迹;另一个是教师学习的发生。也就是说,科研必然伴随着学习,学习推动着科研。教师的科研是教育研究,是在教育教学活动中展开的。因此,透视科研过程我们发现,教师的教育研究过程是教、学、研同期互动的过程。教学研是教育研究过程中对教师自主发展具有决定意义的可以明确地区别开来的重要的三环节,也是教师参与知识的三种方式。这样我们就找到了追问教师自主发展的发生学原理的途径:剖析教师的教学研同期互动的生存方式。①

关于“教育实践”的概念

关于“教育实践”的概念,学术界的认识也不尽相同。顾明远教授主编的《教育大辞典》把“教育实践”定义为“人类有意识地培养人的活动”;郭元祥教授的定义是:“人们以一定的教育观念为基础展开的,以人的培养为核心的各种行为和活动方式”;日本学者长谷川荣把“教育实践”定义为“向教育对象施加直接、间接的影响以形成其人格的具体行为,其本质在于,形成人的价值的有目的有意识的影响作用”;英国学者W.卡尔则比较强调教育实践的伦理层面,反对将教育实践看成是价值中立的“技术性活动”和单纯的追求理论建构的活动,认为教育实践“乃受教育的内含之伦理规准所引导之实践活动”。在这些定义的基础上,本文将“教育实践”定义为“有教育意图的实践行为”或者“行为人以‘教育’的名义开展的实践活动”。

研究“教育实践”,可以有许多层次或多种的角度。从广义上说,所有教育研究都可以说是研究“教学实践”的:有的研究教育实践的“历史”,有的研究“中观的”或“微观的”教育实践问题;有的研究“中国的”教育实践问题,有的对“国际的”教育实践问题进行比较研究等等。这些有关教育实践的研究,都是把某一层次或类型的教育实践作为分析的最小单元来对待。②

---

① 金美福.教师自主发展论.2005:193-192.
② 石中英.论教育实践的逻辑.教育研究,2006(1).

第三章
面对真实的学校教育问题

本章学习任务

☞ 理解研究问题确定的重要性,把握研究问题确定的要求和策略。

☞ 把握中小学教师教育研究的正确的基本指向,反思自己或学校以往开展教育研究的现状或现象,为自己今后开展教育研究提出基本要求。

☞ 在学校人际互动中,或从学习的文本资源中,结合对自己工作中的现状与发展要求,确定一个至三个研究问题,并能把它们按要求表述出来。

一、引 言

研究过程中为了获得理想答案的重要一环,就是要弄清研究的问题。

活动 3.1

1. 阅读下面的资料。

"科研兴校"、"校兴科研",近年来已经成为中小学校的共识。各学校从自身的立场出发,也开展了多种多样的科研活动,并且这些科研活动在部分学校已成为发展的动力与保障。与此同时,又不能不看到,一些中小学校的教育科研并没有真正带来学校的变化,往往是轰轰烈烈的"科研"一番,教师依然故我,学生的状态仍同往常,学校发展与改革所面临的各种各样的问题仍然存在。现在,只要是办学条件稍好的学校,大多是有自己的研究课题和成果的,但是对这些科研的成果加以比较,不难发现,研究的课题和项目的数量与解决学校问题的低劣质量的对比是非常鲜明的——这样的"校兴科研"行为,并未产生"科研兴校"的成果。

2. 你所在的学校有这样的现象吗? 如果有,请就其中的一个或两个作具体的叙事描述。

3. 出现这种现象的原因有哪些? 重点对研究课题的确定妥当与否进行探讨。

　　充分地确定问题是研究过程展开的必要条件,因研究的类型不同,对问题的确认程度也不同,所投入的人力、财力和物力也不同。如:

　　基础研究,也称为基本理论研究或纯理论研究,它往往是先有了某种设想或假说,然后通过研究工作找出其本质规律,其成果一般是广泛的真理或普遍适用的原则、理论或定律。它没有具体的应用目标。这类研究,没有严格的期限要求。教育学、教育哲学、教育经济学、教育社会学、教育统计学、教育管理学、职业教育学、幼儿教育学,"教育评价","心理因素对教育的影响"等等,都属于这类研究的选题。

　　应用研究。它是先有一定的目的或任务,运用教育基础研究所取得的科研知识,探寻在具体实用项目的教育方面的新知识、新的教育途径和新的教育措施,这类研究的时间,有期限要求,但期限较长。"心理因素对考试成绩的影响及解决的办法"、"大面积提高中小学教育质量"、"弱智儿童诊断及教育训练","少先队活动在少先队教育中的作用"等,都是这类研究选题。

　　发展研究也可称为实验发展研究。它是应用基础研究和应用研究的成果,对某项教育内容和教育方法进行重大改革,创新的系统的创造性的研究。这类研究有明确的期限要求,而且期限较短。"研究一种新的方法,解决学生在考试时的紧张情绪"、"从培养兴趣入手,提高学生的作文水平"、"探索少先队教育社会化的新途径"等等,都是这类研究的选题。

　　联系"相关链接"中"中小学教育研究的类别"的相关内容学习。

活动 3.2

1. 阅读关于中小学教育研究分类的资料。
2. 联系自己专业生活的实际与特征分析作为小学教师最适宜从事哪些研究活动。

> **重要观点**
> 问题的提出是开展教育研究的出发点。解决问题是教育研究的终结。

　　确定研究问题是教育研究的开端。教育科学研究过程是一个不断提出问题和解决问题的过程。问题的实质就是矛盾,问题是联结已知和未知的纽带,教育研究的过程就是立足于已知,去探索未知。"良好的开端是成功的一半","万事开头难",从两个方面解释了选择确定研究问题的意义,爱因斯坦说过:"提出一个问题,往往比解决一个问题更重要。因为解决一个问题,也许仅仅是一个数字上实验的技能而已。而提出新的问题、新的可能性,从新的角度去看旧的问题,却需要有创造性,有想象力,而且标志着科学的真进步。"确定研究问题直接关系到一项研究工作能否顺利开展,是成功还是失败,成果是大还是小,价值是高还是低。选择、确定研究问题关系到整个研究工作的过程,是科研活动开始阶段复杂而又艰巨的工作。

在学校生活中问题是很多的,问题与问题间有主次、轻重、缓急等差别。因此,研究什么问题是有选择的。确定的研究问题就是经过选择之后定下的研究课题。如何用科学的方法确定研究课题,把有限的人力、财力、物力和时间,用在最需要

> **重要观点**
>
> 决定一个研究能否取得成效,很重要的一点就是看它所选择的研究问题。

的地方,发挥最大的作用,争取做到投资少、见效快、质量高、成果多,这就是本章欲与学校教师共同探讨的内容。

二、研究问题的来源

研究的问题从哪里来? 正如同理论研究者研究的基础理论问题,更多地来源于材料的占有以及已有理论建构中存在的种种问题一样,中小学的教育研究主要围绕学校中的问题展开。

(一)从教育教学实践中选题

中小学教师与专业研究者一个根本的区别,就在于一直生活在教育教学实际的现场,是在现场中感受教育事实,生发教育理念,提升教育智慧的。教育教学实践现场是教育问题的原发地,是问题产生的真实土壤,进入教育现场的教师对教

> **重要观点**
>
> 中小学的教育研究问题更多地来自于学校生活的实际,来自于学校所面临的各种各样的问题。

育现场所作的任何真切而深入的分析,都有可能产生大量的待研究的问题。

活动 3.3

1. 阅读下面的案例。

2. 回顾自己的教育教学生涯,你碰到过类似的问题吗? 你在实践中还有哪些问题?

3. 梳理已往教育教学实践中的种种问题,寻找其中让你感到"最关键、最困惑、最有价值"的问题——这些就可能是你需要研究的课题。

不管怎么说,为师者心中总是有一种潜意识:听话的学生可爱,违背老师意愿的

学生就没有那么讨人喜欢了。其实,守着不必要的"面子",老是在学生面前摆一副长者的姿态,充其量也只能换来学生表面上的"臣服",学生的自主性、创新意识都在这种高压统治下被扼杀。试问:调教出来的如此听话的学生又何以在21世纪的知识经济大潮中立足?

作为一名教师,还是多给学生点说"不"的机会,帮助他们克服畏师的心理障碍,鼓励他们说出不同意见,说不定学生的想法会给你启迪,能有助于你的教育教学。

前年我接到四年级一个班级的学生,第一印象还可以,学生非常守纪律。时间一长,我感觉到不对劲,这班学生太被动,坐在课堂上一动也不动,很少有学生主动举手。更奇怪的是好像他们特喜欢做作业似的,做起作业来特带劲儿,不论是教过的还是没有教的,他们都抢着做,就是不在乎做得对不对。班上的事更是我不说没人动,不过说了就做得相当好。天哪!我觉得自己简直在指挥一群待命的机器人。

基于这种现状,我利用周会、班队课做大家的工作,帮助他们剥去老师"神秘"的外衣。我给他们讲自己过去的事,让他们明白老师只是比他们早学一点知识,多那么一点生活经验而已,但老师决不是什么神仙,有时也会出错。老师有了错就要及时帮助老师,向老师提出来,这样才算是"勇敢"!老师没有理由不接受学生的批评,因为这才叫"诚实"。

这以后,我抓住一切教育契机。开展班委竞选,举行讲故事比赛《老师,我要对你说》征文……渐渐地,学生失落已久的自信心被找回来了。我又让班上全体学生都来"参政",凡班级重大决定,所有学生都参加讨论,然后定下最佳方案。学生参与班集体建设的主动性、积极性越来越高。一个学期下来,班级基本上进入了自治状态,真正有了"老师在与不在一个样"的感觉。班干部能较好地管理好班级秩序,安排同学读书、讲故事、做游戏……我感到了从未有过的轻松。

在日常生活中,小家伙们建议我留长发,说什么那样更有女人味。还说我字练得不到家,要进行再加工。我也就趁机在班上开展练字大赛,和学生一起练字,一起比,倒也其乐融融,无比舒心。

有些老师认为我的举动很幼稚,和学生没大没小,觉得只有和学生拉开距离,才能使学生敬畏,才能使班级安定。却不知这无形中抑制了学生的天性与童真,使其成为任人摆布的玩偶。我想,要实施素质教育,要发展学生的创新能力,就必须给予学生自主发挥的机会,让学生与老师成为合作伙伴。因为学生是一个个有血有肉的个体,唯有让学生活跃起来,他们的学习才会有成效,才能有创新。①

---

① 陈震等.班主任新思维.南京:南京师范大学出版社,2002:226-227.

　　要在教育教学现场中发现研究的问题,首要的是教师要具有较强的问题意识,要能够在稍纵即逝的现象中捕捉问题,甚至在貌似没有问题的地方发现问题。这一方面需要教师在日常的教育教学实践中通过撰写教学日志等多种形式,积累相关的经验,形成对教育教学独立见解和认识;另一方面需要时间让教师对问题具有高度的敏感性,不放过任何可以提出问题的细节和现象。

　　联系"相关链接"中"问题空间"的相关内容学习。

情景 3.1

怎样避免再次发生类似的事

　　某一天中午,我在办公室休息,来了本班的一位女生,她在我对面坐了很久,一言不发,但显然有话要说。在我耐心的等待中,她终于开口了,在滔滔不绝的诉说中我能大致了解事情的原委。以下是她的诉说:

　　读初一时,由于她个性大胆泼辣,干事风风火火,能主动配合老师的工作,而且成绩突出,她被任命为班长。在工作中,她表现出管理班级的出色才干,成为老师的小助手。但到了初二年级,由于调换了班主任,她没有再当上班干部,随即她与众多普通同学一样,成绩在班级中也处于中游。

　　初二下学期,英语差的她,有一次带着期盼的心情向英语老师请教难题,没想到英语老师用一句"这么简单的题目也拿来问,自己不会去想一想"便把她打发了。

　　正是这样一句不经意的话语,对她的刺激很大,改变了她的性格。从此,她变得自卑、寡言,认为自己被人瞧不起,不受老师重视,于是便甘于沉默,甘于落后,加上班主任并没有发现她的情绪变化,她慢慢地被忽略了,她把这种消沉情绪带入了高中。

　　上高中以后,她发现同学们个个对学习、对班级工作、对各种活动跃跃欲试,一马当先,她受到了强烈的震撼,感到自己与同学的差距很大,不管从行动上、思维方式上,还是语言表达上,她都落伍了。她一个人坐在教室里,看着大家欢快、热闹地说笑着,感到一种莫名的失落。

　　她又回忆起小学发生的一件事,让我颇感震惊并陷入深深的思考中。小学时有一次选拔演讲赛选手,演讲出色的她被语文老师选中了。正当要进入比赛之际,学校的一个领导忽然喝令老师把她撤下来,原因是她脸上有一大块黑色的胎记,不适合上台演讲。提起这件往事,她抑制不住自己伤心的泪水。当时这个校领导可能万万没有想到,正是这样一件对他而言根本不放在心上的事,却撕裂了一个孩子美好的梦想,深深地伤害了一个人的自尊,使一颗幼小的心灵从此蒙上了浓浓的阴影。这个伤口,也许在她身上永远也难于愈合。

多年以后的今天,当她提起这件事,是如此难过和痛苦。也许一个人的一生将因这种偏见的打击而改变,一个人也因此变得懦弱、胆怯、自卑,无法再建立起自己的信心。作为一个教育者,我们怎样去避免再次发生类似的事件?怎样爱护一颗脆弱而又宝贵的心灵?①

启示:在老师来讲,可能是"一句不经意的话语",可能是"一件对她而言根本不放在心上的事",但他们却"撕裂了一个孩子美好的梦想,深深地伤害了一个人的自尊,使一颗幼小的心灵从此蒙上了浓浓的阴影"。如此的现象和现象中的细节,却是教师需要研究的问题,从中可以体悟到应该怎样当教师,寻找到爱护学生的信仰和行为。

当教师真诚地执著地投入到教育实践中,总会遇到疑点或困惑,即遇到难题或亟需解决的问题,这些问题往往迫使教师反复思考,并寻找解决的途径,从中就能寻找到研究的问题。如关于学生心理健康教育的研究,关于全面提高质量的研究,关于班级管理问题的研究,运用多媒体技术开发新的教学手段的研究等等。

(二)从教育教学改革和发展需要中选题

当今迅速发展的社会不断推动教育事业的改革和发展,面临着课程教学中不断出现新情况与新问题,教师时常会感受到这样那样的"不适应",这些"不适应"为教师选择研究的问题提供了广阔的空间,如:新课程提倡教材的开放性,那么教材如何贴近生活、贴近学生、贴近学校,如何进行校本教材建设与开放,教师如何把社会上出现的新情况、新材料、新问题、新内容及时纳入到课程中来,弥补教材上的不足……

新课程要求教育教学过程中研究学生主体,引导学生在参与当中体验,在互动中生成,教师以此为基点,通过一系列新的教学设计,试图达到引发学生的兴趣,唤起学生学习热情,但实施下来效果并不明显,并且学习成绩会受到一定影响。

教师从"培养学生的创新精神"这一指导思想出发,并在教学中常常布置一些具有挑战性的课堂或家庭作业,但这种做法却造成了一些学生跟不上功课,经常伴随着一种失败感,从而导致学生厌学情绪。

情景3.2

重拾耐心

今天我哭了,为学生的不听话。

一直以为自己是个很有办法、很得人心的老师,常常在轻松间就可以将很多矛盾

---

① 陈震等. 班主任新思维. 南京:南京师范大学出版社,2002:226-227.

化解。学生的爱戴、家长的称赞一直成为自己内心的骄傲。从来不苛求得到什么，更不会因为同事的侧目而有什么不堪，因为我是那样的为自己自豪，其他的都不重要。

有人说：你会把他们宠坏的。

爱人说：没见过你这样的老师。

学生说：我宁可当你的学生。

我说：谁让我是他们的又一个"妈妈"！

可是，我今天发现自己的语言是那么苍白，教育是那么的无力！走入孩子们的心房，蹲下来与他们对话，去倾听他们在想什么……我都做了，都做到了，可是，我仍不能塑造所有的灵魂！

于是，我来到教育在线，浏览了很多很多的帖子，想从中寻求力量，寻找灵感，我很想弄明白，作为老师，我到底应该怎么做？怎样可以打动学生的心？怎样可以让他们认识到自己？我突然很迷茫。十年的教学生涯不能让我有力量，有信心，我觉得自己很渺小。

老师的无奈，该有吗？不该。

可我有。真的有。

我发现现实和理想真的还是有距离的，我一直在努力缩短，一直在苦苦追寻，追寻了那么久……

昨天无奈之后，我来到久违的乒乓球室，想发泄一下自己的郁闷。在与同事的过招中，我的脑海老是浮现中午与孩子的对话，所以精力不能集中，完全凭下意识的习惯动作，没想到竟发挥得很好。同事问："你这是什么招数？"我脱口而出："这叫无招胜有招，以静制动，以不变应万变！"说完之后，在同事的笑声中，我突然悟到了什么，我的心顿时开朗起来。

是呀，"不变应万变！"我们的教育不也是如此吗？纵然学生有这样那样的错，可我们始终要坦诚面对。我们还得一如既往，不是吗？当家长痛苦地问我："打了，骂了，也鼓励了，就是不改，我们真没辙了！我们还能怎么办，遇到这样的孩子？"

难道我们真能放弃？难道我们看着还没有成熟的孩子在错误中自生自灭？当然不，怎么办？只有教育！没有成效又当如何？还是教育！

突然间我感到了"教育"两个字里蕴含的重量，我们无可推卸！

也许耐心是我们最大的考验，在这份较量中，谁坚持到最后，谁就会收获，只是不同的是，如果我们赢了，收获的是笑容，而如果学生的恶习占了上风，那最终收获的却是痛苦的泪。我们又怎能忍心？

所以，我还是对两位家长说："无论孩子犯了怎样不可饶恕的错，我们都得重拾耐心,去面对,现在他们最需要的不是棍棒,而是内心的感动!"

"一个人要改变,不是因为别人让他变,而是他自己真正想改变!"

但,我们必须给他们力量! 让他们看到希望!

今天,当我来到他们中间的时候,我依然微笑着向他们问好。课上,我看到他们高举双手,课下我看到他将地下的纸片悄悄地拾起……

也许,改变是在不知不觉中的。①

启示:当理想与现实,自信与效果有距离、不一致的时候,对教育有信仰,对学生有期待的老师,总从"距离"中去寻找研究的课题,以研究的态度去改造自己的实践,进而解决问题,不断缩短乃至消除存在着的"距离"。

这些疑难或困境,是教师几乎每天都会遇到的,并且没有现成的成功模式可供借鉴,也可能不会只有一个答案,只能将其作为研究对象,在研究过程中逐渐找到,削弱其阻碍、转化其限制力量的对策。

(三)从人际互动智慧中选题

新课程提倡教师与学生、教师与教师、学生与学生、教师与家长、教师与领导、学校与社会方方面面的人际协调互动,在与学生沟通交往中,在与家长对话中,在教师集体备课共享信息中,在与领导的探讨中,时时刻刻会有思想的碰撞、感情的共鸣、心灵的震撼、智慧的启迪、灵感的点燃;成功的经验,失败的教训,学生的心愿,家长的期望,领导的要求都有可能成为研究问题的导火索。

联系"相关链接"中"校本教研课题应该来源于学生"的相关内容学习。

情景3.3

三位教师的听课收获

——韩玉宇老师(江苏省常州星辰实验学校)的收获

记得很多年前去听课时,脑子是混沌的,完全不知道该听什么。有一次觉得一个环节很好,课后却被权威人士批得一塌糊涂,同事告诉我说:内行看门道、外行看热闹。为了不让自己这个外行露马脚,就常常把自己隐蔽起来,听课自然就谈不上"有效"、"高效"了。

后来因为教龄渐长,特别是带了徒弟之后,有些场合总是被年轻老师"逼迫"着讲点什么。出于通过一定要讲出什么来维护一个老教师的尊严的心理,我只好在听课

---

① 韩军.教育有悟.福州:福建教育出版社,2005:81-82.

时多一只眼睛,多一只耳朵,多一颗心。我的听课本总是被分成两半,一边写着过程,一边写着自己的即时点评。末了,还要一、二、三、四梳理一下,算是总评。这样才渐渐有了一些研究的目光与心态。

大概是从做课题开始,又逐渐有了"项目意识",习惯将课堂中的问题分成封闭、半开放和全开放三类来研究。我一直在做一件很"傻"的事情,每听一节课,就将课堂中的所有问题一一记录,课后一一归类。看看常态下的课堂这三种问题占了很大的比例,哪种问题是最常用、最实用的,怎样进行问题之间的转换等等。通过这样的研究,直到现在,我发现自己对课堂中的"问题"都是最为敏感的。

——严丽荣老师(湖南省郴州市藾洲中学)的收获

听课者课前要熟悉所听课的教学内容,盘点自己在日常课堂教学实践中一直存在的困难和亟需解决的问题,让自己带着思考、学习、探究的态度去听课。看授课者是如何处理类似问题的,教与学行为的有效性如何等,再通过比较,找出差异,积极寻求改进的措施,生成新的课堂设计,以实现课堂教学的超越。

带着问题听课,能促进听课者改变原来那种"旁观者"的身份,以积极"参与者"的角色深入课堂,关注教师的教与学生的学,关注问题的解决方法与程度,并自觉反思自己的教学观念,教学行为以及教学效果,从而在问题求解中主动听课,在自我反思中提升自己的教学水平,促进自己的专业化发展。

如果由一名教师带着某个专题或典型性问题上课,其余教师则带着问题听课,每位听课者都进行有针对性的课堂观摩,从不同的角度去发现问题、思考问题、就更好地借助集体的智慧与力量,把问题转化成课题进行研究,从而更有利于问题的全面解决,达到共同分享经验,共同成长进步的目的。

——文久江老师(湖北省荆州市沙市区岑河中学)的收获

我自己成长最快的一个时期,是八年前刚开始带毕业班的那段日子。当时区教研室组织毕业班的物理老师开展了一周一次的复习研究课活动,活动普及全区城乡各中学,先由一位教师上一节公开课,然后由教研员和所听课教师评课,我带着眼睛看,带着耳朵听,带着笔记录,带着脑袋思考,带着嘴与其他教师交流。我一直这么认为:一节公开课,如果有一个、两个值得我学习的地方,那就是一节成功的课。在听课、评课中我记了自己的心得,在回家后我常"放电影"般地回忆别人的课,然后想:如果我来上,会怎么处理?一学期十多节复习研究课,每次来回几十里的路,我是一节课也没有耽搁。就是在这样的学习和观摩中,我取得了明显的进步,到后来自己也开始承担全区的公开课任务。

即使现在,只要有听课学习的机会,我也不会放过。因为我相信,任何一个教师精心准备的公开课,一定有他个人独到的地方,一定有值得我学习的地方,只要自己善于把握机会,不断地在听课中学习别人的长处,克服自己的短处,就一定能够很好地把别人的经验变成自己的财富。

启示:在我国中小学里,听课已是一种常规的教学管理活动,也是一种经常进行的教学研究活动。因而,它是教师之间以课堂教学为中介的人际互动。只要是把自己置身于研究者的位置,"让自己带着思考、学习、探究的态度去听课",并将课中所有的问题一一记录,课后一一归类,看看常态下的课堂这三种问题占了多大比例,哪种问题是最常用、最实用的,怎样进行问题之间的转换等等,每位教师就会"发现自己对课堂中的'问题'都是最敏感的"。看来,教师能从人际互动智慧中选题,自己应该有选题的智慧,或者说只要"有心",教师从人际互动智慧中不仅能选出题,而且还激发出选题的智慧。

人际互动往往是被人们忽略的课题资源库。教育的本质就是人与人之间的互动,人际互动应该成为中小学教师选题的要求之一。教师要善于从别人的心得中吸取智慧,从别人的思想中吸取营养。这也应该是教师作为研究者的一种良好品质。

(四)在与文本对话中选题

> **重要观点**
> 教师不可能在"无阅读"的状态下作任何研究。

占有一定数量的研究成果、研读、学习相关的理论论著,对一个从事研究的教师来说是非常必要的。关键在于教师在阅读这些研究成果或其他资源时,要时时注意结合自己的工作实践进行有针对性的思考,要注意把理论的论述转化为对自己工作中相关问题的解读与说明,要注意将自己的经验与阅读材料中的分析相关联系。研究的问题就在这样一些过程中产生。

当把所阅读的文本所阐述的观点或描述的事件转化为对自己工作中相关问题的解读与说明时,自己的问题在这样的转化、联系、解读中逐渐呈现并变得清晰起来。

通过教育理论和他人成功的经验的收集、筛选、整理、学习,从中受到启发,发现和提出问题而形成研究课题。如把已有理论用于教育实践进行实验研究,在已有成果的基础上进一步发展,开辟新的应用途径,或者发现理论之间、理论与实践之间有矛盾。从而提出课题进行验证。也可以从将教育理论、教育理念、教育成果转化为具体的教学实践活动时所遇到的问题中选题。比如,新课程实施中自主、合作、探究等教学方式在教学中运用的策略,怎样把新课程理念转化为教学行为,如何把新课程实施的一些原则性要求落实到实处,从操作层面上有哪些具体的途径和方法等等,都是很有价值的问题。

(五)从科研规划课题或课题指南中选题

各级教育行政部门、教育科研机构、学术团体、教育期刊等为便于指导教育科研工作,提高教育科研水平及其效率和效果,往往根据社会发展及学科发展的需要,定期或不定期对教育科研的发展作出规划,推出教育科研课题指南。这些题目大都是一些当前乃至今后我国教育界必须思考和探讨的重点或热点问题。教师可以根据自身的条件,采取"抓大放小"或衍生的办法,将宏观层面的大课题细化为微观层面的小课题来进行研究。

(六)从媒体信息中选题

信息时代的每天都有海量的信息通过各种报刊杂志、广播、电视、网络送到我们的脑海中,这里面有大量教育的信息,有成功的经验,新的科研成果、新的理论见解,新的研究动态,也有失败的教训、存在的问题;特别是网络信息中,对有些暴露学生和教师的需要、困惑、疑难的问题,更有不少解决问题的对策和设想,这些都能给我们有益的启发,可以从中发现和提出研究课题。

(七)从专家的指导中选题

当前,中小学的研究常常是同专家合作,采取"送出去,请进来"的办法,增强了教师接触专家,聆听专家报告,接受专家指导的机会;有的学校还培养了自己的教学研究队伍,这为教师科研选题提供了极大的智慧资源。专家有丰富的研究经验,站得高,看得远,自己同时在承担科研任务,他们的思想观点、他们的兴趣热点、他们的研究方向、他们的研究成果等无疑会成为教师选题的阶梯,充分利用他们的资源,教师就能站在巨人的肩膀上。

活动 3.4

1. 选题举例。

(1)在我国农村或民族贫困地区怎样才能真正普及九年制义务教育?

(2)在实施素质教育、创新教育过程中,如何处理好教与学、教师与学生、教材与教学等的关系?

(3)在经济全球化的背景下,我国教育如何把握机遇,迎接挑战?

(4)全面建设小康社会对教育提出哪些新的要求,教育如何为全面建设小康社会服务?

(5)网络信息对学生思想、品德、学习和生活会产生哪些影响,学校、家庭和社会应如何采取相应的对策和措施?

(6)课堂教学中如何贯彻新课程精神?

(7)从家长的态度看学生的作业。

(8)表扬与批评学生给我的教学带来的利弊。

(9)构建主义教学观对课堂教学的启示。

(10)英语情景教学研究。

(11)小学数学教学设计和布置研究性问题的实践研究。

(12)从接受性学习到研究性学习。

(13)课业负担过重产生的原因是什么?

(14)课业负担过重问题怎么解决?

(15)学习困难学生是怎样形成的?

(16)学习困难学生有哪些特点?

(17)教育教学中怎样促进学习困难学生的转化?

(18)小学高年级学生和初中生厌学是怎样形成的?

(19)怎样帮助学生克服厌学情绪?

(20)如何提高教学效率?

2. 在复习本节所讲的内容后,指出上述各选题最有可能的来源。

三、选择研究问题的准则

经由上述来源所产生的种种问题,有些并不见得能够成为学校教师研究的课题或者研究的问题。比如说"普通话不够标准"、"教师在导入时身体挡住了一些视线","声音小了点"等都是教学问题,但不是研究问题。教育教学中的问题要作为研究问题,需具备一系列的条件。

(一)研究问题的特征与着眼点

哪些问题可称之为研究问题,进而会被确定为研究课题,是具有一定要求的。

✦ 研究问题的特征

1. 问题必须旨在探索两个或多个变量之间的关系。问题不能仅仅是处理一个变量,如"某校本学期有多少学生的语文考试成绩在 80 分以上?"这个问题根本不需要确定变量之间的关系,只要记录、统计下来就可以了,所以不能作为研究问题。但是,如果改为"某校本学期语文成绩在 80 分以上的女生是否可能多于男生?"这就不同了,这种陈述建立了变量之间的关系,是确定性别这一变量在语文考试成绩上的差异情况。

2. 问题必须明确无误地陈述出来,通常可用发问的形式提出。例如:教师的人格特征与学习成绩的关系是什么? 学生是否从直接提问的教师那里,比不直接提问的教师那里学到更多的东西? 预习的学生比未预习的学生听课质量更高吗? 学习的能力与社会经验地位之间存在什么关系?

3. 所研究的问题必须要具有可检验性。所谓"检验性"是指必须具有利用所收集的资料回答问题的可能性。

具有了上述特征,提出的实践问题才能被称之为研究问题。

联系第四章中"提出研究假设"相关内容学习。

+ **研究问题的着眼点**

着眼点可以从研究的分析单位和研究问题的指向两个方面来分析。

1. 研究的分析单位就是研究所采用的基本单位。其最终的目的在于把他们的特征集合起来,以描述这些分析单位组成的较大群体,或者解释一些抽象的事物。

(1)个人。研究中有时以个人(学生个体或教师个体等)为分析单位。通过对个人的调查、分析来描述和解释社会群体及其互动。例如,以某个失学学生为个案,研究学生失学的原因、特征等。

(2)群体。学生或其他社会群体,如教师、家长、教育决策者等,也可以作为研究的分析单位。当学校及与学校有关的某一社会群体被作为分析单位时,他们的特征可以从其成员的特征中抽取,即能代表所属社会的共有特征。

(3)组织。学校、班级、学校社团组织等,都是正式的社会组织。它们也常常构成研究的分析单位。例如,分析班级规模的大小对学生学习的影响,又如在社区的影响下学校有哪些不同的特征等。

(4)社会产品及人际关系。学校活动中充满着各种各样的社会产品,教育、教具、教材等属于此类;大众传媒、流行歌曲、报刊杂志等也属于此类。对这些事物进行分析,研究它们与学生学习的相互关系等等,也是研究的一个重要方面。在学校情境中,学生与教师,学生与学生的社会互

> **重要观点**
> 研究教育活动中人与人之间的社会关系,及由这些社会关系所产生的社会行为,在学校研究中越来越占有突出的地位。

动,必定产生各种各样的社会行为,这些行为对教育教学都有着一定的影响,同样是研究的重要方面。例如,对不良学生违法乱纪行为的分析,对学生之间相互关系的分

析等。

2. 问题的指向。这是指着眼于研究分析单位的哪些情形。

(1)状态。在研究的问题上,可以是研究不同分析单位的各种存在状态,对个人状态的描述可以包括性别、年龄、身高、体重等;对学生群体和班级组织的描述可包括规模、结构、学生的概括性特征等;对学生社会行为的描述可包括某一或某些行为在何时何地发生、涉及哪些人等。

(2)意向。以个人行为分析单位的研究,常常意向为研究对象,如态度、信仰、个性特征、偏见、素质等;对教育活动中的某一社会群体和正式组织的研究可包括其目标、规范、过程及其成员的身体意向;对教师或学生等群体行为也可以从动机、态度等方面进行探讨。

(3)行为。可以对个人、群体和组织的社会行为进行研究,如学生失学,课堂上出现的学生对抗行为等。

(二)选择研究问题的基本要求

✦ 现实性的要求

"现实性"包括两个方面的含义,一是指教师选的题目不是凭空想出来的,而是来自鲜活的教育实践,紧扣自己的工作实际,是大家或自己关注而又搞不太清楚的问题,是教育实践中亟待解决的问题;二是从现实可能性出发选定研究问题,做到知己知彼,处理好量力而行与尽力而为的关系,既是实践急需,又是容易操作的选题。考虑课题必须具备的一定主观条件和客观条件。主观因素包括研究者自己的知识水平、研究能力、兴趣毅力等等;客观因素包括是否有适当的研究工具,是否有足够的参考资料以及就其他方面的制约等因素。如果不具备完成课题的基本条件,选题再有意义,最终都做不出来,这样的选题是不现实的。

✦ 实践价值的要求

> **重要观点**
>
> 教育科学研究选题必须使选题具有为教育实践服务的应用价值,教师的选题首先是使选题具有改进自己实践的价值。

教育科学研究选题的"价值"准则,是选题的方向性问题。科研方向是通过具体的课题得以贯彻落实的。教育实践中提出的问题,永远是教育科学研究选题最重要的源泉。教育实践的需要,是突破教育科学中陈腐观点,推动教育科学向前发展的动力。中小学教师扎根第一线,其科研价值取向应该面向工作实际,不要盲目追求高度理论研究,企图在理论上有所建树,或在基础研究上有所突破;而要更多地将精力用于解决一些实际问题。

✦ 创新性的要求

创新性即有创见,有创意。中小学教师科研所要求的创见和新意有其自身的特殊性。只要是自己探索出来的新思想新方法或者把别人的成功经验或基本原理恰如其分地运用到自己的教育教

> **重要观点**
> 对自己原有水平有所突破,并取得良好效果的就是创新。

学实践之中,比自己原有的水平有所突破,并取得良好效果的都可谓有创新。中小学教师选题创新性的重心放在两个方面:一是结合自己的教育教学实践突破自己的原有水平,使自己有所提高;二是给教育教学带来前所未有的效益,给学生带来超乎寻常的进步。不论是方法的、形式的突破、观点的突破,还是实质突破,首先针对教师自己过去而言,当然在更大范围内的突破更好。

✦ 科学性要求

所选的课题要避免凭空臆想、胡编乱造,"上不着天,下不着地"的假问题,不是问题的问题,不言自明的问题,而应该具体、明确。课题研究的对象,研究的范围、研究的内容乃至研究的方法应尽量在课题设计明确体现出来,不能空谈、笼统、模糊。

活动 3.5

1. 认真理解选择课题的四项基本要求。

2. 试着从下面各组课题中各选择一个研究课题:

(1)A. 新课程背景下师生关系的重新定位

　　B. 新课程背景下学生与家长关系的重新定位

　　C. 新课程背景下男生与女生关系的重新定位

　　D. 新课程背景下校长与学生关系的重新定位

(2)A. 师生关系对学生学习的研究　　B. 家庭背景对学生学习的影响

　　C. 同伴关系对学生学习的影响　　D. 几种促进学生学习的师生交往模式

(3)A. 惩罚有害学生心理健康　　　　B. 哪种惩罚对学生心理伤害最大

　　C. 如何辩证看待惩罚的教育作用　D. 我是如何正确理解和运用惩罚的

(4)A. 题海战的积极意义研究　　　　B. 分散复习的积极意义研究

　　C. 集中复习的积极意义研究　　　D. 分散与集中复习的意义研究

(三)选题策略

✦ 换个角度观察

中小学教师的研究大量是在教学活动中进行。按常规来看,每日的教学只不过

是日复一日无任何新意的机械重复,没有什么值得研究的。而正是这种无新鲜感的教学,就特别值得研究。此时,不妨换个角度来观察问题,你就会发现问题,借"不是生活中没有美,而是你没有去发现美"的话来比喻,"不是教学生活没有问题,而是你没有发现它们。"只要经常换位观察,就会发现周围的一切都值得重新研究。例如,习惯任何表扬都会达到预期效应的,谁都喜欢表扬,但换位来讲,表扬不一定达到预期效应,这样的事情的确存在着,课题"表扬的非预期效应研究"就在换位中出现了。

✦ "进一步推进"

在原有认识和原来方向上进一步推进,追根究底,层层逼近,而不是停留在表面的描述与思考上。比如,在别人的研究结果上再多问几个为什么,如果继续下去会有什么结果,利用该结果会产生什么效益,会有什么问题,有什么预防办法等等。这实际上是在别人开辟的路上往前继续了一步。如用"既教书又育人"来表述教学的教育性的本质特征,这是上上下下都讲的,但追根究底地研究下去,就会发现如果这个"假设"存在,那么教学实践中可能会出现"边教书边育人"、"只教书不育人"和"只育人不教书"三种情况,而教学的实际是"凡是教师者,必然在育人"。显然"只教书不育人"是对教学规律的不正确的描述。

✦ "站在对面"

从与已有的事物、经验或课题等完全对立的角度来思考,用批判的眼光从对立的角度逆向思维,审视一切,发现问题,找出不足,从而确定课题。如,当前"校本"的推广是我国基础教育领域中的热门课题,推崇备至。应该说,"校本"的推广的确加速了中国基础教育发展的步伐,但从对立的角度来审视,就会发现"校本"的不足及其之间的缺漏。以"反思"、"校本"为选题的研究,可以全面地理智地认识"校本",充分发挥"校本"的作用。

✦ 类比迁移

从事物之间的相似关系受到启发,或借鉴其他科学的研究方法来研究教育过程,或将某个领域的原理、技术、方法引用或渗透到其他领域,或将已完成的研究方式和成果应用到新的领域,或把着眼点放在事物与事物的结合点,都可能产生新的课题。比如,根据网络游戏对小学生学业的影响研究,可以由此迁移到中学生身上,选出课题"网络游戏对中学生学业的影响研究"。"教师人格的研究"和"学生人格的研究",如果从两者之间的关系入手选题,即可以是"教师人格对学生人格的影响"。

四、研究问题的界定

选择好一个问题,并不意味着它已经陈述好了对于提出的研究问题,在表述上切忌含糊笼统,对其中所包含的词语要作清晰的限定。

(一)研究问题界定的要求

✦ 需要界定的词语

这里的词语主要是指研究中有关的重要概念和一些不常见的、容易误解的术语,通常出现在题目和假设中。名词术语的界定,通常采用操作性定义和描述性定义。如课题"启发式教学在培养学生创造性思维能力中的作用",它所需要对有关概念和术语加以限定:启发式教学有哪些特征? 如何才能称得上是启发式教学? 创造性思维能力比较抽象,不易把握,其主要表现是发散性思维,故其操作定义可表述为:对同一事物的多种用途和功能的设想能力。这样经过界定,较为抽象的或不明确的名词概念就较为清晰和具体了,并且在一定程度上是可以观察和操作的。当前,围绕"素质教育"的研究课题很多,但对什么是素质教育仍不甚了了。因而围绕"素质教育"开展的各项教育研究,存在着很大的区别,你、我心目中的"素质教育"并非可以认同,必然影响到了研究的实施。

✦ 需要说明问题的范围和变量的限定

课题的表述主要是为了清楚说明本课题的范围和变量的限定,为研究提供一个聚焦点。它也为研究设计提供了起点,因为只有在研究所设计的范围和变量明确之后,才可能作出具体的设计。对研究范围加以限制,就是不仅应知道该研究什么,而且也应了解不该研究什么,如果不加限制,将导致研究的困难重重。

在研究范围加以限制的基础上,对该课题的研究对象总体范围的具体范围的具体规定,主要是明确研究的态度。对每一个问题的研究,充分可以从不同角度去进行,每种角度都规定了自己的研究对象范围,如,研究某种教学方法对学生成绩的影响,既可以从自己有的教学经验出发,通过经验总结,得出有关认识;也可通过对学生的实际调查和访谈等来进行;还可以从有关的理论角度去探讨。

活动 3.6

1. 两个研究课题的题目与研究范围表述如下:

(1)题目:当代小学生兴趣爱好新趋向

　　范围:对几所小学校的部分学生的兴趣爱好进行调查

　　(2)题目:少数民族女教师的成长研究

　　范围:一位拉祜族女教师职后发展的调查

　　2. 这样的问题表述好吗? 为什么?

　　◆ 需要区别陈述是否合理

　　对问题的陈述有必要区分哪些陈述是合理的,哪些陈述是不合理的。"小学课程"的陈述太广,它其实不含任何问题,因而不能作为问题来陈述的,如果是这样的表述:"研究某校小学语文课程对提高学生阅读能力的效果",或"某校小学语文课程对提高学生阅读成绩有哪些影响",那么就比较合理了。

　　通常的情况下,一个问题需要反复几次处理才能成为有效研究的恰当形式。问题的陈述必须具体,要清楚地知道什么是实际要调查的。在研究的初始阶段问题可以粗略陈述,然后通过查阅文献系统地加以限制,这种做法比一开始陈述显得很狭窄片面、然后再来增添的做法更好。例:

　　原陈述:小学生的创造能力

　　再陈述:发散性思维与小学五年级学生各方面特殊的关系研究

　　问题的陈述形式:五年级学生发散性思维分散与一般智力测量分数的关系是什么? 与阅读成绩得分的关系是什么? 与动作技能测量的关系是什么?

　　原陈述:学生成绩与教学技术

　　再陈述:关于三种教学技术对高中低年级学生的学科成绩影响的研究。

(二)研究题目的表述要求

　　研究问题经过多次的筛选、聚焦后,变得比较具体明确了,再从价值、创新、可行性上作出考虑,再按问题界定的要求进行再确认,研究问题大致可以确定。此时,要将研究问题转换成研究课题,必须用简洁的文字表述一个真正的研究题目。

　　(1)最好能囊括研究范围、对象、内容、方法。如:

澜沧县上允镇　　　小学生　　识字量与语文学业成绩　　的　相关研究
研究范围　　　　　研究对象　　研究内容　　　　　　　　　研究方法

　　(2)题目内容最好涉及两个变量。如:

小学生　　智力水平　　与　　学业成就　　的关系研究

两个变量的关系

　　(3)题目不要用疑问句形式。研究问题作为一个问题,当然是问句形式,但作为一个课题题目必须要用陈述句形加以描述。

(4)避免价值判断。教育研究是一种具有价值取向的活动,有时也需要作价值判断,但研究题目的文字描述则要求避免价值判断。

活动 3.7

1. 下面两个研究题目,其实施过程,要做的事可能都一样。

(1)中小学教师敬业精神低落原因的调查

(2)中小学教师敬业精神及其影响因素的调查

2. 上述两个题目,哪一个表述更恰当,更像一个研究课题? 为什么?

五、选择研究问题的误区

学校当今的发展面临着许许多多新情况,出现了各式各样的问题、遇到了形形色色的矛盾。这些新情况、新问题、新矛盾制约着学校发展,影响着教育教学的变革,如果不及时加以处理和解决,就难以使教育适应社会和学生个体发展的要求,难以达到预期的教育目标。这些问题的解决,原有经验不能奏效,已有的办法不能破解,研究因而成为解决这些问题或矛盾的前提和基础。学校在教育改革与发展中的问题是教师参与教育科研的直接动因,使之中小学的教育科研与学校自身问题的解决等结合在一起,始终指向学校自身的发展与变革的、尽管研究不是学校发展与教师成长的充分条件,但无疑是必要条件。为了解决学校实际问题,促进学校持续发展,为了提升教师教育教学水平是中小学教育科研的出发点。如果研究偏离了这一出发点,科研的形态有了,但却没有直击学校的痼疾;科研行为有了,但却没有真正解决学校的问题,这样,中小学的教育研究走入"误区",虽然学校忙于申请这样那样的课题,但课题研究的成果并不能解学校所困;虽然学校提倡教师投入研究,但这样的研究并没有切实转变教师的课堂行为以及与学生交往等其他行为,其结果是为研究而研究,为课题而课题。在选题上,其误区具体表现为:

(一)题目太大

选题过大,带来课题宽泛,涉及因素众多,一个大问题关联着一系列小问题,并没有明确的目标指向,甚至没有鲜明的问题意识和线索,由于题目太大,太泛、空洞,研究过程中面面俱到,难于聚焦,结果哪一点也深入不进去,各方面问题的探讨也多为浅尝辄止,有欠深入,如"素质教育的理论与实践的研究"、"新课程改革的理论与实践研究"等论题涉及范围非常宽泛,是不适合中小学教师的。研究最好从小课题做起,从身边做起。小课题易于研究,易于写实,易于提出新的见解。

(二)难度太高,主题太偏

难度太高脱离自己的实际知识和能力,即使付出巨大努力仍然无法实现,好高骛远,结果力不从心,导致半途而废。如:记忆的脑神经机制研究、学生情绪控制技术研究等,都不是中小学教师力所能及的研究课题。

选题应该紧密结合教育教学改革实际,符合新课程改革的主流,符合时代精神,避免太边缘化,不着边际,无实际用途。"小学低年级学生抽烟对身心的影响"、"爱滋病防范从娃娃抓起"等,都属此类选题。

出现选题"难度太高"、"主题太偏"的一个重要原因就是跟风追潮。一旦出现了一些新的动向或"潮流",常常有些学校或教师闻风而动,作相应的各式各样的研究。创新教育才一出现,不少学校和老师马上以"创新"为题申报这样那样的课题,好像课题名称中没有"创新"就无法实施创新人才的培养一样。多元智能教学刚一引入,有的马上以其作为学校教育科研的参照系数,进行多元智能教学的验证或推广研究。

(三)一味"求新求异"

在研究活动中,选择了研究课题以后,如果发现他人已经有所研究,便搁置一旁,重新选择所谓新的课题,而不去深入思考已有的研究成果在哪些方面解决了自己的问题,澄清了哪些自己所关心的困惑。这样一来,造成的结果是课题研究中新名词、新概念迭出,但却不一定能对教育实践有新的解释和指向。实际上,学校面临的许多课题是共有性的,由于学校的情境不同、传统各异、办学思想径庭等,其他学校的研究常常不能解决你学校的问题;对同样课题研究做深入的研究,有时是必要的。

(四)课题至上

这里的"课题至上"是指有的学校和老师热心于从社会或上级教育和研究部门的课题名录中选择课题,并以发表课题名录单位的级别作为重要的参照,以争报高级别的单位的课题为荣,而忽视甚至轻视学校自身日常生活实践中的研究。但科研并非是课题,尤其是课题名录上的课题的代名词,尤其中小学科研,随机的、偶发的、情境的、个别的问题都可以成为研究的对象。教师在实际教育教学活动针对一系列具体、特殊问题进行系统的反思,虽然并不是预定的课题范围内,但同样是重要的有深刻价值的研究。"教师即研究者",中小学教师占主流地位的研究并非课题式的研究,而是日常生活实践的研究。

活动 3.7

1. 比较下列选题。

(1)论中国的基础教育

(2)论中国的基础教育的教材建设

(3)论中国基础教育的数学教材建设

(4)发达地区现代化学校的建设研究

(5)发达地区农村现代化学校的建设研究

(6)发达地区农村小学现代化学校的建设研究

(7)物理教学的现代化

(8)小学科学教育的现代化

(9)我校小学科学教育的现代化

(10)学生班级建设对学业成绩的影响

(11)吸毒对小学生身心的危害

(12)全国中小学学生多元智能发展现状及个性特点的研究

2. 分析各选题的得失。

资源 中心 活动	1. 阅读与本章内容相关的文本和网页资源。 2. 反思以往的研究情况,与其他教师交流学习心得。 3. 与其他的教师讨论一些的研究问题。

本章小结

　　本章从当前中小学校教育科学研究活动中存在的"校兴科教"却不能带来"科研兴校"的现象讨论开始,讨论了研究问题确定的重要性,以及如何确定研究问题。教育科学研究的过程其实质就是一个不断提出问题和解决问题的过程。问题的提出是具体教育研究开展的出发点,相关问题的解决是研究活动的终结。确定研究问题是教育研究的开端,而"良好的开端是成功的一半"。中小学的教育研究主要围绕学校中的问题展开,其研究问题来源于教育教学实践,来源于教育教学改革的发展需要,来源于人际互动的智慧之中,来源于与文本的对话之中,来源于科研规划课题或课题指南之中,来源于媒体信息之中,来源于专家的指导。经过上述来源所产生的问题,并非都是研究的问题,因为研究的问题需要具备一系列的条件:必须探索两个或多个变量之间的关系,必须要具有可检验性,必须明确无误地陈述出来。现实性、实践价值、创新性和科学性是选择研究问题的基本准则。换个角度观察习以为常的日常实践,在原来认识或方向上进一步推进,从已有的事物、经验或课题等完全对立的角度来思考,从事物之间相似关系受到启发,以及借鉴其他科学的研究方法等都是选择研究问题的有效策略。对研究问题所包含的词语、范围和变量要有清晰的限定,并区分其陈述的合理性。在研究问题确定的活动中,一定不要进入诸如"题目太大"、"难度太高"、"主题太偏"、"课题至上"乃至"一味求新求异"等误区,把研究的关注和目的集中在为了解决学校实际问题,为了促进学校持续发展,为了提升教师教育教学水平,为了引导学生健康地成长。

⌨ 本章重点

❖ 确定研究问题直接关系到一项研究工作能否顺利开展、成败与否、成果大与小、价值高与低。

❖ 中小学的教师研究问题更多地来自于学校生活的实际,来自于学校所面临的各种各样的问题。

❖ 教育教学实践现场是教育问题的原发地,是问题产生的真实土壤,进入教育现场的教师所作的任何真切而深入的分析,都有可能滋生大量的待研究的问题。

❖ 要在教育教学现场中发现研究的问题,首要的是教师要具有较强的问题意识,要能够在稍纵即逝的现场中捕捉问题,甚至在貌似没有问题的地方发现问题。

❖ 在课堂与教学改革中,面对不断持续的新情况,教师时常会感受到这样那样的"不适应",这些"不适应"为教师选择研究问题提供了广阔的空间。

❖ 教师在人际互动中,时时刻刻会有思想的碰撞、感情的共鸣、心灵的震撼、智慧的启迪、灵感的点燃,成功的经验、失败的教训、学生的心愿、家长的期望、领导的要求都有可能成为研究问题的来源。

❖ 当教师在阅读文本时,当教师在接触媒体信息时,注意结合自己工作实践进行有针对性的思考,注意把理论的论述转化为对自己工作相关问题的解读与说明,注意将自己已有的经验与阅读材料中的分析相联系时,研究问题就会涌现。

❖ 教育教学中的问题要作为研究问题需要具备一系列的条件,包括要具有研究的特征,需要用简洁的文字表述。

❖ 教师选择的研究问题是来自鲜活的教育实践,紧扣自己的工作实践,是大家或自己关注又搞不太清楚的问题,同时是容易操作的问题。

❖ 选择的研究问题应该具有为教育实践服务的应用价值,首先具有改进研究者自己实践的价值。

❖ 只要是自己探索出来的新思想新方法，或者把别人的成功经验或基本原理恰如其分地运用到自己的教育教学实践之中，比自己原有的水平有所突破，并取得良好效果的，对教师来讲，都是创新。

❖ 所选的研究问题应该是具体、明确的；研究的对象、范围和内容与方法尽量在课题设计中明确体现出来。

❖ 对提出的研究需要界定概念、术语，说明问题的范围和变量的限定，并用简洁的文字表述一个真正的研究题目。

❖ 中小学教师的研究应该坚持为解决学校实际问题，促进学校持续发展，为了提升教师教育教学水平，引导学生健康发展。如果研究偏离这一点，研究的形态有了，但却没有直击学校的痼疾；研究行为有了，但却没有真正解决学校的问题。这样，中小学的教育研究进入了"误区"。

本章学习反馈

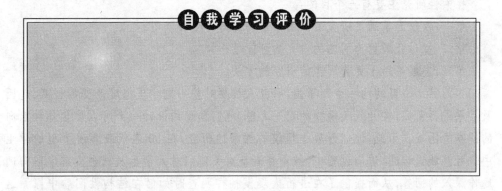

自我学习评价

疑问和没有解决的问题

相关链接

中小学教育研究的类型

分类是科学研究的第一步,对于中小学教育研究活动来说,同样也是如此。了解了教育研究的不同类别,实际上在很大程度上也明确了中小学教育研究的定位,明确了在中小学实践中能够从事哪些研究活动。关于教育研究的分类林林总总,下面列举其中几种较为普遍的分类。

1. 基础性研究与应用性研究[略]

2. 探索性研究、描述性研究和解释性研究

这也是根据研究的目的对研究所作的分类。

(1)探索性研究:许多教育研究是为着探索某一课题,即对该课题进行初步了解。当研究者新接触一个课题或这个题目本身比较新颖尚无人涉足时,研究往往是探索性的。

探索性研究主要有三个目的:

第一,仅仅为了满足研究者了解某事物的好奇心和欲望;

第二,探讨开展更为周密的研究的可能性;

第三,发展可用于更为周密的研究的方法。

作为第二个目的的一个例子是,研究人员要对某一期学生态度改变的程度、起因及后果进行研究,在开展大规模的调查之前,他们预见到设计一个可以度量几种取向的问卷的困难。为此,他们开展小规模的探索性研究,在50名代表各种类型的学生中进行开放式访问,访问过程中,被调查者就有关他们对大学生及社会大态度取向问题作深入的回答,从而提供了在进行大规模抽样调查时如何在结构性问卷中探测这种复杂性的方法。

探索性研究在教育研究中是很有价值的,但其缺点也是很明显,即难以为研究课题提供满意的答案。

(2)描述性研究:此类研究的主要目的在于对教育中出现的某一情况或事件进行描述,研究者把研究的过程中观察到的情形记录下来。例如,对学生对待某项教学改革的态度进行描述。

(3)解释性研究:此类研究的目的在于对教育中的某种现象作出解释。了解学生对教育改革有多种态度,这种态度是什么,是描述性研究;而研究他们为什么会有这些态度,则属于解释性研究。

虽然区别研究的三种目的是很有必要的,但同时也应该注意到,多数研究是同时包含有这三种目的的。例如,某研究者想对某种新的教学方法作出评价。这一研究首先包括探索的性质,它要对这种教学方法的效果予以沟通,然后要描述方法的运用效果,最后揭示为什么会出现这样的效果,为什么这种方法对某些学生适合、而对另外一些学生不合适。

3. 定性研究与定量研究

这是依据教育研究的性质或者说使用的手段所作出的划分,也被称之为教育研究的两种不同"范式"。

"范式"是美国科学家库思(Kuhn, T. S)最早提出的,他认为科学家所以能够对共同研究的课题使用大体相同的语言、方式和规则,是他们具有一种解决问题的标准方式,即范式。

表1　定性研究与定量研究的区别

	定性研究	定量研究
资料来源	自然情境	经过严密控制的情境
研究成果的表现形式	文字或图片	数据
对研究关注的方面	过程	结果
分析资料的方法	归纳分析	演绎分析
关心的基本事项	意义与理论	变量与操作
学术属性	社会学、历史学、人类学	心理学、经济学、物理学
目标	描述现实,提高认识	检验理论、证实事实
设计	灵活、一般、可引申	有结构、预定的、正式具体
技术与方法	观察、漫谈	实验、有组织的交谈
与被试的关系	热情接触、被试者—朋友	被试者—研究者
工具或手段	录音机等	项目表、问卷

正如表1演示的那样,定性研究与定量研究并不相互排斥,而是互补的。定性研究为定量研究提供框架,而定量研究又为进一步的定性研究提供条件。比如,关于影响学生学业成绩的因素的研究,首先要通过定性研究,确立哪些因素在影响学生的学业成绩,并对这些因素作逻辑明晰的分类、划分;然后,通过定量研究,具体确定各个因素的影响作用系数;随后在其基础上定性、定量研究某一个因素,如大众媒介中的电影、广播等分别对学生学业成绩的影响。这两者在教育研究中都是有其存在的必要。

4. 宏观研究与中观研究、微观研究

按照教育研究的内容来分,教育研究有宏观研究及中观、微观研究,对教育实践活动进行研究,可以从以下这三个层面上展开。

(1)宏观层面:把教育活动看成是一种自身特性的社会现象,是一个特定的、有意创立的体系,与其他社会体系及过程有联系。这些联系包括了与社会政治、经济、文化等方面的联系,对这些联系进行的研究,属于宏观研究。

(2)中观层面:把教育活动看作是在某种机构(如学校)进行的行动,在这些机构里进行的所有有关教育教学、管理方面的活动,成为中观研究的内容。

(3)微观层面:把教育活动看成是人与人交往的一种特殊形式,有关这方面的研究属于微观研究。

宏观研究重在研究"联系",这包括社会各系统对教育的要求和投入,也包括教育系统对社会各系统的产出和作用;而中、微观研究,更注重教育体系内的、一般社会系统所没有的许多特殊成分,比如教学、课程等。

5. 书斋式研究与现场研究

教育研究按研究开展的地点、资料收集的主要方式,又可分为书斋式研究与现场研究。

在书斋式研究中,研究主要通过审阅文献获得材料,并通过自己的思维加工而取得研究成果。因而书斋式研究往往又被称为文献研究。在这种研究中,研究者与教育实践活动不是直接接触的,而是实践的旁观者和思考者。这种研究在下述方面的课题上意义尤为重大:对教育问题的哲学思考;对教育信息的内容分析;对某一种问题,如学生学业成败问题的现象的现有统计资料作综合性的再分析;对教育的过去,尤其是教育思想、教育理论等作历史分析等。

现场研究是在实践活动发生的现场进行的。"到现场去"是人们认识事物性质的可靠方式。当然这种研究也需要作文献的考察,对第二手资料的分析,可以省时间和精力,并能较及时、全面地把握某类课题的研究动向和研究程度。在此基础上,研究者要获得第一手资料,必须亲临教育活动现场,通过直接的观察,对现实存在的与教育实践有关的人、物件、活动进行如实的记录、分析推论。这种现场研究最适合于了解和解决实践问题方面的课题研究。在这种研究中,研究者与实践的接触是直接的,可以看到事物发生、发展的真相。

6. 纵向研究与横向研究

依据进行研究的方向尺度,可以把教育研究分为纵向研究与横向研究。

(1)横向研究:横向研究是在某一个时间点上展开的研究,研究的是某一教育现象的横断面。前面提到的探索性研究与描述性研究多属于横向研究。例如,对学校人口调查,就是在给定的时间点上对某一或某些学校人口状况的描述性研究。

(2)纵向研究:纵向研究是对一段时期内的情况进行的研究。它包括以下三种特定的类型。

①趋势研究:对一般总体随时间的推移而发生的变化的研究。例如,在不同的时间点上对某实验学校的教学质量进行调查和比较,从而透视其发展趋势。

②各年龄组的特征研究:对不同年龄的学生随时间的推移而发生的文化的研究。例如把 13~15 岁的学生作为一个年龄组,把 16~18 岁的学生作为另一个年龄组,研究他们各组对优秀教师特征的认识,这种研究的基本方式是每隔几年调查一次。虽然每个样本可以由不同的人组成,但要保证能代表某一年龄组的学生的特征。

③定组研究:这种研究与趋势研究及年龄组的特征研究类似,区别在于每次研究都用同一样本。以调查家长对某项教学改革的态度为例,在教学改革期间,每隔一段时间,即对同一样本的人进行访问,了解他们的态度和认识。这一研究能明确地反映出人们意向变化的模式。

(3)近似纵向研究:在只有纵向研究数据时通过逻辑推理对事物过程所作出的判断。例如,研究学生的身体发育情况,可把研究对象的健康档案按年龄组,从每个年龄组不同的健康状况可获得个人健康状况的近似发展史。

以上研究类别没有好坏、高低之分,它需要研究者在研究实践中根据自身的目的加以选用,通常的情况下是不同研究类别的综合运用,而不是某种固定的单一的研究类别。①

问题空间

所谓问题空间,指主体对实际问题的理解,包含三个成分:问题的起始状态,即已知条件;问题的目标状态,即要达到的要求;问题的中间状态,即起始状态向目标状态转化的可能的方法与途径等。当然有必要强调的是,这里的实践问题不是或主要不是书本上的问题,而是(或大多是)现实生活中的问题。书本问题与实际问题的主要区别在于:书本问题是经过人们加工过的问题(如进行过抽象与概括等),剔除了许多感性成分,在一定程度上可以说它是理性问题,而实际问题是现实生活中客观存在着的问题,其本质往往为现象掩盖,外显的感性成分容易造成人们认识上的不深刻性与不明确性,这类问题可以称为感性问题。……主体面临实际问题时,他一方面要努力形成问题空间,另一方面要迅速激活有关的观念,并从诸多观念中选择出与当前问题密切相关者。激活观念有时是非意识行为,即当主体面临一定的实际问题时,储存在头脑中的观念可能自然地被激活起来。但从要选择观念、使之更贴近实际问题这点

---

① 郑金洲,陶得平,孔企平.学校教育研究方法.北京:教育科学出版社,2003:21-32.

上看,激活观念是意识行为。①

校本教研课题应该来源于学生

学生是学校的主体,没有学生也就没有了学校。新课程的核心理念就是"一切为了每一位学生的发展",但是教育理论家不可能提出一条适合所有一线教师的具体实施方法,或者说不可能提出适合于你所在的那个学校、那个班级、那些学生的具体教育方法,这就必须由广大一线教师来研究落实,必须由一线教师结合本地区、本学校、本班级、本学科的具体情况,通过校本教研的形式和方法来确定适用于自己学校、自己班级的教育方法。

如何找到这个好的教育方法?最好的办法就是学校管理者和广大教师俯下身去倾听学生的声音,了解学生的合理要求。近年来,我们每年都组织学生进行"老师!我想对您说"活动,从中选择具有代表性的学生来信,这些来信所反映的问题和现象是我们学校,乃至现阶段中国中小学存在的普遍现象和问题。本着"只对现象不对人"的宗旨,我们把教师和学生的姓名隐去后,把信件的其余内容原封不动地交给全体教师学习、讨论和研究,并提出自己的看法和教育对策,以此作为学校校本教研的课题。

下面以两个校本教研课题为例说明我们的做法。

• 研究课题之一

1. 课题形成的背景

来信1:×××在我心目中是一位爱考试的教师,每两个星期我们会考试一次。而考试的成绩不理想。因为每当老师宣布要考试的时候,同学们的心情并不是开心,相反却多了几分忧愁,只知道如何在测试的时候多抄几分,以免老师发脾气。我认为考试的确是一种检测的好办法,但如果经常考,不但考不出个所以然,反而会弄巧成拙,一次不及一次,测验同学们的基础不是只有考试一种方法而已,比如说:听写,做一些有关的听力训练作业对我们都会获益匪浅的。

来信2:老师,我希望您少布置家庭作业,让我们的娱乐活动可以有趣、丰富多彩,虽然我知道您是为我们好,可我们也要休息,我们并不是"铁人"。

来信3:老师,我们的压力太大,负担太重了。我们每天的生活就是:上课——做英语作业——上课。难道我们中学生的生活就应该是这样吗?为什么把我们搞得如此沉重?老师呀,您可知道,生活的色彩并不是蓝色的忧郁,不是黄褐色的孤独,更不是雪白色的单调、苍白,它应该有歌声,应该有鸟语花香,应该有绿草、轻风……总之,

---

① 熊川武.实践教育学.上海:上海教育出版社,2001:15-16.

生活不能没有阳光,不能没有色彩。老师,您说对吗? 您说"要在榜上拿名次",而我却要说:"榜上无名次,脚下也有路。"

2. 课题的出发点

每年的学生来信中,百分之百地都有提到课业负担过重,沉重的课业负担与压力常常会使我们的学生感到疲惫不堪,也使广大教师苦不堪言。其实减轻学生的负担也就是减轻教师的负担,把学生和教师从沉重的心理、生理负担中解脱出来,不是光靠行政命令就可以实现的,它更需要教师提高课堂教学效率。

3. 形成的课题

在应试环境还没有破除的情况下,如何确实减轻学生的课业负担? 在新课程背景下,又如何提高课堂教学的效率?

● 研究课题之二

1. 课题产生背景

来信4:您对我们来说又是多么的陌生啊! 这两年,除了上课外,我们师生在一起很少讲话。老师,我想对您说,一个差等生需要的不只是老师简单在本子上写"A与A+"之类的东西,而真正需要的是您的鼓励! 您每天都得批改一大堆作业,的确十分辛苦,我们的作业或考卷有时竟出现对的打错,错的打对的现象,可是我翻开您认为的那几个"尖子"的作业本或考卷时,却发现他们哪怕有一点点微不足道的错误您也详细地指出并改过来,上课提问时我们只得耐心地默默地静坐着,听着您提那几个叫腻的名字,老师您眼里,也该有我们才对呀!

来信5:老师,您也许记得,在语文测试中,您单单改了几个人的卷子。当把卷子发下来时,我的心有一种感觉——恨,在那一刹那,恨不能冲出教室,奔向教导处,您为什么没有改我的卷子? 我的泪珠差点一涌而出,但是我还是控制了它,在下一节的语文课中,我带着沉重而憎恨的心情听讲。您知道吗? 我从来没这种感觉,我感觉受到侮辱,第一次尝试作为一名差生的痛苦,让人无法忍受,我也无法接受这事实。当您对一向表现好的同学表示关爱,我就不时会闻到很浓的酸味。老师,其实每个人都需要沟通一下的,那些差生,他们也不愿意成绩不好,只是他没有更好的方法来解决这些困难。

来信6:我们的确努力了,就像登山者一样吃力地沿着这座"金字塔"向上爬。它是那样陡,那样险。爬呀爬,我们爬得好累啊! 多么需要帮助呀,哪怕有一根拐杖也好! 然而,四周寂寞无声。老师,我们这些比较差的学生,虽然成绩有些差,可我们也有理想和追求,我们也想学好,但我们更需要帮助、理解与尊重,特别是您的。更重要的是我们每一个人都有一颗很强的自尊心。"一个人可以被人爱也可以被人恨,但绝不能被人看不起。"您实在太偏心优生了,即使有时我们得了高分,您却不相信,说我们是抄袭别人的。您使我更孤独、更自卑、更自暴自弃了!

2. 课题出发点

在农村地区,大约有百分之三十的学生由于各种原因,到中学阶段,就几乎没有了学习能力,成了所谓的"差生"。无一例外的是,这些"差生"自己也承认自己"差",也百分之百地认为自己受到教师的歧视。由于他们的学习能力、习惯、接受能力好坏程度不同,作为教师在对待他们的教育方式、方法上,是否采用了不同的措施呢? 他们需要公平的眼神,他们渴望平等,拒绝歧视。有时老师一个小的举动、一句言语会在他们幼小的心灵上留下难以磨灭的痕迹,甚至改变他们对社会的看法。

3. 形成的课题

不承认差生的存在,是一种唯心主义的表现,在学校里差生普遍存在,转差工作是每个学校都不得不面对的难题,但是关爱差生有时仅仅停留在口头上,教师究竟该如何实实在在地对待差生? 如何帮助他们重新建立自信心呢?

上述两个研究的课题是我们五十多个校本研究课题的一个缩影。通过我们对学生的了解,让学生通过一种正当的渠道把正常的、不满的情绪宣泄出来,通过这种方式反映出来的现象和问题,很多都是事实,都是真问题。我们把它反馈给教师,希望教师个人能够反思,"有则改之,无则加勉",然后通过教师的大讨论,形成较好的对策和行动方案,再由师生双方面通过正常的渠道进行沟通和交流,努力营造和谐的、互动的师生关系。只有这样才能使双方在了解的基础上理解对方,由此产生心灵的共鸣。这样师生才会在愉悦的氛围下快乐地工作和学习,这也是我们开展校本教研的初衷!

第四章
学校教育问题研究的设计

📑 本章学习任务

☞ 理解常量、变量(自变量、因变量和无关变量)、操作性定义和假设的内涵，及其在研究活动中的地位、意义，并能运用变量、操作性定义和假设确定研究的问题。

☞ 把握文献的来源、分类及文献检索的基本途径和方法，并能熟练地使用文献检索工具，通过查阅、解释和使用文献论证课题，拟定研究计划。

☞ 能独立或与其他教师合作，按研究计划的基本要求，规范地拟定研究计划。

一、引　言

教育研究是一种系统的、持续的、有计划的探究，需要较为严密的科学性和计划性，需要对如何实施研究进行精巧的设计。即使中小学教师的研究是以保证研究能够真正解决实际问题为前提，研究过程中的变化与调整也是很正常的，但是仍然需要制定研究计划，无非是在计划实施中应更加关注预设与生成的结合。

联系"相关链接"中"中小学教师研究方案的动态变化形式"的相关内容学习。

研究设计实际上就是整个研究的施工蓝图和实施计划，是教育研究的重要环节，其优势直接关系到研究的成败。一个完整的研究计划大致包括：选择研究课题；确定研究变量；下操作性定义；提出研究假设；进行文献检索，选择研究对象；拟定研究计划等内容。写到这里，读者会发现"选择研究课题"是第三章的内容。"选择研究课题"之所以为一章，主要考虑有两个方面：第一，任何研究都是从研究问题开始的。选择课题就是选择要研究的问题和研究对象。在研究中最糟糕的问题就是没有问题，或有了问题而选不准。没有问题就不会有研究的冲动，没有研究的冲动也就不会有研究活动。当研究者处于问题包围之中时，主要任务是选择可研究的问题。第二，当前,中小学校的教育科学研究走入误区,可能有课题选择不当,研究方法运用不合理、研究组织流于形式等原因,但最主要的是在不当的学校教育科研指导思想下,课题选择不当,而由此带来的组织、方法运用等问题。所以把研究问题的确定单独作为一个主题,用一章的文字来阐述。读者可以把第三章与本章视为一章,也可以把本章作为第三章的后续部分。

二、提出研究假设

(一)几个基本术语的介绍

在表述有关研究假设前,有一些基本术语相当重要,它们是常量、变量、操作性定义。

✦ 常量与变量

常量是一个研究中所有个体都具有的特征或条件。变量是在一个研究中不同的个体体现出不同的价值的特征和条件。

例 4.1

比较两种不同教学方法对五年级学生的科学成绩的效果。

常量:年级水平。

变量:分数、教学方法。

因为每个被研究的个体都是五年级的学生,五年级这一特征对每个个体都是相同的,它是这个研究中不变的条件,因而是常量。

两种不同教学方法实施后,将要对那些五年级的学生进行科学成绩测量。在测量中不可能每个学生的分数都相同,那么在这次科学成绩测量中,分数就是一个变量,因为不同的个体将会有不同的分数,至少不是所有个体都是同一分数。

这个研究中,所有五年级的学生被分配到这种或那种教学方法中去,因此,将根据所参与的教学方法的不同,对这些学生进行分类。与科学成绩测量的分数相比,教学方法无疑可按多种价值标准来衡量,它是一个范畴变量,包括两种教学方法。因而,教学方法是一个条件变量,它决定了这个研究的确定条件。

> **重要观点**
>
> 常量是一个研究中所有个体都具有的特征或条件;变量是不同的个体具有不同价值或条件的特征。在教育研究中,常量不是要研究的内容,要研究的是变量之间的相互关系。

　　变量指在质或量上可以变化的概念或属性。研究变量是研究者感兴趣的,所要研究与测量的,随条件变化而变化的因素。变量就是会变化的、有差异的因素。一项研究往往涉及多个变量及相互关系,例如不同教学方法效果的比较研究,就被试来说,学业成绩、智力水平、学习动机、兴趣爱好、能力等因素在质和量上都会发生变化,都有差异,而且这些变量互相交织在一起。

✦ 变量的类型

　　在一个真实的研究情境中,常常会涉及多个变量。有自变量、因变量、有机变量、中间变量、控制变量等。

　　有机变量用来表示研究中个体的先天特征,它不是一个随机分配到个体中的变量。性别和智力都属于有机变量。

　　中间变量是可推断其存在的变量,但它不能够被控制或测量。如果它有影响的话,其影响只能从自变量与因变量的关系之中推断出来。它也可称为无关变量、中性变量或复合变量。它们的存在会对其他变量的效果的解释产生不利影响。

　　控制变量不同于起主要作用的自变量,它的效果可由研究者控制。

　　假定在五年级科学成绩的例子中包括有五个学校,学生按以前的成绩进行高、中、低分组,男女性别也包括进去,且他们之间的差异被确定。另一个自变量——材料类型,假如有两类材料被引进到研究中,进行更为广泛的成绩研究,以观察同一组中的阅读成绩和拼写成绩。这些成绩分数也是因变量,这不是因为存在有两种或更多种的测量成绩,而是因为这些分数同成绩种类的不同而改变并且受自变量的影响,这时可能存在的中间变量就包括有学生学习的风格和教师教学的风格。可把所涉及的变量如图 4-1 所示。

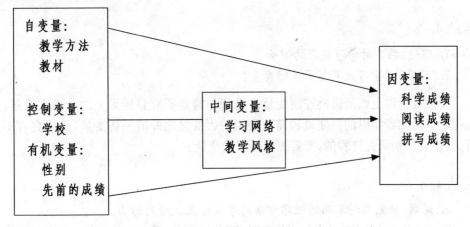

图 4-1　五年级成绩研究中的变量类型

图中的控制变量是自变量。也不能一概断定有机变量必然是控制变量,只有当他们的效果被确定,即能够被控制时,才成为控制变量。学习风格也许是一个有机量,但它也是一个中间变量。

从此图中可见,在一个真实的研究情景中,常常会涉及许多变量,变量互相交织、互相影响。其中有些变量是要研究的,有些变量是研究者不想研究的。另外,变量与变量彼此关联,互相作用,在研究中的性质、作用和地位也各不相同,有主要的,有次要的,有主动的,有依附的,有连接的,有类别的。因此,研究者必须了解研究情境中各个变量的性质,区分不同类型的变量。

✦ 自变量、因变量和无关变量

> **重要观点**
>
> 在教育研究中,最重要的、应用最广泛的变量是自变量、因变量和无关变量。

自变量又称刺激变量,是引起或产生变化的原因,是研究者操纵的假定的原因变量。当两个变量存在某种联系,其中一个变量对另一个变量具有影响作用,我们称具有影响作用的变量为自变量。

活动 4.1

1. 课题:学生智力与学业成绩的关系。
2. 学生"智力"与"学业成绩",谁是自变量?

因变量又称反应变量,也称依变量,是受自变量影响的变量,是自变量作用于被试后产生的效应,是研究者要测定的假定的结果变量。当两个变量存在某种联系,其中一个变量对另一个变量具有影响作用,那个被影响的变量为因变量。

活动 4. 2

1. 课题:噪声对学习效果的影响。
2. "噪声"、"学习效果",谁是因变量?

无关变量即上面所讲的控制变量。是指与特定研究目标无关的非研究变量,或者说除了研究者操纵的自变量和需要测定的因变量之外的一切变量,是研究者不想研究,但会影响研究进程的,需要加以控制的变量。

活动 4.3

1. 课题:研究两种不同的教学方法对学生学业成绩的影响。
2. 若"教学方法"是自变量,"学业成绩"是因变量,那么无关变量可能是什么? 是教学时间,是教学环境,是学生智力,是原有的知识基础,还是家教辅导?

研究变量之间的关系示例。

图 4-2 所示是自变量、因变量和无关变量三者关系。

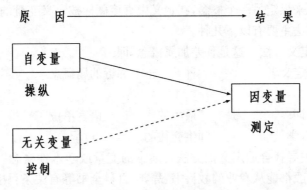

图 4-2　自变量、因变量和无关变量的关系

通常研究的目的是探讨自变量与因变量的对应关系,研究的焦点最终集中在因变量的测定上。自变量是研究者要安排或操纵的因素,因变量是研究者要观察或测定的因素。自变量的变化能引起或影响因变量的变化,而因变量的变化依赖于或取决于自变量的变化。从这个意义上说,自变量和因变量的关系可以看作某种因果关系:自变量是假定原因,因变量则是测定结果。

自变量和无关变量都可能成为产生因变量效果的原因,当自变量和无关变量混淆在一起时,就难以判断自变量与因变量的一一对应关系。为了达到研究的目的,获得准确的测定结果,必须对无关变量进行有效的控制,尽可能排除无关变量对

> **重要观点**
> 具有共变关系,具有时间顺序,对无关变量的控制是自变量和因变量存在都要具备的条件。

因变量测定的影响。由此,要推断自变量和因变量之间是否存在因果关系,通常要满足以下三个条件:一是具有共变关系,即自变量和因变量要共同变化,自变量变化了,因变量也要随之而变化;二是具有时间顺序量的变化必须发生在关系上,即自变因变量变化之前,因变量的变化取决于自变量的变化;三是无关变量的控制,即排除无关因素对自变量和因变量对应关系的影响,使自变量和因变量的关系"凸现"、"纯化"。

✦ 定义变量

如果研究"学生素质",那么什么是"素质",如果研究"阅读能力",那么什么是"阅读能力",人们对它们的理解和认识往往不一致。课题中的主要变量或概念一经确定,接下来的事就是要给确定的变量下个定义,提供其精确的含义,便于他人理解,并作为研究者进行操作和测量的依据。

给变量下定义的方法主要有两种:一是抽象定义,二是操作定义。一般来讲,前

者在先提示,后者在下定义。

1. 抽象性定义。即从抽象的概念意义上对变量共同的本质属性进行概括。其特点是用一个概念来界定另一个概念,在定义中直接概括被定义变量的性质或特征,下抽象性定义的方法主要有以下几种。

(1)经典的定义方法。这是种差加属概念,即

$$被定义者 \quad = \quad 种差 \quad + \quad 邻近的属概念$$

$$\uparrow \qquad\qquad \uparrow \qquad \uparrow \qquad\qquad \uparrow$$

例1: 词 是 最小的 语言单位

例2: 教学 是 师生交往的 过程

(2)从文献中寻找合适定义的方法。通常的变量或学术性概念一般都有通用的定义。研究者一般都能从专业的教科书、辞典、百科全书等有关条目中找到合适的定义。采用辞典条目的定义来界定一个名词或概念是最简单、最常用的方法。如"阅读能力"辞典上定义为"独立地从书面符号中获取意义的能力"。"自信心"定义为"一个人对自身力量的充分认识和估计"。采用此方法,要注意尽可能用权威文献上的释义。

(3)自行定义法的方法,在没有现成的定义可以引用,研究者可根据研究目的和研究问题的需要,对文献中相关定义略加修改来作为自行定义。其方式有:

从变量的上位概念来界定。如,"智力"的上位概念是"能力",智力的特质作为上位概念的定语,"智力"就可以界定为"一个人的认识能力和抽象思维能力"。

从变量的本质来界定。如,"适应"是有机体与环境之间的平衡状态。

用同义词或近义词来界定。如,"愤怒"就是"激怒";"有效的教学"可以解释为"有较好学习效果的教学"。

从变量的功能来界定。如,"创造教育"是"鼓励学生充分思考、发挥创造力的教学。"

从变量的前因与后果来界定,如,"挫折"是"一种因追求目标受阻后所形成的情绪反应"。

抽象性定义可以对变量的基本性质进行概括、描述,可以涵盖变量的属性特征,便于与其他变量相区别。但是抽象定义不能把概念与可观测的客观世界联系起来,研究中也无法据此来测量或操纵研究变量。例如,大家都知道儿童与成人一样,具有创造能力,我们可以给创造能力下抽象性定义,如创新能力、独特思维能力等。但创造能力的具体指标是什么?如何去测定?大家的意见可能会很不一致。又如,"阅读能力"被定义为"独立地从书面符号中获取意义的能力",但什么是"独立地"?"书面符号"具体指什么?怎样才算"获取意义"?"能力"有哪些指标?等等,如果这些问题不解决,阅读能力是无法具体测量和操作的。

2. 操作性定义。是根据有观察、可测量、可操作的特征来界定变量含义，或者说，从具体的行为、特征、指标上对变量的操作进行描述，将抽象的概念转成可观测、可检验的项目。从本质上说，下操作性定义就是详细描述研究变量的操作程序

重要观点
操作性定义是一种规定，它使被确定的需要定义的变量和条件的操作或特征具体化。

和测量指标，在实证性研究中，操作性定义尤为重要，它是研究是否有价值的重要前提。

下操作性定义的目的是为了能客观准确地测量变量；为他人重复验证提供具体做法；便于别人和同行之间的学术交流。

用测量操作方法界定一个名词或概念的最大优点是具有明确客观的标准。当讨论一个问题或交流有关信息时，彼此都在同一层面使用同一个概念，都清楚所用的概念意味着什么，不会产生曲解和歧义；即使对某一概念产生疑问，也可以通过重复测量操作定义予以验证。下操作性定义主要有三种方法：

(1)条件描述法。是通过陈述测量操作程序来界定一个概念，是对所解释对象的特征或可能产生的现象进行描述，对要达到某一结果的特定条件作出规定，指出用什么样的操作去引出什么样的状态，即规定某种条件，观察产生的结果。例如，要给"饥饿"下一个操作性定义，饥饿是一种自身感受，那么怎样才算饥饿呢？心理学家用条件描述法结合饥饿下了一个操作性定义："饥饿"，指连续24小时没有进食物的状态。这样，每个人都对饥饿进行实际操作了。又如，"竞争关系"可以界定为"两个以上的同伴，所处环境相似，大家都有相同的目标，但只允许其中一人达到目标时同伴之间的关系"；"智力"可以界定为"用《韦克斯勒儿童智力量表》(WISC—CR)测量所得的分数"；"自信心"可以界定为"学生对即将来临的期终考试可能获得分数的估计值"。

(2)指标描述法。是通过陈述测量操作标准来界定一个概念，是对所解释对象的测量手段、测量指标、判断标准作出规定。例如，"青少年"可以界定为"年龄在7岁以上，18岁以下的人"；"发散思维"可以界定为"对同一物体多种用途的设想能力，具体指标为60秒内回答砖的不同用途达10项以上"；"阅读能力"可以界定为"用阅读测量表上中等难度的文章进行测验，要求阅读速度达到200字/分以上；辨别达到90%以上，理解达到80%以上，记忆达到70%以上"；"差生"可以界定为"在标准化成就测验中的分数低于个人智力所预测的成就分数一个标准误差的学生"。

(3)行为描述法。是通过陈述测量结果来界定一个概念，是对所解释对象的动作特征进行描述，对可观测的行为结果进行描述。例如，心理学家用饥饿的小白鼠做实验，给"饥饿"下了一个行为描述的操作性定义：指一分钟内压低杠杆10次以上而获取食物的小白鼠，只有达到这样行为频率的小白鼠才属于饥饿状态。又如，"旁观"可以界定为"注视别人的活动2~3分钟以上，自己未参与"；"合作"可以界定为"对别人

的活动给予支持,并直接参与活动,成为其中一员"。

3. 下操作性定义的基本要求。基本要求有要提供观察或测量的标准,规定变量的操作工作程序,使抽象的概念成为可观察、可测量、可检验的项目。

判断一个操作性定义是否具有较好的操作性,通常是将这个定义向第三者描述,如果他表示理解这个变量的含义,并知道如何去操纵、测量,那么这个定义往往是比较好的操作性定义。

下操作性定义要注意四个方面:第一,对研究课题中众多的变量要下操作性定义,如研究假设中涉及的变量,在整个研究中起关键作用的新概念、新名词等。第二,应根据研究的目的、内容以及变量的性质来下操作性定义。操作性定义又要与变量的意愿相符,要与抽象性定义的内涵和外延相符。第三,操作性定义的设计要具体、明确。所提示的测量或操作必须具有可行性,要使别人能理解操作内容和过程并能重复验证,要使被解释的事物成为可以看得到、摸得着,可以测量的项目。操作性定义的指标成分应分解到直接观测为止。第四,操作性定义在使用过程中应该是独特的,它是研究者为了研究需要而规定的特殊解释,并非是对变量的全面的、唯一的解释。例如,智力量表上测得的分数并非是某个学生智力的全部,但在这项研究中,研究者就把这测得的分数看作为该生智力的指标,用来代表该生的智力。这就是操作性定义的独特性。

活动 4.4

按要求填写抽象性定义与操作定义比较表。

	最基本的长处	最基本的缺陷
抽象性定义		
操作性定义		
理想的下定义的方式		

(二)研究假设的提出

> **重要观点**
> 假设是对问题的结果,两个或多个变量之间的关系或某些现象的推测或提议。在解决问题的过程中,在任何检验的活动前,总是会有假设作为行动的基础。

在日常处理问题过程中,假设是大量存在的。教室里有一盏灯不亮,我们会去试一下开关。这就是意味着我们假设灯不亮的原因可能是开关没开。如果试一下开关,灯亮了这就证实了原先的假设,问题得到解决。如果试一下开关,灯仍不亮,否定了原先的假设,说明灯不亮的原因可能不是开关的问题,这时我们会继续假设,是启动器的毛病,是灯管坏了,是线路问题等,然后针对假设进行验证,直到问题解决。

活动 4.5

从生活和工作实践中列举出不少于 10 个的假设。

✦ 研究假设的定义

研究假设是研究者根据经验事实和科学理论对所研究的问题预先给予的某种答案,是对研究结果的预测,是对课题涉及到的主要变量之间相互关系的设想,教育研究要探讨的是两个变量之间的相互关系,在尚未获得结果之前,研究者总要事先提出一种暂时性的、推测性的答案(即假设),然后通过收集合适的资料来验证假设。如,当研究教学方法与学业成就的关系时,总会提出新的教学方法的效果要优于传统的教学方法的假设,或提出新的教学法能大大提高学生的学业成就的假设,再用事实或数据来证实提出的假设。提出假设在教育研究中大致有两种情况:有框架研究和无框架研究。前者指预先提出假设的研究;后者指没有明确提出假设的研究,但不意味着没有假设,只是没有把隐含的假设明白提出来罢了。研究者应根据研究的性质来解决是否需要正式提出假设。通常定量研究、验证性研究、涉及两个变量相互关系的研究要求明确提出研究假设,而定性研究、描述性研究、单一变量的研究则不一定要预先提出研究假设,其假设往往隐含在研究过程之中或在研究过程中形成。在实际操作过程中,能直接提出研究假设最好,如情形不适合提出假设或不知该如何提出假设时,研究者至少应该提出解决问题的可能答案,对研究结果作个预测。

✦ 研究假设的作用

研究假设在研究中所具有作用有以下几点:第一,假设是研究的核心,在有假设的研究中,整个研究过程实际上就是围绕着验证假设进行的,尽管验证的结果并非总是假设被证实,也有被证伪的可能性。第二,假设能明确地规定课题。有

> **重要观点**
> 假设的证实与证伪不取决于人们的主观判断,而只能是事实检验的结果,事实是检验假设的根本标准。

假设的研究,内容更具体,方向更明确,目标更集中,既便于研究者把握研究的主攻方向,集中火力,又易于别人理解课题的内容。研究假设可以帮助研究者确定研究的重点,揭示收集资料的方向与范围,并提供研究结论的框架。第三,假设是通向理论的桥梁。从性质和意义上说,假设与理论无很大区别,只不过假设是有待验证的理论,理论则是已经证实了的假设,假设具有理论的某些特征,是对有关现象的概括,当假设的基本观念或预言被证实或被证伪,这个假设就有可能上升为理论。

几乎所有的实证性研究都是围绕着研究假设而进行的。因此,提出合适的研究假设是研究成功的基本条件。

✦ 假设的类型

1. 按假设中变量关系变化的方向可分类为:条件式、差异式和函数式。

(1)条件式。假设两个变量有条件关系。在表述上采用"如果……,那么……"的句型。

(2)差异式。假如两个变量之间在程度上存在差异关系。如,A 代表讲授式教学方法,B 代表讨论式教学方法,可分别作如下假设:①讲授教学方法的效果等于讨论式教学方法(A=B)。②讲授式教学方法的效果不等于讨论式教学方法的效果(A≠B)。③讲授式教学方法的效果优于讨论式教学方法的效果(A>B)。④讲授式教学方法的效果差于讨论式教学方法的效果(A<B)。

(3)函数式。假设两个变量之间存在因果,并且用数学形式表述。如果 X 表示原因,Y 表示结果,那么函数公式就是 $Y=5(X)$,表示"Y 随着 X 的变化而变化"的函数关系。即,如果"X"是这个值,那么"Y"是那个值。例如,男孩的侵犯行为是女孩侵犯行为的两倍。

2. 按假设的性质可分类为:特定假设、一般假设和虚无假设。

(1)特定假设。它是推断特定对象之间关系的假设,指向个别的、具体的、特定的事例。如,在思维能力上,甲班学生比乙班学生推理能力强。

(2)一般假设。推测一般种类之间关系的假设,指向普通的、抽象的、可推广事例。如,思维能力,男生比女生推理能力强。

(3)虚无假设。是推测某种不存在的、无倾向的关系的假设,指向中性的、无差异的无区别的事例。其表述上大多采用某变量与某变量之间"无差异"、"无相关"、"无影响"等形式来陈述变量之间的关系,在统计学上称为零假设。如,在推理能力上,男生与女生无差异。虚无假设的本意是想通过事实的检验来否定自己,否定了虚无假设,结果的倾向性也就明显地显现出来。

3. 按假设在表述变量关系的倾向性可分类为:定向假设和非定向假设。

(1)定向假设,在陈述中示意假设结果的预期方向,指出变量之间差异的特点和倾向。上述的特定假设和一般假设通常为定向假设。如,学生的学习动机强,则学习成绩好。

(2)非定向假设。在陈述中不提示假设结果的预期方向,而是期望通过检验结果来揭示变量间差异,通常用虚无假设来表示。

活动 4.6

1. 选择假设的例子。

(1)a. 能力强的学生数学成绩等同于能力一般的学生,或在能力一般和能力强的学生间,数学成绩没有区别。

b. 能力强的学生数学成绩不等于能力一般的学生成绩。

(2)a. 一年级女生的阅读水平等于男生的阅读水平。

b. 一年级女生的阅读水平不等于男生的阅读水平。

(3)a. 采用归纳提问教学的成绩超过采用非归纳提问教学的成绩。

b. 采用归纳提问教学的成绩低于或等于采用非归纳提问教学的成绩。

(4)a. 初中阶段学生的学习态度分类与社会协调指标分数存在负相关。

b. 初中阶段学生的学习态度分数与社会协调指标分数无关。

(5)a. 参加方案 A 练习的 18～20 岁男生取得的 XY 运动行为测试分数,会高于参加方案 B 练习的 18～20 岁男生数。

b. 参加方案 A 练习的 18～20 岁男生取得的 XY 运动行为测试分数,会低于或等于参加方案 B 练习的 18～20 岁男生分数。

2. 上面 5 个假设的分类,其中一个假设中是不包含着另一个假设? 可结合下面提出的"例子"一起思考。

3. 您准备要研究的问题,进行某一类假设的提出。

例 4.2

问题陈述:

在学校 C 中,研究两种阅读方案(A 和 B)对 3 年级阅读成绩的影响。

假设:

(1)对不同阅读成绩的学生,用方案 A 教学,阅读成绩的平均增加分数与用方案 B 教学的平均增加分数之间没有差异。

(2)按原有的阅读成绩,对那些得分在后 30% 的学生用方案 A 来教,其平均增分大于用方案 B 来教的平均增分。

(3)按照原有的阅读成绩,对那些得分在前 30% 的学生用方案 A 来教,其平均增分大于用方案 B 来教的平均增分。

(4)根据原有的阅读成绩,对那些得分在中间的 40% 的学生采用方案 A 与采用方案 B 来教,其平均成绩增分没有差异。

操作性定义:

研究中包括个体:所有C学校3年级的学生。

方案A:从Y出版商那里买来的一套材料及活动建议

方案B:从X出版商那里买来的一套材料及活动建议

自变量	因变量
阅读材料——A和B	阅读成绩的分数增加——如:进行两次标准阅读检验,一次在学习材料前,一次在学习材料后,前后两次的分数差即为增加分数。

可能的中间变量	可能的控制变量
教师	原有的阅读成绩
教学风格	性别
学习风格	
学生的学习能力	

例4.3

问题陈述:

材料的种类、年龄、性别和问题的复杂程度对概念理解成绩影响的研究。

假设:

(1)用图片和用语言材料对概念理解成绩的影响没有区别。

(2)7～9岁和10～12岁两年龄段间成绩没有差异。

(3)男生与女生成绩没有差别。

(4)对2个和3个维度的概念理解问题的把握同等困难。

操作性定义:

因为概念理解任务很具体,进行这项研究在方法上需要具体细节描述。

材料种类:图片,表达概念的3×3照片、语言、印有图片内容相应的文字叙述的3×3卡片

相关维度:解释——概念所有卡片的共同特点

成绩:理解概念要求的时间

问题复杂程度:概念中相关维度的数量,数量越多,问题越复杂(年龄和性别在假设中已被确定)

自变量	**因变量**
材料种类	理解概念要求的时间
年龄	
性别	
问题的复杂程度	
可能的中间变量	**可能的控制变量**
个体的智力因素	年龄
个体的空间想象力	性别

执行者的实施效率和准确维度[①]

三、文献检索

文献是指具有历史价值和资料价值的媒体材料,通常这种材料是用文字记载的形式保存下来。"检索"则是寻求、查找并索取、获得的意思。文献检索即是从众多的文献中查找并获取所需要文献的过程。

文献检索不仅在确定课题和研究设计时被运用,而且贯穿于研究的全过程。当

> **重要观点**
>
> 任何研究都是在前人研究基础上展开的。无论什么研究,它的具体实质和研究成果总是同占有什么样的文献资料联系在一起的,研究成果的价值往往与研究人员占有资料的数量与质量相关。

课题尚未确定时,研究者常常从泛泛地浏览文献开始;当研究课题确定后,研究者必须按照课题的目的要求搜集和查阅有关文献;甚至在研究实施过程中,在分析研究成果、撰写研究报告时仍需要反复核查文献、分析评论文献、关注文献资料的进展情况。通常研究的准备阶段,文献的查阅相对集中些。其意义在于:①为研究提供内容参考;②更具体地限制和确定研究课题及假设;③告诉研究者在本领域内已做了哪些工作;④提供一些可能对当前研究有用的研究思路及方法;⑤对研究方案提出一些适当的修改意见,以避免预想不到的困难;⑥把握在研究中可能出现的差错;⑦为解释研究结果提供背景材料。

联系"相关链接"中"文献检索的过程"的相关内容学习。

---

① 维尔斯曼.教育研究方案导论.北京:教育科学出版社.

(一)查阅文献活动

要从各种不同的资料中获得大量有用的信息,阅读信息绝不是一件轻松的工作。它是一个需要认真、透彻了解并注意细节的系统阅读过程。在查阅文献时,研究者总是力图弄清楚他人对于类似的课题作了哪些研究,并尽可能搜集身边现有的材料,这一过程涉及到以下三个问题:

(1)信息是从哪里发出的? 这是一个有关资源来源的问题。

(2)在信息找到后,我们应该做什么? 这是一个有关信息如何组合和概括的问题。

(3)是什么构成这个信息? 这是对信息作判断的问题,哪些信息与研究课题有关? 信息的研究水平如何?

在研究课题初步明确以后,下面的研究活动就如图 4-3 的流程所示的,按照箭头所指方向依次进行。

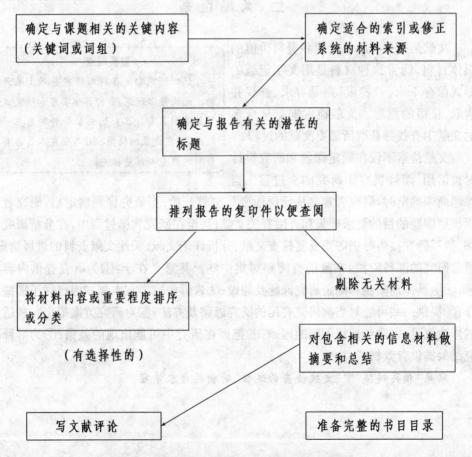

图 4-3　查阅文献活动流程图

与一项工作中的多数活动或步骤一样,在查阅文献的活动中也有高效或低效之分,研究者查阅文献时应循着流程图有系统地进行,而不是走进图书馆东抄一段,西摘一段。尽管在收集材料和报告时也可能有某些无效劳动,但只要循此进行,不管做什么事,最初的工作做得越完备、越准确越好。

(二)文献的来源与类型

进行文献检索首先要知道文献的来源,其次要了解文献的类型。

✦ 文献的来源

文献主要来自社会文献的交流系统,教育类文献资料主要集中在图书馆、档案馆、博物馆、研究机构和学校等单位。另外一个重要的、最大的文献信息源就是互联网。

1. 图书杂志。指正式出版的文字资料。是文献资料的主要来源,一般来说,有:①教科书。这是用通俗易懂的语言、简练的方式把成熟的某一学科研究成果组织成一个体系。实际上教科书反映了一个学科研究领域的历史和现状,也会接触到一些悬而未决的问题,是不容易忽视的文献来源。②专著。指反映某一方面或几个方面研究成果的比较系统的理论著作。一般来说,许多具有重大理论意义和实践价值的研究成果,往往以专著形式发表,这类文献在历史的进程中常具持久的生命力。③期刊。指定期出版研究论文、研究报告等学术性文章的杂志。这些杂志上发表的文章学术性较高,有方法、有数据,集中反映最新的研究成果,研究人员更多地关注这些文献,期刊是一种重要的文献来源,它出版周期短,信息量大,交流面广,传播迅速。④综述性文章。它概述了一个研究领域的现状,而且在文章后面附有详细的文献书目,便于读者按图索骥,逐步深入,对研究者来说,综述性的文章用处较大。⑤政策、法规、文件汇编。指政府机构公布的公文资料。这些文献体现了某一历史阶段官方的方针、政策、制度、法规等,具有政治上的严肃性、理论上的准确性、数据上的可靠性。

2. 电子资源。随着计算机网络的迅速发展,从因特网(Internet)上获取资料变得轻而易举,信息的交流可以超越时空的限制。网上的资料丰富多彩,它是一本永远没有最后一页的杂志。学会从网上通信、查阅资料、传递文件,以获得最新的信息,已是刻不容缓的事。电子资源有:①网上浏览(WWW),因特网上有成千上万个网站,内容包罗万象。通过计算机可以随时进入国内外著名大学、研究机构、图书馆的信息系统获取资料,并且所获得的资料几乎都是最新的。②电子邮件,电子邮件的特点是提供信息交换的通讯方式,加速信息的交流和数据的传递。不仅用于信件的传递,而且可用于传递文件、图像、声音等信息,便于研究者之间的交流。③电子公告版(BBS),这是计算机网络上建立的电子论坛,人们可以在公布告版上张贴寻求帮助或提供帮助的便条,可以自由地发表自己的见解,也可以和世界各地同行进行学术交流。

◆ **文献的类型**

了解文献的分类及其特点是文献检索的前提。按照不同的标准,文献可以划分不同的类型。按文献载体形式可以分为文字型、录音型和机读型三类。

1. 文字型文献。以纸为媒介、用文字(包括各种专用的符号和代码)表述内容,通过铅印、油印、胶印等方式记录、保存信息文献。这类文献数量巨大,是信息的主要载体。

2. 音像型文献。以声频、视频等为媒介来记录、保存、传递信息的文献。主要有图片、胶片、唱片、电影、电视、幻灯、录音、录像等,这类文献形象直观,易于传播。

3. 机读型文献。以磁盘、光盘为媒介,来记录、保存、传递信息的文献,阅读这类文献需要通过计算机读出。机读型文献存储密度高,易于复制,并且检索速度快。

对文献内容,按加工程度和可靠性程度,可将文献分为三个等级:

1. 一次文献。指未经过加工的原始文献,是直接反映事件经过、研究成果,产生新知识、新技术的文献。它是研究者在教育教学实践中直接产生的原则文献,是离事实最近的文献,是为科学研究知识宝库添砖加瓦的文献。一次文献的形式主要有:调查报告、实验报告、科学论文、专著、会议文献、专刊等。由于这类文献是以事件或成果的直接参考者身份或以第一见证人身份出现,因此具有较高的研究价值。

2. 二次文献。指对第一次文献加工、提炼、压缩后得到的文献,是关于文献的文献。二次文献的形式主要有:书目索引、文摘等。二次文献是一种派生的文献,它本身不直接产生新知识、新技术,它的目的是使原始文献系统化、条理化,为查找一次性文献提供线索。

3. 三次文献。指在对一次文献、二次文献的加工、整理、分析、概括后撰写的参考性文献,是文献研究的结果。三次文献的形式主要有:研究动态、研究综述、专题评述、进展报告、数据手册等。三次文献也是一种派生的文献,它覆盖面广、浓缩度高、信息量大、便于研究,是在较短的时间里了解某一研究领域最重要的原始文献和研究概况。

(三)文献检索的基本途径和方法

◆ **手工检索**

手工检索主要是利用目录、索引、文摘等检索工具来查找和获取所需要文献的方法,是文献检索的基础。

手工检索通常是根据文献的信息特征,利用一定的检索工具进行检索,文献的特征由外表特征和内容特征两个方面构成,外表特征有作者名、书名、代码、内容特征有分类体系和主题词,见图 4-4。

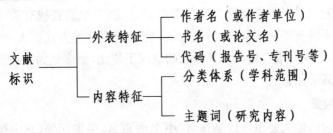

图 4-4　文献特征分类图

以上文献特征的 5 个方面也构成了文献检索的 5 条不同的检索途径。

1. 作者途径。在已知作者姓名的情况下,按作者姓名排检,从检索工具中去查找文献。中文姓名的排检有按姓氏笔画排检和按姓氏汉语拼音排检两种方法。外文姓名的排检必须是姓氏第一个字母做检索点。

2. 书名途径。在已知文献名称的情况下,按文献名排检,主要是通过书名目录、篇名索引或论文索引来检索。书名途径是在已知书名或篇名情况下使用,易于找到所需文献。但由于检索工具是按文献名称集中,相同的内容的文献比较分散,较难查找齐全。

3. 代码途径。在了解文献特有的编号情况下,根据文献代码的序号进行排检。一般先从代码索引中查出文献的序号,再去查找所需文献。该途径编制简单,使用方便,但难以记忆序号,只有在特定文献范围内应用。

4. 分类途径。通过图书分类体系来检索文献,即根据文献内容所属的学科性质进行分类编排所形成的检索途径。这种方法使用于检索某一类问题或某一学科领域的文献,在手工检索中应用最广泛,是研究者必须掌握的方法。

5. 主题途径。按表述文献主题内容的主题词的音序或字顺排检。检索工具主要是《汉语主题词表》。这种检索途径的优点是能满足特定检索的要求,尤其适合于具体而又专深课题的检索。研究者不但可以从主题词查找到一大批相关的文献,另外,主题词表的内容本身也是一个很好的分类体系,反映了概念之间的互相关系。

上述的每一种检索途径都有自己的适用范围;在实际运用过程中各种检索途径常常可以结合起来使用。

就文献检索的实际操作说,方式方法是多种多样的,主要有常规检索法和跟踪检索法。常规检索法指利用题录、索引、文摘等检索工具查找所需文献的方法,它可以采用时间顺序由远及近地进行检索,也可以采用按时间顺序由近及远地进行检索。

逆查法适用于检索最新的课题。顺查法适用于主题复杂、范围较大、时间较长的课题研究。跟踪检索法是以著作和论文后参考书目为线索,跟踪查找有关主题文献的方法。这种方法不需要检索工具,针对性较强,能以滚雪球的方式扩大检索范围,获取文献方便迅速,此法一般在检索工具缺乏的情况下使用,更多地为在教学实践第一线从事科研的老师采用。

✦ 计算机检索

计算机检索的输入要求可以是作者、书名或篇名,关键词等,其中使用关键词检索是最方便、最常用的检索方式。

1. 联机检索(DIALOG)。顾名思义就是将计算机互相联系起来进行文献检索,即将用户名检索终端与计算机数据库系统相连,运用一定的指令和检索策略进行"人机对话",从而检索出所需文献。它的最大特点是查全率高,检索速度快,几分钟内可以查遍几年、几十年的有关文献,并且可以根据用户的要求打印检索到的文献目录、摘要和全文。但联机检索需要专业人员的帮助,需要交一定的检索费。

2. 光盘检索(CD-ROM)。光盘是用激光束在光记录介质上写入与读出信息的高密度数据存储载体。光盘的特点是存储量大、存储密度高、使用方便灵活,可随意存取和快速检索;制作价格便宜,可作为电子出版物大量拷贝发行;不受病毒感染,经久耐用。由于光盘数据库的更新速度比较慢,所以光盘检索系统常常作为联机检索系统的补充。光盘检索更多用于地图、百科全书、词典、年鉴、名录等电子出版物,也用于各种形式的专业数据库。

3. 网上检索。即通过计算机上网来检索所需文献。它需要借助网络搜索引擎,需了解常用的教育类的网址。

联系"相关链接"常用的教育类网址和搜索引擎

网上寻找资料的途径主要有两种:一是分类目标链接,分类目录链接是按树形结构组织,从点击主页根目录链开始,一级一级深入,一直到达所需的网页。这种分层搜索易于控制,适合于浏览性的查找,但会因层次太多而感到检索速度太慢。二是关键词查询,即在搜索框中输入选定的关键词进行快速查找。当然,利用搜索引擎查找文献并不只是输入关键词就成了。据统计,在网上能真正找到所需资料的不到30%。为了准确快速地找到所需资料,有必要了解使用搜索引擎的技巧。首先,要了解使用的搜索引擎的类型限制,不同的搜索引擎所寻找的资料类型是有差别的。其次,当你所寻找资料的关键词不止一个时,那么就按关键词的重要性顺序输入搜索引擎,最重要的关键词应最先键入。最后,为使搜索更准确,要善于利用布尔逻辑(Boolean Logic)进行搜索。一般来说,现时所有的搜索引擎都含有布尔逻辑运算概念。常用的布尔逻辑运算有 3 个连接词:"and"、"or"、"not",这 3 个词分别构成了 3 种含义不同的组合方式。下面以"教"和"学"这两个关键词为例,通过图 4-5 说明布尔逻辑检索的含义,图中 A 表示"教",B 表示"学"。

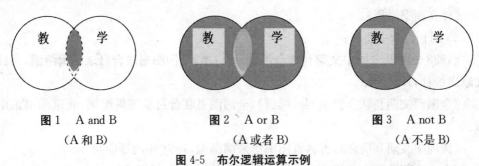

图 1 　A and B	图 2 　A or B	图 3 　A not B
(A 和 B)	(A 或者 B)	(A 不是 B)

图 4-5　布尔逻辑运算示例

从上图所示 A 与 B 是两个圆的集合形式,图中阴影部分表示检索获得文献部分。可以看出用"and"意味着在题目或文章中必须同时出现"教"和"学"这两个关键词才能符合检索条件,它增强了检索的专指性,使检索范围缩小;"or"意味着在题目或文章中只要出现"教"和"学"其中一个关键词就符合检索条件,它使检索范围变宽;"not"意味着在题目或文章中出现"教"这个关键词,但不能出现"学"这个关键词才符合检索条件,它可以排除不希望出现的检索词,提高检索的准确性。

随着计算机的广泛运用,文献检索也正在发生一场革命。以前需辛辛苦苦花费几周甚至几个月才能收集到的文献,现在用计算机上网,可能只要几分钟就可以解决。研究人员掌握计算机检索方法是提高教育科研水平的必修课。

(四)常用文献检索工具

手工检索是文献检索的基础,其主要是检索工具。检索工具主要有书目、文摘、索引等,检索工具本身也有存储文献的功能,但其存储的目的是为了供检索。从事教育研究的人员应了解与教育有关的文献检索工具。

✦ 目录

目录是检索工具中历史最悠久、使用最广泛的检索工具,目录有多种形式,按出版物的类型划分,有图书目录、期刊目录和文献资料目录;按出版物的语种划分,有中文目录、西文目录,俄文目录、日文目录等;按检索途径划分,有书名目录、著者目录、分类目录和主题目录。

1. 常用的书目主要有:

《四库全书总目录》,(清)纪昀等撰。

《民国时期总书目》(1911—1949),北京图书馆编。

《全国总书目》(1949 年至今)国家版图书馆编(一年一册)。

《全国新书目》(月刊),国家版本图书馆编。

《外文新书通报》。

2. 期刊目录主要有:

《1933—1949 全国中文期刊联合目录》增订本,全国图书联合目录编辑组编,书目文献出版社,1981 年。

《全国西文期刊联合目录》及《续编》,全国图书联合目录编辑组编,北京图书馆出版。

《国内中文期刊简介》,吉林省图书馆采编部编,1981 年内部印行。

《中文内部期刊内容简介》,上海交通大学林国威编,1985 年。

✦ **索引**

索引是将图书、报刊资料中具有检索意义的信息(如词语、人地名、刊名、篇名、主题等)分别摘录或加以注释,注明出处页码,按字顺或分类排列,附在书后或单独编辑成册,是检索文献内容或文字资料的一种工具。索引按文献类型可分为期刊索引、报纸索引、书籍索引、论文索引等;按取材范围和编制方法可分为书刊篇目索引、专著主题索引、人名索引、字句索引等;按文献排检方式可分为字顺索引、分类索引、主题索引。

与教育有关的重要索引有:

《全国报刊索引》(月刊),上海图书馆编辑出版,这是查找解放后报刊资料的主要工具之一,教育类论文资料收入索引的"社会科学"分册里,其类目编排:G31 打头的为"中国教育",G38 打头的为"世界各国教育",G39 打头的为"教育理论"。

联系"相关链接"中"国内外期刊杂志"的相关内容学习。

《报刊资料索引》(年刊),中国人民大学书报资料中心编辑发行。该刊原名《复印报刊资料索引》,按学科分类分为 99 个专题,教育类是索引的第四分册,分 17 个专题。对专业研究者来说,这是很实用的专业文献检索工具。

《中文报刊教育论文索引》(季刊),中央教育科学研究所图书资料室编。

《教育论文索引》(1949—1965),北京师范大学教育系、图书馆编印。

《中小学教学论文索引》,1949—1965 年为第 1 卷,1966—1982 年为第 2 卷,北京师范大学教育系资料室编。

✦ **文摘**

文摘指文献摘要,是以简洁的形式对文献内容作扼要的介绍、摘录或描述。文摘比书目、索引提供更多的信息,在有限的时间内读者可以获得更多的文献信息。有了文摘,研究者可通过阅读文摘了解该文献的概况和精华,了解该文献的价值,决定是否需要阅读全文。

根据编写的目的和用途,文摘可分为指示性文摘和报道性文摘。指示性文摘仅把原文主题内容简略地介绍给读者,主要是提供线索,使读者了解该文献信息与所需信息的相关程度,从而决定是否要去读全文。报道性文摘比指示性文摘要详细些,一般要概述原文的主要内容,包括原文的主题范围,阐述观点、思想、方法、各种重要数据、推理过程、论证结果等。与教育有关的文摘主要有:

《新华文摘》(月刊),新华文摘社编,人民出版社出版,1979 年创刊。这是一本大型的学术性和普及性兼有的综合性文摘杂志。

《全国高等学校文科学报文摘》(双月刊),上海师范大学高校学报文摘社编辑出版,1983 年创刊。

Dissertation Abstract International(国际论文摘要)这是应用最普遍的英文摘要,分人文和科学两大类,刊载各大学博士论文摘要。

另外,各个学科也有独立的摘要,如 Psychological Abstracts (心理学摘要),Sociological Abstract(社会学摘要),Child Deuelopment Abstracta(儿童发展摘要)等,都是教育研究者经常阅读的参考资料。

◆ 参考工具书

参考工具书是以特定的编排方式,从众多的书籍中搜集编辑有关内容并写成条目,专门供读者查找各种语词、事实、数据、人物等而用的文献。参考工具书目大致可分为:字典、词典(辞典)、百科全书、统计资料、年鉴、手册、大事记、传记等。

教育研究者案边备有几本权威的参考工具书是完全必要的。在研究中,当遇到把握不住的名词、术语、定义、概念、历史沿革、现实状况,统计数据、事件等问题时,便可及时查询。国外有人估计,现有研究中约有一半的问题可以通过直接查询参考工具书予以解决。下面推荐一些常用的教育参考工具书:

《中国大百科全书(教育)》,中国大百科全书出版社,1985 年。这是新中国成立后第一部教育专科的百科全书。

《教育大辞典》,顾明远主编,上海教育出版社,1997 年。这是一部大型教育辞书,是我国自己编撰的教育大辞典。全书共收词目约 3 万条,800 万字。

《国际教育百科全书》,(瑞典)T·胡森主编,1985 年。全书共 45000 词条,10 卷,全书由 1300 多名来自 100 多个国家的专家、学者撰稿,反映了世界各国各类教育的发展情况和教育科学研究的新水平,是专科百科全书。此书已有中译本,由贵州教育出版社出版,1990 年。

《简明国际教育百科全书》,中央教育科学研究所比较教育研究室编译,该书是胡森主编的《国际教育百科全书》的简编本,由教育科学出版社出版。

《中国教育年鉴》,中国教育年鉴编辑部,每年 1 卷。

Yearbook of Education(UNESCO),这是联合国教科文组织编印的教育年鉴。

《中国现代教育大事记》(1919－1949),中央教育科学研究所编,教育科学出版社,1988 年。

《中华人民共和国教育大事记》(1949－1982),中央教育科学研究所编辑,1983年。

(五)文献处理

在通过文献搜索查出和阅览有关的材料后,研究者就必须考虑"我该如何处理这些信息"。最初的决定就是应判断这篇报告(文章)等的内容是否与正在研究的课题有关。如果无关,可以将它删去,如果有关,就应对它所包含的信息进行总结,并将该信息以某种形式保存,以便研究者一旦需要就可以取出。

✦ 书目登记

对每一篇阅读过的相关报告应做好完全并准确的书目登记,这种登记一般是摘要或总结的一部分;为便于快速查找,将书目登记写在 3×3 卡片上或许是最理想的,如果没有其他的目的,这样的卡片对于文献阅读完之后编辑一份完整的书目摘要是非常有益的。它们可按作者姓氏字母顺序依次排列。

例 4.4

书目摘要卡片

林兆其
教育评价中的社会心理学问题
教育研究　1990 年第 4 期　P57—70 页

一份书目登记包括下列信息;作者的姓名、报告(文章、书籍等)的标题,关于出版的情况;如果文章在一本期刊上的话,它所在的页码。关于出版的情况包括地点、出版者、出版日期,或者一篇文章所在期刊的卷数及日期。

不论什么时间使用报告中的信息,一开始就应该做好完整并准确的书目登记,这将有利于节省时间和减少混乱,如果书的登记不完整,又不再查阅原文,势必会有所损失。

◆ 摘要或总结

阅读文献的研究必须以适宜的形式,从相关的报告中抽取信息并对这种信息加以总结。为有效地利用研究成果,必须从报告中获得相当多的信息。例如,一般而言,了解结果产生的条件是必要的,已研究过的问题应该清楚,从而能使它与正在研究的问题相联系。因此,阅读一份报告时,我们应能判断出哪些信息应该保留,并记下来。

研究者通常使用一种摘要的形式,而不是做一些关于研究者报告的笔记。一份摘要就是一份对包含各种信息的研究报告的总结。在阅读各种报告时,信息的内容应基本一致,由不同作者所建

> **重要观点**
> 摘要是根据具体领域对从研究报告中获得的相关信息的总结。

立的摘要的组成部分稍有些不同,但一般而言,下列内容是应被包括的:

1. 书目登记:摘要之前往往是一份准确和完整的书目登记。

2. 问题:这是对正在阅读的报告中的研究课题的说明,它也可能包括对假设的说明。

3. 对象:被研究的个体通常被称为研究的"对象"。

4. 方法:这部分描述研究是如何进行的,它包括测量和分析的方式等,这部分也被称之为"方法论"。

5. 结果和结论:这部分主要指出研究的结果和结论,应区别结果和结论——结果指发生了什么,比如一定的统计数字;结论则是指研究者如何运用结果。在一篇报告中,如有很多结果和结论,最好将它们标上数字。

例4.5

书目登记

课题组:"云南中小幼师资研究",云南师范大学——哲学社会科学学报,1992年增刊,第1~40页。

问题:了解云南省中小幼师资队伍的整体现状及培训进修需求。

对象:(总计)对将近3万在职中小幼教师现状与需求进行调查研究。

方法:用5个大项的问题对他们进行调查,对各个项目的反应以百分比的形式总结,再以统计和访谈进行分析。

结果与结论:(1)教师整体结构趋于合理,但有待调整优化;(2)教师职业素质有所提高,但职业素质诸因素发展不协调;(3)培训需求的迫切性和全方位性。

摘要的长度往往也应考虑,包含过多的信息反而是无效的。许多杂志在每一篇

报告之前都有一段极其简短的摘要,但由于长度上又过分限制,常常不能满足研究者的要求,研究者的摘要应介于这两者之间。

在概括一篇报告时,研究者一方面要试图尽可能浓缩主要的相关信息,另一方面又要注意包括所需要的所有细节。尽管摘要应是简要的,但它包括所有的必需信息的重要性也不可忽视。有几个因素影响着摘要的长度,比如报告的长度、研究的复杂性及结果的广阔性。摘要只是反映结果的意思,而不是结果的本身,它们可以写在卡片上或有规格大小的纸上,重要的是它们是有用的,并能包含必要的信息。尽管摘要的版式有一定要求,但研究者在做摘要时仍有充分的灵活性以满足自身的需要。

(六)解释和利用信息

◆ 批判性阅读

教育研究文献的各种报告在其质量及综合性方面有很大的差别。因此,研究者在阅读报告时,就应带有某种程度的批判性。一个人如何批判性阅读?阅读研究报告需要读者智慧上的努力。作为读者,至少应具备研究方面的知识并熟悉本研究领域(不一定熟悉该领域的某一研究)。事实上,学习研究方法的目的之一,就在于更好地理解研究文献。读者所寻找的报告应具备几项特定的内容:如,报告的各部分是否协调,其意思是否已充分表达?研究成果得出的结论是否符合情理?两者是否一致?研究方法与研究过程是否一致?同时还要继续阐述研究的内在和外在的效度。内在效度主要强调多样和适当的研究方法以及使其结果令人信服,研究程序是否已充分说明?是否以使读者明了其研究的过程?分析得是否得当?外在效度主要关心研究结果的概括程度,有关的内容在报告中是否谈到?如果有所论述,那研究结果是否有充分的推广价值?结果的概括是否有充分的理由?如果没有那些研究结果的代表性方面是否有争论之处。如果一篇文章在讨论中是跳跃的,或没有遵守逻辑规则,那它对研究者是没有什么帮助的,内在效度在解释、在最终结果方面必须有充分的证据和理由。

✦ 写综述

当教师觉得一篇报告可以利用,或至少大部分内容可以利用的话,那有关的信息就应该综合起来并将它们写进该文献的综述之中。研究者必须决定如何利用这些信息,查阅的文献摘要可以根据前述讨论进行分组。如果有明显的缺陷,必须重新回到文献中去,并扩大搜索范围。正是在这一点上,研究者可以利用摘要并将阅读中的难题拼合起来。

综述的长度可以依据正在准备的研究报告的类型而定。查阅的文献数目比文献综述的数目大得多。所写的综述自身一般也含小标题,而且从摘要中所抽取的信息也要按照小标题组织起来的研究者应可能在综述中包含最新的信息。

✦ 列参考文献

当一份材料的信息被引证时,它就必须被详细地说明。可以参考的说明样式有很多,其中之一是在本页底部做脚注。对于那些不需要在文章底部做脚注的参考材料可以运用一种较短的样式来说明,如在每一章或报告最后可以列出参考材料的名单或目录。

✦ 准备文献目录

通常,查阅文献的最后一步即是将文献目录集中起来,一些杂志将参考材料名单与文献目录作了区分,参考材料名单仅限于在报告中引用的材料,而文献目录则可能还包括为了背景或深入阅读提供信息的材料。文献目录中的项目是按照原始作者(列在第一位的)姓的字母顺序排序的。如果项目内容已被列入文献目录卡片,则卡片排列顺序是按字母顺序或其中的项目顺序,这种做法简化了誊写文献目录的任务。

活动 4.5

1. 初步确定一个研究问题,如学习困难学生是怎样形成的。

2. 围绕确定的研究课题,进行文献检索。

3. 写一份有关研究问题文献综述。

四、拟定研究计划

凡事预则立,不预则废。在这里"预"就是计划的意思,计划可以避免失误,可以获得更多的成功机会。

(一)研究计划概述

✦ 研究计划的定义

课题一旦确定之后,接下来就要全面规划整个过程,合理安排研究中的各项工作,制定切实可行的研究计划。研究计划是研究工作进行之初所作的书面规划,是如何进行研究的具体设想,是研究实施的蓝图,它回答研究什么和怎么进行研究的问题。制定研究计划的目的是为了明确规定研究的范围和目标,具体规划研究的程序和进度,为顺利完成研究任务提供保证。

✦ 研究计划的意义

研究计划在整个研究过程中具有重要的作用,具体表现在以下几个方面:

1. 研究内容的细化。课题研究会牵涉很多因素,研究不仅要把握重点,也要顾及细节。研究者通过制定研究计划,可以使研究的目标、内容、范围、方法、程序等更加明晰,使课题内容更加具体化、操作化。

2. 课题申报的形式。研究计划是研究者的研究构想,也是课题申报的主要形式,课题申报必须提交研究计划。科研管理部门主要通过研究计划的申报、评审来确定课题研究是否有价值,是否具有可行性,是否需要立项给予资助。

3. 研究行动的指南。在研究过程中,研究计划是研究实施的指南。研究计划中必须制定详细的研究程序与步骤,要合理安排研究的资源,还要设想可能遇到的困难和解决的方案。有了研究的计划、行动就有了方向。

4. 评价检查的依据。在研究的进行过程中以及研究结束后,科研管理部门或教师通常依照研究的进展情况或完成情况,并对课题研究进行评估鉴定。

5. 完善课题研究的设想。有时,一个颇有创意的研究构想,只有在完成研究计划的过程中,才会发现某些先天的不足和预想不到的困难,才会促使研究者努力设法去解决。有了书面的研究计划,还可以作为与同行间沟通的依据,把自己的设想告诉别人,征求建议与指导,使研究课题更趋完善。

6. 训练研究能力。有利于训练和提高研究人员参与课题的研究能力。通过制定研究制定研究计划训练教师的科研素质。

(二)研究计划的结构与要点

研究计划的结构大同小异,基本成分差不多,主要有如下几大要素:

✦ 课题名称

题目的表述要体现研究的目的,研究的方法和研究的类型,要求简明、贴切、清晰。常用陈述式句型表达,字数一般不要超过 20 个,如果有印刷好的表格,一般要在限定的字数内。

✦ 问题提出

这一部分一般从选题的背景、选题在本领域中的定位、该领域存在的问题和解决这一问题的迫切性、重要性入手,为选题作好铺垫。本部分实际要求回答"为什么要进行该课题研究"的问题,计划可以考虑如下要点:

1. 研究原因。具体说明。

(1)时代背景。用以说明研究者选用的新的社会参照标准。

(2)针对问题。说明根据新的社会参照标准的要求,本课题试图解决的教育中的主要问题。问题表述要求:①一定的维度说明,并使彼此边界清晰,不致混淆;②同一计划中旨在解决的问题前后一致,防止互相矛盾;③彼此逻辑关系正确,母概念与子概念关系清晰;④总课题所列问题要包容子课题旨在解决的问题,防止互相矛盾。子课题要根据总课题所列的某些问题作具体说明;⑤旨在解决的问题要与研究目标、指导理论、研究内容及操作变量等,前后照应,防止相互分离。

(3)学生发展的需要。

(4)学校发展的需要。

2. 本课题研究的先进性。说明本课题的研究切合国内外相关课题研究的现状和发展趋势,与其既有联系又有区别。

3. 本课题研究的实践意义和理论价值。

4. 指导理论。主要说明理论的依据。要求:①少而精;②针对"问题";③能指导操作;④表述简明、准确,有具体贯彻要点,涵盖子课题,以便教师理解和把握。可引经据典,也可自圆其说。防止搞成目录式,似贴标签。

◆ 文献综述

文献综述的目的是梳理过去有关的研究,吸取其营养,找出其矛盾或不足之处,为本选题的深入研究提供台基。重点是对国内外研究动态的把握:

(1)国内外相关课题研究的现状和发展趋势;

(2)本课题与国内外相关课题研究的联系与区别。

这部分主要收集哪些人作了哪些相关研究,其主要观点是什么,取得了哪些成果,发表在何处,研究的进展和发展的趋势,尚未解决的问题以及解决这些问题的意义;在此基础上,重点要对已有研究做些概括,对已有的研究做出评价,从而为自己的选题确立创意。该部分一般要求占有文献充分、详实、分析评价精当。所占篇幅根据已有研究文献多少而定,原则上要少而精。收集文献后,要确立几个纬度进行观点归类,把相同的观点、相反的观点、中立的观点分别归类,找出彼此之间的一致和不一致之处,重点审查研究目前的进展现状、有争议的主要学术问题、尚未解决的主要问题、研究的发展趋势,在此基础上,提出本选题的观点。如果实验为了验证某规律,文献综述能避免重复性劳动,少走弯路;如果实验为了提高教育效益,即使别人作过同样或类似的事情,在你和你的学生体验中仍然是新的,仍然有其特殊意义。

◆ 研究目的与意义

主要说明这项研究有什么用;从理论和实践两个方面说明研究有什么意义。这一部分从"问题提出"推衍出来才有说服力,从如下两方面考虑:

1. 研究目标。也称为中介目标,自变量。即要解决的问题对策。注意:①针对课题界定"问题";②体现先进性。在收集和研究相关情报资料的基础上继承和创新;③如总课题分解为子课题,则要分别说明。

2. 学生发生目标。也称教育目标,因变量。常简述由于实施上述操作,学生发展将如何。注意:①针对课题界定"问题";②理顺逻辑关系,如说直接目标1,由此导致目标达成2、3……;③与研究目标构成函数关系(假定其他因素作用为零的情况下);④与研究目标构成函数关系(假定其他因素作用为零的情况下)。

独特的研究课题应有独特的研究目标。表述时要注意切题、个性化。

✦ 研究的内容

研究的内容是对课题的分解和具体化,即要解决哪些具体问题。只有把研究的问题弄清楚了,研究才能开始。关键是要紧扣题目中的核心成分展开,比较容易的办法是将题目里的核心要素分解成若干子要素。比如"提高小学生数学能力的研究","数学能力"是核心,要研究的内容从它展开,将数学能力进一步展开,比如各项形成发展规律是什么,教学策略是什么等等。对研究问题的分解越细致,研究起来越轻松、越顺利。研究搞不下去,一是方法不对路;二是所要研究的问题不清楚。没有问题的课题只能是抽象的、空洞的。没有问题,课题也就不成立了。

活动 4.5

1. 课题罗列。

(1)影响儿童多元智能发展的因素分析

(2)促进儿童多元智能发展的研究

(3)教师教学能力研究

(4)学生学习策略研究

(5)教师教学风格研究

(6)小学生学习方法及其指导研究

2. 找出上述各课题的核心词。

3. 对核心词进行分解,确立各课题的具体研究内容。

✦ 研究的重点难点

一项课题,有许多问题值得研究,不能眉毛胡子一把抓。要有重点,分主次,要抓住问题的主要矛盾和矛盾的主要方面,这样才有望取得预期的成效。比如在"提高小学生语文能力研究"课题中,重点抓住"能力"二字,也就是要着重回答语文能力包括什么,这是研究的重点,在研究重点里还要进一步明确难点,字、词、句、听、说、读、写、语法八项要素哪个是难点呢？也就是哪一个比较难以攻克呢？抓住了重点，研究才不会偏题，抓住了难点，研究才能大获全胜。

◆ **研究假设**

假设在课题研究中具有定向、限定和标准的作用。在有假设的实验研究中，研究必须围绕假设进行，对假设进行验证，并在以后的研究报告中，说明研究结果是否验证了假设。研究的问题以假设的形式提出来，就变得更加明确了。假设越简单明了越好，如果设条件为 2，反映为 3，则一般取"如果 2、则 3"这样的形式。它的真伪是用实践和实验来验证。假设是为最后研究结果的取得埋下铺垫。最后的研究结果要回应假设，前后呼应起来，必要时可对假设作理性分析。

假设在内容与表述上应达到这样一些标准：①以陈述的方式表达。通常说明两个变量之间的因果关系："如果……，那么就（有可能）……"；②一般陈述两个变量之间的关系；③假设有待检验，且必须可以检验。

◆ **预期成果**

预期成果即在研究之前先考虑到的课题的最终研究成果，预想出成果的形式、成果的数量、成果的应用，以及成果应用的对象、范围等等。一项课题的研究成果形式是多种多样的，学术论文、研究报告、专著、工具书、文献资料汇编、目录索引、研究工作总结、研究工具（如调查问卷、测量表）、教学软件、教学光盘、专题讨论纪要、研究档案、提案与建议、科普读物等等，都是研究成果的不同表现形式。

◆ **研究方法**

研究方法是针对要研究的问题采取的手段和办法。理论研究有理论研究的方法，应用研究有应用研究的方法，调查研究有调查研究的方法，实验研究有实验研究的方法，技术研究有技术研究的方法。理论研究一般采用文献研究方法和思辨方法等；应用研究一般采用实验方法或实验方法等；调查研究一般采用问卷或访谈方法等；技术研究采用实验方法等。为了结果的可信性，一项研究往往不只是采用一种方法，而是几种方法的综合运用。例如"提高小学生语文能力的研究"这项研究可采用至少五种方法：一是文献研究方法，二是经验总结法，三是专家访谈法，四是问卷调查法，五是实验法。研究方法的确定，还取决于预期的研究成果。例如"提高小学生语文能力的研究"，预期成果中有一项"自查"，那么，这项研究就必须包含调查法。同时，这项研究的预期成果中还要出一篇"近年来我国关于小学生语文能力研究的现状分析"的综述文章，那么文献研究方法就必不可少。

方法是解决的途径，一项课题，研究应该选用什么方法，应以"问题"为中心去思考和选择，不能以"方法"为中心去思考问题。研究方法的选择还要考虑研究的目的，也就是对问题的解决要达到什么程度。若是考虑研究现状和进展,选用文献研究方法就可以了;若是要要验证一个新的方法,那就必须用实验法了。一般来说,在研究计划中一看研究方法就知道这个课题是哪一类研究,想要达到什么目的。

✦ 研究步骤

研究步骤要规定先做什么后做什么,一般分为准备阶段、研究阶段和总结阶段三个阶段。准备阶段是论证问题和制定方案的过程;研究阶段是解决问题的过程;总结阶段是回答问题的过程。每一阶段要做什么,怎么做,大体上什么时间做,什么先做什么后做,要有明确的设计,这样才能使研究工作一环紧扣一环。每个阶段的内容不同,任务不同,所采用的方法也不同。每个阶段都十分重要,不可互相取代。研究步骤及进度还可说明如何实施目标管理;规定时间、明确责任、计量成果等。

✦ 研究结果

研究结果是研究最后所要达到的目标。一般来说,一个课题要解决几个问题,就应当得出几条结果。结果是依据所解决的问题而得出的。预计要解决哪些问题,取得哪些结果,这是预先就应该做出设计的。研究成果如何整理和表述,是用统计表、曲线图,还是照片结合文字分别叙述等都要认真考虑。

✦ 课题的组织与管理

1. 课题研究的类别。说明是独立课题,还是集体课题。如果是集体课题,则要说明如何分工协作。

2. 课题研究的组织形式。说明是集体研究式,总分协作式还是纵向分层研究形式。

3. 研究周期。主要说明整个研究工作需要多长时间,其中又分为几个阶段,每一阶段的具体任务和时限是什么。应当重视的是每一阶段的研究任务的设计要与预期的成果联系起来考虑。

4. 研究时间计划。要根据研究周期、研究阶段任务安排一个时间表。它有助于指导研究者目的明确地、系统地、一步一步按时到达课题的最终目标,并据此检查、督促研究工作,避免经常出现的拖延现象。

5. 研究分工及职责。对一个课题组来说,这项工作十分重要。一项研究,只有分工细微,人尽其才,才能把工作做好。

6. 研究过程管理。主要针对课题负责人而言,如果保证课题研究的顺利进行,加强研究过程管理是一条研究策略。管理的主要内容是:把握研究的问题和研究的方向;协调研究力量解决研究难点;资料档案的收集和整理;研究力量的投入与分配;阶段任务的验收;研究的思路和方法的调整;经费的使用;研究的进度;专家咨询;学术研讨;研究报告的执笔;成果宣传等等。

7. 经费管理。研究要考虑成本。一项研究的成本是指从事研究的劳动量和劳动时间,以及研究经费等要素。成本核算就是要把这些要素核算到研究全过程或研究成果之中。

8. 课题的保证。包括人员保证、策略保证、经费保证和物质保证、机制保证等。

(三)研究计划的基本要求

归纳起来,撰写好一份研究计划,要达到其基本要求。基本可以概括为4个问题。

✦ 研究什么

阅读一份研究计划时的第一个反应可能是:这个课题要研究什么? 因此,研究必须明确回答这个问题,让别人了解,要研究的是什么。要回答这个问题,首先,要有合适的标题,标题最好能涉及研究的范围、对象、内容、方法;其次,要明确提出研究问题,让别人了解研究问题的性质;第三,要列举研究的待答问题或研究假设,让别人了解研究的重点;第四,要界定研究的变量及关键名词,让别人了解研究的范围。

✦ 为什么研究

必须在研究计划中解释从事这项研究的理由。要回答这个问题,首先,要说明研究动机;其次,要提示研究的重要性和必要性,揭示研究的意义和价值;第三,要列举研究的具体目标。

✦ 如何研究

首先,要说明研究的方法与实施的程序,其中包括研究对象及其取样、研究的方法与步骤,研究工具的选择与编制,收集资料的程序、资料分析的方法等;其次,对研究资源的合理配置,包括研究人员的组织、研究进度的安排,研究经费的预算等。

✦ 有何成效

研究的价值体现在研究结果对现实世界和精神世界的贡献上。要回答这个问题,首先,必须在研究计划中具体说明研究的预期成效;其次,要有成果达到的水平和表现形式。

无论采用什么格式撰写研究计划,以上四个问题必须要具体回答的。掌握了这四个基本要求,研究计划中才不会遗漏必要的信息和内容,才能得到更多的外部支持。当研究计划完成后,也可以按是否清楚地回答这四个问题来评价研究计划的优劣。

联系"相关链接"中"研究方案示例"的相关内容学习。

活动 4.6

1. 选定一个研究课题。

2. 按研究计划的基本要求、形式与内容、拟定研究方案,并评价此方案的优劣。

资源中心活动	1. 与其他教师在明确研究课题后,经过讨论拟定一份研究计划(教师团体参与)。 2. 阅读与本章内容相关的文本和网页资源。

📋 本章小结

　　研究是一种系统的、持续的、有计划的探究,需要较为严密的科学性和计划性,需要对如何实施研究进行精巧的计划。既是中小学教师的研究应以保证研究能够真正解决实际问题为前提,研究过程中的变化与调整是很正常的,但是仍然需要制定研究计划。要制定好研究计划,教师有必要掌握一些基本术语——常量、变量、操作性定义和假设。因为通常研究的目的是探讨自变量与因变量的对应关系,研究的重点最终集中在因变量的测定上,而下操作性定义的目的也是为了能客观准确地测量变量,为他人重复验证提供具体做法,便于别人与同行之间的交流。

　　假设是对问题的结果,两个或多个变量之间的关系,或某些现象的推测或提议。在解决问题的过程中,在任何检验计划的活动前,总是会有假设作为行为的基础,研究要探讨两个变量之间的相互关系,在尚未获得结果之前,研究者总要事先推出暂时性的、推测性的答案,即假设,然后通过收集合适的资料来验证假设。

　　文献检索就是从众多的文献中查找并获取所需文献的过程,它不仅在确定课题和研究设计时被运用,而且贯穿于研究的全过程。进行文献检索的基本途径与方法及检索工具,文献处理的方法与能力。

　　当确定了研究课题并占有一定的资料后,接下来就是要拟定研究计划。通过拟定研究计划使其研究内容细化,确定研究实施的指南,为研究活动提供评价检查的依据。对教师来讲,拟定研究计划的过程也是完善课题研究的设想和训练研究能力的过程。因为,一个好的研究计划必须有共同的结构和要点,有基本的要求,即要回答好4个问题;研究什么,为什么研究,如何研究,有何成效,而是否清楚地回答这4个问题也是评价研究计划优劣的标准。

⌨ 本章重点

　　❖ 中小学教师的研究应以保证研究能够真正解决实际问题为前提,研究过程中的变化与调整是很正常的,但是仍需要制定研究计划,不过在计划实施中应更加关注预设与达成的结合。

❖ 常量是一个研究中所有个体都具有的特征或条件。它不是要研究的内容。

❖ 变量是在一个研究中不同的个体体现出不同价值的特征和条件。研究要探讨的是变量之间的相互关系,在教育研究中,最重要的应用最广泛的变量是自变量,因变量和无关变量。

❖ 自变量是引起或产生变化的原因,是研究者操纵的假定的原因变量。

❖ 因变量是受自变量影响的变量,是自变量作用于被试后产生的效应,是研究者要测定的假定的结果变量。

❖ 无关变量是指与特定研究目标无关的非研究变量,是研究者不想研究,但会影响研究进程的,需要加以控制的变量。

❖ 通常研究的目的是探讨自变量与因变量的对应关系,研究的焦点最终集中在因变量的测定上。

❖ 操作性定义是根据可观察、可测量、可操作的特征来界定变量的含义。或者说,从具体的行为、特征、指标上对变量的操作进行描述,将抽象的概念转成可观测、可检验的项目。

❖ 条件描述法、指标描述法和行为描述法是下操作性定义的主要的 3 种方法。

❖ 假设是对问题的结果、两个或多个变量之间的关系或某些现象的推测或建议。研究假设是研究这根据经验检索事实和科学理论对所研究的问题预先赋予的某种答案,是对研究结果的预测,是对课题涉及到的主要变量之间相互关系的设想。

❖ 研究假设是研究的核心;它明确地规定课题;是通向理论的桥梁。

❖ 假设的证实与证伪不取决于人们的主观判断,而只能是事实检验的结果,事实是检验假设的根本标准。

❖ 任何研究都是在前人就的基础上展开。无论什么研究,它的具体实施和研究成果总是同占有什么样的文献资料联系在一起的,研究成果的价值往往与研究人员占有资料的数量与质量相关。

❖ 文献检索就是从众多的文献中查找并获取所需文献的过程。它不仅在明确课题和研究设计时被运用,而且贯穿于研究的全过程。

❖ 查阅文献的过程涉及到的问题是:信息从哪里发现的? 这是一个对有关资源来源的问题;在信息找到后,我们应该做什么? 这是一个有关信息作判断的问题:哪些信息与研究课题有关? 信息的研究水平如何?

❖ 教育类文献资料主要集中在图书馆、档案馆、博物馆、研究机构和学校等单位及互联网中。

❖ 作者途径、书名途径、代码途径、分类途径、主题途径以及计算机检索是文献检索的基本途径。

❖ 目录、索引、文摘、参考工具和国内外期刊杂志是常用的文献检索工具。

❖ 文献处理的形式有书目登记、摘要或总结。批判性阅读、写综述、列参考文献和准备文献目录都是解释和利用信息的活动或方法。

❖ 研究计划是研究工作进行之初所作的书面规划,是如何进行研究的具体设想,是研究实施的蓝图。它不仅是顺利完成任务的保证,而且是完善课题研究设想,训练研究活动的能力。

❖ 课程计划大体由以下要素构成:课题名称,问题提出,文献综述,研究的目的与意义,研究的内容,研究的重点难点,研究假设,预期成果,研究方法,研究步骤,研究结果,课题的组织与管理。

❖ 研究计划最基本的要求是回答清楚四个问题:研究什么,为什么研究,如何研究,有何成效;是否清楚地回答这些问题也是评价研究计划优劣的标准。

📖 本章学习反馈

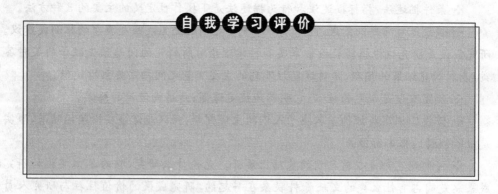

自·我·学·习·评·价

疑问和没有解决的问题

相关链接

中小学教师研究方案的动态变化形式

中小学教师的研究总是指向一定实际问题的解决的,问题场景不同了,先前没有预料的新问题出现了。预定的方案也就需要相应调整。中小学教师研究方案的动态变化,至少有以下几种形式。

1. 转换

在研究中转换研究问题,用新的问题取代原有的问题,是在动态中生成研究方案的一种形式,也是对原有方案具有颠覆意义的一种形式。比如,某位教师在起初的研究方案中,是以"什么样的问题适宜学生讨论"作为研究对象的,但在研究和实践中,他注意到,学生没有真正参与到讨论当中去,除了问题选择得当的因素外,更为重要的是什么样的组织形式才是学生讨论所需要的。看来,应该把研究问题转移到讨论的组织上来。接下来,教师设计了一系列组织讨论的形式,如组间交流、"自主择伴,结对学习"等,并依据新的研究方案进行研究。

2. 细化

起初的研究方案可能只是一个大致的构想,在研究中,这种构想逐渐具体化,方案越来越具体,有可操作性。比如,教师发现自己班级中的一位同学在与老师和其他同学的交往过程中有一些过激的言行,他觉得有对这位同学进行个案研究的必要,一开始的设想还是较为粗略的,在与这位同学进行交往的过程中,他逐渐形成了甄别学生过激言行存在原因、采取得当行为对策、整合包括家庭在内的各种教育资源的具体方案。方案在研究和实践过程中变得越来越具体、详尽。

3. 分化

将先前对某一个较为宏观的研究问题的构想,逐渐分化为几个不同的研究问题,再分别对这些问题进行研究,形成新的研究方案。比如某位教师深感自己的课堂教学有许多不尽如人意的地方,试图对课堂进行较为深入的研究。在一开始的研究构想或方案中,课堂教学是作为一个整体而出现的,呈现的是一种综合的或者说混沌的状态。在研究过程中,课堂需要变革的行为变得清晰了,影响课堂变革的方方面面的因素有所知晓了,教师也就自觉不自觉地将原来的课堂教学的整体变革分解为几个不同的方面,如师生互动的强化、学生自主学习时间和空间的创设、学生质疑问难行为的培养等,重新制订新的方案。分化的结果是研究的针对性加强了,研究深入了。

4. 调整

在研究中对原有的想法进行修正,改变步骤、方法等,使研究方法等更为完善、丰富。这种调整产生的变化可能不如前几者大,但也直接影响着方案的改进和执行。比如,某教师在对课堂教学进行研究的原有方案的设计中,仅关注到课堂观察中叙事和对课堂教学进行实录,但是,要全面把握课堂情况,充分占有课堂信息,这些研究手段和方法显得过于单一,教师后来逐渐注意到了这点,在后来的研究中引入了一些新的量化观察方式,如设计一些量表,对课堂中师生交往行为等进行统计、评价。

5. 后发

在起初的研究中,只是有问题意向,并没有具体的研究方案,随着研究的推进,研究方案的制定才逐渐提到议事日程上来。这种先有研究后有方案的形式,在专业研究者的课题研究中,几乎是不可能的,但在中小学教师的研究中则较为普遍。[①]

文献检索的过程

文献检索就是根据研究目的的查找所需要文献的过程。任何人在检索过程中都希望尽快地检索出自己所需文献,以满足研究的需求。

1. 文献检索的基本要求

文献检索的基本要求可以概括为准、全、高、快四个字,"准"是指文献检索要有较高的查准率,能准确查到所需要的有关资料;"全"是指文献检索要有较高的查全率,能将需要的文献全部检索出来;"高"是指检索到的文献专业化程度要高,并能占有资料的制高点;"快"是指检索文献要快捷、迅速、有效率。

2. 文献检索的基本过程

在具体文献检索过程中,研究者需要考虑以下几个方面的问题。

(1)明确检索方向和要求。文献检索,首先要回答的问题是:需要检索什么信息?即研究者要明确研究的方向和要求,确定所需要文献的主题范围、时间跨度、地域界限、载体类型等。研究方向越明确,要求越具体,检索的针对性也越强,效率也越高。

(2)确定检索工具和信息源。接下来研究者要考虑的问题是:到哪里去检索信息?通常要求研究者根据现有条件,在自己所熟悉的检索工具(书目、期刊指南、索引、文摘等)和自己能把握的信息源(图书杂志、大众媒体、磁盘、光盘、计算机网络等)中查找文献。这时所要确定的是检索工具和信息源。

(3)确定检索途径和方法。再接下来要考虑的问题是:用什么途径和方法去检索信息?这时研究者可根据既定的文献标识、如著者名、文献名、文献代码、图书分类体系、主题词等进行检索。

---

① 郑金洲. 教师如何作研究. 上海:华东师范大学出版社,2005.

　　(4)对检索到文献的加工处理。最后,研究者面临的问题是:检索到文献后如何加工处理这些信息? 一般来说根据检索线索,获得了所需文献,文献检索便告一段落,但一个完整的检索过程还应包括对检索到的文献的加工处理,涉及内容有:对文献的分类整理,筛选鉴定,剔除重复和价值不大的文献,核对重要文献的出处来源;对研究可能要用到的文献作好摘要、笔记或卡片,以备后用;有些重大的研究课题还要求写出文献综述或评价;最后还需列出参考书目。文献检索的基本过程见下图[①]:

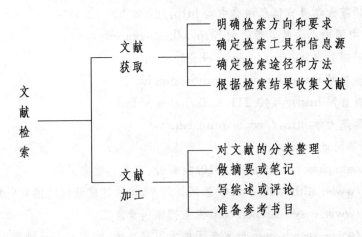

图 4-6　文献检索基本过程图

常用的教育类型网址和搜索引擎

　　● 教育类型网址:

1. 中国期刊网 http://www.chinajournal.net.cn

2. EBSCO 信息服务网 http://search.global.epnet.com(英文网站)

3. 教学网 http://www.teachnet.com(英文网站)

4. 教师网 http://www.techers.net(英文网站)

5. 教师来帮教师 http://pacificnet.net/mandel(英文网站)

6. 美国教育部 http://www.ed.gov(英文网站)

7. 教育应用图书馆 http://www.csu.edu..au/education/library.html(英文网站)

8. 美国国会图书馆 http://www.loc.gov(英文网站)

---

①　陶保平.学前教育科研方法.上海:华东师范大学出版社,1999:66.

9. 中国教育科研网 http://www.cernet.edu.cn

10. 中国人民大学书报资料中心 http://www.confucius.cn.net

11. 北京师范大学 http://www.bnu.edu.cn

12. 北京图书馆 http://www.bta.net.cn/lib/tushu.html

13. 中国出版物之窗 http://www.cibtc.ceic.go.cn

14. 华东师范大学图书馆 http://www.lib.ecnu.edu.cn

15. 华东师范大学教育信息网络中心 http://202.120.92.199

16. K12 中国中小学教育教学网 http://k12.com.cn

17. 中国基础教育网 http://www.cbe21.com

18. 香港教育网 http://www.education.org.hk

19. 台湾教育网 http://140.111.1.22/index.shtml

20. 台湾师范大学 http://www.ntnu.edu.tw

• 搜索引擎网址:

1. http://compass.net.edu.cn/8010/指南针,中英文搜索引擎

2. http://www.alltheweb.com 收录网页最多,检索速度最快的搜索引擎

3. http://www.easy-searcher.com 专业搜索引擎总汇

4. http://www.search,com 世界各国搜索引擎目录,按国家字母排列

5. http://www.searchpower.com 世界上最大的搜索引擎目录分类排序

6. http://www.searchengineguide.com 搜索引擎指南,分类排列

7. http://www.infojump.com 杂志和报纸文章的专门搜索引擎

8. http://www.ditto.com 一个非常实用的图像搜索引擎

9. http://www.refdesk.com/index.html 参考文献搜索引擎

10. http://www.cseek.com 搜索客,信息量较大较新

11. http://www.tonghua.com.cn 常青藤,附有文字帮助,提供目录检索功能

12. http://www.5415.com 我是野虎一家位于美国的中文搜索引擎站点

• 国际联机检索系统 DLALOG 常用的数据库:

1. 教育数据库(ERIC)

2. 科学引文索引数据库(SCI)

3. 社会科学引文数据库(SSCI)

4. 心理学数据库(PSYCINFO)

5. 科学文摘数据库(INSPEC)

6. 管理学数据库(ABI/INFORM)

7. 医学文摘数据库(MEDLINE)

• 国内期刊杂志

专业期刊杂志更受研究人员的青睐,这是因为期刊杂志出版周期短,信息量大,反映研究成果较新、较快。我国有关教育类的期刊杂志达 400 多种,对从事教育研究的人员来说,可关注以下一些期刊,例如:

1.《教育研究》　　　　　　　　　　　中央教育科学研究所

2.《华东师范大学学报(教育科学版)》　华东师范大学

3.《心理学报》　　　　　　　　　　　中国心理学会

4.《课程. 教材. 教法》　　　　　　　人民教育出版社

5.《人民教育》　　　　　　　　　　　教育部

6.《教育研究与实验》　　　　　　　　华中师范大学

7.《比较教育研究》　　　　　　　　　北京师范大学

8.《全球教育展》　　　　　　　　　　华东师范大学

9.《外国教育研究》　　　　　　　　　东北师范大学

10.《外国中小学教育》　　　　　　　 上海师范大学

11.《上海教育科研》　　　　　　　　 上海市教科所

12.《教育理论与实践》　　　　　　　 山西省教科所

13.《心理发展与教育》　　　　　　　 北京师范大学

14.《中学教育》　　　　　　　　　　 华东师范大学

15.《教育评论》　　　　　　　　　　 福建省教科所

16.《教育科学》　　　　　　　　　　 辽宁师范大学

17.《教育与职业》　　　　　　　　　 中华职业教育社

18.《中小学校长》　　　　　　　　　 国家高级教育行政学院

19.《中小学管理》　　　　　　　　　 北京教育学院

20.《普教研究》　　　　　　　　　　 辽宁省教科所

21.《江西教育科研》　　　　　　　　 江西省教科所

• 国外有关教育专业的期刊:

1. *Administratiue Science Quarterly* 介绍管理科学的季刊

2. *Adult Education* 成人教育的理论与实践

3. *American Educational Research Journal* 刊载实证研究报告

4. *BRITISH Journal of Educational Psychology* 刊载英国教育心理学的实证研究报告

5. *Comparatiue Education* 介绍世界各国教育发展趋势

6. *Comparatiue Education Reuiew* 比较教育的研究刊物

7. *Education Administration Quarterly* 介绍中小学行政管理的理论

8. *Elementary School Journal* 介绍小学教育的理论与研究

9. *Journal of Education Psychology* 介绍教育心理学的理论与研究

10. *Reuiew of Education Research* 专门刊载某一特定问题的综合评论

11. *Harrard Educational Reuiew* 哈佛教育研究刊物

12. *Teachers College Record* 哥伦比亚教育学院的综合刊物

13. *Phi Delta Kappan* 了解美国公共教育研究问题几点意见

14. *Educational Researcher* 了解美国教育研究问题与方法论的争议观点

15. *The Education Digest* 美国的教育文摘

16. *Jourhal of Teacher Education* 美国的师范教育

17. *The Journal of Exoerimental Education* 实验教育杂志

18. *International Reuiew of Education*（UNESCO）联合国教科文组织的国际教育评论

19. *History of Education* 英国的教育史杂志

20. *Education and Psycholgical Measurement* 教育和心理测量

研究方案示例

方案一：《小学生心理行为问题的评估、成因及矫正的研究》开题论证报告提纲

一、问题的提出

（一）小学生心理行为问题的界定

小学生心理行为问题是小学生由于自身特点、家庭、学校、社会等各因素的影响，而在其发展过程中产生的对自身、周围环境的适应不良，它包括小学生认知、情绪、行为等的各类偏差（如注意不良、师生关系不良、亲子关系不良、同伴关系不良、交往退缩、焦虑、抑郁、恐惧等），是心理素质不良的外在体现。

本课题对北京市城区小学生心理行为问题的研究将集中在师生关系不良、亲子关系不良、同伴关系不良、交往退缩、注意不良五类问题上。

（二）小学生心理行为问题的现状

1. 近年来，许多调查结果表明，在北京的小学生中存在许多不同程度、不同类型的心理行为问题，心理行为问题的平均检出率高过 9%～16%，表明小学生心理素质的改善应当引起社会的高度重视；

2. 心理行为问题的发生率在男性小学生群体中明显高于女性小学生群体；

3.随年级的增高,小学生心理行为问题的发生率呈现增长的趋势,实行有效的干预刻不容缓;

4.小学生心理行为问题还未引起广大家长、教师的足够重视。

(三)小学生心理行为问题研究的背景

1.国际大背景

(1)现代科技迅猛发展,各种信息剧增;

(2)社会与经济发展的国际化;

(3)大众传媒影响广泛;

(4)思想、观念、价值多元化;

(5)在现代社会,小学生心理行为问题增多,已引起世界各国重视。

2.国内背景

(1)社会进入变革时期,带来价值观、社会规范的重建,给小学生的成长带来挑战;

(2)社会发展都市化、居住环境公寓化,儿童的生活与交往环境发生变化;

(3)向市场经济转变,竞争加剧,工作、生活压力增大,影响了小学生的成长环境;

(4)家庭结构、家庭功能、家庭环境发生变化;

(5)独生子女政策的实施与独生子女的大量出现;

(6)基础教育从应试教育向素质教育的转变。

(四)研究小学生心理行为问题的价值

1.理论价值

(1)丰富儿童心理发展与教育的有关理论;

(2)揭示儿童心理行为问题形成过程及其机制;

(3)探明社会经济文化的发展变化对小学生心理发展的影响。

2.实践价值

(1)探明当前北京市城区小学生心理行为问题的表现与特点;

(2)发展针对性强的有效预防、矫治教育对策;

(3)为研究小学生心理行为问题提供适合北京市城区小学情况的科学评估工具;

(4)在研究基地学校建立科学、规范的心理辅导体系;

(5)为北京市城区小学教育改革、有关教育决策提供科学依据。

二、有关文献综述

(一)国内研究现状

近十年来,国内在儿童心理行为问题方面已进行了一些初步的研究,主要集中在以下几个方面：

1.分析儿童心理行为问题的类型、特点；

2.探讨儿童心理行为问题的成因；

3.初步探讨对儿童心理行为问题的评估和干预方法。

（二）国外研究现状

自20世纪40年代，国外心理学界一直致力于探讨儿童心理行为问题的分类、评估和矫正。

1.对儿童心理行为问题的类型进行了比较深入的研究；

2.20世纪70年代末，提出儿童心理行为问题的有关理论；

3.从发展心理病理学的角度研究儿童心理行为问题的形成机制；

4.探讨影响儿童心理行为问题的各种因素；

5.编制儿童心理行为问题的科学评估工具；

6.发展儿童心理行为问题的干预措施；

7.对干预效果进行系统的评估。

（三）本课题组成员已有研究的基础

1.本课题组成员在儿童青少年内向型心理行为问题方面的研究；

2.本课题组成员在家庭与儿童青少年心理发展方面的研究；

3.本课题组成员在儿童青少年社会化、同伴关系方面的研究；

4.本课题组成员在学习不良儿童社会性发展、心理行为问题方面的研究；

5.本课题组成员在小学生自我监控方面的研究。

（四）已有研究存在的不足

1.在研究问题的界定方面缺乏多视角的、内隐理论的研究。

2. 在研究内容方面

（1）缺乏有针对性的详细描述与深入分析；

（2）很少探讨学校因素的影响作用，尤其是师生交往模式、教师教育行为特点等的可能影响。

3.在研究类型方面

（1）现状调查较多，而对成因的系统研究、对心理行为问题的干预研究、教育对策研究较少；

（2）在为数不多的干预、矫正研究中，知识讲授多，而有针对性的专门矫正训练较少；

（3）在已有的矫正、干预研究中，常常未能将对儿童的干预、矫正与对其环境（家长、教师、同伴）的干预、矫正有机地结合起来。

4.在研究方法方面

(1)已有评估工具比较笼统,内容不具体,筛选、诊断功能较差,也使有关研究难以深入;

(2)已有研究多以问卷、量表、教师评定法为主,忽视了观察、访谈方法的有效应用。

5.在研究应用方面

对于在小学中建立科学、规范的小学生心理辅导机构的工作研究、重视不够。

三、研究的指导思想与原则

1.以系统思想为指导;

2.基础研究与应用研究相结合;

3.以生态观为分析框架;

4、群体水平分析与个体水平分析相结合;

5.科学研究与为教改服务相结合。

四、研究的主要问题、假设与方法

(一)不同群体对小学生心理行为问题的看法和内隐理论研究

1.研究问题。北京城区小学教师、家长、学生对小学生心理行为问题的看法。

2.研究被试。小学1～6年级学生各10人,男女各半,共60人;小学1～6年级学生的家长各10人,共60人;小学1～6年级教师各5人,共30人。

3.研究方法与工具

部分研究工具选取本课题组在已有研究中证明是有效的有关工具,另一部分则根据访谈结果和参考国内外有关工具进行编制。

(二)小学不同年级学生心理行为问题影响因素的研究

本课题将集中研究师生关系不良、亲子关系不良、同伴关系不良、交往退缩、注意不良五类问题的影响因素。

1.研究问题。与师生关系不良、亲子关系不良、同伴关系不良、交往退缩、注意不良五类问题有关的教师特征、家长特征、小学生个人特征以及学习压力、生活应激因素。

2.研究被试。小学1～6年级学生及其家长各100名,共1200名;小学教师30名。

3.研究才法与工具。部分研究工具选取本课题组在已有研究中证明是有效的有关工具,另一部分则根据访谈结果和参考国内外有关工具进行编制。

(三)小学不同年级学生心理行为问题矫正与教育对策的研究

本课题将集中研究师生关系不良、亲子关系不良、同伴关系不良、交往退缩、注意不良五类问题的矫正与教育对策。

1. 研究问题。探讨改善师生关系、亲子关系、同伴关系、交往退缩、注意不良五类问题的有效方法,特别是"家长—教师—儿童"的综合干预模式的有效性和"个别—小组—群体"综合咨询与矫正方法的有效性。

2. 研究被试。师生关系不良、亲子关系不良、同伴关系不良、交往退缩、注意不良五类问题儿童各 20 名,共 100 名;问题儿童的家长 100 名及这些问题儿童的老师。另按匹配原则选取同样数量的儿童、家长、教师为对照组。

3. 研究方法。

(1)前测,选取实验干预组与对照组;

(2)采用"家长—教师—儿童"的综合干预模式和"个别—小组—群体"综合咨询与矫正方法进行干预;

(3)后测,对实验组、控制组进行比较分析,以评估上述综合干预模式与综合干预方法的有效性。

(四)建立小学生心理行为问题的评估工具

本课题将发展适用于北京市城区小学生心理行为问题的评估工具,主要集中在师生关系不良亲子关系不良、同伴关系不良、交往退缩、注意不良五类问题上。

1. 研究问题。发展对上述五类问题的科学评估工具,使其信度、效度达到较高的科学水平。

2. 研究被试。小学 1～6 年级学生及其家长各 200 名,共 2400 名。

3. 研究方法。根据心理测量学的有关原理、量表编制的科学步骤及应达到的心理测量学指标,进行上述五类问题的评估工具的编制工作。

(五)在本课题的研究基地学校建立比较科学、规范的小学生心理辅导机构

1. 研究问题。探讨在当前的师资和办学条件下,在北京城区小学建立比较科学、规范的小学生心理辅导机构,培训心理辅导人员,建立健全规章制度,形成心理辅导机构的规范运行方式的有效途径。

2. 研究措施。

(1)建立专门的心理辅导中心,配置小学生心理行为测量工具,使拟建立的小学生心理辅导机构具有比较好的物质条件;

(2)综合采用理论学习培训、咨询技能训练、现场指导、录像分析、专题研讨、相互观摩等多种方式,培训既有专业理论知识,又有实际操作能力并经实践检验合格的小学生心理辅导人员;

(3)在深入学习小学生心理发展、心理行为问题的诊断、咨询、矫正的有关专业知识以及理论原则的基础上,广泛借鉴国外学校心理辅导的有关经验,建立健全小学生

心理辅导的有关规章制度；

（4）对小学生、家长、教师开展有针对性的心理辅导与咨询工作。

五、研究的进度安排

（一）1996 年 12 月—1997 年 8 月

选择实验学校；培训研究人员及教师；文献收集、综述；理论研究；考察不同群体对小学生心理行为问题的看法；筹建小学生心理辅导中心。

（二）1997 年 9 月—1998 年 7 月

总结不同群体对小学生心理行为问题的看法；探讨不同年级小学生心理行为问题的表现、特点变化规律；研究小学生心理行为问题的影响因素；编制小学生心理行为与心理健康评估工具；继续开展小学生心理辅导中心建设。

（三）1998 年 9 月—1999 年 7 月

完成对小学生心理行为问题的表现、特点、奕化规律、影响因素的研究；建立正式的小学生心理行为问题的评估工具；开展干预矫治研究；完成各基地学校小学生心理卫生辅导中心的建设工作。

（四）1999 年 8 月—2000 年 12 月

分析有关数据、撰写研究论文；继续开展干预、矫正研究，并总结分析研究成果；完成课题总结。

注：本课题为北京市"九五"教育科学规划重点课题，课题负责人董奇先生现为北京师范大学副校长、博士生导师、教授。

方案二：《教师培训新策略——教学与科研相结合提高教师素质研究与实践》研究方案设计

原国家教委 1997 年师范教育科研课题《教学与科研相结合提高教师素质的研究》是把行动研究运用于解决提高教师素质问题的典型案例。面对"如何迅速、有效地提高教师素质"的问题，课题组从调查研究入手，发现生物学教师队伍的学科能力、教育教学能力和科研能力弱，影响着师资队伍的质量。于是，1986 年他们开始设想在中学教师培训中改变这种状况，并在实践中探索。至 1993 年，经过近 8 年的摸索，初步提出了"教师进修院校应把教学与科研并重"，"将科研与教学结合起来"的主张。1994 年至 1999 年，在科研人员指导下，他们在中小学教师培训实践中，开展以"教学与科研相结合提高教师素质的研究"为题的研究与实践。1999 年，他们以《教师培训新策略——教学与科研相结合提高教师素质研究与实践》（国际文化出版公司，1999 年 6 月出版）为题，总结了自己的实践经验和理论成果。在这项研究与实践中，行动研究作为实践方法的一种重要类型，起到了重要的作用。

该课题组根据所要解决的实际问题的情况,把行动研究的操作程序划分为六个步骤:确立课题、查阅文献、制定计划、实施行动、总结反思、提出报告。下面结合教师培训实践介绍各个步骤中重点应该解决的问题是什么,解决问题的方法是什么。

一、确立课题

本步骤,要求研究者分析实际教育情境中亟待解决的问题,提出问题、分析问题,直到确立为行动研究课题。

(一)发现问题

提出问题首先要发现问题,而发现问题的实质在于找到并描述出人的活动过程中的现实状态与期望状态的矛盾或差异。确认这种差异或矛盾的过程需要运用多种方法和手段。

1993年前后,该课题组在中学教师继续教育的实践中,提出了改革培训模式、加快中青年骨干教师培训的初步想法。为了准确地发现并确定所要解决的问题,在半年多的时间里,他们运用了一系列方法,尽可能全面地搜集有关中青年骨干教师培训的信息,如教师培训的历史、现状、趋势、经验、教训等,以寻求全面、准确、可靠的依据。

文献研究法使他们较为全面地了解所要研究问题的信息。他们注意有选择地、有分析地搜集了与中青年骨干教师培训有关的文献资料。文献研究结果,明确了许多问题:教育事业的发展需要大批中青年骨干教师和学科带头人脱颖而出;培训骨干教师要在提高思想政治素质和品德修养的基础上,重点提高学科能力、教育教学能力和教育科研能力;这方面的成功经验和有效途径不多,亟须实践、研究和探索。这些就是骨干教师培训的期望状态。

调查研究法使他们认识到了骨干教师培训的现时状态中课题组运用的具体方法有:问卷法、观察法、访谈法等。在调查研究中,由于他们注意了选择具有代表性的对象,保持客观公正的态度,作好资料的分析与总结,得到了可靠的结论。

1992年至1993年,他们开展了多方面的调查。先是在继续教育培训班中直接观察中学教师的能力状况;通过问卷了解教师们对培训的需求;通过对北京市教师培训部门有关领导的访谈调查得知,北京市当时忙于教师的全员培训,还不能具体部署骨干教师的培训工作,希望并支持他们开展研究;通过与北京市教师进修院校同行座谈调查得知,大家普遍认识到骨干教师培训的重要性,但是普遍感到困难较多,无从下手,缺乏有效的途径与方法;通过召开各种类型的中青年教师座谈会,他们了解到,多数中青年教师深感自己的学科能力、教育教学能力和教育科研能力亟需提高,迫切需要得到进修指导,对参加骨干教师培训表现出很高的热情。于是,"怎样办好骨干教师培训班,迅速有效地提高教师的能力"的问题摆在了培训者的面前。

（二）分析问题

提出了上述问题后,随后的任务就是对问题的性质、范围、成因等进行分析,以形成清晰的认识。除了培训者本身对问题的观察与思考之外,还要与同行和有关专家、学者或科研人员多方研讨、协商、咨询。因为,这里的问题涉及学员需要学什么,怎么学;教师培训应该教什么,怎么教？怎样更新教育观念？怎样提高理论水平？怎样提高学科能力、教学能力和科研能力？怎样拓展更新知识？怎样搞好技能训练？怎样促进教研室和教学班的改革？怎样检验与评价继续教育的成果？怎样搞好继续教育的管理等等。

分析上述问题,要对问题加以定义,从问题的确认、时间、地点、广度等方面加以叙述:培训者尽可能占有有关资料,如有关文字、数据、图片、音像材料等,详细考察并探求问题的真正原因。

（三）确立课题

由于运用了上述方法,他们成功地解决了开展骨干教师培训的选题方向问题。通过调查和研讨,首先认清了教师和学员应解决对中学教师继续教育本身的认识,进修院校教师怎样组织继续教育？教什么？怎么教？学员怎样参加以及参加什么样的继续教育？学什么？怎么学？如果有关继续教育这一系列理论与实践总是不能首先得到解决,所提出的主要问题将无从入手解决。课题组通过分析研讨,取得共识:确定了"中学教师继续教育的理论与实践研究"作为第一步行动（模拟训练）的课题。

课题得以确立,是正确运用选题方法的结果。从根本上说来,就是要从教育实际的现状与社会需要之间、理论与事实之间、理论或事实内在的种种矛盾中,发现和把握某些有意义的问题,这是选择和确立研究课题的基本途径。

二、查阅文献

本步骤,要求研究者要广泛收集与研究问题有关的文献资料,以便从前人的研究实践中了解研究背景,发现研究价值,寻找研究线索,借鉴研究方法,学习相关理论,汲取经验教训,指导行动研究。

科学研究过程就是文献资料的搜集、利用和再创造的过程。所以,在研究过程中,培训者坚持从文献研究起步,并将它贯穿于科研的全过程。

例如,1994年,围绕"中学教师继续教育的理论与实践研究"课题,为了指导撰写文献综述,人人参与研究,接受训练,在科研实践中学习和掌握科研方法。1995年至1996年,他们指导学员对"探究教学"、"中学生物教学改革"等问题,开展了文献研究。1997年,他们组织学员以"生物科学新进展研究"为题,开展文献研究。这些对研究计划的制定、研究行动的实施和研究成果的取得,具有重要的作用。

特别值得注意的是,研究进程中应密切关注与课题有关的新文献、新信息,以便对行动研究的计划和实施作出适当调整。例如,有关哈佛商学院的"案例教学法"的文献资料使他们找到了培养学员的教学能力的方法;有关"知识经济"、"可持续发展"的文献资料,将课题研究引向了深入。

三、制定计划

本步骤,要求研究者根据解决实际问题的需要与设想,初步制定切实可行的研究计划或方案。

1. 提出行动假设

设立行动假设是制定行动研究计划的依据。课题组在对教育实际中遇到的问题经过提出、界定、分析并确立为研究课题之后,文献研究使研究问题的思路更加清晰,把将要采取的行动以及对行动结果的预测明确地提出来,这就是行动假设。制定研究计划正是为了具体落实行动措施并测查行动的结果,以验证假设。在这里,假说方法的运用很重要。

例如,关于解决"怎样办好骨干教师培训班,迅速有效地提高教师的能力"问题的基本假设,该课题表述为:在继续教育中,实施"教学与科研相结合模式"是全面提高教师素质的有效途径。这个假设成为制定总体计划的依据。又如,在继续教育中,按照"教学与科研相结合模式"指导学员参与教育科研实践,有利于学员掌握科研方法,提高教育科研能力。这个假设对科研能力培养行动结果的预测进行了说明。

2. 总体计划和具体计划

行动研究计划应包括总体计划和具体计划两种。总体计划是整个行动研究过程的全面系统安排,主要内容包括:研究计划题目;研究背景材料研究目的意义;研究假设;研究对象范围;研究程序;收集资料方法;预期成果等。总体计划是根据总体计划而制定的研究行动的具体措施实施的安排,主要内容包括:计划实施中一系列具体问题的处理,如对象选择、教与学方法、任务分配、人员安排、研究管理、资料选择、评价步骤方法、实施先后顺序、进度日程等。

总体计划和具体计划的内容并不是制定之后就一成不变的,而是具有充分的灵活性与开放性,也就是允许而且必须在实施过程中随时检讨反思,不断修改,以符合教育实际情境的需要。

例如,1994年至1995年,培训者按照"教学与科研相结合模式"对学员实施科研能力培养的计划,将培训全过程分为两个步骤:模拟训练与独立研究。

第一步:模拟训练(1994年3月—12月)

研究课题：中学教师继续教育的理论与实践研究，可分解为9个子课题，保证全体学员人人参与研究。

主要目标：在科研实践中学习和掌握现代教育理论基本点和科研方法，提高科研能力。

培训方法：改变过去以讲座传授教育理论、科研方法的形式，实施以课题研究实践为主要内容的科研训练。

科研方法：在实践中学习与掌握选题方法、文献研究、调查研究、比较研究、行动研究、撰写研究报告等方法。

组织管理：教师与学员人人成为课题组成员，具有主体地位；教学班以课题组建制；教研室强化科研职能；教师与学员合作，平等研究。

成绩考核：以取得的研究成果和撰写的研究报告评价科研能力的提高。

第二步：独立研究(1995年1月—12月)

研究课题：中学生物学探究教学研究

主要目标：借鉴"探究学习"理论，结合实际，探讨改革中学生物学教学、培养学生探究能力的有效途径、方法与规律。

其他内容与第一步行动基本相同。

四、实施行动

本步骤，要求研究者按照研究计划的要求，在教育的实际情境中采取行动措施，收集所需资料，并保证行动结果的及时反馈。

1. 验证方法的选择

按照研究计划实施行动的根本任务在于验证假设。在教育研究的过程中，实践是检验和证明假设与研究计划的最根本的方法，称为验证方法。但是，教育研究不同于自然科学研究，教育研究的假设和研究计划等实质内容不能通过科学观察和实验直接进行观测。例如，前述假设与研究计划中的"教育科研能力的提高"就不可能直接观测到，只能从"能力提高"的结果上表现出来。于是，培训者把学员通过培训后，能独立开展课题研究并写出具有一定水平的论文或研究报告，看作"教育科研能力提高"的表现。可见，教育研究常用的验证方法是间接验证方法。

行动实施之前，要确保所有参与行动研究的人员对研究计划的理解与共识，明确所采取行动的内容要求，掌握所需资料的范围及收集方法技术等。

2. 行动研究与收集资料

行动措施指的是研究计划安排的、解决实际问题为目标的教学改革实践，例如前面实例中所说的"实施以课题研究实践为主要内容的科研训练"。具体做法是：首先，全体学员人人选择了课题并完成选题论证报告;其次,按照专家所提供的线索和指导的方法,到图书馆、资料中心去查阅大量有关继续教育的文献资料;然后,是阅读分析所搜集的文献资料,学习将许多不同的结论加以概括,并归纳总结;最后,撰写出一系列文献综述、比较研究报告、调查报告等。

收集资料就是考察行动措施是否有效以及效果的表现,以实践改进、认识改进和环境改进情况为主要依据。

行动研究作为应用研究的一种方式,本身并没有特定的收集资料的方法。在行动研究过程中,教育工作者必须深入现场,亲身实践,广泛而综合地运用多种有关收集资料的方法,包括行之有效的定性方法与定量方法,如观察法、调查法、经验总结法、文献研究法、实验法、个案研究法等,以利全面收集行动过程的事实与数据资料。在各种具体收集资料的方法中,坚持观察并撰写行动记录或研究日记是常用而可靠的。研究的参与者每天将自己的研究实践及所观察到的情况写成行动记录,并且及时进行反思。这应该是贯彻于行动研究全过程的重要方法。

撰写行动记录的意义是多方面的:这种方法是实践者熟悉而简单易行的;可以随时记录下多方面资料,特别是实践者对研究过程中偶发事件的认识及灵感;及时反思行动措施的有效性,研究方法的可行性,以调整实践者的行动;行动记录中的某些思想观点可以发展成为理论框架,指导对资料的收集与分析,指导研究的深入发展。

3. 及时反馈

及时反馈是行动实施步骤中的又一重要内容。这是行动研究作为一种自我反思研究方式的具体表现。随着研究的开展与不断深入,所有有关的研究信息,如研究参与者的状况、行动过程、行动效果、行动条件与制约因素、偶发事件等,都应及时反馈。这对于研究计划的及时调整,行动措施的改进完善,实际问题的尽快解决,都是必需的。

五、总结反思

本步骤,要求研究者对本轮研究工作所获得的资料进行整理、分析、解释、作出推论,并对研究反思评价,同时为新一轮更为深入的研究做好准备。

总结反思是行动研究中第一轮行动过渡到下一轮行动的中介,是体现行动研究本质特征的重要步骤。

1. 总结反思的主要内容

(1)归纳整理。就是对所得到的各种资料依次分别地加以考察,通过分析找到性质特征后把各部分综合成一个整体;然后通过比较确定相同点、相异点及其关系,将资料进行定性或定量分类;再对资料进行抽象概括。例如,总体计划和具体计划是否完善? 缺点是什么? 行动过程与研究计划是否一致? 行动效果与预期结果有没有差别？参与研究人员在认识和行动上哪些方面需要改进？对所出现的问题及其原因作出解释等。

(2)推论评价。有了对资料的归纳整理,教育工作者可以对本轮研究工作及结果得出结论,作出评价。

(3)修正行动计划。就是对研究工作提出进一步的设想,根据需要和实际情况对研究计划提出调整意见,并形成修正性意见,同时安排好新一轮行动措施。

例如,"中学教师继续教育的理论与实践研究"的第一步行动是科研的模拟训练(1994年3月—12月)。除了在训练过程中把握进展、及时反馈、适时调整外,全体课题组成员在模拟训练完成预定任务后,1994年12月进行了认真的总结。具体做法是:各子课题分别总结各自的研究工作及其成果;课题组举行专题研讨会,由各子课题交流研究报告;课题组成员总结出"教学与科研相结合是提高青年教师素质的有效途径"专题报告;课题组和专家对模拟训练做了总结,充分肯定已取得的成果,提出下一步的研究设想。这些情况充分表明:学员们通过培训,已能初步进行一定的课题研究,并取得成果写成研究报告或论文,说明学员的教育科研能力得到提高,为下一步独立研究打下基础。

2.总结反思的方法

总结反思步骤中运用的科学方法主要有教育经验总结法、理论研究方法和评价方法等。

经验总结法的运用不仅在总结反思步骤,而且是贯穿于行动研究的全过程中。例如,"中学教师继续教育的理论与实践研究"课题,又于1995年12月对课题研究的第二步"独立研究"行动进行了总结,12月27日召开了"中学生物学探究教学研究"的研讨会。1996年,在总结以往实施"教学与科研相结合模式",培训教师的做法及其成效时,概括出以下经验:

(1)继续教育应促进教师的现代化;

(2)要真正确立教师在教育科研中的主体地位;

(3)教师要与专家结成科研群体;

(4)教师要从实际出发,重视科研实践,研究教育的实际问题。

1997年,课题组又对以往研究工作及其经验从方法论上进行总结,进一步概括出以下经验:

(1)要把"仔教学与科研相结合"提高到继续教育指导思想的高度来认识;

(2)要把提高教师的能力落实到继续教育的目标上;

(3)继续教育要解决"学什么,教什么","教什么,研究什么"的问题;

(4)群体研究中"设计是灵魂",要重视"教方法,作研究,出成果";

(5)要建立"三结合"的科研群体。

上述一系列经验总结,不仅推动了培训实践的步步深入,还为后来的理论概括打下了基础。理论研究方法和总结反思对于整个行动研究过程都很重要。培训者10余年的"教学与科研相结合模式"的研究,主要是在两个方面展开的:一方面是通过大量实践,探索试验"教学与科研相结合模式"是提高教师素质的有效途径;另一方面是从理论上建构并完善"教学与科研相结合模式"。前者属于实践研究范围,后者属于理论研究范围。实际进行的教育研究中,上述二者通常是交织在一起,既独立又互补地进行着。

例如,1993—1994年,从国内外培养创造型人才的成功经验中向继续教育引入"教学与科研相结合"思想时,课题组运用的主要是类比和演绎推理;1994—1998年,从一个学科逐渐发展到多学科的继续教育运用"教学与科研相结合模式",并取得了显著成效时,课题组运用的是归纳推理。随后,在大量客观材料和理论材料基础上,又运用多种理论研究方法,才对"教学与科研相结合模式"的理论框架和方法论原则作出较为深刻的揭示和合理的说明。

在上述研究的过程中,分析和综合方法、抽象和具体方法、归纳和演绎方法、历史和逻辑方法,以及系统科学方法等,应该综合地加以运用。

六、提出报告

本步骤,要求研究者把按照行动研究计划实施的行动过程、行动结果、所得结论和评价意见等形成报告。

通常,行动研究把解决教育实践中的问题放在第一位。与此同时,它也关注理论知识方法技能的创新。在处理教育理论和教育实践的相互关系上,行动研究十分强调理论与实践的结合,强调实践是理论的来源,强调实践是经验和理论的检验标准,强调从具体、特殊到一般、普遍的发展。

行动研究所提出的报告主要有三种形式:诊断性报告、形成性报告和终结性报告。诊断性报告形成于"行动实施"之前,通常以选题报告、文献综述、研究计划的形式出现;形成性报告形成于"总结反思"之后,通常以阶段成果报告的形式出现;终结性报告形成于总体计划全部完成之后,通常以行动研究总结报告形式出现。

行动研究的研究报告具有自己的特色。它注重生动的行动过程与丰富详实的资料;它强调所有参与者都参与研究报告的撰写;它欢迎专家、教育行政人员和教师同行对研究报告的评议研讨;它还允许采取多种方式提出报告,如口头报告、书面报告、音像媒体、电脑网络和成果展览等。

第五章

在行动中学作质的研究

📋 **本章学习任务**

☞ 理解质的研究的含义、特点和作用,激发起参加与质的研究的冲动。

☞ 把握质的研究设计的特点和选择研究对象的要求,在反思自己教育实践的同时,设计一个质的研究计划。

☞ 就研究的问题,展开访谈活动,从中寻找问题研究的原始材料。

☞ 运用资料整理与分析的程序知识,对访谈的材料进行分析与研究。

一、引　言

在明确研究问题和研究框架之后,选择什么样的途径或方式,就成为每位教师必须要考虑的问题了。人类最初的研究,往往显示为"类比想象"、"经验总结"或"假想与验证",后来逐步发展出"类比研究"、"调查研究"、"实验研究"等研究方法。教学研究的这些传统至今仍然有一定的独立性,但中小学教师在使用这些研究方法时,往往需要"综合运用"而不只是"单打独斗"。而且,这些教学研究方法是否能够有效地引发中小学教学实践的改进,取决于教师是否"主动参与"教学研究,取决于教师是否在"自我反思"的基础上打开心灵的窗户,与他人保持某种"对话关系"(包括"同伴互助"和"专业引领")。也可以认为,有效的教学研究需要教师走向"在学校真实情景中研究",即教师为了改进自己的教学,在自己的教室中发现某个教学的问题,并在自己的教学过程中以"追踪"或汲取"他人的经验"的方式解决问题,其基本含义是"为了教学","在教学中"和"通过教学(教师)"。从有效和综合的视角看,本章和下一章主要介绍教师研究的两个主要途径:在行动中学作质的研究和教学行动研究。

教育科学研究一般来说有两种基本范式,一种是以事实为主的实证性研究范式,一种是以价值研究为主导的非实证性研究范式。实证式的研究包括定量研究,实验研究,调查统计分析研究和逻辑分析研究等等;非实证研究包括分析描述研究,文献研究、质的研究、思辨研究、解释学的研究等等。如果说，实证研究早为人们熟悉的话，非实证性的价值研究则可以说在当代教育研究中异军突起，成为了一种引人注目的研究取向，特别是其中的质的研究，已经进入了教育研究领域。

二、质的研究定义理解

(一)质的研究定义

质的研究是以研究者本人作为研究工具，在自然情境下采用多种资料收集方法对社会现象进行整体性研究，使用归纳法、分析资料和形成理论，通过与研究对象互动对其行为和意义建构获得解释性理解的一种活动。

联系"相关链接"中"质的研究定义"的相关内容学习。

这个定义包括如下几方面的内容：

(1)研究环境：在自然环境而非人工控制的实验环境中进行研究。

(2)研究者的角色：研究者本人是研究的工具，不使用量表或其他测量工具。

(3)收集资料的方法：多种方法，如开放型访谈、参与型和非参与型观察、实物分析等。

(4)结论和理论的形成方式：归纳法，在资料的基础上提升出分析类别和理论假设。

(5)理解的视角：主体间性的角度，通过研究者和被研究者之间的互动理解后者的行动及其意义解释。

(6)研究关系：研究者与被研究者之间是互动关系，要考虑这种关系对研究的影响。

(二)质的研究特点

✦ 强调在自然情境中研究

> **重要观点**
> 对部分的理解必须依赖于对整体的把握，而对整体的把握又必然依赖于对部分的理解——质的研究中的"阐释循环"。

质的研究必须在自然情境下进行，对被研究者的"生活世界"以及社会组织的日常运作进行考察。研究者必须与被研究者有直接接触，在当时当地面对面地交往，了解他们日常生活的状态和过程，他们所处社会文化环境以及这些环境对他们的影响。质的研究的主要目的不是验证现有理论，而是理解社会现象，为此以自然探究为传统的质的研究要求研究者注重社会现象的整体性和关联性。在对一个事件进行考察时，不仅要了解该事件本身，而且要了解事件发生和变化时的社会文化背景以及该事件与其他事件之间的联系。

✦ 对意义的"解释性理解"

质的研究是对被研究者的个人经验和意义建构作"解释性理解",从他们的角度理解他们的行为及其意义解释,研究者只有理解了被研究者的思想、感情、价值观念和知觉规则,才有可能理解他们对自己行为和周围环境的解释,进而才可能理解他们具体外显的行为。由于理解是双方互动的结果,研究者需要对自己的"前设"和"偏见"进行反省,了解自己与对方达到理解的机制和过程。

✦ 动态、演化的研究过程

质的研究是一个不断演化的过程,是对变化着的现实的持续探究。在这个动态的过程中,研究者和被研究者双方都会改变。研究的设计可能会变,收集和分析资料的方法会变,建构理论的方式也会变。变化流动的研究过程对研究者的决策以及研究结果的获得会产生非常重要的影响,过程本身决定了结果,因此需要加以细致的反省和报道。

✦ 自上而下分析资料

强调通过现场实地观察,深度访谈等收集第一手材料,资料分析主要采纳归纳的方法,自下而上在资料的基础上建立分析类别和理论假设,然后通过相关检验逐步得到充分和系统化。质的研究结果只适应于特定的情境和条件,其目的是理解特定的社会场景,而不是对与该场景类似的情形进行推论。

> **重要观点**
> 质的研究是带着研究问题从资料的收集过程中形成理论假设,而不是带着理论假设去收集资料验证假设——"扎根理论"。

✦ 重视研究关系

由于注重解释性理解,质的研究对研究者与被研究者之间的关系非常重视,特别是理论道德的问题。研究者需要事先征求被研究者的同意,对他们提供的信息严格保密,与他们保持良好的关系,合理回报他们给予的帮助。由于强调从当

> **重要观点**
> 质的研究要求研究者在研究过程中非常尊重被研究者,双方互动,共创和分享该研究过程,极具人性化。

事人的角度看待问题,质的研究给"人"以极大的尊重,使"研究"与"人"的研究注重对被研究者的体验、理解,把研究过程作为一个向被研究者"学习"的过程,学习他们的世界观和价值观,并对自己的价值观有新的反思。研究者不把自己看作一个"局外"的评判者,也不把被研究者看作一个抽象的符号,一个被认识的客体,而是与被研究者建立良好的互动关系。

✦ 文字形式的描述

质的研究无论其收集的资料还是成文的方式都是以文字来描述,辅之以录像、图

表、照片等。即使有时候有一些数据,也是为了帮助描述某种现象的。

(三)质的研究与量的研究

质的研究的很多问题都是与量的研究相联系而形成的。对两者进行对比可以使我们对质的研究的理解更加明确。

5-1 质的研究与量的研究比较

	量的研究	质的研究
研究的目的:	证实普遍情况,预测	解释性理解,提出新问题
对知识的定义:	情境无涉	由社会文化所建构
价值与事实:	分离	密不可分
研究的内容:	事实,原因,影响,凝固的事物	事件,过程,意义,整体探究
研究的层面:	宏观	微观
研究的问题:	事先确定	在过程中产生
研究的设计:	结构性的,事先确定的,比较具体	灵活的,演变的,比较宽泛
研究手段:	数字,计算,统计分析	语言,图像、描述分析
研究工具:	量表,统计软件,问卷,计算机	研究者本人(身份,前设),录音机
抽样方法:	随机抽样,样本较大	目的性抽样,样本较小
研究的情景:	控制性,暂时性,抽象	自然性,整体性,具体
收集资料的方法:	问卷,统计表,实验,结构性观察	开放式访谈,参与观察实物分析
资料的特点:	量化的资料,可操作的变量,统计数据	描述性资料,实地笔记,当事人引言
分析框架:	事先设定	逐步形成
分析方式:	演绎为主,在收集资料之后	归纳为主,寻找主题,贯穿全过程
概括结论:	概括性,普遍性	独特性,地域性
结果的解释:	文化客位,主客对立	文化主位,互为主体
理论假设:	在研究之前产生	在研究之后产生
理论来源:	自上而下	自下而上
理论推理:	大理论,普遍性规范理论	扎根理论,解释性理论,观点,看法
成文方式:	抽象,概括,客观	描述为主,研究者的个人反省
作品评价:	简洁,明快	深描,多重声音
效度:	固定的检测方法,证实	相关关系,证伪,可信性,严谨性
信度:	可以重复	不能重复
推广度:	可控制,可推广到抽样,总体	认同推广,理论推广,累积推广
伦理问题:	不受重视	非常重视
研究者:	客观的权威	反思的自我,互动的个体
研究者所受训练:	理论的,定量统计的	人文的,人类学的
研究者心态:	明确,确定	不确定,含糊,多样性
研究关系:	相对分离,研究者独立于研究对象	密切接触,相互影响,变化,共情
研究阶段:	分明,事先设定	演化,变化,重叠交叉

由于在指导思想和操作手段上存在差异,质的研究与量的研究所关注的焦点各有不同。总的来说,量的研究依靠对事物可以量化的及其相关关系进行测量、计算和分析,以达到对事物"本质"的一定把握。而质的研究是通过研究者和被研究者之间的互动,对事物进行深入、细致、长期的体验,然后对事物的"质"得到一个比较整体性的、解释性的理解。

量的研究和质的研究各有其优势和弱点,主要表现在如下几个方面:

1. 量的研究比较适合在宏观层面对事物进行大规模的调查和预测;而质的研究比较适合在微观层面对个别事物进行细致、动态的描述和分析。

2. 量的研究证实的是有关社会现象的平均情况,因而对抽样总体具有代表性;而质的研究擅长于探讨特殊现象,以此发现问题或提出新的看问题的角度。

3. 量的研究将事物可以量化的部分在时间的一点上凝固起来,然后进行数量上的计算;而质的研究在时间的流动中追踪事件的发展过程,使用语言和图像作为表述的手段。

4. 量的研究从研究者自己事先设定的假设出发,通过收集和分析数据来验证自己的假设;而质的研究强调从当事人的角度了解他们的看法,将他们的概念和语词作为分析的单位。

5. 量的研究极力排除研究者本人对研究的影响,尽量做到价值中立;而质的研究十分重视研究者对研究过程和结果的影响,要求研究者对自己的行为以及自己与被研究者之间的关系进行反思。

上面这种将量的研究和质的研究对立起来进行比较的方式可以使我们更加清楚地看到它们各自的特点,但与此同时我们也要注意不要人为地夸大两者之间的区别。其实,从一定意义上说,所有的研究都可以说是"质的研究",也都是"定性"的成分。即使是在量的研究中也不可能排除研究者的"主观"决策,如选择研究的问题,确定统计变量等(Vidich & Lyman, 1994)。正是出于这方面的考虑,我在上表中将质的研究与量的研究两者之间的对比看成是在数个不同层面上的连续延伸,而不是一个绝对的两分。

(四)质的研究的意义

这里讨论的是教育质的研究的优势。"质的研究"一引入我国就受到广大教育工作者的欢迎,并且越来越受重视。这是因为教育是一种与社会生活密切相关的人类活动,教育研究对象的复杂性和特殊性决定了质的研究,在教育领域的适用性:首先,教育活动是以人为主体,而人的行为极其复杂,无法以自然科学方法研究方式(强调量)予以分割；其次,质的研究方法由于能在微观层面对社会现象进行深入细致的观察分析,保证了社会现象本身的整体性、意义性和动态性,发挥了研究者与被研究者的相互作用,体现了人文精神；第三,科学研究方法仅适用于稳定性、一致性高的自然科学界,不适用于变动性高的教育领域,教育活动的因果关系无法像自然科学一样能有明确的界定；第四,质的研究比较适合我国广大教师的实际情况,教师们对定量研究的严格要求常常感到可望不可即,而质的研究恰恰迎合了我国教师的"口味"——传统的研究常常将教师放到一个被动的被研究的位置,他们被观察,被询问、被评价,没有自己的声音；而在"质的研究"中,由于尊重作为个体的研究者(或被研究者),对每个人的生活经历和意义的解释都非常重视,在"质的研究"中,教师从后台走到前台,从被动变成主动,他们自己可以是研究者,自己设计、实施和评价自己的研究；他们也可以与外来的研究者,通过相互之间平等的互助来提高自己的意识和能力。

基于教育研究的诸多特点和局限性,质的研究有着得天独厚的条件,作为教师尤其适合进行质的教育研究。

✦ 个性化教育需要质的研究

教育的对象是具有不同个性的人,质的研究中参与型观察、深度访谈、实物分析等收集资料的手段凸现了被研究者的个性特征,使得教师不仅因材施教,而且逐步满足社会对教育"量"的要求转到对"质"的要求,不仅仅追求一个普通的规律,而把个体的学生看作抽象的概念和符号被忽略。

质的研究体现了对教育者和受教育者的理解尊重。教育者和受教育者的心灵体验是教育研究中无法回避的参与因素,质的研究要求深入到被研究者的日常生活世界和意义世界,关注人类社会的自身存在,与被研究者互动、分享经验,了解那些发生在教育世界中的各种充满独特原因与逻辑的独特事件,有助于教育管理者、决策者对普通教师的理解,教师与学生的理解、沟通、对话和交流。

✦ 质的研究利于体现教育的深刻性

深刻的教育是触及学生心灵与情感的教育；深刻源自教育者与学生之间心灵的互动,"质的研究的人文性要求对教育行动中的各类人的生存状态、情感感受、思维方式和行为习惯进行探究,有利于了解处在学校这一社会组织中的个体是如何生活的,他们相互之间形成了什么关系,他们是如何与学校制度互动,他们是如何解释自己的生存状态的"。通过质的研究,教师可以对自己和学生的生存方式以及学校的功能进行质疑,提升实践理性和行为能力。

✦ 质的研究体现了新的言说视角

质的研究从教育、社会、心理、文化、历史等不同取向全面解释学校组织运作、课堂日常生活中那些影响教育成败的因素。质的研究方法的使用能够帮助教育研究者走进学校的日常生活世界中,去体验和理解学校教育场景中不同角色、不同群体、不同个体、不同文化在不同情景下的互动以及他们所建构的意义和世界。

三、质的研究设计

与所有的教育研究一样,质的研究也要有研究设计。与其他类型的研究相比,设计在质的研究中享有十分特殊的地位:既非要不可,又必须十分灵活。由于质的研究是一个循环反复、不断演

> **重要观点**
> "开放、弹性、循环、往复"等是质的研究设计中经常体现的特点。

化发展的过程,允许在研究过程根据情况对事先设定的方案进行修改,因此其设计不能像量的研究那样确定和固定。质的研究设计包括研究目的、情境、研究问题、方法、效度检验等五个主要内容。它们之间关系密切,其中任何一个部分都会受其他部分的拉动而变形,任何一个部分的运动都受到其他部分的牵引和拉动。同时,在水平面上的每一个部分又都随着研究的进程而不断缩小聚焦范围。

(一)确定研究问题

一个研究问题总是来自一定的研究对象,在选定研究问题之前首先需要确定自己的研究对象。与研究问题相比,研究的现象更加宽泛一些,后者限定了前者的范围,前者是从后者中提升出来的焦点。

> **重要观点**
> 研究对象指的是希望集中了解的人、事件、行为、过程和意义的总和。

✦ 寻找研究的问题

质的研究问题应该是"有意义的问题":一是研究者对该问题确实不了解,希望通过此项研究获得一个个案;二是该问题所涉及的地点、时间、人物和事件在现实生活中确实存在,对被研究者来说具有实际意义,是他们真正关心的问题,这一点是质的研究问题与其他研究所确定的问题相比,最有特征的地方。如果研究问题是研究者自己确实希望了解的,但是并不符合研究现场的实际情况,或者被研究者认为这个问题对他们来说并不重要,那么就应该修改或抛弃这个问题。一般来说,质的研究中比较适合的问题是以"什么"和"如何"开头的问题,如:"小学生心目中的好老师是什么样的?""中小学教师是如何安排自己的周末时间的?"等等。

在找到了"有意义的问题"之后,还需要选择适合质的研究的问题类型。首先,要考虑自己所选择的问题属性是"概括性问题(一个指向某一特定人群,对其具有一定普通意义的问题),还是"特殊问题(某一个特殊个案的呈现的问题,具有普遍代表性)。如:同一个现象"2006 年城市中小学学生进网吧现象有所增加",如果希望通过对学生进网吧比较多的问题在全国有代表性的几个城市进行调查,那么所提出的就是一个"概括性问题";如果只选择一个城市进行个案研究,了解这个城市学生进网吧的情况,并不特别关心该城市的情况是否代表其他城市的情况,那么提出的就是一个"特殊问题"。在质的研究中,一般倾向于选择"特殊问题",因为小样本的研究结果很难代表整体,独特的个案虽然不能证实整体情况,但是可以为人类提供新的知识内容和新的认识事物的方式。其次,还要考虑自己选择的问题是"差异性问题"还是"过程性问题"。前者探讨的是事情的异同及其相互关系,如,"某学校的学生对希望工程是否支持?"寻求的答案是"是"或"否"。后者探讨的是事情发生和发展的过程,如"某学校的学生在希望工程的发展进程中起到什么作用"。目的是了解中国学生在这个过程中做了什么、如何做的、起到了什么作用。"过程性"问题又可分为意义类的问题和情景类的问题。"意义类问题"是当事人对有关事情的意义解释,如"某校教师是如何看待自己的第二职业的"。"情境类问题"是探讨在某一特定情境下发生的社会现象,如"某校校长是怎样培育本校的教师文化的"。如果在质的研究中由于专注"差异性问题",很容易导致对社会现象进行人为的分割,将事情简化为各种量变及其相关关系,忽视事物的复杂性和动态性,质的研究还需要考虑研究问题是否属于下列类型:

1. 描述性问题:对现象进行描述,如"某校是如何对本校的学生进行养成教育的"。

2. 解释性问题(意义类问题):从当事人的角度对待特定现象进行解释,如"某校养成教育的举措对学生意味着什么"。

3. 理论性问题:对特定现象进行理论上的探讨,如"某校对学生进行养成教育的举措对品德教育有何贡献"。

4. 推论性问题:探讨此研究结果是否适合其他类似场合,如"某学校对学生进行养成教育的举措是否适合其他学校"。

5. 评价性问题:对某一现象中两个以上的类型进行比较,如"A 学校与 B 学校在对学生进行养成教育有什么不同的举措? 效果有什么不同"。

对质的研究来讲,比较适合的是"描述性问题"和"解释性问题",这两类问题可以对现象的状态和意义进行研究。而"理论性问题"容易先入为主地将前人(或别人)的理论过硬地套到研究的现象上面,应该谨慎使用。"比较性问题"容易着意寻找那些具有可比性的资料,而忽视那些没有可比性,但对于理论研究现象却十分重要的资料。由于质的研究不强调研究结果的推广,也不贸然对研究的结果进行价值评价,所以"推广性问题"和"评价性问题"不适宜作为质的研究探讨的对象。另外,由于某一事情不一定与其他事情之间有必然的因果关系,所以质的研究应该谨慎处理"因果类问题",即那些对事情的前因后果直接进行探讨,如果研究一开始就着意寻找事物发生的原因,很容易忽略那些非因果关系的资料。

活动 5.1

下面哪些问题比较适合于质的研究?

1. 为什么某县很多教师外流?
2. 某县教师外流表现为什么状况?
3. 某县教师是如何外流的?

✦ 界定研究问题

选择了适合的问题类型之后,需要其进行界定和表述。总的说,质的研究问题应该限定在一定的范围之内,不能太宽、也不能太窄。"宽、窄的度"取决于诸如研究的时间、地点、研究者人数、被研究者人数、研究事件的多寡、研究方法类型等,同时要清楚地限定研究问题的范围,明白研究的问题和边界所在。确定了研究问题的范围以后,还需要对其进行语言表述,特别是表述的具体、概括的程度。接着,还需要对其中的概念进行定义,使这些概念在研究中具有可操作性,并列出该问题的核心部分及其下属问题。如:"大学生的心理适应问题的研究",就需要说明这里所说的"大学"是什么类型的学校,是否包括大专、私立大学、民办大学,是否局限在中国境内,是否只在某一个城市,具体指的是哪(几)所大学;"大学生"具体指的是什么人,他们是几年级的学生,学什么专业,他们的性别、民族、家庭背景是什么;"心理"包括那些方面,是否指的情感、意志和认知;"适应"指的是一种什么状态,"不适应"又是一种什么状态;"问题"指的是什么;"研究"指的是什么类型的研究等等。该问题的子问题可以是:这些学生初入大学时是如何适应的? 他们适应过程遇到了什么困难? 采取了哪些应对措施? 这个适应过程对他们的学习、生活以及他们个人的自尊和自信有什么影响? 学校对学生的心理适应可以提供什么帮助? 在界定研究问题时,除了给重要概念定义外,还应该说明自己是如何获得这些定义的;自己为什么选择如此进行定义;如果在研究过程发现定义不符合实际情况,自己打算怎么办。

✦ 说明研究的目的和意义

"研究的目的"指的是研究者从事某项研究活动的动机、原因和期望,可以分成个人目的、实用目的和科学研究的目的三类。"研究意义"可以分为理论意义和实践意义,即研究对有关理论的建构的贡献和对改善有关现状的具体作用。实际上,"意义"和"目的"的关系非常密切,对目的进行讨论时便隐含了对意义的探讨。

1. 个人目的。指的是促使研究者从事研究的个人动机、利益和愿望。在质的研究中,个人的关怀不仅不被认为是一个障碍,而且被认为是一笔宝贵的财富,可以为研究提供灵感、理论和资料。质的研究不是抛弃或否认自己的个人目的,而是想办法积极地有意识地利用它们。

2. 实用目的。指的是研究者通过此项目可以完成某些具有实际价值的任务。由于具有实用价值的研究项目较容易获得某些机构或集团的支持,因而也容易受到这些利益机构或集团的控制,研究者很难保持科学研究所需要的"中立"和"公正"。如果设法在一定程度上摆脱这些控制,使自己的研究服务于需要的民众,那么这种研究还是十分有价值的。

3. 科学研究的目的。指的是为人类认识世界、追求真理提供有益的知识和探索思路。这种研究通常是为了了解有关事情发生的原委、过程和效果,加深对有关问题的理解,为人类知识的增长作贡献,为本研究领域提供新的信息、理论和研究方法等。这样研究的研究者可能受本领域学术权威的影响比较大,可能将一些理论作为先入为主的假设,希望在研究过程中验证或批改这些假设,这种对"纯科学"的偏好可能会掩盖研究本身的政治意义和个人动机,忽视研究给研究者本人和被研究者有可能带来的思想上和情感上的冲击以及生活上的改革。

在实际研究中上述三类目的常常是相互糅和在一起、共同对研究的决策发生作用的。在很多情况下,这三种目的可能同时激发我们从事一项研究,虽然侧重点可能有时不同。

活动 5.2

1. 一位从事第二职业的教师,常常听到别人对他的非议。如果——

(1)计划对其他一些同样从事第二职业的教师进行调查,看他们是如何处理该问题,如何面对"非议",以便为自己所借鉴;

(2)他的立项研究是受某教育组织委托,以寻求解决此问题的举措;

(3)他进行此项调查纯粹是为了了解教师在市场经济条件下,在学校人事管理政策变化的情况下其内心世界和平时工作情况，为社会对教师的期待和角色要求的理解增添知识。

2. 分辨并指出(1)、(2)、(3)各种研究活动出于什么样的研究目的。

(二)评述相关研究现状

评述与本研究相关的现状，至少有三个方面的内容：前人有关的研究成果，研究者与本研究有关的经验和研究者对本研究的设计思路。这三个方面的内容相互交织，共同构成问题的视域。

✦ 前人有关的研究成果

围绕如下问题检索相关问题："前人在这个领域已经作过了哪些研究？我的研究在这个领域里处于什么样的位置？通过此项研究我可以作出什么新的贡献？如果此研究问题前人还没有涉及，我的研究如何填补这一空白？如果此问题前人已经作过研究，我的研究可以提供什么新的角度和看法？如果前人在探讨此研究问题时存在明显的漏洞和错误，那么我的研究可以如何对这些谬误进行纠正？"在质的研究中，文献检索是一个不断演化发展的过程，既应该在研究开始之前，也应该在研究开始之中和之后进行。在设计阶段，文献检索可以相对宽泛、粗略一点，不要被具体的细节纠缠不清，今后随着研究的深入，如果需要了解某些文献的具体内容，可以再回去仔细查阅。在方法上，首先要检索与自己的研究问题有关的领域，同时关注相关领域的主要理论和研究发现。而对别人的理论的了解可以使研究者的触角更加敏锐，更加容易捕捉问题和自己的灵感，也可以用来丰富自己已经建构的扎根理论。

✦ 研究者本人的经验

这是指研究者本人与研究问题有关的个人经历以及自己对该问题的了解和看法。研究者的个人生活与工作是不可能截然分开的，任何观点都必须透过一定的视角才能形成，而研究者的视角与自己个人过去的生活经历和看法之间存在着密切的关系。

✦ 设计思路

设计思路是根据研究者目前已有知识对本研究提出初步设想，主要包括重要的概念和命题及其相互之间的关系。设计思路可以用语言和图表表现出来。在研究开始之前就理清设计思路，是为了促使研究者用比较简洁、直观的方式将研究问题的重要内容呈现出来。这一方面可以将研究者心中问题所包含的理论假设明朗化，另一方面可以进一步加深我们对问题的理解，思索自己原有的理论，可以揭示一些研究者事先没有想到的意义联系以及现有理论中的一些漏洞或矛盾。

联系"相关链接"中"研究的设计的一个概念图"的相关内容学习。

(三)选择研究的方法

> **重要观点**
> 对方法的选择依赖于研究的问题,而不能为了方法而方法。

在对研究的方法进行选择时,应该有意识地寻找研究问题与方法之间的匹配关系。在设计阶段对方法进行选择是需要的,但不能过于明确,否则容易使研究缺乏灵活性和应变性。研究方法的选择只能在研究进行时才可能最后确定,在设计阶段对这个问题进行考虑只可能是初步的、猜测性的,应该为今后的修改留有余地。从实际操作方面看,研究方法主要由如下几个方面组成:进入现场的方式、收集资料的方式、整理和分析资料的方式、建构理论的方式、研究结果的成文方式等。在作研究设计时,必须对以上每一个阶段所使用的方法作出选择,并且陈述自己选择这些方法的根据和理由。

✦ 进入现场的方式

研究者需要认真考虑:我应该如何进入现场? 我可以如何与被研究者取得联系? 我应该如何向对方介绍我自己和我的研究? 我为什么要这样谈? 他们会如何看我? 他们会对我的研究有什么反应? 为什么会有这些反应? 如果在他们之上还有领导把关,是否应该获得这些人的同意? 到达实地以后我打算如何与各类人员协调关系? 在研究的过程中我怎么与被研究者始终保持良好的关系等等。

✦ 收集资料的方法

选择收集资料的方法在很大程度上取决于研究的问题、目的、情境、有可能获得资源(即在特定环境下这些方法是否可以收集到回答研究问题所需的资料)。

表5-2 研究的问题与收集资料的方法

研究的问题	收集资料的方法
小学教师看待自己的教学工作	访谈法
小学教师课堂教学风格	观察法、访谈法
小学教师的备课	实物分析法、观察法、访谈法

不论选择什么方法收集资料,都应该在研究设计中说明为什么要选择这个(些)方法,它们与研究的其他部分是什么关系,自己打算如何运用这个(些)方法。

✦ 整理和分析资料的方法

质的研究十分强调根据资料本身的特性来决定整理和分析资料的方法,在设计阶段只能根据研究者以往的经验以及前人使用过的方式,预想自己将来收集的原始资料可能属于什么类型、具有什么特点，以此来推测自己可以用何种方式对资料进行整理和分析。

◆ 建构理论的方法

由于对研究结果尚不清楚，在设计中只能尝试性地讨论一些问题；自己将如何为研究的结果做结论，如何在结论和资料证据之间建立起联系，如何保证研究的结论具有一定的可信度和说服力，如何在自己研究的基础上建构区域性理论，自己的理论与前人的理论之间是什么关系，自己是否可以在分析资料的基础上建立一个扎根理论，以便对同类事物进行理论上的诠释等。

◆ 成文的方法

在设计时就对研究成果进行预测，将有助于现在进行的研究。如果估计今后研究成果将以文字的形式表现出来，那么就应该特别注意访谈资料的整理以及观察笔记的记录；如果今后有可能结合图片和录像的形式表现研究结果，现在则应该注意收集影像方面的内容。在研究设计阶段还需要说明，自己计划选择什么写作方式，为什么选择这种写作方式，如果用不同的方式写将会与此项研究产生什么不同的结果。

◆ 对研究质量的检测

尽管研究尚未开始，但研究设计中探讨如何对研究的质量进行检测（包括结果的真实可靠性、代表性，以及有关的伦理道德问题）可以促使研究者认真思考有关问题，从研究一开始，就认真细致对待自己的每一个决策和行为。

1. 信度问题。在量的研究中，"信度"指的是研究结果的可重复性，它不符合质的研究的实际工作情况。质的研究将研究者作为研究的工具，强调研究者个人的独特性和唯一性。即使在同一地点、同一时间就同一问题，对同一群人所作的研

> **重要观点**
> 人不可能两次踏入同一条河流，也不可能让一件事情两次以同样的方式发生。

究，研究的结果也有可能因不同的研究者而有所不同。更何况，所谓"同一地点"、"同一人群"、"同一问题"这些概念都不是一成不变的，它们随着研究的进程而不断变化，在与研究者的互动中重新构筑自己。

2. 推论问题。质的研究采取的是目的性抽样的原则，而且样本都比较小，其结果很难在量的研究的意义上进行"推论"。研究的结果上局限于样本本身，不企求推论到抽样总体。如果读者在阅读研究报告时得到了思想上的共鸣，质就产生了一种认同性推广；如果本研究建立的理论具有一

> **重要观点**
> 质的研究结果的推论可以通过积累，对每一个特殊个案的研究所获得的知识可以为人类提供新的认识事物的方式。

定的诠释性,也可能起到理论性推广的作用。

3. 伦理道德问题。伦理道德问题贯穿于研究的各个方面和全过程,是一个十分重要的问题,它主要包括自愿原则、保密原则、公平合理原则、公平回报原则等。在设计时,应该充分考虑到自己的研究在这些原则方面可能会犯哪些错误,或可能会遇到什么困境,并且设想自己可以通过什么途径处理或解决这些困难。

四、选择研究对象

> **重要观点**
> 目的性抽样就是抽取那些能够为本研究问题提供最大信息量的样本。

研究对象包括被研究者,也包括被研究的时间、地点、事件等。在研究之前,就应该能回答如下一些问题:"我希望到什么地方、在什么时间、向什么人收集什么方面的资料? 我为什么要选择这个地方、这个时间和这些人? 这些对象可以为我提供什么信息? 这些信息可以如何回答我的研究问题?"要回答这些问题,都涉及一个"抽样"的问题。质的研究因其特性,使用的是"非概率抽样"中的"目的性抽样"。在选择样本的时候,需要根据研究的问题和目的决定抽样的标准。

(一)选择样本标准的方法

> **重要观点**
> 研究的深度和广度是相互制约的。

样本的大小取决于研究的其他部分(如研究的目的、问题、范围、时间、地点、经费、人员等)以及样本与它们之间的关系。如果选择的样本比较大,那么在同样的时间、人员和经验条件下获得的研究结果就会比较泛。而如果选择的样本比较小,那么在同样的条件下获得的研究结果就会比较深入。

1. 强度抽样。指的是抽取具有较高信息密度和强度的个案,目的是了解在这样一个具有密集、丰富信息的案例中,所研究的问题会呈现什么状况。

2. 最大差异抽样。指的是被抽中的样本所产生的研究结果将最大限度地覆盖研究现象中各种不同情况。如果被研究的现象内部的异质性很强,可以先找出该现象中具有最大异质的特点,然后将这个特点作为抽样的标准来了解该现象中的差异分布状况。

3. 同质型抽样。指的是选择一组内部不比较相似(即同质性比较高)的个案,集中对这一类个案中的某些方面进行深入研究。

4. 关键个案抽样。指的是选择那些可以对事情产生决定性影响的个案进行研究，目的是将从这些个案中获得的结果逻辑推论至其他个案。推论的逻辑是："如果这个事情在这里发生了，那么它也就一定会在其他的地方发生"；换言之，"如果这个事情没有在这里发生，那么它也就不会在其他的地方发生"。这类个案通常不具有典型性，不代表一般的情况，而是一种"理想"的状态。

5. 理论抽样。其目的是寻找可以对一个事先设定的理论进行说明或展示的案例，然后对这一理论进行进一步的修订。

6. 证实和证伪个案抽样。希望通过抽样来证实或证伪自己的初步理论假设。这种抽样的方式通常在研究的后期使用，目的是验证或发展研究者的初步结论。

7. 可能性抽样。它关注的不是现存的问题，而是将"今后有可能是什么"作为抽样的标准。可以选择一些有可能代表未来发展方向的事例，了解其发展的势头和前景。在这里，研究目的不仅仅是为了对现存事物进行证实或证伪，而是在价值判断和实践理性的基础上引导社会和人的未来发展。

（二）目的性抽样的具体方法

在样本标准确定后，便可以根据以下方法进行具体抽样。

✦ 机遇式抽样

指的是根据当地的具体情况进行抽样。这种抽样通常发生在研究者到达实地之后，特别是当研究者对本地的情况不太了解、而且有较长的时间在实地进行调查时。这种方法不仅给研究者比较大的灵活性，而且可以得到一些事先想不到的结果。

✦ 滚雪球抽样

这是一种通过知情人士不断扩大样本量的方式。当研究者通过一定的渠道找到了一位知情人士，可以问他（她）："您知道还有谁对这类事情特别了解吗？您认为我应该再找谁了解情况？"通过如此一环套一环地往下追问，样本像一个雪球一样越滚越大，直到抽样的样本足够大，收集到的信息达到饱和为止。它的一个弱点是：找到的被研究者很可能是同一类人，如果希望了解一个现象内部的异质情况，这种抽样方式可能会给我们带来困难。此外，由于所有的被研究者相互之间都是熟人（或者至少在一个环节上是如此），他们中间有些人可能会碍于情面或出于保密的考虑面向研究者隐瞒"实情"。

✦ 方便抽样

指的是由于受到当地实际情况的限制，抽样只能随研究者自己的方便进行。由于此方法没有遵循严格的抽样标准，获得的研究结果往往比较松散，缺乏针对性，可信度比较低。

(三)研究关系对研究影响的确定

研究对象确定以后,还得考虑研究者与对方是什么关系,这种关系对研究会产生什么影响。

✦ 研究者个人因素对研究的影响

> **重要观点**
>
> 质的研究是对社会现象的认识,而对社会现象的认识主要是对人的认识,而对人的认识,本质上是一种自我认识。

研究者个人因素包括性别、年龄、文化背景、种族、社会地位、受教育程度、个性特点、形象整饰、角色意识、看问题的角度、个人与研究问题有关的生活经历等。这些因素对研究的过程和结果都会产生影响。其中:

1. 性别对研究的影响。性别不仅仅指人的生理性别特征,而且更主要的是指人的社会性别特征,如性别角色意识,包括人在社会过程中习得和内化的有关社会性别的价值观念和行为规范。性别不仅影响研究者如何选题,而且对研究的具体操作也有一定的影响。

2. 年龄对研究的影响。年龄在这里指的不仅仅是人的生理发育程度,而且包括与年龄相关的人生阅历和生活经验,社会上一般人对年龄的看法以及年龄带给人的象征意义。

3. 社会地位对研究的影响。研究者与被研究者的相对社会地位以及受教育程度对研究的关系也有着重要的影响。

4. 个性特点对研究的影响。由于研究者是一种研究"工具",这个"工具"的内部心理结构和外部表现形式在质的研究中具有十分重要的功能。质的研究对研究者本人有比较高的要求,认为"研究的好坏取决于调查者的好坏"。有学者从反面提出了质的研究对研究者的要求,认为如下这些人不适合作质的研究:①有权力欲望的人,企望仰仗自己的专业知识而高人一等的人;②希望对所有接触的事情了如指掌的人,对事物只有一种解释的人;③喜欢控制别人的人。

5. 形象整饰对研究的影响。研究者的形象整饰会在一定程度上向被研究者传递一种信息,即表明自己希望与当地某一类人认同。

6. 角色意识对研究的影响。通常质的研究者认为自己是一名"学习者",自己的主要任务是向当地人学习,了解他们的所作所为和所思所想。

7. 看问题的角度对研究的影响。当选择某一个现象进行研究时,研究者通常对这个问题已经有了一些自己的看法,而这些看法往往会影响到自己的研究内容和进程,不仅会促成研究者自己对某一类问题有所偏好,而且还会对自己的研究设计产生影响。

　　8. 个人经历对研究的影响。研究者的个人经历指的是研究者自己生活中与研究问题有关的经历以及研究者本人对这些经历的体验与评价。在实际研究中,研究者的个人经历不仅对选择研究的课题,而且会对研究的具体实施和结果分析产生一定的影响。研究者往往会将自己有关的个人经历及其感受带入研究之中,将自己的经验与研究对象进行比较和对照。特别是当研究者与被研究者同是"局内人"时,这种情况尤其普遍。

　　✦ **研究者与被研究者的关系对研究的影响**

　　研究者与被研究者的关系主要包括局内人与局外人、熟人与陌生人、上下级与平级、性别异同、年龄异同等。下面仅就"局内人"与"局外人"的关系进行讨论。

　　"局内人"指的是那些与研究对象同属一个文化群体的人,他们享有共同的(或者比较类似的)价值观念、生活习惯和行为方式,相互之间有比较类似的生活经历,对事物往往有比较一致的看法。"局外人"指的是那些处于某一文化群体之外的人,他们与这个群体没有从属关系,与"局内人"通常有不同的生活体验,只能通过外部观察和倾听来了解"局内人"的行为和想法。"局内人"比较透彻地理解被研究者的思维方式和行为习惯,往往能心领神会。同时,"局内人"比较理解对方的看法,从他们的角度对研究结果进行解释。正是由于共享的东西太多,研究者可能失去研究所需要的距离感,对对方常用的一些语言与行为习以为常,对对方言行中隐含的意义失去敏感。作为"局外人"的研究者同样具有一定的优势和劣势。首先,"局外人"由于与被研究者分属不同的文化群体,有自己一套不同的价值观念和行为习惯,因此在研究中可以与研究的现象保持一定的距离,比"局内人"更加容易看到事物的整体结构和发展脉络;"局外人"会对一些"局内人"视为"理所当然"的事情产生好奇,因而激发对这些事情进行深入探究的灵感;"局外人"可以利用自己的文化观念来帮助自己理解异文化,所产生的一种文化差异感,加深对问题的理解。然而,由于缺乏被研究者长期同一文化中生活浸润的历史,"局外人"很难对被研究者的社会结构、行为规划以及社会事件中隐含的微妙意义有深刻的理解。

五、访　谈

访谈是研究者寻访被研究者并且与其进行交谈的一种活动。由于质的研究涉及到别人的理念意义建构和语言表达,因此访谈便成为质的研究中一个十分有用的收集资源的方法。

> **重要观点**
> 　　在质的研究中,访谈是一个十分有用的收集资料的方法。

　　质的研究主要采用开放型和半开放型访谈。开放型访谈通常没有固定的访谈问题,访谈者鼓励受访谈者用自己的语言发表看法。访谈的形式不拘一格,可以根据当时情况随机应变。这类访谈的目的是为了解受访者自己认为重要的问题,他们看待问题的角度以及对问题所作的解释。在半开放性访谈中,访谈者对访谈的结构具有一定的控制,根据自己的研究设计对受访者提出问题,但同时也鼓励受访者参与,提出感兴趣的问题。在质的研究中,访谈者在研究初期往往使用开放型访谈,随着研究的逐步深入,慢慢转向半开放型访谈,就前面开放型访谈中出现的重要问题进行追问。下文中访谈一词一律指开放型和半开放型访谈。

(一)访谈的主要特点与功用

✦ 访谈的主要特点

1. 了解受访谈者的所思所想,包括他们的价值观念、情感感受和行为规范;
2. 了解受访者过去的生活经历和他们耳闻目睹的事件,特别是事件发生过程;
3. 从受访者的角度对研究现象获得多种描述和解释;
4. 事先了解受访者的文化规范,如哪些问题是敏感性问题,研究时需要特别小心;
5. 帮助研究者与被研究者建立关系,使双方由感觉陌生到彼此熟悉;
6. 使受访者感到更加自信,因为自己的声音被听到了,自己的故事被公开了,因而影响到他们自身文化的解释和构建。

活动 5.3

与其他教师交流讨论下面两个问题:

1. 与其他研究手段(问卷调查、实物分析)相比,访谈具有哪些自己独特而又十分重要的功能?

2. 与其他研究手段结合使用,访谈能起到检验相关研究方法结果的作用吗?

✦ **访谈的功用**

访谈是质的研究中很重要的一种收集资料的方法。它同观察、实物分析结合、互相补充、印证,却又有着各自不可替代的作用。在研究的过程中,访谈的具体作用表现在:

1. 使得访谈者能够运用各种感官来看、思、倾听受访者的倾诉;捕捉受访者一些有意义的行为、言语细节,获得一个完整、宽阔的视野。

2. 能够了解受访者的一些故事、经历,深入受访者的内心世界。访谈的深入性使得所研究的问题不只是停留在表面上,其深层次的意义往往会通过访谈而显现出来。

> **重要观点**
> 访谈的功用具有较大的灵活性、及时性、意义解释功能。

3. 访谈不仅是收集资料,更是一个交谈双方共同建构和共同反映社会现实的过程,是心与心的交流,它需要访谈者打开自己的"心扉",也想办法打开受访者的"心扉",进行心与心的交流互动,探询受访者心灵深处真实的东西,这种"深处"的探究才是质的研究中访谈的真正使命。

(二)访谈前的准备

访谈前的准备工作一般包括设计访谈提纲和与访谈者商量有关事宜。

✦ **设计访谈提纲**

尽管质的访谈要求给受访谈者较大的表达自由,但是访谈者在开始访谈之前一般都会设计一个访谈提纲。这个提纲应该是粗线条的,列出应该了解的主要问题和应该覆盖的内容范围。访谈问题应该明白易懂,简要具体,具有可操作性。访谈提纲只是在访谈中起一个提示作用,以免遗漏重要的内容,在访谈中不必拘泥于提纲中的问题,应该根据实际情况随时修改。访谈提纲所列出的

> **重要观点**
> 访谈问题与研究问题不一样。研究问题是从研究现象中提炼出来,需要通过研究予以回答的问题;访谈问题是在研究问题的基础上转换而成,是为了回答研究问题而设计的。

问题应该尽量保持开放,使受访谈者有足够的余地选择谈话的方式和内容。

✦ **确定访谈的时间和地点**

一般来说,要事先和受访者商量访谈的地点和时间。访谈者最好有一张弹性时间表,以便确定访谈者和受访谈者都很方便的时间,通常要以受访谈者的方便为主。

每次访谈的时间以两小时为宜。在地点的安排上,原则是能够让受访者无拘无束,感觉轻松自由,不受外界因素的干扰。

✦ 建立访谈关系

> **重要观点**
> 访谈能否成功,研究者与受访者建立良好的关系是很重要的。

首先,访谈者在态度上应该真诚坦率、礼貌、谦虚;其次,访谈者应该介绍访谈的目的,需要了解哪些情况,强调一下研究课题的社会意义以及对方合作的重要意义。还要对访谈内容的保密性作出承诺,告诉对方有权随时退出访谈。

(三)访谈中的具体实施

> **重要观点**
> 不会倾听就不会回应和提问。

提问、倾听、回应可以被认为是访谈中的三项主要工作,在实际操作时是相互交融、密不可分的。在很多情况下,回应的方式就是提问的方式,只是前者更加强调与受访者所说上文之间的关联,而后者更多地出自研究者自己的筹谋。倾听则是对提问和回应都具有指导性的作用。

✦ 提问

提问可以说贯穿访谈的始终,起着关键的作用,要做好提问工作,需考虑提问的方式、所提问题的类型、如何追问。

1. 开始访谈。一个重要的原则是:尽可能自然地、结合受访者当时的具体情形开始访谈,或以受访者个人经历,家庭背景和生活工作情况的"聊天"中开始,或从闲聊双方共感兴趣的话题开始,或以受访者正在做的事情挑起话题开始等等。如此,可使气氛变得比较轻松,可以增进交谈双方的情感交流,可以消除(或减少)双方心理上的隔膜,在双方建立了一定关系以后,访谈就可以开始正式了。

2. 访谈问题的类型。访谈的问题可以千变万化,依研究的问题、访谈者的习惯、受访谈者的个性以及当时的情境而有所不同。常用的一些访谈问题可以按如下标准进行分类:按问题的语句结构可以分成开放型和封闭型;按问题所指向的回答可以分成具体型和抽象型;按问题本身的语义清晰程度可以分成清晰型和含混型。

(1)开放型和封闭型问题。开放型问题是指内容上没有固定答案,允许受访问者作出多种回答,通常以"什么"、"为什么"为语句的主线。封闭式问题是指受访者的回答方式和回答内容均有严格的限制,其回答往往只是"是"或"否"两种选择。在质的研究中开放性问题较多使用。

(2)具体型问题和抽象性问题。具体型问题用来询问具体事件、细节;抽象型问题则具有较高的总结性和概括性。质的研究中多采用具体型问题。对那些抽象的研究问题，一般也要转化为具体型的访谈问题，从而获得真实、生动、具体的访谈内容。

（3）清晰型和含混型问题。清晰型问题的结构简单明了、意义单一、易被受访者理解；含混型问题指语句结构复杂，有多层意思，带着个人"倾向"的问题。质的研究中，应避免使用含混型的问题。

活动 5.4

下面提供 3 组 6 个问题，从中选择出适合做质的研究的访谈问题：

1. （1）你对新增设的研究型学习课程有什么看法？
   （2）你认为有必要增设研究型学习课题吗？

2. （3）你每天早上通常几点到校？到校后做什么？
   （4）你认为好老师是什么样？

3. （5）周末时你的同事往家里给你打电话吗？
   （6）周末时有多少同学给你家打电话？男同学还是女同学往家里给你打电话最多？你们是不是在电话里聊天？

在质的研究中应尽量使用开放型、具体型、清晰型的问题。所提问题之间应衔接自然、由浅入深、由近及远。访问者提问题的方式、词语的选择、问题的内容范围都要适合受访者的身心发展程度、知识水平和谈话习惯，要能使对方听得懂。

3. **访谈问题的过渡。**访谈中所提的问题相互之间有自己内在的结构性联系，问题与问题之间也存在先后顺序、承前启后的关系。在编制访谈提纲时，应该考虑到这些问题之间的关系；在实际访谈时，根据具体情况作出自然的、连贯的、首尾相呼应的问题过渡。一般来讲，访谈的问题应该由浅入深，由简入繁。这里所说的"难度"和"复杂性"不一定指的是内容上的艰深或语句上的复杂，而更加困难的是对受访者来说比较难以启齿的事情。在希望转换话题时，对访谈者应该使用一个过渡型的问题，使内容的转换显得比较自然、连贯，这样做可以在时间上和谈话的节奏上有所缓冲，可以使受访者在心理上作好转换话题的准备，在一个完整的访谈记录中应该看到一条贯穿访谈全过程的内容线，而将这条线连起来的是一个一个的提问。问题与问题之间的衔接应该自然、流畅，与前面受访者的回答在内容上有内在的联系，在访谈中，访谈者将自己放到受访者情感和思想的共振之中，用对方口语和概念将访谈的问题像一串念珠似地串起来，此时，访谈不仅会行云流水，而且会展现出生命的活跃。

◆ 追问

追问是指研究者就受访者前面所说的某观点、概念、语词、事件进一步询问。为此,追问可以帮助研究者进一步了解受访者的思想,深挖事情发生的根源以及发展的过程。

追问时的一个最基本的原则是:使用受访者自己的语言来询问他们曾经表达过的看法与行为。同时,追问应该注意适时和适度。

适时,即追问的时机是否合适。一般来说,追问不要在访谈开始阶段频繁地进行。访谈初期是访谈者与受访谈者建立关系的重要阶段,应该尽量给对方自由表达思想的机会,给他们机会表现自己,然后再在他们所谈内容的基础上进行追问。

适度,即追问要讲究适度。追问时要考虑到对方的情感,访谈者与受访谈者的关系以及访谈问题的敏感程度。访谈中最忌讳的追问方式是:不管对方在说什么或想说什么,访谈者只是按照自己事先设计的访谈提纲挨个地把问题抛出去。

> **重要观点**
>
> 从事访谈的目的不是为访谈者提供发表意见的机会,而是向受访谈者学习、了解他们的观点和看法。

要达到追问适时和适度,访谈者必须首先将自己的前见闲置起来,全身心倾听对方谈话。一个具体方法是注意捕捉对方在谈话中有意或无意抛出的言语标记。通常,受访问者之所以接受访谈,除了为访谈者提供意见之外,还有一些自己的动机、兴趣或利益。因此在回答问题时,他们常常"滑"向自己的心之所至,好像是顺口说出一两句与研究问题无关的话来,而实际上这些"标记"与他们所理解的研究问题之间存在联系,如果访谈者抓住这些"标记",便能"顺藤摸瓜",了解对方隐含的思路。另外,在质的访谈中,访谈者应该主要是一名"学习者",不必隐瞒自己的无知,主动表示向对方学习的愿望和需要。即使访谈者有一些自己的看法,也要有意地"转熟为生",从受访者的视角重新审视研究的现象。

✦ 倾听

> **重要观点**
>
> 在一定意义上说,"听"比"问"更加重要,因为它决定了"问"的方向和内容。

在访谈中,如果说"问"是研究者所做的最主要的有形工作,而"听"则是研究者所做的最主要的无形的工作。"听"既是一门技术又是一门艺术,它需要不仅有意识地学会"听"的技能,而且要用自己的心去体会对方的心。

1."听"的方式。"听"是一种直觉、一种感悟,不可能被分成相互独立的部分,更不可能在单一层面运作,研究"听"的方式主要是更清楚地了解访谈中"听"的状态和过程。

(1)行为层面上的"听"。这指的是一种听的态度,有可能表现为"表面的听"、"消极的听"和"积极关注的听"。表面的听指的是访谈者只是作出一种听的姿态,并没有认真地将对方所说的话听进去,他(她)此时可能在想自己的事情,或者在对受访者的容貌或衣着评头论足。"消极的听"指的是访谈者被动地听进了对方所说的一些话,但是并没有将这话的意义听进去,当然更不用说理解对方的言外之意了。"积极关注的听"指的是访谈者将自己全部的注意力都放在受访者身上,给予对方最大的说话条件,真诚的关注。访谈者通过自己的目光、神情和倾听的姿态向对方传递的是这样的信息:"你说的一切都是十分有意思的,我非常希望了解你的一切。"在这样的倾听中,访谈者给予对方的不仅仅是一种基本的尊重,而且为对方提供了一个探索自己的宽松、安全的环境。此时,受访谈者可能对自己过去从未有想到过的一些问题进行思考,更加深入地探索自己的内心世界。显然,在访谈中,"表面的听"和"被动的听"都是不可取的态度。

(2)认知层面上的听。这个层面的"听"可以有"强加的听"、"接受的听"和"建构的听"三种情况。"强加的听"指的是访谈者将受放者所说的话迅速纳入自己习惯的概念分类系统,用自己的意义解释未理解对方的谈话,并且很快作出自己的价值判断。这种听很容易过早地将研究者个人的观点强加给被研究者,得出不符合"客观实际"的研究结果。"接受的听"指的是访谈者暂且将自己的判断"闲置"起来,主动接受和捕捉受访者发出的信息,注意他们使用的本土概念,探询他们所说语言背后的含义,了解他们建构的意义的方式。这种听是开放型访谈中最基本的倾听方式,是访谈者理解受访者需要掌握的基本功。"建构的听"指的是访谈者在倾听时积极地与对方进行对话,在反省自己的"倾听"的同时与对方进行平等交流,与对方共同建构新的"现实"。这种听对访谈者的个人素质有较高的要求,必须具有较强的反省能力,能与对方共情,通过主体间的互动共同对"现实"进行重构。它必须建立在"接受的听"的基础之上。双方只有在真正理解了对方的意图和思维方式以后,才有可能进行平等的对话和相互为主体的建构。

(3)情感层面上的"听"。可以分为"无感情的听"、"有感情的听"和"共情的听"。"无感情的听"指的是访谈者在听的时候不仅自己没有情感投入,而且对对方的情感表露也无动于衷。"有感情的听"指的是访谈者对受访者的谈话有感情表露,能够接纳对方所有的情绪反应。受访者只要感到自己的情感可以被对方所接纳,便会比较自由地去体会自己和表达自己。"共情的听"指的是访谈者在无条件的倾听中与受访者在情感上达到了共振,双方一起同欢喜,共悲伤。这种听不是访谈者居高临下地向对方表示同情,或者有意展现自己具有理解对方的能力,而是自己确实体会到了对方的哀与乐,在自己心目中也产生了共鸣。在质的研究中,应该学会"有感情的听"和"共情的听",避免"无感情的听"。要做到这一点,研究者首先要学会了解自己的情感,特别是自己对研究问题的看法和情绪反应。

2. 倾听的原则。除了在行为、认知和情感三个层面给予受访者无条件的关注之外,研究者还需要遵守一些基本的倾听原则。

(1)不轻易打断对方。受访者通常有自己的理由和需求,他们只有在自己内心的需要得到满足以后,才会(或无意识地)愿意就我们认为重要的问题进行交谈。访谈者一定要满足他们的需要,一定要耐心倾听,不仅要注意受访者所说的话语,而且要思考对方是个什么样的人,具有什么样的动机、愿望和需求。受访者只有在对方不间断的积极关注中才会充分自由地探索自己的内心,而受访者的自由联想通常会给访谈带来事先意想不到的效果和结果。

(2)容忍沉默。"沉默"在不同的文化中有不同的定义,东方文化通常赋予"沉默"更多的积极意义,一般认为,"沉默"是一个人"成熟、谦虚、懂礼貌"的表现。在访谈中,受访者沉默的原因有很多。当对方沉默时,访谈者不要马上打破沉默,而应当首先判断对方是因为什么原因而沉默,然后再根据具体情况得出回应。要做到这一点,访谈者自己要心态平和,首先要接受自己,相信自己对所探讨的问题有一定的了解,对访谈的情境有一定的判断。

◆ 回应

在质的访谈中,访谈者不仅要提出问题,认真倾听,而且还要适当地作出回应,将自己的态度、意向和想法及时传递给对方。访谈者的回应不但直接影响到受访者的谈话风格和谈话内容,而且在一定程度上限定了访谈的整体结构、运行节奏和转换规则。

1. 回应的类型和功能。访谈者对受访者作出回应的方式可以有多种,可以分别(同时)起到接受、理解、询问和共情的作用。

(1)认可。指的是访谈者对授访者所说的话表示已经听见了,希望对方继续说下去,表示认可的方式通常有言语行为和非言语行为两类。在一般情况下,这两类方式都可以起到鼓励受访者多说话的作用。

(2)重复、重组和总结。重复指的是访谈者将受访者所说的事情重复说一遍,目的是引导对方继续就该事情的具体细节进行陈述,同时检验自己的理解是否准确。重组指的是访谈者将受访者所说的话换一个方式说出来。总结是访谈者将受访者所说的一番话用一两句话概括地说出来,目的是帮助对方清理思想,鼓励对方进行说话,同时检验自己的理解是否正确。

(3)自我暴露。指的是访谈者对受访谈者所谈的内容就自己有关的经历或经验作出回应。这么做至少有两种作用:一是使受访者了解访谈者曾经有过与自己一样的经历,因此相信对方具有理解自己的能力;二是可以起到"去权威"的作用,使受访者感到对方也像自己一样是一个普普通通的人,而不是一个高高在上,无所不知,刀枪不入的"权威"。这样,可以拉近访谈者与受访者之间的距离,使访谈关系变得比较轻松和平等,还可以改变访谈者的结构,使交谈的方式变得更加具有合作性和互动性。当然,自我暴露一定要适当,过多或过少、过早或过晚都可能产生不好的效果。如果访谈者的自我暴露使对方产生反感情绪,不仅不会使对方的关系拉近,反而会造成双方情感上的疏远或隔膜。

2. 避免的回应方式。访谈者应该避免下面的不符合质的研究精神的回应方式。

(1)论说型的回应。指的是访谈者利用一些现场的理论或者访谈者个人的经验对受访者所说的内容做出回应。这样使受访者感到自己在被分析,而不是被理解,因而产生排斥心理,不想与对方继续合作。

(2)评价型回应。访谈者对受访者的语话内容进行价值上的判断,其中隐含有"好"与"不好"的意思。这种回应通常反映的是研究者自己的价值观念和评判标准,不仅不一定适合被研究者的情况,而且表现出前者对后者的不尊重。同时,会妨碍受访者自由地表露自己的思想,甚至可能会隐瞒有关的"真相"。

(四)集体访谈

集体访谈指的是1~2个研究者同时对一群人进行访谈,通过集体成员相互之间的互动对研究问题进行探讨。

✦ 集体访谈的作用

较之个别访谈,集体访谈可以发挥一些比较独特的作用。

1. 访谈本身作为研究对象。在集体访谈中,参与者相互之间进行交谈,而不仅仅是对看研究者说话,因此,研究者可以将访谈作为研究的对象,通过观察参与者之间的互动来了解他们在个别访谈中难以展现的行为。

2. 对研究问题进行集体探讨。对研究问题进行集体探讨,可以充分利用参与访谈的成员之间的关系和互动对研究问题进行比较深入的探讨;讨论的内容往往比个别访谈更具有深度和广度。研究者还可以通过集体访谈中的集体性思维对自己的初步研究结果进行效度检验,以确定自己目前收集到的资料以及作出的结论是否符合实际情况。

3. 集体建构知识。在一个理想的集体访谈中,参与者不是相互之间的激励和刺激是产生思想和情感的主要手段。它不仅可以将群体成员的认识往前推进,而且可以加强群体成员相互之间的了解,消除(或减少)彼此之间的隔阂。

✦ 集体访谈的弊端

受从众心理的影响,一些参与者不愿意表露自己的"真实"想法。如果群体被个别有强烈领导欲、试图影响其他成员的人所控制,形成一定思维和谈话的定势,其他的成员往往会随波逐流,不愿意或不敢违背主流。

与个别访谈相比,集体访谈的另一个困难是:由于参与者不止一个人,获得的访谈内容可能比较杂乱,对今后的资料整理和分析带来一定的困难。与参与型观察相比,集体访谈很难获得非语言资料。

✦ 集体访谈要注意的问题

一个"成功"集体访谈的条件:(1)能够让所有参与者都积极参加讨论,就有关议题刺激出最大范围的反应;(2)参与者相互之间进行平等的对话,而不是频繁地向研究者寻求批准或支持;(3)参与者的反应生动、具体,有一定的深度,反映了他们自己对有关议题的感受、认知和评价,而不只是对抽象、笼统的概念泛泛而谈;(4)参与者的谈话内容反映了他们个人的生活经验以及享有经历过的有关事件的情境,参与者能够在过去的经历和自己目前的反应之间建立起意义联系。

1. 集体访谈的抽样。样本不宜过大,一般为 6～10 人,在挑选参与者时应该注意同质性。这里的"异质性"指的是参与者个人背景和生活经历方面的不同,而不是态度和看法上的不同,后者正是集体访谈所希望发现的。样本应该是"同质"还是"异质"的问题,取决于研究的问题和目的。另外,除非有特殊要求,最好选择对研究者和参与者来说都是陌生的人。

2. 访谈者的作用。在集体访谈中的研究者主要不是一个提问者,而是一个辅导者或协调者,主要职责是促使参与者积极参加讨论,密切注意群体的协调。

(五)访谈的其他注意事项

✦ 作访谈记录

质的研究目的是捕捉受访者自己的语言,了解他们建构世界的方式,因此受访者的话最好能够一字不漏地记录下来。如果可能的话,应该对访谈内容进行现场录音或录像。在条件不允许的情况下,应该对访谈内容进行详细的笔录。

✦ 注意非言语行为

受访者的非言语行为,如外貌、衣着打扮,动作、面部表情、眼神、人际距离,说话和沉默的时间长短,说话时的音量、音频和音质等等,不仅可以提供有关受访者个性特征和生活习惯方面的信息,而且可以帮助研究者理解他们的言语行为。在访谈过程中,研究者可以对受访者的面部表情和形体动作进行观察,同时作一些简短的记录。

✦ 结束访谈

访谈应该在适当的时机结束,尤其是访谈时间不能被无限制地延长,访谈者失去了控制,而受访者过后也因耽误自己过多时间而感到不快。

访谈尽可能以一种轻松、自然的方式结束。访谈者可以有意给对方一些语言和行为上的暗示,表示访谈可以结束了,促使对方把自己特别想说的话说出来。

如果受访者在此时对研究仍旧表现出疑虑,研究者可以再一次许诺自愿原则和保密原则。如果本研究需要对同样的受访者进行多次访谈,研究者可以利用这个机会与对方约定下次见面的时间和地点。对所有的受访者,都应该在访谈结束时表示自己的真诚和感谢。

六、资料的整理与分析

研究者通过观察、访谈等手段收集到资料以后,要对资料进行整理和分析。整理和分析是密切相连、同步进行的。在此阶段应该注意:及时、力图将保持原始资料的本来面貌,即尽量使原始资料得到原汁原味。整理和分析的过程需要耐心,因为质的研究认为"所有的事情都是资料",这样就要求研究者把访谈的录音逐字逐句地整理出来,对观察笔记中简化的部分和遗漏的细节进行详细的补充,使资料保持其原来的面貌,不要"失真"。

联系第七章中"观察研究法"的相关内容学习。

(一)整理原始资料

整理资料不仅可以系统地把握已经收集到的资料,而且可以为下一步的资料收集提供聚焦的方向。在时间上,资料整理越早越好;在资料内容上,最大的价值在于"原始",越是能保持其"原汁原味",今后分析时越能凸现当时的"真实"情形;在资料的量上,要求对所有资料都进行整理。有时在整理资料时认为不重要的资料可能今后在分析资料时被发现有非常重要的价值。

在具体整理资料之前,可以先为每一份资料编号,然后在这个基础上建立一个编号系统。编号系统通常包括如下几个方面的信息:资料的类型(如访谈、观察、实物);资料提供者的姓名、性别、职业等有关信息;收集资料的时间、地点和情境;研究者的姓名、性别、职业等有关信息;资料排列序号(如对×××的第一次访谈)。所有的书面资料都应该标上编号,并且按页标上页码。资料编号以后,应复印一份,以便分析时用来剪贴和分类。原件应该保持原封不动,以便今后查找。

(二)资料分析的步骤

✦ 阅读原始资料

> **重要观点**
> 阅读资料的活动永远是在资料中寻找意义的过程。

分析资料的第一步是认真阅读原始资料,熟悉资料的内容,仔细琢磨其中的意义和相关关系。在阅读资料时,研究者要把自己有关的前设和价值判断暂时闲置起来,让资料自己说话。只有研究者与资料待在一起达到一定的时间,与它有足够的互动以后,它才会展现自己的真实面貌。在阅读资料的过程中,研究者与资料互动并体悟,产生新的意义解释(对资料的分析在某种意义上就是研究者对自己的分析)。

✦ 登录

> **重要观点**
> 登录是资料分析中一项最基本的工作,是将资料打散、赋予概念和意义,然后再以新的方式重新组合在一起的操作化过程。

寻找意义的工作主要是通过登录来完成的,将有意义的词、短语、句子或段落标注出来。登录时要求研究者具有敏锐的判断力、洞察力和想象力,不仅能抓住资料的性质和特点,而且可以在不同概念和事物之间建立起联系。

登录的一个十分具体的工作是找到有意义的码号,"码号"是资料分析中最基础的意义单位,是资料分析大厦中最小的建筑砖瓦。寻找码号可以有很多标准,其中之一是词语出现的频率。如果某些词语在资料中反复出现,说明这些词语是被研究者关注的焦点,需要重新登录。在设立码号时,还应该考虑到码号与码号之间的关系,以便看到它们所代表的不同现象之间的联系。通过码号之间建立起联系,资料的内容将不断浓缩,登录的码号也会更加集中。为了使登录快捷、节省空间,登录中的每一个码号都应该有相应的数学或符号加以表示,或取码号中每一个词的首部字母作为代表。

✦ 寻找"本土概念"

通常,收集的原始资料数量非常大,内容非常庞杂,如果对每一个词都进行登录,那显然是不切合实际的,因此需要对所收集到的资料进行目的性抽样,抽取那些能够最有力地回答研究问题的资料。

资料抽样的一个办法是寻求"本土概念",即那些最能表达被研究者自己观点和情感感受的语言,将这些概念作为登记的码号。"本土概念"应该是被研究者经常使用的,用来表达他们自己看世界的方式的概念。这些概念通常有自己的个性和特色,与学术界或一般人常用的概念不大一样。本土概念不必是研究者本人或研究者所属群体不知道的概念，只为被研究者群体或个人独自占有，即使一个概念在研究者看来"非常平常"，但是只要这个概念对被研究者来说具有一定的意义，就可以被认为是他们的本土概念，在寻找本土概念的时候，需要特别注意不要将语词和概念混为一谈，可能相同的语词表达是一个不同的概念；找到的本土概念是一个句子，就需要首先对这个句子中的每一个概念进行澄清，然后再陈述找到的本土概念。

✦ 资料分析的系统化

1. 建立编码系统。每一轮登录完成之后，可以将所有码号都汇集起来，组成一个编码本，这是一个按照一定分类标准组合起来的码号系统，反映的是资料浓缩以后的意义分布和相互关系。码号应该按照一定的原则进行分类，可以概括资料内容的一般分布确定分类标准。如：空间（地点的物质环境）；行动者（参与事件的人）；活动（有关人员的一系列相关行为）；实物（在场的物品）；行为（有关人员的一系列相关活动）；事件（有关人员的一系列相关活动）；时间（事件发生的前后序列）；目标（有关人员希望完成的任务）；感受（感受到的和表现出来的情绪）。但在分类时应该考虑到自己的研究问题和目的，不必机械地套用别人的模式。在建立编码系统时，还要考虑这个系统是否能够在今后的编写研究报告时有效地为自己服务，是否与自己的写作风格相匹配。

2. 建立归类系统。建立编号系统的同时，还需要建立一个可以随时储存和调出资料的档案袋系统，这就需要对资料进行归类，即将相同或相近的资料合在一起，将相异的资料区别开来。归类不仅需要识别资料的属性，而且需要对不同的资料进行比较，找到事物之间的联系。归类主要有类属型和情境型两种方式。类属型归类是将资料按意义主题分成类别，情境型归类是将资料按照一定的时间序列或意义关联进行叙述，对不同分析方法的选择取决于原始资料本身的特点。

(三)资料分析的方法

✦ 类属分析

码号是资料分析中进行登记的最小意义登记单位；类属是资料分析中一个比较大的意义单位，是建立在许多码号组合之上的一个比较上位的意义集合。类属和码号的定义是相对而言的，依据主题分属的形式不同而有所不同。在某一个分类系统中是类属的概念可以在另外一个分类系统中成为码号。

> **重要观点**
> 类属是资料分析中的一个意义单位，代表的是资料所呈现的一个观点或一个主题。

类属分析指的是在资料分析中寻找反复出现的现象以及可以解释这些现象在重要概念的过程。在这个过程中,具有相同属性的资料归入同一类别,并被一定的概念予以命名,类属的属性可以从各个不同的层面寻找,如组成类属的要素、内部形成的结构、形成类属的原因、类属发挥的作用等。

在设定类属时,应该充分考虑被研究者自己对事物的分类标准。如果他们的分类方式表现的是他们看待事物的方式,就应被认为是"合适的"、"理性的"。

✦ 情境分析

情境分析是将资料放置于研究现象所处的自然情境之中,按照事情发生的时序对有关事件和人物进行描述性分析。这是一种将整体先分散然后再整合的方式,首先看到资料的整体情形,然后将资料进行分解,最后将分解的部分整合成一个完整的、在真实情境中的故事。情境分析强调对事物作整体、动态的呈现,注意寻找那些将资料连接成一个叙事结构的关键线索。

情境分析的结构有很多不同的组成方法,如前因后果排列、流动序列、时空回溯等。情境分析的内容可以是研究现象中的主题、事件、人物、社会机构、时间、地点、状态、变化等。这些内容可以综合使用,也可以以一个部分作为主干,其余有关部分作为支撑。情境分析的具体手段包括轮廓勾勒、片段呈现、个案、访谈片段、观察事件、故事等。

情境分析的第一个步骤是系统地认真通读资料,发现资料中的核心叙事、故事的发展线索以及组成故事的主要部分。核心叙事是情境分析中最中心、内容最密集的部分,代表了资料的整体意义。在核心叙事中应该有一条故事线,围绕这条线可以追溯故事发生的时间、地点、人物、事件、过程和原因等。情境分析的第二个步骤是按照已经设立的编码系统为资料设码,寻找资料中的叙事结构,如引子、时间、地点、事件、冲突、高潮、问题的解决、结尾等。结构出来后,还应该对其中隐含的各类关系进行探讨(如什么是主要事件? 什么是次要事件? 它们彼此之间的联系是什么? 这些事件是如何系统地组织起来的?)。设码的工作完成以后,下一步的任务是对资料进行归类。情境分析是在归类的基础上将内容浓缩,然后以一个完整的叙事结构呈现出来,整体的各个部分之间应该具有内在的联系,可以在是时间上、空间上的联系,也可以是意义上结构上的关联。

✦ 类属分析与情境分析结合

1. 类属分析的特点。类属分析基于一种"差异理论",认为现实是由相同或不同类型的现象所组成的,因此对社会现象的认识必须通过并列比较的手法。其长处是:

将一部分资料（或概念、主题）从他们所处的情境中抽取出来,通过比较的手法使它们之间的各种关系凸现出来。这种处理资料的方式比较符合一般人的对事情进行归类的习惯,突出资料之间的异同,并且对资料所反映的有关主题进行强调。其短处是:容易忽视资料之间的连续性以及它们所处的具体情境,无法反映动态事件的流动过程;有可能将一些无法分类,但是对回答研究的问题十分重要的资料排除在研究的结果之外。

2. 情境分析的特点。情境分析基于的是一种"过程理论",认为社会现实是由具体的事件和过程组成的,具有连续性和动态性。因此资料必须复原到事物发展的进程之中,寻找处于特定情境中事件发生和发展的动态过程以及各个因素之间共时的联系。其长处是:叙事内容更加贴近被研究者的生活真实,叙事结构与他们的日常生活比较类似;通过直接再现他们的声音,表现了对他们的生活经历和思维方式的尊重。其短处是:容易忽略那些建立在相似性基础之上的意义关联,对资料内容的相同点和不同点视而不见;叙事者可能深深地陷入故事的情境之中,无法看到使用其他资料分析方法的可能性。

3. 两类分析的相互包容。类属分析和情境分析各有利弊,但是它们在实际分析中可以相互包容对方。一个类属可以有自己的情境和叙事结构,而一个情境故事也可以表现一定的意义主题。在对资料进行分析时,两者可以有机地结合起来使用,获得单独使用其一所不能获得的效果:情境分析可以为类属分析补充血肉,而类属分析可以帮助情境分析理清意义层次和结构,结合两者可以达到共时性与历时性的统一,不仅可以在叙述一个完整的历时性故事的同时进行共时性的概念类别分析,而且可以在共时性的概念类别框架内叙述历时性的故事。这样,可以比较完整地保存被研究者实际生活的面貌,而不是人为地将其进行概念上的切割或情节上的拼凑。

资源中心活动	1. 从自己的教学实践中选择一个研究课题,与其他教师一道作质的研究。 2. 在研究过程中,就疑难之处加强相关学习,通过学习在研究中去解决。 3. 参阅相关的资源,与其他教师交流分享学习心得。

📑 本章小结

中小学教师最适合进行质的教育研究,这不仅因为他们拥有质的研究中所具有的得天独厚的条件,而且质的研究能释放教师研究的能量。本章简要地介绍质的研究的基本知识和基本方法。质的研究是在自然环境中,由研究者本人承担研究工具的研究,研究者和被研究者之间是互动关系,通过互动研究者理解被研究者行动及其意义的解释。同所有研究一样,质的研究也有环境设计,也要选择研究对象和方法,也有资料的整理与分析,这些活动(或研究阶段)在质的研究中占有十分特殊的地位:既非要不可,又必须十分灵活。在选择研究对象上,使用的是"非概率抽样"中的"目的性抽样",抽取那些能够为本研究问题提供最大信息量的样本,在研究对象确定以后,还得考虑研究者与被研究者的关系。由于质的研究涉及到人的理念、意义建构和语言表达,因此,"访谈"便成为了质的研究中一个十分有用的收集资料的方法。在资料分析上,质的研究更强调类属分析与情境分析的结合,达到共时性与历时性的统一,比较完整地保存被研究者实际生活的面貌。

⌨ 本章重点

❖ 质的研究是以研究者本人作为研究工具,在自然情境下采用多种资料收集方法对社会现象进行整理性研究,使用归纳法分析资料和形成理论,通过与研究对象互动对其行为和意义建构获得解释性理解的一种活动。

❖ 质的研究特点是:强调在自然情境中研究,对意义的"解释性理解",动态、演化的研究过程,自上而下地分析资料,重视研究关系、文字形式的描述。

❖ 作为教师尤其适合进行质的研究,因为个性化教育需要质的研究。质的研究体现了对教育者和受教育者的理解尊重以及质的研究体现了新的言说视觉——在学校的日常生活世界中去检验和理解学校教育情景中所建构的意义和世界。

❖ 质的研究要求研究者在研究过程中非常尊重被研究者,双方互动、共创和分享该研究过程,极具人性化。

❖ 质的研究设计,其特点是"开放、弹性、循环往复",其内容包括研究目的、情境、问题、方法、效度、检验等。

❖ 质的研究问题应该是"有意义的问题":一是研究者对该问题确实不了解,希望通过此项研究获得一个个案;二是该问题所涉及的地点、时间、人物和事件在现实生活中确实存在,对被研究者来说具有实际的意义,是他们真正关心的问题。

❖ 在质的研究中,一般倾向于选择"特殊性问题"、"过程性问题"、"描述性问题"和"解释性问题"。

❖ 质的研究问题限定在一定的范围之内,"宽"、"窄"适度。"度"取决于研究时间、地点、研究者的人数、被研究者人数、研究事件的多寡,研究方法类型等。

❖ 对方法的选择依赖于研究的问题,而不能为方法而方法。

❖ 目的性抽样就是抽取那些能够为本研究问题提供最大信息量的样本。质的研究因其特性,使用的是"非概率抽样"中的"目的性抽样"。

❖ 机遇式抽样、滚雪球抽样、方便抽样是目的性抽样的具体方法。

❖ 质的研究是对社会现象的认识,即对人的认识,而对人的认识,本质上是一种自我认识。研究对象确定之后,质的研究要考虑研究者个人因素对研究的影响。

❖ 访谈是研究者寻访被研究者并且与其进行交谈的一种活动。它是质的研究中一个十分有用的收集资料的方法。

❖ 访谈问题与研究问题不一样。研究问题从研究现象中提炼出来,需要通过予以回答的问题;访谈问题是研究问题的基础上转换而成,是为回答研究问题而设计的。

❖ 提问、倾听、回应是访谈中三项主要工作,在实际操作时是相互交融、互不可分的。回应的方式就是提问的方式,只是前者更加强调与受访者所说上文之间的关联,而提问更多地出自研究者自己的理解。倾听则是对提问和回应都具有指导性的作用——不会倾听就不会回应和提问。

❖ 追问是指研究者就受访者前面所说的某观点、概念、语词、事件进一步询问,它的一个基本原则是:使用受访者自己的语言来询问他们表达过的看法与行为。

❖ 资料的整理与分析是密切相连、同步进行的。应注意的是:及时;力图保持原始资料的本来面貌,不要"失真";整理和分析过程需要耐心。

❖ 资料整理,在时间上越早越好;在内容上最大价值在于"原始",保持其"原汁原味";在量上,对所有资料进行整理,同时建立一个编码系统。

❖ 资料分析的步骤为:阅读原始资料,登录,寻求"本土概念",资料分析的系统化。

❖ 资料类属分析与情境分析是相互包容的,两者可以有机地结合起来使用,获得单独使用其一不能获得的效果。

📖 本章学习反馈

自我学习评价

疑问和没有解决的问题

📷 相关链接

质的研究的定义

质的研究原为人类学家以及社会学家广泛使用的研究途径,最早将质的研究方法应用于社会研究的是以社会学家乔治·米德(George Mead)为代表的"芝加哥学派"。在 20 世纪初,他们沿用参与观察和深度访谈等方法对当时的社会现象进行了研究,其中也涉及到一些与教育有关的课题。直到 1989 年 3 月 25 日在印第安大学的一场"另类探究典范国际研讨会"中,质的研究在教育研究中才真正引起重视。而引起我国教育界人士的重视不过是上世纪末的事,因而关于"质的研究"的定义至今尚未有成熟的统一定论,存在多种说法。国外比较有代表性的说法有:

1. 质的研究是用文字来描述现象,而不是用数字来加以度量(Krathwohl,

1998)。

2. 质的研究是一种一致的范式设计,是在自然情境中以复杂的、独特的、细致叙述来理解社会和人的过程(Creswell,1994)。

3. 质的研究是理解人的现场研究,一般以参与观察、无结构访谈和深度访谈来收集资料(Burgess,1984)。

4. 质的研究是非普遍性的陈述、个案中获得印象和概括的过程,是文化心理方法学的基石(Ratner,1997)。

国内比较有代表性的说法当属北京大学陈向明教授的观点,他认为:质的研究是在自然环境下,使用实地体验、开放型访谈、参与型与非参与型观察、文献分析、个案调查等方法对社会现象进行深入细致和长期的研究;分析方法以归纳法为主,在当时当地收集第一手资料。从当事人的视觉理解他们的行为的意义和他们对事物的看法,然后在这一基础之上建立假设和理论,用证伪法和相关检验等方法对研究结果进行检验;研究者本人是主要的研究工具,其个人背景及其与被研究者之间的关系对研究过程和结果的影响必须加以考虑;研究过程是研究结果中不可或缺的一个部分,必须详尽地加以记载和报道。

综合以上国内外定义,我们认为,从哲学高度来看,所谓质,就是某一事物区别于其他事物的内在规定性,它表明了该事物是一个确定的存在,即该事物是什么、怎么样,以及何时何地、以何种方式存在。质是事物内在的规定性,但通过事物的具体特性外在地表现出来,质的研究就是通过观察和研究该事物与其他之间的具体区别与联系,把握事物的基本特性和特征,从而认识事物的质。简单地说,质的研究就是指侧重于从质的规定性方面认识事物的研究方法。而教育质的研究可以是指在教育的自然情境下,研究者针对教育环境中发生的自然事件或现象,通过研究者与被研究者直接接触、面对面的交往,实地考察被研究者的日常生活状态和过程,进行系统性的观察与记录,将观察所得的数据加以分析整理,并将结果予以归纳叙述,以了解被研究者所处的环境以及环境对他们产生的影响,揭示行为意义和行为效果深层原因的一种教育研究途径。教育质的研究来源于社会、人类学、文化历史学等领域的田野/实地研究、人种志/俗民志研究、自然探究或参与观察研究法等研究方法。教育研究中比较熟悉的研究方法如人种志研究、历史研究、个案研究等,均属于质的研究。

研究设计的一个概念图

这是一个研究者在对某大学教师的师生关系进行研究设计时制作的一个概念图。此研究欲从学生角度了解他们对师生关系的期待、他们目前与自己教师的关系,他们对这种关系的看法,以及这种关系对他们的影响(如自我概念、自我发展、权威感等）。本概念体现的是研究者对本研究内容的基本构想。

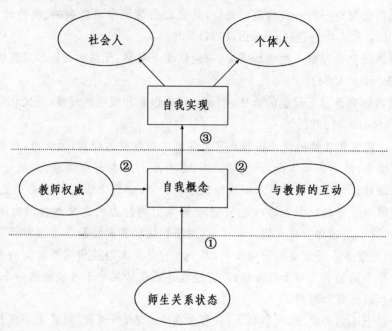

图 5-1　师生关系研究结构图

　　在这个概念图中，"师生关系状态"指的是教师和学生在教育教学过程中形成的人际关系状况；"自我概念"指的是学生个体通过自我观察、分析外部活动、运用社会比较等多种途径获得的对自己的认识；"权威"指的是得到社会普遍承认的组织、集团或者个人对一定社会生活领域所起的影响，此处指教师权威；"与教师互动"指的是学生同教师之间交互作用的过程；"自我实现"指的是学生在个人发展和社会化过程中成为社会人的状态。本概念图有三个层次，依次自下而上发生影响作用。图①部分表现的是整体的"师生关系状况"对学生"自我概念"的形成所产生的影响。图②部分反映的"师生互动关系"和"教师权威"两者同时对学生"自我概念"形成所产生的影响。图③部分表现的是学生在师生关系的基础上发展起来的"自我概念"及其"自我实现"的作用，"自我实现"主要通过学生成为"社会人"和"个体人"两种途径。

　　在设计这类概念图时，不仅需要严谨的思维条件，而且需要一定的创造力和想象力。用一种"玩游戏"的态度，将各种概念进行不同的排列组合。比如，可以采用"头脑风暴"的方式问自己：

　　我对这个研究问题已经有了哪些理解？

这些理解是否可以形成一些概念？这些概念可以组成什么命题？

这些概念与命题之间存在什么关系？

这些关系是否可以形成一个大的理论框架？

我可以如何来沟通这个理论框架？

还可能有什么不同的画法？不同的概念图可能导致什么不同的结果？①

一个质的研究设计案例

(一)研究意义(摘录)

学校的基本任务在于传授知识，使学生接受主流文化，但是在这个过程中，有的内容并不能被学生所接受，彼此产生了一定的不协调和冲突，这就是因为学生文化的存在。学生的文化是丰富多彩的，真实地反映他们的生活世界，并非全是反知识和反主流文化的，其中有一些是有助于他们成长的积极因素。而现行的学校德育缺乏针对性和实效性，原因之一就在于对学生文化的忽略和否定。为此，在传播既定价值体系及培养价值判断、选择、创造能力时不能忽视儿童文化这一更为直接的中介，而是要将其作为德育活动的普遍背景去研究。而且，对属于这个文化圈的儿童的身心特征的把握也必须充分考虑其文化特征，接纳和尊重学生的观点，从而利用、开发其个体和群体的潜在德育价值。

班级作为学校教育教学的基本单位，是学生个体和群体交往和活动的场所，是一个同辈人的具有较高文化同质性的集合体，是体现其文化的舞台。班级本身作为一个同辈群体，学生在其中所表现出的价值和行为，无论方向属于何种类型，都是影响学校德育的重要因素。研究学生文化，引导其与主流文化相结合，这对搞好德育具有现实意义。

学生文化作为学校文化的一个部分，是学生群体从儿童世界过渡到成人世界的阶段性产物，其各种习惯、传统、规范等在一定程度上反映了成人文化与教师文化、学校传统之间产生着密切的相互作用。但是，学生文化从根本上是代表儿童的价值与规范，具有相对的独特性，对整个学校的风貌产生着影响。从而为学生的成长形成了一种"隐性"的环境，使学生从中学到许多学校和教师无法提供的知识和行为，影响着学生在班级生活中的学习活动和结果。可见，学生文化一方面协助学生适应学校和班级的生活环境，一方面又影响着学校教育的实施，促使学校环境的改善。对学生文化的研究有助于分析学校的"隐性课程"的性质和内容，促进学生的成长和提高教育质量。

---

① 陈向明.教师如何作质的研究.北京：教育科学出版社，2001：33-34.

(二)国内外已有研究成果综述(略)

(三)研究目标

1. 考察初中学生文化的现状并分析成因,展现学生真实的生活世界;

2. 分析学生亚文化对学生自身成长的影响状况,以及对学生同辈群体的形成产生的作用;

3. 探究使个体按照主流文化要求发展的条件,明确哪些教育措施是有效的,哪些是无效的? 从而引导和开发学生文化中的积极因素,将其与学校的主流文化结合起来,从真正关心和理解学生的角度开展各项教育教学活动,改善学校和班级的德育环境状态,提高德育的针对性,促进教育质量和效果的提高。

(四)研究思路(摘要)

本研究试图从社会学、文化学的角度,运用质的研究方法,在上海市选择一所中学的初中班级进行实地的个案研究,具体采用访谈、观察、实物分析以及文献分析等方法,在整体把握这个学校的文化风貌后,从初中生的班级活动、人际交往、学习质量、对学校和教师的态度、价值观和对未来的展望等表现学生次级文化的 6 个层面进行研究分析,揭示初中学生文化的状况和成因,探究其积极因素,促进学生在班级中的成长和学校德育向着良好的方向发展。

(五)研究方法

质的研究重点不是讲求样本的代表性和推论的广泛性,而且以讲清楚这个班级学生的亚文化问题为目标。本研究是一种"蹲点研究",将自己投入该班级生活中发生的各种事情之中,在自然情境下,注意了解各方面的情况,寻找初中生使用本土概念,理解其文化习俗,对学生个人的"生活世界"和班级组织的日常运作进行研究,孕育和发展自己的研究问题,并扩大自己对研究联式的考察和问题的理解,以自己亲身的体验,对中学生的生活故事和意义建构作出解释,并且加以反思,不断在思路上获得灵感和顿悟。对有关人和事进行描述和解释,并创造性地将学生的学习生活经历和意义解释组合成一个完整的故事。

具体途径和过程:通过一位在该校进行长期合作研究的同事的帮助,本人已经和该校校长达成共识,并参与到学校和班级的生活当中,了解学生状况和开展研究,也可以使该校接受适当的建议来改进工作。通过在该班一个学年的参与式研究,从各科课堂教学、课外活动、主题班会、团队会、参与校内的各种活动和学生同辈群体之间的活动等方面来探究学生文化的详细状况和原因,揭示学生文化的丰富与多样的内容。

1. 进行描述性观察,尽可能将该班学生在班级中所发生的一切事情尽收眼底。

2. 聚焦观察,就较为凸现的几个方面进行细致观察。

3. 与该校教师建立联系,对该班级的班主任、各科任课教师进行深度访谈和观察。

4. 对学生深度访谈时,分别采用个人访谈和团体访谈,以及辅之以座谈会等形式;着重从性别、年龄、家庭文化背景、性格、学习成绩、纪律等因素来研究,并选择两个学生作为个案进行分析。

5. 对部分作业和作文、日记等文字和记录、描绘学生生活世界的实物进行分析。

6. 参加班级活动等,在其中理解和感受学生文化。

7. 对所收集的资料进行归类整理和分析。

(六)困难预计(略)

(七)时间安排(略)①

质的研究者的个性特点

(资料来源:Ely et al. ,1991;R. Wax,1977)

1. 思维和行动敏捷灵活,富有幽默感;

2. 能够容忍事物的不确定性、模糊性和多元解释;

3. 富有想象力,注意捕捉自己的直觉和灵感,善于抓住线索;

4. 具有共情的能力,能够获得对方的信任;

5. 愿意使自己在对方眼里看起来像一个"傻瓜";

6. 有耐心、有毅力,不因遇到困难而过分沮丧或急躁;

7. 办事认真负责,一丝不苟;

8. 能够清楚地表达自己的思想,写作风格朴实、清楚、生动。

类属分析与情境分析结合案例

下面,让我们来看一个结合两种方法进行分析的实例。下面的资料片段来自我的一位学生访谈记录,访谈的问题是"家长对孩子教育问题的看法"。访谈者是某大学教学管理人员,35 岁,男性。受访谈者是某大学教师,47 岁,他的女儿现年 17 岁。我选择这个访谈片段作为分析的素材不是因为该访谈本身做得非常出色,而是因为它比较适合同时进行情境分析和类属分析,为我提供了一个比较便捷的例子。由于这是一位初学者练习,其访谈技巧仍旧存在一些问题。比如,他提问的方式比较程式化,主要按照自己的思路进行提问。对受访者所说的大部分内容都没有追问,因此对

---

① 谢春风,时俊聊.新课程下的教育研究方法与策略.北京:首都师范大学出版社,2004:224-228.

方没有机会充分发表自己的看法,结果得到的信息也比较单薄。因此,在下面的分析中,我在对资料进行初步分析的同时将那些今后需要继续追问的地方也表示出来,为有关后续研究提供线索。

访谈资料分析举例

访谈者:您的孩子上小学以前,您对她是怎么要求的? 是否让她参加一些学习班?

受访者:她上小学以前我们让她参加绘画班。1983 年我去美国时给她买了一个电子琴,注意对她的心灵进行陶冶。1986 年孩子上小学,上小学前本来在北大幼儿园,后来我们托人把她送到国家安全部幼儿园。

访谈者:为什么给她送到国家安全部幼儿园?

受访者:那里条件好,老师的素质高,对孩子的影响好。

访谈者:那里的条件怎么好? 您看重的素质是什么呢?

受访者:那里的老师都是幼师毕业的而且北大没有整托,那里有整托。

访谈者:在那里学习什么?

受访者:拼音、诗歌、美术等等,学到了一些东西。但是那里也有一个毛病,吃完晚饭以后六七点钟就让孩子上床了。老师走了以后孩子就开始闹了,有人放哨,老师一来,放哨的就打一个暗号,孩子们就假装睡觉。所以孩子从小就学会了撒谎,用撒谎来保护自己。还有一个问题就是她在幼儿园里年龄是最小的,所以总是受欺负。

访谈者:您孩子上小学的情况如何?

受访者:孩子上小学时我们又有两个错误的选择。本来孩子是划片上小学,上北大附小。我们托人让孩子上了中关村二小。第一个错误的选择是孩子年纪小,比一般的孩子小一岁。第二个错误是让孩子上了实验班,要求五年的时间学完六年的课程。由于孩子年龄小,在实验班里学习比较吃力。老师对学习吃力的孩子通常采取批评的态度,她总是感到受压抑。

访谈者:您的孩子在中学的情况如何?

受访者:中学有一段时间出现反弹,也许是因为在小学太受压抑了,在中学阶段就要反弹。她自己想扬眉吐气,她个子高,跑得快,在体育上出风头。

访谈者:学习成绩如何?

受访者:学习成绩属于中等。初中毕业时面临两个选择,或者是上普通高中,或者是上中专。我们没有替她选择,而是与她商量,向她摆出出路,哪条路都行,让她自己选择。她坚决不去高中,而是报考了一个中专。我们上门看了,还不错。

访谈者:她在这个学校学习情况怎么样?

受访者:也许是她自己选择的,所以学习比较努力,学习成绩也不错。她自己有很强的奋斗精神,表示什么课都要学好。

访谈者:你们作为父母对孩子的学业有什么希望或要求?

受访者:我们的想法是,我们根据你的情况,你能够学到什么程度,我们就提供你到什么程度。

访谈者:如果您的孩子学完中专就不再学习了,您怎么看?

受访者:我们也不会干涉。

访谈者:据我所知,一般家庭对子女大都有一个比较明确的期望,而您和您的爱人似乎有所不同。您是怎样看这个问题的呢?

受访者:一般的家庭有一个明确的期望,但是我觉得这样做不符合人的发展。人的发展必须有内在的动力。现在的孩子都比较早熟,一般都有自己的判断。作为父母,只能对孩子进行引导,而不能强求。孩子如果没有自己的内在动力,是发展不好的。……我们对孩子的要求是比较严格的,不允许孩子有奢侈的要求,不准超过允许的范围。我们注重孩子的营养,孩子打扮得比较朴实。我们经常在一起聊天,用间接的方式,而不是直接的方式,是用诱导的方式。

(下面继续讨论自己对教育孩子的看法和做法。)

下面我们从情境分析和类属分析这两个层面对这段资料进行分析。

1. 情境分析举例

从情境分析的角度,我们可以首先将孩子的学习经历以及家长的态度和有关行为列出一条故事线。

(1)上小学前,家长为了让孩子受到"心灵上的陶冶",送孩子参加绘画班,为她买了电子琴(这是一种什么类型的"心灵陶冶"?——可以进行追问)。与此同时,家长把孩子送到一个家长认为"条件好"的幼儿园:老师的素质高(标准是:老师都是幼师毕业),对孩子实行整托制(即孩子只在周末可以回家,其余时间全部在幼儿园度过),在那里可以学习拼音、诗歌、美术等,孩子在那里"学到了一些东西"(学到了具体什么"东西"?——可以进行追问)。但是,在这个幼儿园孩子遇到的问题是:由于被要求过早上床睡觉,孩子学会了撒谎,"用撒谎来保护自己";此外,由于孩子年龄是最小的,在幼儿园受到别的孩子的欺负。(具体发生了什么事情?"撒谎"和"受欺负"对孩子的成长有什么具体的影响?)

(2)上小学时,家长有意托人送孩子上了一个不在划片之内的学校。(为什么?——受访者没有说明,但这个信息似乎非常重要,应该追问。)此时,家长又作了两个"错误的选择":第一个"错误"与幼儿园时所犯的"错误"一样,孩子年龄比别的孩子小;第二个"错误"是送孩子上实验班,五年级要学完六年的课程。由于家长所犯的这两个"错误",孩子学习感到十分吃力。因为学习吃力,孩子经常受到老师的批评,感到受压抑。(具体发生了什么事情? 其他孩子是如何对待她的? 老师是如何批评她的? 她学习上感到吃力具体指的是什么? 她感到受压抑有什么表现? 这几件事情之间的因果关系:年龄小十实验班——学习吃力——老师批评——受压抑,是否如此明确?)

(3)初中期间,孩子出现了"反弹"。(即对小学阶段受压抑的一种反抗,想"扬眉吐气")她个子高,跑得快,在体育上出风头,("体育"对她意味着什么? "体育好"的学生在学校处于什么地位?)她的学习成绩属于中等。初中毕业时,家长没有替孩子选择,而是与她商量。(当时家长有什么具体的考虑和想法? 他们相互之间是如何商量的?)孩子自己坚决不去高中,(为什么? 她对高中有什么情绪和想法?)自己选择去了一个中专。家长去学校进行了考察,比较满意。

(4)中专期间,孩子学习比较努力,成绩也不错。(什么情况属于"不错"?)自己有很强的奋斗精神,什么课都希望学好。家长认为,孩子这方面的变化可能是因为学校是孩子选择的。(是否真的如此? 孩子具体有什么想法? 家长是如何知道孩子的想法的?)

(5)对孩子的未来,家长的态度是:根据孩子的情况,尽量供她到可以达到的学习程度。即使孩子中专毕业以后不再上学了,家长也不会干涉。(为什么不干涉? 什么情况属于"干涉"? 家长对孩子的未来有什么设想?)

(6)家长对孩子的教育现在的态度是:人的发展必须有内在动力(这是一个非常重要的概念,应该重点探讨),内在动力只能通过间接的方式(如交谈)进行"引导"、"诱导",不能"强求"。(什么情况属于"强求"? 是否有具体的例子说明?)现在的孩子都比较早熟,一般有自己的判断。(这是一个"标记",他似乎在暗示自己的孩子有这方面的表现应该继续询问)他对自己的孩子有一些基本的要求。而且要求比较"严格",如身体健康、打扮朴素,不允许孩子有奢侈的要求,不许超过允许的范围。(家长的"范围"在哪里? 具体所指是什么? 如果孩子违背了这些要求,家长是怎么做的?"要求严格"表现在哪里?)家长所采取的措施是注重孩子的营养,与孩子聊天。(效果如何? 是否还采取了其他的措施? 为什么这么做?)

从上面时序分析中,我们可以看到,家长的态度随着孩子的成长在发生变化,从控制比较多到逐步放开,然后到比较尊重孩子自己的选择。在孩子上幼儿园和小学时,家长决定孩子所有的事情:学习的内容、上幼儿园和上小学的年龄、幼儿园和学校的类型、班级的选择等。到孩子上初中的时候,家长似乎有所"悔悟",不但认可了孩子在体育上的专长(而在我看来,大部分中国知识分子家长不一定认为"体育好"是一个值得骄傲和鼓励的"优点"),而且在孩子初中毕业时与孩子商量何去何从。现在孩子在上中专,家长对孩子教育方面的思考似乎进入了一个比较"超脱"的境界。他认为家长不应该对孩子有明确的希望,这么做"不符合人的发展"。"人发展"必须有自己"内在的动力",父母应该对孩子进行引导。虽然他仍旧强调对孩子有"比较严格"的要求,但是我们可以看出他总的基调与访谈者和他自己所认为的"一般人"的做法是不一样的。

追溯这位家长对自己孩子成长过程的回顾,我们不仅看到了孩子在不同阶段的有关情况,而且可以听出家长自己的反省(虽然这种反省没有明显的语言表示,大都暗含在他对有关事情的描述中)。在他的陈述中表现出一种自我批评的态度,似乎对自己过去管束孩子过多而感到后悔(如,他幼儿园整托给孩子带来"撒谎"问题的反省,"孩子上小学时我们又有两个错误的选择"等)。通过幼儿园和小学的教训,他在孩子上中学以后开始对孩子采取比较民主的态度,而且收到了比较好的成效(如"她学习比较努力,学习成绩也不错")。

当然,这段访谈是家长对自己孩子成长过程的一个回溯性的描述和评价,难免受到家长目前对"什么是一个好的教育孩子的方法"这类问题的看法的影响。我们很难知道在孩子上幼儿园和小学时,他对自己和妻子的决策行为持什么态度。很有可能当时他们并不认为送孩子上实验班是一个"错误","错误"这一标签是若干年后看到了该决定的负面效果,自己改变了教育孩子的看法以后加上去的。因此,我们的叙事故事应该采取一种回溯的、建构的手法,而不是一种现实主义的、事实性的描述。

5. 类属分析举例

对上面的资料进行类属分析可以有很多切入点,其中一种方式是将资料内容分成三大类:一是家长对孩子的要求;二是家长提供的外部条件;三是家长教育孩子的方式。在第一类里面,家长对孩子的要求可以进一步分成五个方面:①心灵方面(心灵方面的陶冶);②智力方面(学习有关的知识和技艺);③道德方面(不应该撒谎);④个性方面(不要受压抑,受欺负);⑤身体方面(体育拔尖,注意营养,打扮朴素)。在第二类里面,家长为孩子提供的外部条件有:上绘画班,买电子琴,上"条件好"的幼儿园,上实验班,上幼儿园和小学的年龄提前。初中和中专的有关资料缺乏。在第三类里,家长教育孩子的方式是:①家长自己作决定(主要在幼儿园和小学期间),后来家长对自己的"错误"有所反省;②尊重孩子自己的选择,但同时非常关心孩子的选择(如孩子初中毕业时与孩子商量去向,并且"上门看了"孩子选择的中专);③认识到孩子"早熟"的倾向,任孩子自由发展,同时有一定的要求(如注重孩子的营养和衣着,不允许奢侈的要求),通过间接的方式(如聊天)给予引导,调动孩子的"内在动力"。

通过对这段资料的分析,我们对这位家长目前的教育孩子的方式似乎可以得出一个初步的结论:聊天——引导——调动内在动力——达到人的发展。虽然他对孩子有这样那样的希望和要求,在孩子成长的重要阶段做了很多决策,采取了一系列的行动,但是现在他的认识是:教育孩子不能强求,一定要尊重孩子自己的意愿,用间接的方式对孩子进行引导。这大概可以作为我们对这段资料进行分析的"核心"概念。

下面我从类属分析的思路就上面的分析设计了如下一个概念图,试图将上述三类资料内容整合到一个图中,同时表示出家长态度的变化。[①]

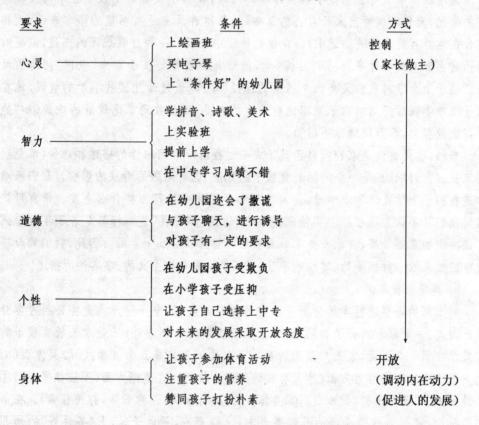

图 5-2　资料分析概念图举例

---

① 陈向明. 教师如何作质的研究. 北京:教育科学出版社,2001:181-188.

第六章
教育行动研究

📋 **本章学习任务**

☞ 理解行动研究的含义、基本特点以及行动研究对教师生活方式改善的意义。

☞ 用自己的教学改进的经历感悟教育行动研究的实践展开，并能与同事合作或与校外研究人员合作进行较为规范的行为研究。

☞ 在行动研究中去体会行动研究过程的真谛：改善自己或自己所在团体的实践。这是一个不间断的螺旋、循环往复的过程。

☞ 从尝试作行动研究中找到专业成长的乐趣，提高行动研究的能力。

一、引　言

当清晰地认识到教师成为教育科学研究群体中不可缺少的一员后，我们就不能不去思考教师从事教育研究途径与方式的选择：一种是像专业研究者那样，确定一个自己感兴趣的课题，在了解已有研究成果的基础上，确定研究的大致步骤，需要收集的数据、获得数据途径等等，必要数据收集齐备后，运用一定的统计、分析技术，得出研究的结论；一种是就某个实践中的问题，学习已有的教学研究成果，按照研究成果的建议改革教学实践，结合所教班级的实际情况，对这一研究成果作必要的修正或补充；还有一种是与自己的同事（或学生）合作，请同事（或学生）针对某个问题观察、记录自己的教育情况，发现症结所在，通过相互讨论、尝试，逐步解决问题等等。这些途径与方式，只要运用得当，都会取得较好的效果。不过，这些基本上由教师自己进行的教学研究，从目前情况看有如下困难或不足：第一，教师从事教育研究的主要目标必须是形成系统的理论，但这些研究必须遵循一定的研究规范。一般教师在这方面所受的训练比较少，要形成较强的研究意识，掌握必要的研究，需要相当一段时间的学习和适应。第二,大部分教师没有系统研究过教育理论,对教育理论的发展和现状了解不够深入,这使教师很难把某个具体问题置于教育理论的大背景中予以考虑,从而限制了教师的研究视野,甚至会使教师在研究时不能保持应有的公正和开放的心态。第三,一般教师对理论的语言不甚熟悉,大多数教师在分析问题和表述自己的研究成果时,很难把这些问题或成果概念化,这就为教师深入分析问题、准确表达自己的观点和结论造成了困难,从而既妨碍了研究进程的深入,也妨碍了研究成果的交流。要克服这些困难或弥补这些不足,比较理想的办法是教师与专业研究者联合起来。至少是教师之间联合起来,共同进行教育研究。"教育行动研究"正是这种以"参与"和"合作"为特征的研究途径(或方式)。以往,乃至目前的"行动"和"研究"往往处于分离状态,其结果是研究工作者凭借假设搞研究,研究成果缺乏应用性,难于在实践中推广。而实际工作者在工作中遇到许多实际问题,由于缺乏必要的理论支持,找不到问题解决的办法。这种理论与实践、研究与行为分离成为一种比较普遍的现象。行动研究提供了一条有效的解决这种现象的途径。

二、行动研究的基本原理

(一)行动研究的由来与发展

✦ 行动研究的由来

行动研究是由"行动"和"研究"两个词结合在一起的。很长时间,两方社会工作者都把"行动"和"研究"看作是两个互不相关的概念,分别是对两个不同性质活动的描述。"研究"主要是指专业人员、学者、教授等对社会活动和社会科学的研究探索;"行动"主要是指实际工作者的时间活动。

美国人寇利曾于1933年－1945年任美国联邦政府人事局局长期间,在与同事进行的一项关于改善印第安人与非印第安人之间的关系的研究时提出了"行动研究"。他认为,研究应该依据实践者的需要才更为有效,研究者应该鼓励实践者参与研究,在行动中解决自身问题,这是解决问题最好的办法。当时的"行动研究"还只是一个概念的雏形。20世纪40年代,德国社会心理学家库尔特·勒温对行动研究概念的形成与确立起了决定的作用。他们在长期社会心理学研究中感到,社会科学研究者如何仅凭个人的兴趣,或只为了"出书"而搞研究,那么社会科学就不会满足社会的需要,而且有时实际的情况并非像设计的那么理想,被研究对象如果对研究的目的不感兴趣,也会直接影响研究的效果;实际工作者如果对研究的目的不感兴趣,也会直接影响研究的效果；实际工作者如果不去研究自身所处的环境和存在的问题，又得不到研究人员的支持，仅凭个人热情就无法作出"有条理有成效的行为"，甚至"无法避免错误的判断"。为了解决"行为"与"研究"的脱节问题，他于1944年明确提出一条社会科学研究的新方法、新思路：研究课题来自实际工作者的需要，在实际工作中进行，要有实践者共同参与研究，其研究成果以解决实际问题为目的，并能为实践者理解、掌握和实施。1946年勒温将结合研究者和实践者智慧与能力的研究方式称为"行动研究"。他在《行动研究与少数民族问题》一文中指出："没有无行动的研究，也没有无研究的行动。"强调了研究与行动之间的密切关系。将行动研究介绍到美、日教育界，并在解决教育的各方面实际问题中广泛应用的，是前哥伦比亚大学师范学院前院长寇利。他在1953年出版的《改进学校措施的行动研究》一文中，不仅将行动研究引入学校的行政管理、课程、教学等各个方面的实际问题的解决中，还详细地介绍了行动研究的理论基础、特点、实施原则，实施程序和注意事项。20世纪50年代，在寇利的积极倡导带领下，行动研究进入了美、日教育研究领域。

联系"相关链接"中"早期、第二代和第三代行动研究的特征"的相关内容学习。

在我国教育学和心理学界，"行动研究"一词在1982年就已经出现于一些介绍勒温的心理学思想的心理学著作，但直到20出现世纪90年代初"行动研究"才得到比较系统的介绍。至1995年前后，我国教育学与心理学界才对"行动研究"展开比较系统的反思并出现"做"的行动研究的尝试。至今，行动研究经过人们在运用中不断的完善与改进，正逐渐走向成熟。

联系"相关链接"中"'作'行动研究的尝试"的相关内容学习。

✦ 行动研究兴起的原因

从更为广阔的背景下去考察，可以发现行动研究的兴起，既有其外部原因，也有其内部的因素。

1. 外部原因

(1)教育理论无法满足教育实践发展的需要。人类进入20世纪70年代以后，由于世界性的经验危机和政治动荡以及新技术革命的猛烈冲击，使得西方繁荣一时的教育事业陷入前所未有的深刻危机之中。一方面，社会不断向教育提出新的要求；另一方面，学校在社会的种种冲击下，连往日的质量都无法维持。面对这场危机，面对这些前所未闻的新问题，不管是赫尔巴特的传统教育思想，还是杜威的实用主义，似乎都失去了效力，不能为教育科研人员、教育决策者和学校管理人员、教师提供有力的理论武器和现成的或很有价值的参考答案。这就迫使教育研究人员和广大教育工作者把从现成的理论中寻找答案的目光收回来，转向实际，携手共同去研究问题，克服危机。行动研究恰恰是一条鼓励人们从实际问题出发,通过研究者和实际工作者参与协作,共同研究,从而解决问题,探索新理论的思路。

(2)原有的研究方法受到了教育实践发展的挑战。上述教育危机还引起了人们对教育方法的检讨。首当其冲的是"R. D. D"模式的批判。这种模式即工业界常用的"研究——开发——推广"模式。人们批评说,在这种模式中,虽然也强调了研究需由各方面的著名专家主持,且有部分教师参与,但它是远离了常态的学校生活、实际的课堂教学和复杂的教育教学过程的,是脱离教育实践的;在这种模式中,研究者和学校教师的关系是自上而下的,研究者的理论和假设占据中心地位,必须开发和实施;学校教师则处于被动接受指令的边缘。这样的研究开发不是从实际出发的,而是从"应当如何"出发的,所以当与实际情况发生矛盾和差距时,研究成果也就难以推广实施了。对这种脱离实践,忽视教师认识作用的"研究——开发——推广"模式的批判和对以往众多研究方法的再认识,激发了教育研究者和广大教师改进和发展研究方法的热情,激起了人们对研究实际问题、考虑实践者作用的研究方法的愿望。这一切就为行动研究的兴起创造了条件、铺平了道路。

> **重要观点**
> 实践者才是把握自身,发挥自主性,对行动研究承担责任的个体。

(3)人文精神的张扬引起了人们对教师作为主体的重视。20 世纪起 70 年代以来,解释学、批判哲学等对于技术理性的批判和对实践理性的崇尚,这也重新燃起人们对于人的"实践"的热情。从人文精神来看,实践者不应作为研究者的工具和手段而存在。实践者实践本身就有着研究的动力和基础。

2. 内部原因

(1)自然主义的定性研究方法的兴旺发展,使研究者重新回归学校实践,也为教师提供了更为可行的研究工具。

(2)行动研究肯定了教育实践者在研究中的作用,为教师等广为接受。行动研究的目的在于解决实际问题,它充分肯定了教育实践工作者在认识实践及知识产生中的不可缺少的作用,既要求研究者参与实践,又要求实践者反思研究,为教育研究本身开辟了一条新的途径。

(3)行动研究肯定了实践对理论、方案、思想、计划的检验作用,在一定程度上符合研究的发展逻辑和人的认识规律。行动研究可以容纳各种对解决问题可能有益的设想和理论,技术和方法,但是,在行动研究中,理论、设想、技术和方法都不是预先设定的并假定的其为有效的,然后再用于实践,而是在实践中表现出其有效性。这是由人参与、极为复杂的教育领域里,在教育科学还相当落后,教育理论还相当贫乏的情况下尤为重要,已有的教育理论与方法不仅需要证实,而且需要证伪和突破,需要根据具体情境修正,否则就难于在实践中形成新的理论。

✦ 行动研究与教师

当前,教育改革浪潮迭起,教师几乎经常面对教育上的新生"事物":新的教育思想、新的课程计划、新的教学方法、新的教学设施等等。这就要求教师不能抱残守缺、孤陋寡闻,不能只停留在所授学科现成知识的层面上。缺乏创新精神和创造能力,教师将无法跟上时代的发展步伐,也恐难以胜任日后的教育、教学和管理工作。对教师来讲,行动研究意义在于:

1. 促进教师自身发展。教育改革的发展意味着消极被动的"教师匠"的教师形象将逐步被积极主动的教师新形象取而代之。在变化快的信息社会里,研究型教师已成为一种必然趋势。教师必须意识到自己职责的变化,更新知识结构,在情感上和能力上适应角色的变化,有能力通过系统的自我反思,通过研究别的教师或通过在教学研究中对有关理论的检验,以实现专业上的自我发展,而行动研究恰恰为教师提供了一种从实践中来,到实践中去,在实践过程中参与或合作进行教育研究的良好途径。

2. 体现教师在教育研究中的价值。行动研究改变了传统的教育研究模式,它不同于近代以来"科学理论"所主张的从理论到实践的问题为目标,以教师对实践活动的反思为中介的循环递进的教学模式。这种模式突出了教师在自身教学实践活动中的主体作用。实施素质教育的过程(其中,包括新课程实施)就是一个在实践中探索和研究的过程。素质教育不仅仅需要理论的研究,更需要实践的探索。广大教师身在教育教学实践第一线,是素质教育的直接实施者,是教育改革的主体,他们在工作实践中去主动发现问题、研究问题,不断在行动中研究,在研究中行动,才会使素质教育的研究不断深入。"教师即研究者"是西方教育界颇为流行的看法,人们越来越多地认识到,没有教师参与的教育研究,是无法使教育研究成果很好地在教育实际中加以运用的。"如果没有得到教师这一方面对研究成果的检验,那么就很难看到如何改进教学,或如何能评定课程规划。如果教育要得到大的改进,就必须形成一种可以使教师接受的,并有助于教学的研究传统"。(斯腾豪斯,1988)所有的课程研究和设计,无论是教师个人或是团体,无论是学校自发研究的项目还是国家资助项目,所有的工作都是建立在课堂研究的基础上,这就要求在很大程度上依赖教师的工作。"教师即研究者"运动反对的是外来的研究成果或观念对教师课堂的控制,试图改变教师等待研究者提供新成果或纯粹依赖的习惯、经验的状况,强调教师是其课堂实践的最后和最佳的裁决者,鼓励教师成为批判地、系统地考察自己实践的研究者,从而可以更好地理解自己的课堂和改善自己的教学实践。从"教师即研究者"到以教师为主体的行动研究、充满了强烈的人文精神,重视发展教师个人的自我意识、个人的实践职业能力,成为教师解放自己、张扬自身主体性的职业生活方式。

(二)行动研究的界说

随着人们对行动研究的兴趣的增长,对行动研究认识也呈现多元化的趋势,或者说认识颇不一致。

◆ 三种行动研究的定义

当前,对行动研究的定义有不同的界定,归纳起来,大致有三种:

1. 行动研究即行动者用科学的方法对自己的行动所进行的研究。持这类观点的人,强调用测量、统计等科学的方法来验证假设。其中不少人认为,行动研究是一种小规模的实验研究,它用统计的方法来验证假设,用科学的方法来解决教室里的实践问题。

2. 行动研究即研究者为解决自己实践中的问题而进行的研究。关心的不仅仅是统计数据,还重视教师和学生的日记、磁带、照片等所有对以后的回忆和评价有帮助的材料。持这类观点的人认为,课程的编制和研究在本质上,只是一个实践问题,而不是理论的问题;理论的正确性并不依赖于"科学"的测试,而是在于是否从实践产生,他们对行动研究的典型看法是"行动研究就是由教师或其他实际工作者针对实际问题进行研究的一种方法"。

3. 行动研究即行动者对自己的实践批判性思考,以"理论的批判"、"意识的启蒙"来引起和改进行动。持这类观点的人认为行动研究是追求自由、自主解放的,从而把行动研究看作是教师和其他教育实际工作者所进行的一种自我反思的研究,倡导教师等对自己实践进行批判性思考。

活动 6.1

上述三种不同的定义反映了人们对行动研究含义的不同认识,这三种定义都对行动研究有不同的强调,你用最为简洁的语言,明确指出他们分别在强调什么,并进行简要的分析。

第一种定义反映的是为技术性行动研究或称之为行动研究,或称之为技术——科学性行动研究。这类研究特别注重用"科学工具"来观察行动过程。在现代行动研究的理论和实践中,这类研究受到很多批判,认为它只是形式上而非实际的行动研究,它只关心"科学工具"、"统计方法"而不尊重行动研究者的主动性和创造性。

第二种定义反映的是实践性行动研究。在这样的研究中,专家与实际工作者之间是合作关系,作为"咨询者"帮助他们形成假设,计划行动,评价行动过程及结果,研究的推动力量来自行动研究者自己,以自己的智慧来选择课题,指导行为。有人认为,实践性行动研究也有缺陷,它只是在原有的实践中采取谨慎的行动,且不接受不同观点的挑战,批评和怀疑被看作是研究小组中不和谐的现象。

第三种定义反映的是独立性行动,就是实际工作者通过批判性的思考及采取相应的行动,使教育摆脱传统的教育理论和教育政策限制的一种研究方式。正因为它有着"批判"的特征,有人把它称之为"批判性行动研究"。在某些独立性的行动研究中,专家甚至没有出现的必要,完全由实际工作者自己或在教师团体的帮助进行。

这三种行动研究的定义尽管反映了对行动研究的不同的认识,但从起源和用词上看,行动研究是在人们的社会实践领域中产生的。它一方面指的是人们为达到提高社会生活质量,改变自身境遇的目标而设计的一系列渐进活动;另一方面又试图确认这些活动的标准、提供行动的处方,使渐进的活动系统化。正因为如此,行动研究才有着区别于其他研究活动(方法)的一些特点。

✦ **行动研究与其他研究的比较**

对行动研究是什么的回答,可以到它的对立面中去寻找行动研究与其他研究的区别。区别对待的目的不是贬扬某一类研究,而是正确认识行动研究的一个基本前提,所有的行动研究的过程、方法、模式以及行动研究中的合作等问题都必须符合行动研究的基本精神。否则,所做的研究要么算不上"研究",要么是行动研究之外的另类研究。

1. 行动研究与正规研究的差异(博格,1999)

(1)研究者需要的技巧不同。大多数研究者需要广泛的训练以便熟练地使用研究的方法。定量研究者需要熟练使用测量技术和数理统计;定性研究者在收集和解释大量的资料时需要专门的技巧;而行动研究一般不需要具备有关研究设计和解释的高度技巧,一般教育实践者都可以进行行动研究。

(2)研究的目的不同。正规的研究目的在于发展和检验理论,使知识具有广泛的适应性;而行动研究的目的只在于获得能直接应用于当下情境的知识,它既改进实践也提高研究者的能力。

(3)确定研究问题的方法不同。正规的研究中总是通过阅读前人的研究来提出研究的问题。这些问题可能出于研究者个人的兴趣,但与研究者的工作实践并不一定直接相关。行动研究主要研究那些影响实践者自己或同事的工作效率的问题。

(4)对文献研究的态度不同。在正规研究中,广泛的文献研究尤其是获得原始资料是必要的。这些文献研究可以让研究者比较彻底地了解所研究的问题在当前的知识研究中处于何种状态,这种了解使研究者在设计和解释自己的研究时以他人的研究作为知识基础;而在行动研究中,研究者只需要对相关的研究有一个大致的了解,有关的文献评论所提供的第二手资料也可以作为理解的材料。

(5)选择参与者的方式不同。在正规研究中,研究者倾向于选择具有代表性的样本,以便增加研究结论的普遍意义。消除影响结果的某些偏见;而行动研究往往研究自己的学生或相关人员。

(6)研究设计的不同。正规研究强调周密的计划以便控制某些影响结果的解释的无关变量,如定量研究关注实验组与控制组在条件上的相似,而定性研究也重视所收集的资料的真实性与可靠性;而行动研究的在设计上的程序上不那么严格,往往比较自由地在行动中做出某些改革,在资料收集、解释和调整实践的过程中比较迅速地调整,对情境的控制与偏见的消除并不特别看重。

(7)资料收集的程序不同。在正规研究中使用有效的和可靠的资料收集方法获得资料,在正规的研究之前还可能作一些必要的预测以便确定其有效性;而行动研究往往使用比较方便的方法如观察,与学生谈话或课堂测验。

(8)资料分析的方式不同。正规的研究往往使用复杂的分析程序;而行动研究一般关注它的实际效果而不讲统计意义。

(9)结论的应用不同。正规的研究往往强调其结论的理论意义以及对后续研究的可能启示,他们也可能讨论研究结论的实际应用价值,但这并非正规研究的必要部分;在行动研究中,研究者报告他们的研究结论主要在于说明他们的研究对他们自己的实践并暗示这些结论对他们同事的专业实践可能会有一些价值。

博格在提出"行动研究与正规研究"的差别时,其基本立场是:与正规的研究相比,行动研究确实不那么强调严格使用"科学的方法",如控制、统计测量、广泛查阅文献、形成假设、选择样本、形成一般性规律、建立理论等等。不过,博格等人并没有将行动研究与"科学方法"对立,倒是坚持了行动仍然是用"科学的方法"解决实践问题,正因为使用了"科学的方法",进行研究才与一般的"随意性问题解决法"和经验总结区分开来。

活动 6.2

1. 认真阅读对行动研究三种定义的分析和它与正规研究的区别,同时参阅其他资料。

2. 在此基础上,指出行动研究有区别于其他研究活动的主要特点。

3. 尝试着给行动研究下定义,并对所下定义作简要的阐述。

教育行动研究不是一种独立的研究方法，而是一种教育研究活动，是一种以教师或教育管理人员为主体的密切结合本职工作综合运用各种有效的研究方法，以直接推动本职工作的改进为目标的教育研究活动。

> **重要观点**
>
> 行动研究是教育实践者（主要是教师及其群体）系统而公正解决教育实践问题。

表 6-1　传统教育研究与行动研究的比较

	传统教育研究范式	行动研究
谁来研究	大学教授、专家学者	一线教师和校长
在哪里作研究	变量可以得到有效控制的环境	学术和课堂情境
如何作研究	主要运用量化的方法揭示变量之间的因果关系	主要运用质的方法来揭示和理解教育事件
为什么研究	提出可以推广的理论、出版论著	理解情境，改进实践，带动革新

2. 教育行动研究与教育经验总结的区别

表 6-2　行动研究与教育经验总结的比较

研究过程	行动研究	教育经验总结
问题的提出	重视理论和课堂标准的参照作用，研究的问题感较强，重视对问题的初始调查	问题的主观性和随意性较强，缺乏理论的支持，问题的焦点比较模糊
问题归因	重视理论和经验的启发作用，以实证的调查为主要的依据	主要依靠主观推断和臆测，有时甚至未经适当归因，就提出措施并行动
措施与行动	措施建立在调查归因的基础上，并体现在课堂教学和班级管理的行动中；注意收集日常资料	传统的教研活动主要集中在这一部分
评估与反思	重视在实证观察的基础上对措施和行动的有效性进行评估与反思	比较缺乏，如果有，也是缺乏实证材料的支持，而且往往正面的评价居多，反思的成分少

从上表中简略地对教育行动研究与教育经验总结的比较中，可以看到日常的经验总结与教育行动研究有如下区别：

（1）教育行动遵循一定的研究程序与规范。教育行动研究在规范性方面的要求集中体现在下述方面，这些要求也是教育经验总结上升到行动研究所要的方向：一是问题的提出是否恰当（重要性）？一是问题的界定是否明确（明确性）？一是问题的归因是否正确(科学性)？一是措施和行为是否具体可行(可行性)？一是资料收集和记录是否真实全面(真实性)？措施和行动是否取得预期结果(实效性)？行动研究强调对具体问题作专业概念和因果关系的定位,从而形成比较清晰合理的研究框架,研究成果的引文也有一定的规范。

(2)教育行动研究重视理论在研究中发挥适当的作用。理论主要有三种类型:一是有关因果关系的假设;二是价值取向;三是对问题的基本分类方法。教育行动研究重视在研究过程中适当发挥理论的作用,主要体现在:理论对确定问题价值的指导作用,理论对问题归因的参照和启发作用以及措施和结果之间的因果关系对专家构建或证实理论假设的案例示范作用,相比而言,教育经验总结在这些方面往往有很大的欠缺。

(3)教育行动研究强调合作的价值。教育行动研究不追求结果的普遍性,并不排斥事实上它在相同情境下的推广价值,但是这种推广应该是"启发式"的推广,而不是"照搬式"的推广,教育行动研究也强调个人经验总结和个人实践的反思,但它更强调合作,才能提升研究的可靠性。

✦ 教育行动研究的基本特征

1. 为行动而研究。行动研究以提高行动质量,改进实际工作为首要目标。"改进"是行动研究的主要功能,它指解决教育实践中产生的问题,也指提高教育教学质量和研究水平。在教育领域中,行动研究关注的不是学科中的"纯理论研究者认定的'理论'问题",而是教育决策者、学校校长、教师们的日常遇到和亟待解决的实践问题。所以行动研究不囿于某一学科的主张或某一种理论知识,而主动容纳和利用各种有利于解决实际问题,提高行动质量的经验、知识、方法、技术和理论,特别重视实际工作者对实践问题的认识、感受和经验。行动研究把解决问题放在第一位,并不等于行为研究无助于也不关心"一般知识"和"理论"的发展、产生。它只是更强调从具体、特殊到一般和普遍;更强调已有的理论和知识体现在从抽象到具体的过程中;更强调渗透在行动计划的经验和理论都须接受实践的检验、修正、补充甚至证伪;更强调知识和理论说到底还是来源于实践,并在实践中体现其有效性和真理性。

2. 对行动的研究。"行动即研究"的旨趣暗示了研究是"以实践为中心"的。由于学校教育在本质上是实践的,并且在实践中普遍存在问题。因此学校教育世界是由一个个问题构成的,包括生活于学校教育世界中的教师,在职后的生活与成长中所存在若干的需要解决的问题。例如,教师发展阶段研究中提及到的教师成长的某一个阶段所需要解决的问题:在职教师发展的第一个阶段是"生存关注",此时他(她)急于寻求的一系列解决的问题是最基本的教学技能、学会维持课堂纪律、自己是否被学生喜欢、他人如何对自己评价、激发学生动机、处理个别差异、评价学生作业以及与家长的关系等。在职教师发展的第二个阶段是"任务关注"阶段,这个阶段他(她)由关注"我能行吗?"转到关注"我怎样才能行?"上,面临着对课堂上教给学生的"专业学科知识","重新定位",尝试着把专业学科知识与教学法知识相结合,解决好学科知识能够转化为有意义的教学行为,帮助学生学习这些专业知识的若干问题。当教师进入了职后发展的"自我更新关注阶段"时,他(她)关注的问题是课堂内部的活动及其实效:学生是否真正的在学习、学生是否真的在学教师所教的东西,教的内容是否适合学生,对教学问题的整体、全面地把握,鼓励学生自己去发现、构建"意义"以及对自己教师专业发展进行反思等等。因此,以"实践为中心"的教育活动研究是一种"以问题为中心"的研究,问题的发现和界定都是行动研究的起点。因为特定环境中的实践者所面临的问题总是特定的,所以行动研究中作为研究对象的样本往往也是特定的,而不必具有普遍性。这个特点也决定了行动研究应该是有弹性的,而不是僵硬地遵循某一个严格的程序。它不但要求参与研究的教师掌握一定的研究技能,更重要的是,它要求教师具有对实践问题的敏感能力和适时调节研究方法侧重点的应变能力。

3. 在行动中研究。行动研究的环境就是教师工作中的实际环境,从事研究的人员就是将要应用研究结果的人,研究结果的应用者也就是研究结果的产生者(至少是其中之一)。"参与"是行动研究中的一个关键词,即教师参与行动研究,长期以来,由于社会分工的影响,教育科学研究渐渐蜕变为一群特定的人所从事的特定的事情,传统上的"教育研究"的旨趣是为了获取"真理",这种旨趣假定关于教育真理的知识能够通过教育实践工作者很好地再现于教育实践之中,而教育研究的任务则是直接为这类知识的增加作贡献。研究者与实际工作者脱离,已经成为教育研究中的一个痼疾。最近几十年来对教师的研究却越来越清晰地发现:这种实质上是把教师视为一个简单"中转站"的观念对教育理论与实践的关系可能估计得过于简单了。科学概括出来的研究知识并不能直接参与驱使社会实践,还必须有一个"启蒙过程",以便某一情境中的参与者能够对自己的情境有一个真正的理解,并做明智而谨慎的决定。行动研究本身就包含了这个"启蒙过程",通过要求教师系统地反思或与他人共同研究自己的教育过程,环境和问题,通过要求专业研究者深入现场,直接参与从计划到评价过程与教师一起研究他们面临的问题,使实际教育工作者本身变成一个研究过程,使研究过程又变成一个理智的教育过程。这样,行动研究就在解决问题的过程中,为研究者和实践者共同参与研究工作,为研究者和教师的结合提供了结合点、或者说一个共同活动的行动的"场地"。教师参与行动研究,可以理解为"教师成为研究者",中小学教师与专业理论研究者一样有着理解能力、认识能力和创造能力,一样有着知识与思想,在教育过程中的作用绝不是某个"专家"理论的简单执行者,也不是某种"权威"的聆听者,他们作为研究人员参与研究是完全可能的。因为实践者在行动当中,有行动的目的、责任,能够体察实践活动、背景以及有关现象的种种变化,能够通过实践检验理论、方案、计划的有效性和现实性,他们对实际问题具有"局外人"——专业研究人员——难以替代的认识作用。尽管教育行动的效率,教育实际工作的成败不完全取决于教师对方案、环境和行动的理解,但总也离不开教师对行动和问题的理解。

> **重要观点**
>
> 行动研究要求教师积极反思,参与研究,将行为与研究融为一体。

行动研究把行动与研究整合在同一主体身上,使得行动研究过程实际上成为教师的一个"学习过程"。教师在行动研究过程中通过专业人员或其他合作者的交流、不断地加深对自己实践的理解,并在这种理解的基础上提高自己。这样,行动研究就超越了传统上对"研究"功能的界定——真理知识,而成为"人的发展"的一个过程。

行动研究的意义在于,它是这样一种革新过程:目的在于某个人或某团体自己的,而不是其他人的实践的改善。因为"改善"是一个难有终结的目标,所以行动研究是一个不间断的螺旋、循环的过程,也是教师终身学习与发展的一种途径。

活动 6.3

1. 在与其他教师讨论交流的过程中,评析下面三个观点:

(1)教育行动研究不是正规的研究;

(2)教育行动研究缺乏理论性;

(3)教育行动研究的成败取决于问题是否完全解决。

2. 选择其中一个观点,就其写一篇评析的短文。

三、行动研究的基本过程

行动研究如同所有科学研究一样,自然有它的操作程序或步骤,并在整体上形成一定的框架结构。行动研究自产生以来,虽然所有的倡导者都还在积极寻求探讨普遍推广的实施步骤,但在根本上已经取得共识。这就是,行动研究是由一个若干相互联系、相互依存的环节组成的螺旋上升的发展过程,并且基本上遵循了行动研究的创设人勒温的指定计划,实地考察和贯彻执行的说法来描述行动研究过程的思想,而作为行动研究的一个完整单元来讲,无论是哪一种行动研究过程,"计划"、"实施"与"反思"三个环节总是不可少的。

联系"相关链接"中"教师行动研究具体模式,行动研究的操作环节和步骤"的相关内容学习。

(一)计划

计划阶段主要完成的是:明确问题、分析问题、制定计划。

✦ 明确分析问题

教育行动研究是以解决问题为中心的一种研究。首先,它以找出一个起点为开端,这个起点是教师个人在实践中发展起来的,也是教师个人希望投入精力去追求和加以解决问题。也就是说,教师将"作行动研究"理解为"问题解决"时,它是

> **重要观点**
> 　　行动研究是留心教师中出现的问题并设法"解决"。解决教育问题的过程也就是行动研究的研究过程。

系统而公开的问题解决而非随意的问题解决。"问题解决"意味着教师发现并提出了某个"教育问题"。在行动研究中,提问者首先必须"讲述"自己遭遇了一个什么"教育事件",这个事件是如何发生的,它是如何处理的,处理之后遇到什么"困惑"。处理某个教育事件之后"残留"、"剩余"下来的"困惑"就是提问。这样的提问,说明了教师(提问者)"参与"、"介入"这件事,自己已经"想办法解决"相关的教育问题,而想办法解决这个相关的问题之后,遇到了新的障碍或困惑。这样,他提出的问题就不再是一般的、普遍的、他人的教育想象,而是具体的、独特的、个人化的教育生活中真实问题。显然这种提问不同于一般意义的"提问"。行动研究中的"提出"问题实际上是一个过程,不是一个"瞬间动词"。它是一种"参与"、"介入"的态度,提问者已经"把自己摆进去"。这种"把自己摆进去"意味着提问者已经成为此问题的"参与者",而不是此问题的"旁观者";意味着提问者已经成为此问题的"当事人",而不是随意地提出一个问题,甩手等待"专家"来解决。教师能否以"参与者"而非"旁观者"的态度提问、教师能否以"当事人"而非"局外人"的角色提问,将直接影响者提问者"参与"行动研究的程度,也直接影响着行动研究对教育实践的"改进"程度。这样的提问至少意味着教师提问方式的三个改变:一是从具体的日常教育生活中捕捉有教育意义的"子问题";二是遭遇某种"障碍"(或"疑难")之后尝试性地排除"障碍"。而在排除"障碍"的过程中又发现新的"问题"。这个"新问题"才是行动研究中真正的问题;三是从日常教育生活的子问题的解决过程中提升有教育意义的"大问题"并形成相关的研究主题。改变教育提问方式应该是行动研究的一条首要策略;真实的提问总意味着教师已经尝试

地处理了某个教育事件,只是在处理这个教育事件的过程中遇到了新的困惑。在这个意义上可以说,"提出问题比解决问题更有价值"。

要解决问题,还要对所有提出的问题本身进行界定,要尽可能地明确这个问题的种类、范围、性质、形成过程及可能影响。比如:

(1)我们遇到的是一个什么问题? 是教学方法问题,还是学生的心理问题? 是课堂纪律问题,还是学习动机问题等等。

(2)这个问题是普遍的(几乎所有学校、所有班级都有这个问题,这个问题是这个年龄阶段的学生普遍具有的等等),还是特殊的(只有我这个班上的学生有这个问题,只有这门课有这个问题,只有某一学生小团体有这个问题等等)?

(3)这个问题的原因可能有哪些? 主要是受社会大环境的影响,还是主要受学校学风的影响,或者只受这个班的班风的影响? 是因为教学内容的原因,还是因为教学方法的原因,或者是因为学生心理方面的原因等等。

(4)这个问题的存在对课堂教学的效果有什么可能的影响? 会不会严重地影响到教学的效率? 或者只是改进之后会比较明显地提高教学效果? 等等。

✦ 制定计划

对问题作了界定与分析之后,接下来要考虑的问题是如何解决这一问题,提出一个总体计划。总体计划一般包含以下的一些内容:

(1)计划实施后预期达到的目标。目标的陈述要尽量可见可行,从小做起。比如要提高学生对某门学科的学习兴趣,应对"学习兴趣"这样一个比较模糊的概念进行更详细的分析,分解为一些可操作、可检测的目标——注意持续时间、课堂参与程度、提出疑难的数量、课后自学时间等等。

(2)课堂教学试图改革的因素。比如为了提高学生对某门学科的兴趣,在充分分析问题形成原因与过程的基础上,可能考虑到要改变教学内容的呈现形式,可能考虑到要改变教师的语言风格,也可能考虑到要改变学生座次的安排等等。一般而言,为便于分析研究结果,一次改变的因素不宜太多。

(3)行动的步骤与时间安排。行动的步骤设计是行动研究中非常重要的一个环节,为能适应没有预计到的效果和以前未曾认识到的制约因素。行动研究的总计划应足够灵活,具有暂时性和尝试性。因此在研究的进程及采取行动的大致时间上也要反映出这个特点。

(4)本研究涉及到的人。教育小而言之存在于整个学校生活中,大而言之存在于整个社会生活中,教育行动研究不可能避免地要涉及到一些可能与本研究有密切关系的人。比如校长、其他教师、家长、学生群体等等,行动研究计划应考虑到如何处理与这些人的关系,如何与他们进行交流、获得必要的信息,如何尽量减少他们对本研究造成的不良影响,以及如何使他们配合本研究的正常进行。

行动研究计划得以实施的背景是学校教育,尤其是课堂教学活生生的实践背景,因此,制定行动计划时必须要充分考虑到现实中一些可能的有利与不利的因素,以及对计划得以实施的现实性有一个客观的认识。需要考虑如下问题:

(1)教师本人有无从事研究工作的经验? 研究能力如何?

(2)所遇到问题在以往的研究或实践中已有什么样的解决方案? 它们对本研究有什么参考价值?

(3)有哪些可资商讨、交流或合作的人?

(4)计划实施可能会受到哪些人或事的影响?

(5)在多大的时间跨度上(几个月,一学期,一学年)可以实施这一计划?

(6)在所处的实际情境中,有哪些物力、人力方面的限制? 现有的这些条件是什么状态?

(二)实施

实施阶段主要包括两个方面:行动及对行动的观察。

✦ 行动

1. 情境性与实践性。这"两性"是把计划付诸行动研究的关键。行动研究的根本目的就是要解决实践(行动)的质量,因此,行动研究中的行动与其他研究方法(如实验性)中的行动相比,具有更大的情景和实践性,它是在不脱离正常教学秩序的前提下进行的,因此,在行动研究的实施阶段,按计划行动需要注意到这样一个问题:由于教学实践受到诸多现实因素的影响,因而一方面教师应当尽量严格地按照原定的计划进行实践,而另一方面,教师也应当充分考虑到现实因素的变化,能够保证行动研究的计划在实施过程中具有适当的弹性,可以根据实际情况做出必要的调整。为了保证研究结果分析的客观性,对计划的调整应当作记录,并说明之所以调整的缘由。如果在实施计划的过程中发现原计划对现实条件的分析不充分甚至有误,最后返回头来修订计划,以保证整个研究过程能够有序地进行,并使研究的出发点与好的结果尽量地统一起来。

2. 行动研究采取的行动措施应注意的原则

(1)措施应该与原因的结果相对应,研究者为了解决问题而采取的任何措施,必须支持该问题的归因结果,特别是实证性的归因结果。同时,要注意找出主要的原因,选准重点,并将它作为解决问题的突破口。如果归因时不分重点、面面俱到,容易使措施过于分散,也不利于措施的实施。在通常情况下,归因的面可适当广些,但是在制定措施的时候,要抓住其中一个或几个重点,否则,措施过多,可行性就会受影响。

联系"相关链接"中"问题的归因"的相关内容学习。

(2)措施应该结合到自己的实际工作中去,要有操作性。行动研究所制定的措施不应该只停留在观念的层面,远离自己的工作实际。一般而言,如果研究涉及学科教育的问题,就应该将措施结合到自己的备课、教案和课堂教学中去。如果研究涉及班级管理的问题,就应该将措施结合到班级建设、班级活动的规划中去。如果研究涉及学生心理健康方面的问题,就应该将措施结合到具体的学生心理健康辅导计划和辅导活动去。

行动研究的行动需要制定必要的措施,而每个措施必须有人本的行动支持,从措施到形式的过程,大致可以如图 6-1 所示。

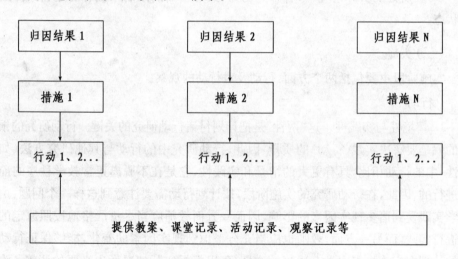

图 6-1　行动研究的行动支持示意图

> **重要观点**
> 研究是做出来的,而不是写出来的。

(3)注意对措施的实施进行日常的监控。研究者在尝试采取新措施、新方法解决问题时,要善于运用各种资料收集方法,对新措施、新方法的实施情况及实施效果进行及时的追踪和记录,以便为日后的评估奠定资料基础。常见的方法有观察、撰写研究日记或周记、课堂实录、问卷调查、学生家长访谈、录像、录音等。无论成功与否,都要作一个真实的研究。平时不注意收集第一手资料,最终研究报告就难逃作假与杜撰。

✦ **对行动的观察**

在实施计划的过程中,一个重要的任务是对行动情况进行观察和记录,收集有关资料,以便及时地对计划实施情况有一个大致的了解,并最终对本研究的过程和结果作出较全面、深透的分析。根据教育的现实条件,除了不可少的文献调查等方法之外,经常用到的收集资料的方法主要有:

1. 观察。教师可以邀请自己的同事或相关领域的专业研究者到自己的教育实践中来,帮助对教育情况进行观察和记录,一方面因为大家有比较共同的经验基础和兴趣点,可能更容易发现问题;另一方面容易促进交流和合作。教师也可以委托一个或几个学生,请他们对教育情况进行观察和记录,这样的观察与记录相比较,这种方法可以减少对具体教育受到干扰,但是由于学生对教育情况的理解可能与教师有很大不同,记录的结果可能会出现偏差,而且会影响这部分学生的学习。教师可以自己进行观察,但要尽量保持客观,不要让先入为主的主观愿意左右观察的结果。最好用这几种观察方法同时进行,相互参照,效果会更好一些。如果有条件能够对教育情况进行录音、录像,对行动研究的资料、结果分析将有很好的帮助。

2. 访谈与问卷。访谈是获得对教育活动了解的重要手段。它获得的资料可能为能够进行严格的统计分析,但却往往能够获得对教育问题的背景、成因、过程及其影响的比较深刻的理解。因为行动研究的过程在某个幅度之内进行着弹性变化,访谈的主题、对象、人数等等可能会根据实际情况有一些变化。问卷是获得比较客观的、数量化的材料的重要手段,如果没有特别的困难,在行动研究中运用问卷调查是很必要的。无论是在问题的分析阶段,还是在实施过程中,或者是在结果分析时期,都可以运用问卷获得有关的信息。

3. 个人资料收集与记录。收集与记录个人资料也是获得对教育实践理解的重要方法。个人资料主要有两大类:学生的个人资料和教师本人的个人资料,学生的个人资料可能包括学生的家庭背景、简历、以往成绩表现、兴趣爱好、个性特点等等,视不同的问题,可能会设立新的内容项目。行动研究是以改善实践为宗旨的研究,因此鼓励教育实践的主体——学生参与到行动研究的过程中具有积极的意义,而且也可能收集到许多有价值的资料,有利于全面地分析研究结果,以便为以后的进一步研究工作打好基础。教师自己个人的资料也是行动研究的重要材料,教师通过分析自己的实践经验、个人历史,可以获得对于自己所从事的教育实践的清晰认识,并在自己这一认识的基础上提高自己的实践能力。教师有意识地记录自己从事教育工作的所见所闻、所感,并适时地分析和总结这些材料,往往能够获得对自己实践的比较全面的认识。

(三)反思

行动研究的具体展开尽管可能在实践中表现出不同的形式,但是这些具体展开的过程是不是可靠,却是每个从事行动研究的教师都应该考虑的问题。"反思"主要任务在经过一段时间的试验、收集相关数据之后,需要对原先的"分析"、"计划"和"实施"进行必要的调整,调整需要建立在对行动研究的评价基础上,对行动研究的评价,大致从以下几个方面进行:

1. 问题的界定是否明确。行动研究起点是教师在实践情境中遇到的问题,因此,关于这个问题的几种类型、范围、性质、形成过程及可能的影响,必须予以明确界定。

2. 行为的操作是否清楚。尽管行动研究具有更大的情境性,但是与研究有关的重要概念、必须要清楚地赋予操作性的定义,把概念的含义清楚地用可操作的行为表示出来,从而尽量减少主观臆断给研究带来的不良影响。

3. 研究计划是否周详。计划要考虑各方面的因素,详细制定实施步骤,按部就班地予以完成。这一方面为计划实施后的总结和反思提供方便,另一方面也使整个研究过程增强可控性,减少随意性。

研究者是否按计划执行? 有了周详的计划,接下来就要检查研究者是否按计划进行研究。一般来讲,计划一旦确定,就需要按部就班地予以实施。如果因为对现实的估计不足需要变动,要把这些变动作为计划的修订,而不能随意进行变化,以免影响对结果的分析。

4. 资料收集与记录是否详尽无误。行动研究一般规模不大且情境性很强,资料收集和记录要尽可能详尽无误。只有这样才能为解决问题提供有效的参考。行动研究是以解决问题为出发点,修改甚至假造证据是没有必要的。

5. 研究的信度与效度如何。行动研究所收集的资料,不但尽量准确无误,而且必须与研究目的等有关,否则会影响研究的"效度"。另一方面,如果研究涉及数次测量,测量的结果应该有很高的一致性,否则研究的"信度"就值得怀疑。行动研究虽然是针对实施中的情境性问题的,但不能因为这一点忽视作研究必要的信度与效度,不能想当然地对待研究结果。

6. 资料的分析与解释是否慎重恰当。行动研究所获得的资料,多是与某个特殊情境问题有关的资料,因此对于这些资料的分析和解释应该十分慎重。特别应该注意不要轻率地作出推论,应当力求作出现实的、恰当的分析与解释。

活动 6.4

1. 认真阅读本章"相关链接"的案例"以师爱化解学生对学校生活的恐惧"。

2. 尝试对该案例所反映的研究活动进行评价。

教育行动研究不是一次性的和万能的,它是一个连续不断、循环往复的过程,不能有终点意识。不论是新问题的出现,还是老问题的再研究,教师通过对研究过程和结果的反思(评价),既标志着一轮教育行动研究的结束,也可能预示着新一轮教育行动研究的开始。因此,反思部分充分体现了教育行动研究呈螺旋式上升的循环往复的过程的特点:它是一个螺旋圈的结束,又是过渡到另一个螺旋圈的中介。行动研究的这一循环往复的过程可从图 6-2 中得到显现。

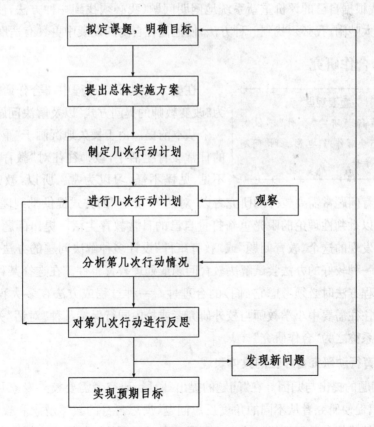

图 6-2 行动研究操作程序图

显然,实际的行动研究过程并不一定完全符合这些程式,现实总是一种即兴的、创造性的情景。现实中的行动研究过程往往是这些程式的种种变式,或者是它们的简单化。有学者就把行动研究的循环过程转化为一组以教育活动为背景的陈述:

(1)当我的价值观念遭到实践否定时,我碰到了问题(如,我的学生在我的课上并不如我所要求的那样积极参与);

(2)我设想着解决这个问题(重新组织课堂以便他们积极提问,是以小组活动还是进行结构性练习);

(3)我实施这个想象中的解决方案(我让他们进行小组活动,并引入了有结构的练习,使他们在没有经常监督的情况下,提出和回答问题);

(4)我评价我行动的结果(我的学生参与性加强多了,但他们太吵闹,并且有结构性练习的情况下,仍然依赖于我);

(5)我根据自己的评价重新系统地阐明问题(我必须找到一种方法,使他们积极参与又不太吵闹;我必须找到一种方法,使他们在自身的发展中更具有适度性)。

(四)合作研究

> **重要观点**
> 教育行动研究"合作"不仅对"提问"有唤醒作用,也影响到"问题解决"的质量。

在整个行动研究过程中,"合作研究"往往成为"改变教师的提问方式"以及解决问题的方式的一个基本前提。由于长久地沉湎于"重复"为特征的日常教育生活中,教师往往对"教育问题"视而不见,见怪不怪,习以为常。所以,教师"发现"、"提出"教育问题常需要校外的研究者以"对话"、"交流"的方式提供批判性教育理念,帮助教师以批判性理论的眼光重新打量自己的日常教育生活。提出问题之后,教师针对自己发现的这个"教育问题"或"教育事件"设计多种解决问题的办法,从多种办法中选择一种较好的办法尝试解决教育问题或处理教育事件。在选择某种解决教育事件的过程方法时必须考虑它(们)的合理性。一种过程或方法在多大程度上具有"合理性"往往需要中小学教师与校外研究者或校内同行保持某种"对话"关系。这样的研究关系称之为"合作研究"。

✦ 教育行动研究合作性的具体表现

1. 问题的提出与归因。在"问题的提出"阶段,研究者需要校外专家及同行合作参与,可以促使研究者从不同的角度反思问题,反思自身的教学观念和教学习惯,从而使问题的价值和重要性得以确定。而研究者对问题的初始调查也需要其他任课教师的协助,以获得问题的有关的价值和全面的信息。在"问题的归因"上,研究者一方面需要校外专家从理论层面协助归因,也需要校内同行提供实际的经验,以启发思路,为实际的归因调查提供基础。在归因调查的过程中,研究者也需要校外专家的方法指导和校内同行的协助。只有合作,研究者才能提升归因结果的完整性、真实性与可靠性。

2. 行动。在行动阶段,研究者需要校外专家和同行的介入与合作,以便使归因的结果转化为可以操作的措施,并付诸行动。校外专家和校内同行可以通过听课、说课和评课等活动,对研究者实施的落实情况进行监控,以确保研究不流于形式,真正与研究者的工作结合,并随时提出调整意见。

3. 反思。在反思阶段,如果新措施取得了预定的效果,校外专家和校内同行可以在肯定研究者所取得的成果的同时,帮助研究者分析新措施的实施可能出现一些"副作用"的问题。而研究者在这方面可能有自己的局限。如果新措施效果不佳,特别是对没有发生作用的对象,校外专家和校内同行可以帮助研究者对问题进行初步的再归因,以此作为开展下一轮(循环)行动研究的参考。

教育行动研究不应该是个人的行动。研究者既要与校外专家开展合作,也要与校内同行合作,只有这样,才能保证教育活动研究的质量、价值和有效性。为此,培养研究者的合作精神,也是教育行动研究最重要的价值之一。

> **重要观点**
> 在教育行动研究的各个阶段合作无处不在。

✦ 大学教师与中小学教师合作研究

从教育理论看,大学教师与中小学教师合作研究,一方面试图使教师转变成为研究者,从教师身上化解理论与实践之间的矛盾,另一方面强调专业研究者与实践工作者的合作,从实际中吸取营养,与实践者合作中体现理论的价值和意义。从实践上来讲,大学教师作为专业研究者不乏对教育问题的理论见识,也积累了教育方面的许多素养。但是如果闭门造车,一味钻到书里的学问,不但理论本身没有验证的场所,而且由于对实践的认识与体悟上的缺乏,理论自身的针对性、现实土壤及意义也越来越缺乏了,最后可能丧失理论的功用。中小学教师作为工作生活的教育教学实践第一线的人员,虽然积累了不少经验,对教育教学也不乏感性认识,形成"个性化的理论",有时难免无从着手,况且在实践中,他们也需要了解,掌握一般理论,能在一般理论下规范和安排自己的行为。这样,双方就有了合作的愿望,中小学教改的实际又为这种合作提供了可能和其他的必要条件。在这一研究关系的构建中,要关注四个方面:

1. 从校本研究的旨趣出发。大学教师不应带有自己的课题走进中小学,与中小学教师开展自己课题层面的合作。校本研究所具有的行动研究的特质,要求以改进学校工作状况为目的,以学校存在的问题与困境为出发点。这类合作从校本研究的角度着眼,应该是共同从学校现有资源中把握研究问题。大学教师与中小学教师一道对这些问题加以分析、探讨,提供理论者的智慧,并使合作者双方共同受益。

重要观点

合作的前提要充分理解,彼此尊重,认识到双方各自的优势和不足。

2. 以平等、合作的姿态开展研究活动。大学教师要设身处地从中小学教师的角度考虑问题。中小学教师要避开两种极端情况:一种是把大学教师的言论、观点看作金科玉律,没有注意或者未充分注意到自己对教育的独到见解以及自己实践所产生的种种认识;另一种是把大学教师摆在自己的对立面,觉得其理论无助于教育实际问题的解决,属于纸上谈兵。合作双方要把握好双方各自的定位。注意到这点,共同体的态度感才会慢慢显露出来。

重要观点

假如行动研究没有使教师变样、学生变样、学校变样,就不能算是学校行动研究。

3. 合作双方要注重彼此间的倾听和互动式的交流,大学教师要注意到不要剥夺中小学教师的话语权利。随着研究的深入,研究的主体地位应逐渐更多让位给中小学教师。因为教师研究行为的体现程度、专注研究的程度以及研究的整体水平,直接关系到学校方方面面的变化。

4. 切实提高中小学教师的研究水平。在教育行动研究中,中小学教师是研究主体,如何让研究主体的地位切实得到到落实,是教育行动研究的成败的关键。学校面临的问题和以后的发展,需要教师的共同努力才能得以解决。教师研究水平提高了,才能自觉地、系统地反思学校实践,实施有计划、有步骤的研究活动,也才能牢牢地掌握学校发展的主动权。大学与中小学教师的合作,方式得当、活动适宜,完全可以起到带动师资队伍建设水平提高的目的。校内的教师成长了,成熟起来了,也就可以把行动研究落到实处。

✦ 教研员与中小学教师的合作研究

在我国,教研员与中小学教师的教科研工作直接相关,指导着中小学教科研工作的进行,是教育科研队伍中举足轻重的一支力量。从研究的角度看,我国中小学长期有着的所谓教研与科研之分,实质上完全一致,都是指向于学校的发展与改革。因此,无论是教研或科研室(所)的人员,理应关注学校的具体实践、教师的具体实践,与中小学教师构成一个学校教育行动研究的合作共同体。把民主、合作作为处理合作研究中双方关系的准则。

1. 注意反思自身。教研员这个群体多数是中小学教师中教有专长的人员中选拔出来的,在进行研究活动时,有时难免从自己既定的经验出发,把自己的经验当作衡量、评判中小学教师教学的标准,使得研究趋于狭隘和保守。无论是教研员

> **重要观点**
> 研究需要宽广的视野,独到的见解,敏感的问题意识,灵活且有一定的深度的思维。

还是教科室人员或是教师本人都需要时时注意反思自身。不仅反思自己的实践活动,而且要反思自己的研究活动,使研究在一个正常的轨道上运行。由此,教研员要注意更新自己的知识结构,转变自己的研究观念。有意识地扩大自己的研究视野,使自己与中小学教师的合作能够与时代的发展合拍,与教育研究发展的趋势相适应。

2. 尽量淡化指导与被指导的关系。行动研究要确实起到学校变革的效果,其前提条件就是促使教师积极参与并且以主人翁的姿态从事研究,否则的话,教师被动地接受掌握,虽然教育行为产生一时的变化,但这种变化不会持久,也难以从个别教师的行为转化为群体教师的行为。民主合作,让教师更多地投入研究,在研究中体会到教育教学的乐趣,体会到与学生共同成长的乐趣,研究就会逐渐成为其自觉的行为。

3. 消除中小学教师的依赖心理,逐步使中小学教师能独立地从事研究活动。研究不是研究员的专利,埋头教书也不是教师唯一的职责。在合作研究中,教研员要会学会唱配角,而教师要学会唱主角,以教研员替代教师的活动、以教研员事无巨细的指导替代教师自己的思维与反思,研究也就失去了生机活力。

✦ 学校教师之间的合作研究

这一类型的合作研究应该说最能体现教育行动研究的基本要求了,因为研究问题不仅来自对学校实际的深刻认识,而且研究的主体又是学校中的领导与教师。

1. 研究问题产生于实际的工作情境之中,并且其计划的内容并非在决定以后就一成不变了,而是从实际情境出发,根据实际情境的需要,随时检讨,不断修正。

2. 突出教师实践的研究特征和教师作为研究者的角色。这样的研究就没有向专业研究者的研究看齐。行动研究从本质上来说是为自己研究,是从学校内部发展起来改变学校创建独特情境的研究。在教育行动研究中,作为研究,方法仍旧重要;作为行动,它的焦点是探究者,而不是方法或者方法论,意味着研究不再是对教师职业的补充,而本身应是教师职业生活的方式,体现了教师作为人,作为实践者所拥有的本性。

3. 在行动研究中,教师虽然具有行为的理论或者说研究过程中不断积聚起来的理论见识,但同样重要的是要掌握一般的理论,以一般理论为依据和参照。

4. 这类合作研究的组织需要考虑教师们自身的制约因素:(1)教师们的工作能力

如何？（2）就这一实施研究的理论基础是否具备？（3）有多少时间？（4）所处的实际情景中，有哪些人力、物力方面的限制？（5）可以找什么人咨询或商量？对这些问题进行充分考虑，可以在一定技术上保证研究方向的明确性以及采取适当的措施避免种种障碍。

活动 6.5

每位教师都会有与教研员或同事之间的合作研究实践。请回顾这些实践，反思在以往合作实践中的成功之处或失误之处，然后做一个合作研究的改进计划。

四、教历研究

行动研究是一种以"问题为中心"的研究，问题不但是行动研究的出发点，也是行动研究的归宿。对问题的进一步追问，就得注意与问题相关的问题：其一是教师如何能够意识到问题的存在？其二，教师只会在自己遇到问题时才进行研究吗？教师只有在"提出问题——解决问题"的过程中才会实现实践改善吗？当然，教师意识到并提出问题，是促使教师从事研究的重要动力，但在教师未提出问题时，未必不会进行一些研究。一位自己并没有遇到或意识到问题的教师，可能在观摩其他教师的教学实践时，意识到了别人实践中存在的问题，并有可能围绕这个"问题"与其他教师进行有关的研究；他也可能在阅读自己过去的教案、笔记时对自己的教育观念、教学风格等形成比较明晰的认识，并通过比较、分析，在实践上进行一些新的改进尝试。这些行为，虽然与传统意义上的"教育（教学）研究"有所区别，但也未尝不是探究行为，只要略加规范，也有可能成为教师从事研究的可取方式。基于这种认识，比较正规的课题研究（即指经过论证或规划、实施规划并收到数据、分析数据得出结论的研究）是行动研究的一种类型，而移植研究（即把别人的经验运用到自己的教学实践中，或借用别的理论或概念分析、理解和改进自己的教学实践的过程），同样是行动研究的一种类型。这里，我们特别介绍的是行动研究中的教历研究。

（一）教历研究的概念界定

既往行为和表现的记录，是一种经验积累的过程，可以为当前和今后的行为改进提供重要的参考。正是在这个意义上，倡导教师开展教历研究。

✦ 教案的价值

教案的价值不仅仅在于它是课堂教学的准备，它作为教师思想轨迹的记录，是教师认识自己、认识自己的教学实践的重要资料;而"备注"式"教后记",如果能够记录教师在实际课堂教学中对原有计划的变更,遇到的突发事件及处理情况、自己通过施教所获得体悟等内容,则又成为教师总结与积累经验,发现问题的凭据。

✦ **教历**

所谓教历就是指教师教学的经历或历程,是在教案基础上发起来的更全面,更真实记录教师教学轨迹的一种研究教学、总结经验、提升理论的动态生成的材料。教历由三个部分组成:课前计

> **重要观点**
>
> 一份完整的教历,记载的就是一位教师从教的历程。

划、过程描述、课后反思。课前计划是教师进行课堂教学之前的所有准备工作,是对学生、教材及教学资源分析的基础上作出的教学设计。课前计划主要是教案编写的内容,包括目标、材料与设备、内容与方法等。过程描述是教案所没有的。这一环节是对课堂教学的全程记录,包括教学内容的呈现方式、学生的反应、特别是与教案的预设不一致的地方,教师对特殊情况的处理和与教学计划的变更,以使教师对自己的课堂教学实践进行分析与反思,或提供给其他参与教师进行分析的反思。课后反思是指教师在教学之后,通过自己的反思,把已经完成的教学过程当作对象,作出初步的分析,或通过某些途径获得来自他人的评价信息。多层面的反思可以使教师意识到教学的成功与不足,从实践中悟出道理,使这些切身体验与更为广泛的教学理论联系起来。课后反思不是完结,而是教师重新审视自己的教学活动,积极主动地吸取新的信息,制定新的实施方案,改进课堂实践,同时实现教师专业学习、掌握新的技能。而且所有反思的内容都应融入下一次教案的编写、课堂教学的实施之中,如此反复,教师才能完成从"经验型教师"向"研究型教师"的转变。

✦ **教历研究的定义**

教历研究就是教师通过个人资料的收集、对自己的思想轨迹的记录。

教师通过这样的记录来认识自己,认识自己的教学实践,并对自身实践进行有意识的、系统的、持续不断的探究反思,在反思的基础上提高自己的实践能力,最后改进教学实践。

教历研究的目的不是为了某种固定的"理论"成果,而在于教师在现有的教学基础上提出教学改革意见,在课堂教学的过程中实现专业发展。这就要求教师对自己从事的实际工作进行关注和反思,要求教师作为研究人员进行自然状态下的教学研究:在教学之前,教师对自己的课前计划进行思考;教学之中,真实地记录教学活动背景,教学活动过程以及发生的种种问题,作出的调整等;教学之后,教师要对自己的教学实践积极反思,将实践与研究融为一体。

（二）教历研究的基本特征

✦ 教历研究是自我研究

在教历研究中，教师所进行的研究是对自己的教育教学活动进行反思与探究。它要求教师以自己所拥有的知识对自己的教育实践中的问题（自身的实践经验）进行多层次、多角度、多学科的分析，以便对自己的实践有一种理性上的理解或解释，并发现其中的长处与不足，为以后的改进作好准备。

教师的实践应该是一种研究式的实践，研究的时间是原来的教学时间，研究的对象是教师自身的工作现实，研究的过程也就是教师的工作过程，即在教学过程中发现问题并解决问题。

✦ 教历研究是实践研究

教历研究的环境就是教师工作之中的课堂教学环境，教师对实际问题具有局外人——专业研究者——难以企及的敏锐的认识。教师的研究是对自身教育行为的有效性、合理性的研究，并不断加以改进的过程。教师的研究，重要的不是坐而论道，而是起而行之，在教育行动中研究教育。作为教育过程的当事人，研究应当与行动融为一体，而不是置身于教育过程之外。教历研究是建立在实践基础之上逐渐积累而成的富有个性的实践性知识。当教师从研究中找到更为有效的教学策略，就可以娴熟地解决教学上的种种困惑，减少不必要的无效劳动，提高教学效果。

✦ 教历研究是反思研究

反思是立足于自我之外的批判地考察自己的行动及情境的能力。教师的反思能力决定其工作中开展研究的能力。在教历研究中，反思的重大意义又在于让教师理解在他的实践中有着内在联系的各种要素的含义，从而使他的实践具有一种理性的特征，就是一种始自现实的反思，这意味着，教师的研究工作没有一个凝固的成果，而必将是一个不间断的过程，其目的在于"实践改进"——教师以自己的实践过程为思考对象，对自己所作出的行动、决策以及由此产生的结果进行审视和分析。这是一种通过提高参与者的自我觉察水平来促进能力发展的途径。

（三）教历示例

教历中有关教学过程的记载，可以有详式、略式两种不同的方法。详式可以借助现代音像手段录制，然后整理成实录；可以约请听课教师详细记录；也可以通过回忆来整理。虽然详式比较费时费力，但由于客观、完整地反映了教学过程，具有较高的研究价值。因此,每学期都应力争写出若干个。简历教历比较便捷,应主要记录实际教学过程与教案设计的差异,教学中的灵感、机智应重点记录。

例6.1

一份教历

一般项目:

课　　题:《难老泉》(高中语文第一册第一单元)

任 教 者:唐江澎

任教班级:江苏省锡山高级中学高一(1)班

学生人数:52人

记录时间:1998年9月11日

课前计划:

目　　标:

①理解本文如何围绕中心来组织材料　(内部心理描述)

②能依次找出课文中选用了哪些材料　(外显行为描述)

③能找出体现文章意旨的句子　(外显行为描述)

④能说出这些材料对表现中心的作用　(外显行为描述)

⑤能用自己的话说出"难老泉"问题的含义和作用　(外显行为描述)

⑥能说出对本文行文顺序的评价　(外显行为描述)

主教行为:

讨论

(其余内容略)

过程描述:(根据听课教师记录整理)

师:我们今天学习《难老泉》。读后请回答,本文写景的重点是什么?

生:难老泉。

师:作者是从何处地方落笔一直写到难老泉的?

生:从山西到太原到晋祠,最后再写到难老泉。

师:从景物与立足点的关系来看,本文和《雨中登泰山》一样属于移步换景,但这两篇文章的写法又有很大的不同,区别何在?

生:《雨中登泰山》的移步换景从一个景点写到另一个景点,可以用□→□→□→□(板书)来表示,我们姑且称之为线性结构吧,那么《难老泉》一文景与景应是什么关系呢?

生:好像是包含关系。

师:用圈形来表示,我们姑且称之为层圈结构。

师:那么,如果我们写一篇《鼋头渚》,可不可以从江苏写到无锡再写到太湖再写到鼋头渚呢?

生:(笑)不可以,这么写绕得太远了。

师:可《难老泉》为什么可以绕这么远写呢?

生:(讨论)

师:如果能解答这个问题,就找到了打开这篇文章的钥匙。我们暂时把这个问题搁置起来。我现在要提的问题是"难老"包含哪些含义?

生:难老就是不老吧……

师:那么,你看看像老师我这样的中青年能不能称"难老"呢?

生:(笑)不能,因为您并不老呀。

师:你的意思是只有老才能说其难老,这样看来"难老"应包含两层意思——

生:一是老,二是难老。

师:再来问,在本文中"老"的具体含义是什么?"难老"的具体含义指什么?

生:我想"老"是指历史悠久,"难老"指虽然历史悠久但还很年轻。

师:不错,"老"是指历史悠久,"难老"用文中的话说是——

生:青春常在。

师:接下来。我们来看本文是如何表现这两层含义的,从山西开始。

生:(齐读第一句话。)

师:当铺、钱号、窄轨道都是山西带有时代特征的意象。与徽商齐名的晋商,山西人很会做生意;而窄轨道是军阀阎锡山发明的,他建造的铁轨比其他地方窄,对外封闭,用现在的说法是严重的地方保护主义。

师:这里还要说的是用排列意象的方法很容易显示特征。突出的一个例子为马致远的《天净沙·秋思》,"枯藤、老树、昏鸦"排列的这些意象显示出一幅暗淡凄冷的画面。那么,当铺、钱号、窄轨道这些意象显示的特征是——

生:都是老而腐朽的东西。

师:再看煤炭、汾酒、老醋,这里如与上文相对,最好加上个字以谐调音节。"老陈醋",这几个意象排列显示什么特征?

生:历史悠久,散发着热力和芳香。

师:这些都是老而难老的东西,还有什么是老而难老的呢?

生:革命感情依然炽热。

师:(板书)　　　　　　　　　　　　老　　　　　　　　　难老

　　　山西　　　历史悠久,革命传统悠久　　　　　热力,芳香,炽热

师:我们一起来看,山西的省会太原是个古老的城市,文章里写了旧城的高墙深巷,几进的庭院;也对比着写了在新建设中,太原焕发了青春活力,一派繁荣的景象,欢乐的气氛。(边指导学生圈点边板书:太原　古老　繁荣　欢乐)

师:到晋祠了,看"桐叶封弟"这个材料有什么作用?

生:(读后答)写晋祠的"老"。

师:那难老又表现在哪里呢? 找出能表现难老的句子来。先读一绝"宋塑侍女"。

生:(读指定内容)

生:走进去,你仿佛会听得见她们说笑的声音,会感觉出她们呼吸的温馨。

师:从"说笑","温馨"能让我们感觉到这些宋塑侍女青春依然。

(板书)宋塑侍女　　　　说笑、温馨

师:再看二绝"古柏齐年",这两株柏树是西周初年栽种的,可谓古老,但至今古柏生机勃勃。齐读"剩下的一株,……披覆在圣母殿左侧。"

生:(齐读)

师:"横卧如虬龙","披覆"分别说的是什么?

生:"横卧如虬龙"指树的姿态有力,"披覆"指枝叶繁茂。

师:对,这古柏自以为其枝干的苍劲和叶茂显示其青春活力。

(板书)古柏齐年　　　枝干苍劲　　　枝叶繁茂

师:三绝是难老泉,难老泉有着千年或万年的历史了,但至今充满活力。文章是怎样写泉"难老"的?

生:(读"水的流量不小……满目江南田")

师:用自己的话概括——

生:难老泉是永恒的、造福万世的。(板书)

师:另一个景点"不系舟"同样如此,一起来看——

生:"冬夏常一色"。

师:以难老泉为源头的晋水促进了工农业的发展,所以课文最后归结为四个字"永锡难老"。

(板书)　永锡难老

师:读完这篇课文,大家再想想,本文是记难老泉的游记吗?

生:不是。好像是借难老泉来赞扬祖国难老。

生:应该是赞扬难老精神。

师：那么，文题又有何意义呢？

生：我想有两层含义：一是地名，一是精神。如果把"难老泉"这个题目换掉的话，可以是"难老精神赞"。

师：大家好眼力，作者实际是借题发挥。是借题极力赞颂江山不老，人民不老，民族的精神不老。所以，贯穿本文所有材料的一条红线是——

生：难老精神。

师：这样看来作者从山西写起可以吗？

生：我认为是可以的，体现出作者的老谋深算。（众笑）

师：有意思，请具体说说是哪方面的"谋算"呢？

生：是组织材料方面的，作者借难老泉之名，把那么多的史料、传说、见闻都组织到文章里，又能用来表达中心。

师：有道理，那么作者的这种"谋算"是否对你们作文有所启发呢？

生：对我来说，觉得最大的启发是写景时要经常想想写的是否与中心有关。

生：要用中心来统率材料。

师：好，暂且打住。再来看，如果写鼋头渚，要从江苏写到无锡写到太湖写到鼋头渚，那么我们所要表现的可以是什么呢？可以是无锡的旅游广告，充满——

生：温情和水。

师：写无锡时需要写些什么呢？可以写写纵横交错的水道，船只、木桥，船上的人家，只是不要忘记用什么来贯穿全文、组织材料？

生：温情和水。

作业（任选一）：

①结合初中学习过的两篇写景文章，举例具体说明所选材料对表达中心的作用。

②结合本单元某一文章，举例具体说明所选材料对表现中心的作用。

板书：

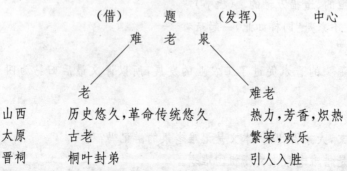

	老	难老
山西	历史悠久，革命传统悠久	热力，芳香，炽热
太原	古老	繁荣，欢乐
晋祠	桐叶封弟	引人入胜

	宋塑侍女	宋代作品	说笑，温馨
三绝	古柏齐年	周初栽植	枝干苍劲，枝叶繁茂
	难老泉	柳氏坐瓮	恒流，泻玉

永锡难老

教后反思：

一、自我反思

这节课在目标确立和达成方面有进展，主要收获是：

1. 明晰目标，关键是陈述学生的行为变化

明确目标，有的放矢，本不是新课题，而现实却不容乐观：有时援弓而射，而"的"呢，渺然在水一方；有时流矢如蝗，却无法万剑穿"的"，徒然亡矢遗镞；有时打一枪换一个目标，东奔西突；至于引挽"雕弓如满月"而"射天狼"者，除了让学生观赏"神射手"的架势，天晓得射中了哪颗星星。令人焦虑的是，凡此目标设定方面或不明晰、或不集中、或散致乱、或高而落空的现象并不少见。这里重要的一个原因是目标陈述的技术问题，我们常用的什么"深刻理解……"（概念规则理解）、什么"掌握……方法"（技能形成）、什么"培养……的精神"（德育渗透），基本上是一笔糊涂账，不曾具有现代意义上的"明晰度"。传统的教学目标，站在"教师本位"的立场上，选用描述内部心理的词语来陈述，只说清了"教师做什么"，至于学生的能力是否切实发生变化，能否测量，则没有设定，因而这种的目标是含糊的，很可能要落空的。而现代的教学目标，应确立"学生是学习主体"的观点，应主要选用反映外部行为变化的词语来陈述，说清学生通过一定的学习活动后，内在的能力或感情的变化，并尽量使这种变化可观察可测量。

查《难老泉》的旧教案，按传统方法有这样的目标陈述：

①使学生理解本文如何围绕中心来组织材料。

②使学生进一步掌握写景状物散文"意蕴其中"的特点。

③提高学生写景的基本能力。

④培养学生对祖国悠久历史、灿烂文化的热爱。

分析：且不说目标③、④多半只是空话而已，就还比较具体的目标①、②而言，现在看来，问题就不少。在此，"理解"、"掌握"都属于"内部心理状态"，怎样才算达到目标，怎样才算达到"理解"了、"掌握"了甚至"进一步掌握"了，我们都无法知道。

要按马杰（Mager，R. F.）行为目标陈述法修改使用之明晰化，实在不是容易的事，况且如目标③、④也不是一节课所能达到的近期目标，要立竿见影的测量更无可

能。

基于这些考虑,我对本课的教学目标作了修改(见"目标"部分)。

作为实践者,我们无法在熟稔了庖丁的技法后再解牛,只有在操刀中提高。在目标设定时,觉得可以用两个问题追问自己:是陈述学生学习后的变化吗? 如何观察、测量这种变化呢? 这不一定科学,但至少可以使笼统、模糊向具体、明晰靠近。

2. 达成目标,关键要集中、选准突破点

就集中性和达成的可能性而言,一教时内完成目标①已经不错,目标②可以删去;如果要保留,目标②用外显行为可以表述为:

A. 能结合初中学习过的两篇同类文章,具体说明所选材料对表现中心的作用。

B. 能结合本单元其他文章,具体说明其所选材料对表现中心的作用。

C. 阅读所提供的新篇目,准确概括中心和材料的关系。

将这一目标转化为作业,通过课后的练习来达成。目标③可转化为作文题,并通过作文来评定写景能力问题;至于目标④属通过长期培养才能达到的高级目标,可以转化为某个具体活动,只要求学生完成而不必精确规定通过活动培养什么。比如:参观家乡的一处建筑,写一篇周记,主要写出其历史渊源和现实价值。

这节课切入点设计比较好,分析难老的两层意思,底下都扣紧这两方面,思路清,易理解。从课堂反应和作业反馈来看,目标达成度比较高。

二、同行评价

1. 扣住一点,巧妙设计,使学生真正理解了文章谋篇布局的妙处。

2. 娓娓谈来,看似平易,实则精心设计。"难老"两层文意的分析,"借题发挥"的归结,鼋头渚写法的比较,尤其精到。

3. 选点准确,目标集中,落实到位。①

资源中心活动	1. 在一个阶段的(如"2+2"活动)的课堂观测活动基础上,在"村小"或"完小"的范围内,通过教师的交流讨论,寻找出一个需要解决的教育问题。 2. 以此教育问题展开活动研究,并对行动研究进行阶段性的反思。 3. 带着研究中遇到的问题加强相关知识的学习。

① 案例选自:课堂教学原理、策略和研究.

本章小结

　　行动研究为摆脱教育研究和教育行动相分离状态提供了一条有效的途径。本章以简要回顾行动研究由来与发展为起点,分析了教育活动研究兴趣的内、外原因,以及行动研究对促进教师自身发展和体现教师在教育研究中的价值的意义。人们越是感兴趣的事物以及行动研究对促进教师自身发展和体现教师在教育研究中的价值意义,对它的认识也越趋于多元化,教育行动研究亦不例外。归纳起来,当前对行动有三种具有代表性的定义,即"行动研究即行动者用科学的方法对自己的行为的研究"、"行动研究即行为者为解决自己实践中的问题而进行的研究"和"行动研究即行动者对自己实践进行批判性思考",与之相对的行动研究的实践类型为"技术性行动研究"、"实践性行动研究"和"独立性行动研究"。这些关于行动研究的实践与研究有着不同的认识,但都表明行动研究有别于其他研究活动,有别于教育经验总结。在对比的基础上,我们看到行动研究研究具有"为行动而研究"、"对行动的研究"和"在行动中研究"的基本特征,其精义在于,行动研究是这样的过程,其目的在于某个人或某团体自己的,而不是其他人的实践的改善。由于"改善"是一个难有终结的目标,所以行动研究是一个不间断的螺旋、循环的过程,是教师终身学习与发展的一种途径。一个完整的行动研究的单元,或者说螺旋、循环过程的一个环节来说,行动研究至少由"计划"、"实施"与"反思"三个阶段组成,它们相互联系、相互依存,其中合作研究贯穿始终。从对行动研究的认识和实践总结反思出发,本章最后以案例的形式介绍了每位教师都能参与的行动研究——教历研究。

本章重点

　　❖ 对解决理论与实践、研究与行为分离的现象,行动研究提供了一条有效的解决途径。

　　❖ 行动研究兴起的外部原因有:教育理论无法满足教育实践发展的需要,原有的研究方法受到了教育实践发展的挑战,以及人文精神的张扬引起了人们教师作为主体的重视。

　　❖ 行动研究兴起的内部原因有:自然主义的定性研究和兴旺发展,使研究者重新回到学校实践,也为教师提供了更为可行的研究工具;行动研究肯定了教育实践者在研究中的作用,被教师广为接受;行动研究肯定了实践对理论、方案、思想、计划的检验作用,在一定程度上符合研究的发展逻辑和人的人的认识规律。

❖ 行动研究促进教师自身发展,体现教师在教育研究中的价值。

❖ 与正规研究相比,行动研究确实不那么强调使用"科学的方法",但是行动研究仍然坚持用"科学方法"解决实践问题。正因为此,行动研究才与一般的"随意性问题解决法"和经验总结区分开来。

❖ 行动研究是教育实践者(主要是教师及其群体)系统而公开解决实践问题。

❖ 与教育经验总结相比较,行动研究遵循一定的研究规范,重视理论在研究中发挥适当的作用,强调合作的价值。

❖ 为行动而研究,对行动研究,在行为中研究是行为的研究的基本特点。

❖ 行动研究是教师日常教育工作中的重要组成,它要求教师积极反思,将行动与研究融为一体。

❖ 形式研究的精义在于:它是这样一种革新过程,其目的在于某个人或某团体自己的、而不是其他人的实践之改善。由于改善是一个难有终结的目标,所以行动研究是一个不间断的螺旋、循环的过程,也是教师终身学习与发展的一种途径。

❖ 作为行动研究的一个完整单元来讲,"计划"、"实施"、"反思"三个环节总是不可少的。

❖ "计划"阶段主要完成的是:明确问题、分析问题、制定计划。

❖ "反思"主要任务在经过一段时间的实验,收集相关数据之后,对原先的"分析"、"计划"、和"实施"进行必要的调整。

❖ 在整个行动研究过程中,"合作研究"往往成为"改变教师的提问题的方式"和解决问题方式的一个基本前提。

❖ 教育行动研究的"合作"不仅对"提问"有唤醒作用,也影响到"问题解决"的质量。

❖ 合作的前提是要充分理解,彼此尊重,认识到双方各自的优点和不足。要把民主、合作作为处理合作研究中双方关系的准则。

❖ 一份完整的教历,记载的就是一位教师从教的心路历程。教历研究就是教师通过个人资料的收集,对自己的思想轨迹的记录。

❖ 教师不仅是理论的接受者,而且是理论的发明者。

❖ 假如行动研究没有使教师变样、学校变样,就不能算是学校的行动研究。

📖 **本章学习反馈**

自我学习评价

疑问和没有解决的问题

✐ _____

_____

_____

_____

📷 **相关链接**

早期、第二代和第三代行动研究的特征

• 早期行动研究的特征

在科里和弗谢等人的影响下,行动研究就在20世纪50年代前期形成高潮,成为一种颇受关注的研究方式。除科里、弗谢之外,其他的研究者在20世纪40年代末50年代初也发表了大量的有关行动研究的文章,如《行动研究与少数民族问题》、《行动研究的场域》、《课程改革行动研究中教师参与》、《改进教师决策会议的行动研究》、《教师成为研究者》、《关于合作性行动研究的几点思考》、《作为案例的行动研究》,等等。其间还发表了一些"作"行动研究的"研究报告",如《孩子的社会价值观——一份行动研究报告》、《教师们科学地研究他们的问题》、《学校管理中的行动研究》、《核心

方案开发的行动研究》、《我们以行动研究的方式改进教学》等等。

从这些研究文献来看,行动研究自勒温发展到科里、弗谢等人这里,已经形成了行动研究的一些基本特征:

1. 教师成为研究者。这是行动研究不同于传统教育的一个基本特性。"教师成为研究者"的观念在 1952 年已经被提出来。当斯腾豪斯(Stenhouse, L.)在 20 世纪 60 年代呼吁"教师成为研究者"时,可以看作是对早期行动研究中"教师成为研究者"观念的发现与恢复。

2. 合作。行动者一旦"参与"研究,他就面临行动者与研究者之间、行动者与行动者之间、行动者与相关的管理者之间的"合作"问题,所以参与、合作在早期的行动研究中已经作为一个基本特征显示出来。一些行动研究的倡导者如科里甚至意识到教师、学校和社区范围内的"合作"研究而不局限于课堂内的就事论事。他在思考行动研究的条件问题时,也将"合作的教师群体"以及"管理者的支持"包括提供必要的从事研究的时间等作为重要的条件。

3. "改进"实践。勒温主要将行动研究视为通向民主的途径,尤其重视改善人际关系,如不平等、偏见等问题。行动研究被引入教育领域之后主要用来改进学校的课程与教学实践。为彰显行动研究的"改进"功能,科里将有关行动研究的思考直接题为"改进学校实践的行动研究"。20 世纪 90 年代埃利奥特发表《指向学校变革的行动研究》以及施马克发表《指向变革的实践性行动研究》等等,与科里的主题遥相呼应。

4. 科学的方法。对勒温来说,行动研究除了民主的意义,还意味着一种科学研究方法,它是用科学研究方法来解决社会问题、改善人际关系。勒温本人也被称为"实验主义者"。勒温将行动研究的过程描述为"计划——行动——观察——评价——再计划……"也被认为具有"实证主义"的痕迹。也就是说,由勒温开始的早期行为研究既追求民主发展又重视科学方法,早期的行动研究也因此而被称为"科学的行动研究"。

• 第二代行动研究的特征

由斯腾豪斯领导的"人文课程研究"对行动研究的复兴(从美国转移到英国)起了极大的作用,为后来的行动研究也积累了经验。斯腾豪斯因之而成为行动研究领域中公认的有影响的第二代领袖。与早期的行动研究相比,第二代行动研究呈现以下一些基本的特征:

1. 早期的行动研究所强调的教师"参与"在这里正式地转移为"教师成为研究者"。虽然早在 1952 年美国学者万恩(Wann, K.)就发表《教师成为研究者》一文,但学术界还是将"教师成为研究者"与斯腾豪斯联系在一起,一致承认斯腾豪斯第一次正式提出"教师成为研究者"并使之成为一种有影响的运动。自斯腾豪斯正式提出这个口号之后,"教师成为研究者"在后来许多行动研究的倡导者那里几乎成为"教育行动研究"的代名词,斯腾豪斯领导的东盎格利亚大学教育应用研究中心将这个理念印刻在一枚徽章中:"教师将以自己的理解,最后改变整个学校世界。"自斯腾豪斯以后,行动研究领域几乎再没有人谋划人为变革学校或课程仅仅是改变教师所使用的教学资料的事情,没有教师亲自研究他们自己的实践,教育就不可能持续的变革。

2. 早期的行动研究关注的"改进"实践在这时转换为促进"校本课程开发"。"人文课程研究"既是一种行动研究方式,也是一种课程开发活动,斯腾豪斯撰写的《课程研究与开发导论》也成为行动研究的内容,行动研究几乎等同于"校本课程开发"。这种传统在后来的行动研究中一直被保存下来,到1991年麦克尔南直接以"课程行动研究"为主题发表自己的专著。20世纪90年代代表的有关"校本课程开发"的著述中也频繁地将行动研究作为关键词使用。

3. 早期的行动研究对"科学的方法"的重视在这里转换为"公开而系统的探究"。他认为行动研究既然作为一种"研究",就必须是一种系统的、持续的和公开的探究活动。也就是说,此时的行动研究不仅延续了勒温对"科学的方法"的重视,而且明确以"系统而公开"的理念提出了行动研究的"公开"特性。斯腾豪斯认为"私下的研究在我们看来简直称不上研究。部分原因在于未公开发表的研究得不到公众批评的滋养,部分原因在于我们将研究视为一种共同活动,而未发表的研究对他人几乎没有用处"。

4. 早期行动研究对"合作"问题的讨论在这里作为"一线行动研究"与"二线行动研究"的关系得到讨论,斯腾豪斯区分了两种行动研究:一是由教师亲自操作的"一线研究",参与研究的教师被称为"内部研究者";二是由来自大学的研究小组操作的"二线系统",参与研究的研究者称为"外部研究者"。外部研究者的责任是促进内部研究者,激励"教师成为研究者",尽管埃利奥特(Elliott,J.)认为人文课程研究似乎一直没有很好地解决如何有效地促进教育自主反思的问题。

"二线研究"实际上是建议校外的指导小组在指导教师从事研究时,指导者也成为学习者,指导小组内部也就具有行动研究精神,正是这种精神照亮了由斯腾豪斯领导的"人文课程研究"指导小组,在领导"人文课程研究"以及东盎格利亚大学"教育应用研究中心"的过程中,斯腾豪斯以自己的教育理念、人格魅力以及他所倡导的"二线研究"方式极大地影响了他身边的同事如埃利奥特、凯米斯等人。1982年斯腾豪斯去世后,埃利奥特领导了英国的教育行动研究,凯米斯则往澳大利亚迪金大学工作,直接领导了澳大利亚的教育行动研究。埃利奥特与凯米斯两人一起成为行动研究领域中第三代核心人物。

• 第三代行动研究的特征

经过埃利奥特、凯米斯以及萧恩等第三代行动研究倡导者努力,行动研究出现了一些新的变化:

1. 第一代行动研究关注的教师亲自"参与"研究以及第二代行动研究提出的"教师成为研究者"在这里发展为教师成为"反思性实践者"。自萧恩1983年发表《反思性实践者》一书之后,"反思性实践"以及"反思性实践者"观念迅速成为第三代行动研究谈论的"主题",至少也是"关键词"。行动研究在不少研究者那里差不多等同于"反思性实践"或"反思性教学"。

萧恩的"反思性实践者"为行动研究提出了两个基本理念:一是参与行动研究的教师应着眼于整个生活的反思而不只是教学的反思,二是所有实践者的反思而不只是教育之内的教师的反思。遗憾的是,行动研究在汲取萧恩的"反思性实践者"理念时往往将"反思性实践者"削减为"反思性教学",导致行动研究面临两个基本的危机:一是教师的"反思性教学"失去了"生活的反思"或"反思的生活"的动力性支持;二是反思性实践被缩减为"反思性教学"之后基本失去了教育管理者自身的反思性实践,没有教育管理者的"反思性实践"作为教师的"反思性教学"的支持,致使行动研究不断地遭遇来自"制度化"的障碍。

"反思性实践者"的一个附带的后果是改变了"教师专业化问题"的谈论方式。在谈论行动研究时很多研究者常常将行动研究与教师专业化问题联系起来考虑,但思考的方式却很不一样。埃利奥特、凯米斯等人将行动研究作为教师专业扩展和专业自主的一条重要方式并以此来"提升"教师专业化。斯腾豪斯也认为应该突破教师专业狭窄的理解而使教师专业向自主研究的方向扩展。扩展的教师专业的核心是:"通过系统的自我探究、通过研究其他教师的工作、通过在课堂研究检验某种教育观念等方式来获得自主的专业自我发展的能力"。麦克尔南将教师专业化标准确定为:拥有相关的资格证明,比如由某个权威机构如大学授予的学位或能力证明书,具备相关的理论知识,进入某个严格筛选的组织;接受继续教育的训练,遵守专业规则,提供某种服务;承诺看护的责任;有一定的自主性;在教学实践中形成"扎根理论",研究自己的实践等等。萧恩却沿着"反专业化"的思路提倡行动研究。萧恩认为,专业化基本上是一种科学主义,专业化导致了人的日常生活被专家观点和专家建议垄断,以致于人没有了自己的思考,没有了自我意识,在教育研究领域,教师没有了发表自己的意见的平台。所以,萧恩从提升教师反思的合法性来反对教育中的"专业化"途径。由此也可见萧恩所反对的专业化其实是反对大学和研究机构研究的专业化,而主张将研究的权利下移到教师,使教育研究成为一种教师反思的方式。沿此思路,萧恩也不赞成教育研究、教育反思是教师的专业或特权。因为一旦教育研究被作为教师的专业或特权,被教师垄断,也会带来萧恩所反感的专业化的后果。萧恩所赞赏的教育研究,是一种具有普遍意义的"反思性实践者"观念:凡是实践者,都应该是反思性实践者。教育反思、教育研究或教育行动研究既不是专家的专业,也不是教师的专业,而是所有实践者的一种基本的生活方式。正是在这一点,萧恩所提倡的反思性教学与埃利奥特等人所提倡的反思性教学保持了距离,萧恩的反思性教学是教师的日常生活方式,具有日常性和普通性。而埃利奥特等人提倡的反思性教学是教师的专业方式,具有专业性和特殊性。对教师职业专业化的追求虽然可能使教师与律师、医生一样具有专业权权威,会使自己的职业被社会认可,但也可能因此而导致教师中产生一批以技术理性为特征的新权威。从这点上看,萧恩的反专业化努力较专业化追求更具有积极的意义。

2. 第一代行动研究重视为"改进"实践以及第二代行动研究关注的"校本课程开发"发展到第三代行动研究这里,"改进"开始扩展到教师的"理解"以及与教师相关的整个"社会情境"。

3. 第一代行动研究追求的"科学的方法"以及第二代行动研究提出的"公开而系统的研究"在这里发展对为"实证主义"的一致反思和反抗。

4. 第一代行动研究谈论的"合作"以及第二代行动研究强调的"二线行动研究"与"一线行动研究"的关系问题在这里集中到"个人与制度"的关系问题的讨论。基于"反思性实践者"理念,萧恩倡导了一种积极的生活态度。在萧恩看来,反思性教学与反思性指导一样,总是发生在某种制度化情境中,如教室、学校以及有督学、校长、家长委员会、教师工作的组织系统,还有学校所在更大范围的宗教社会系统,反思性教学意味着反抗学校系统观念,这种传统观念牵涉学校知识优先、指向平均标准的课程计划,以及学校对时间和空间的分配、考查和提拔师生的思路等等,所有这些都与它的知识观有关,教与学都建立在一套"标准答案"之上,教师故意隐藏这些答案而让学生复制他们。在这种背景下,教师就很难花时间去倾听学生、表达惊异、表示好奇或做一些导向洞见的研究。所有这引起活动似乎在课程计划的要求之外。事实上,需要暂时放弃已有的课程计划以便追踪迷惑、困顿和由学生自发产生的各种可能性暗示,在萧恩看来,即使在这些实际的情境中仍然有大量的个人自由活动的地带,他们可以进行反思性教学或反思性指导或两者兼施。个人愿意在制度内尝试探索时,这些自由地带还可以扩大,当他们对他们的工作有一种普遍的不满和不安时,还预示着制度上的改革,使之朝着有利于反思性教学与反思性指导的方向发展。相反,当一些中小学教师或是教师进修学校的教师既不愿意采取行为去扩大自己的自由空间,也不愿意参与学校制度改革。这种犬儒主义的生活态度将导致个人以为制度是无可奈何的。当一个教师进修学校的教员接受了这种犬儒主义及其附带的盲目性时,其消极影响将向外弥散、传染。如果个人对重建一个新的制度体系有足够的信心,那么,这种生活态度将对犬儒主义构成冲击。

与萧恩一样,埃利奥特对个人与制度的关系问题给予了特别的关注。他在参与"人文课程研究"以"福特教学研究"时对"制度化问题"已经有所察觉,因而在"师生互动与学习功能研究"中埃利奥特有意识地吸收了学校行政管理者与参与到研究中来,以便使行动研究获得来自制度上的支持,但在对待"制度"的态度上,凯米斯与埃利奥特发生了分歧,萧恩与埃利奥特等人虽然意识到制度对个人构成障碍,但相信个人在制度的控制中仍然可以寻找大量自由的空间,而且认可制度本身的构成控制的同时也为个人提供大量的资源。凯米斯等人则基于批判理论的立场对制度以及与之相关的意识形态持一种无保留的批判态度,坚持制度以及意识形态总是偷偷摸摸地扭曲个人理念,对个人造成无止境的控制。

总之,自科利尔和勒温倡导行动研究以来,经过科里、弗谢等一代教育行动研究的倡导者、斯腾豪斯第二代教育行动研究的倡导者以及埃利奥特、凯社斯等第三代教育行动研究的倡导者的努力,行动研究至今已经发展成为一种颇有影响的运动。英国学者卡尔亦曾感叹:"自70年代以来,行动研究几乎成为一股强劲的狂风运动,受到一大批教师、教师教育者、教育研究者的维护,并受到英国、澳大利亚、欧洲大陆与美国无数教育机构与研究组织的支持。结果,地方行动研究网与大型的受资助的行动研究计划纷纷出笼,而且定期出版书籍介绍和解释行动研究,为教师提供怎样作行动研究的方法"。

而在整个行动研究的发展历程中,勒温以及后来科里等人开创的"古典"意义上的行动研究基本上确定了后来行动研究的发展方向。勒温重视的自由参与(实践者主动参与研究)、民主合作(主要指研究者与实践者之间的合作)以及致力于以"科学的方法"改进实践等在行动研究中不断地被提出来讨论。他期望的"改进"预设了后来行动研究对教学实践、教师生活方式的转换以及批判的行动研究关注的对社会情境的改造。他设定的"合作"在后来的行动研究中以"研究者介入教学"、"教师成为研究者"、"个人与制度的关系"等主题引起持续的争议。他对在行动研究中使用"科学的方法"的态度也成为后来的行动研究倡导者争执不下的问题之一。斯腾豪斯强调"公开而系统的研究"、博格重视系统地"收集并分析资料"等与勒温"科学的方法"几乎一脉相承。凯米斯则处于对实证主义的反思,坚持行动研究必须拒绝使用勒温用来描述理论目的和社会科学方法的语言,如勒温所说的"通过数学、抽象分析、实验室和田野研究来发展一种洞见社会生活的规律"。凯米斯认为这种语言现在看来是一种实证主义科学的产物,与社会科学尤其是教育科学的目的与方法不协调。[①]

"作"行动研究的尝试

20世纪90年代初,我国教育界开始出现"作"行动研究的种种尝试,影响较大者如"青浦实验"、"大学-小学教师合作研究"、"行动研究课程"等。"青浦实验"借鉴了行动研究的"反馈机制",并以"假设-检验"模式改造行动研究法;"大学-小学教师合作研究"强调"从调查学校历史实践与现实情况入手";"行动研究课程"明显地具有"课程行动研究"的特色。

• "经验筛选法":对行动研究的改造

上海青浦实验较早地尝试了行动研究的做法对行动研究的历史、研究过程及其基本特征作了比较全面的考虑。有研究者将青浦实验视为"行动研究实施的范例",也有不少研究者感叹"青浦实验与行动研究法有许多的类似处",认为青浦实验的过程"就是一个以全县为单位的行动研究过程"。它采用的经验筛选法(也称"实践筛选法")的实质也是一种行动研究法。青浦实验之所以取得了很大成绩,在一定意义上归功于它较为成功地运用了行动研究的方法。

按照"青浦实验"研究者的说法:"1980年前后,我们根据自身的工作特点,决定引入当时在国内还甚少采用的行动研究法,并通过注入新的机制,把它改造为'实践筛选'的研究方法。这一步是具有关键意义的。"这种"改造"主要是由于青浦实验研究者对行动研究"持不同意见",在他们看来,由于行动研究是针对教育实际情境而进行的研究,强调研究结果是在同一情境中应用,研究的样本受到限制,并且往往因缺乏控制使得效度不高,影响推广,因而它只可能适用于小规模的实践研究,不可能解决所有教育问题。尽管后来研究者们对行动研究的操作程序做了不少改进,例如允许

---

① 刘良华.校本行动研究.成都:四川教育出版社,2002:10-18,22-24,49-53.

基本设想的"游移变更"可依据逐步深入的认识和实际情况,随时修改总体计划,甚至修正研究课题,从强调观察行动的结果,延伸到重视监督行动的过程;还有强调操作程序各环节间的及时反馈与调节、行动的开放性等等,但这种方法本身固有的弱点未能克服。在青浦实验研究者那里,这种固有的弱点在于:行动研究或改进以后的方法,仍然只具备行为改善和发现事实的机制,不具备确立假说的验证假说的机制。仅有行为并不构成理性经验,为使一组行为包括在理性经验之中,行为必须同样对伴随它的结果的认识建立本质的联系。这种联系不要求研究者和实践者之间的关系是处于前述式约束下的结合,而不是无恰当规范的简单联合。显而易见,不具备假说确立机制的行动研究法对理论支持的力度是明显不够的。

青浦实验作为一项大范围的教改研究,它既不是某种理论的简单验证,又不是某种流派的实际示范,它既需要首先着力解决教学实践中的现实问题,又需要不断积累解决问题的经验,以加强对问题的认识,进而达到对事情因果关系的清晰了解。因此,"在研究方法的思考上,青浦实验努力使自己的研究从经验描述提高到理论假说水平;从自然观察进入到实证思辨水平;从追求成果表述扩大到传播物化水平。也就是说,在采用各种研究方法的同时,努力构建具有自己特点的方法体系。"其中最主要的是,引入行动研究,并把它作为实际教学经验筛选方法。"所谓经验筛选法,是指在实际教学过程中,由第一线教师与研究人员结成一体,在大量零星的原型经验(或称为描述经验)的基础上,通过符合一定程序的行动和思辨,提炼出有效的经验系统:辨明某些教学措施在教学过程中产生的效果,从而使原型经验变为受原始操作背景制约少、体现一定教学规律、有普遍推广价值的比较纯粹的经验;合理组合多种纯粹经验,使之成为具有内在一致性结构(不是简单镶嵌)的、能整体(不是单个)地作用于整个教学活动的有序状态。"

"经验筛选法"的一般程序为:"第一,明确问题,总结有助于了解决问题的各种教学经验,了解与它们有关的知识、方法、理论以及相关的研究成果,然后综合经验与成果并结合施教对象的现状和要求拟定计划,包括总体计划和每一个具体步骤的方案;第二,按预定计划在课堂中实施这些经验(理论成果将体现在某些经验中);第三,组织有经验的教师对教学现场施教现场施教情况进行系统的考察和评价;第四,根据考评结果对原有经验逐步调节——淘汰、发展或优化组合。然后,再计划、再实施、再考评、再调节,多次往复,直至筛选出有效的经验系统。"显然,这是一个"计划、实施、评价必须在不断循环往复中呈现一种螺旋上升的趋势,才能逐步接近规律"。这与行动研究中流行的"计划、行动、观察、反思、再计划、再行动、再观察、再反思……"螺旋循环程序类似。看来,青浦实验在使用"经验筛选法"时,它与行动研究的基本思路是一致的,"经验筛选法的基本环节与行动研究等同或类似。"

不过,"经验筛选法"更重视"综合运用"调查、筛选和实验的方法,从现状和文献的调查引出各种问题,获取大量的具体经验。这些经验经过筛选而形成纯粹、有序的经验系统及与其相应的假说。筛选所得的假说可通过自然实验或心理实验加以验证,以便揭示教育现象间的因果关系,获得科学的结论。这些结论用于教育实践之后反过来又指导教学改革,使教学实践获得改进。在青浦实验研究者看来"以实践筛选为核心。构建调查、筛选、实验等多种方法的教育科研方法体系,这不仅为研究者从大量的实践经验中提炼出规律性的认识提供了一条可行之路,而且筛选方法的确立还填补了调查与实验之间不可或缺的以建立因果联系的假说为媒介的方法学空白"。他们认为,"从一定的意义上说,青浦实验是通过对行动研究法的改造,即让科学发现和反馈机制同时进入研究流程,从而创设实践筛选法,并以此确立自身的方法体系的。"对于行动研究而言,实践筛选"提高了勒温提出的行动研究的价值,因而对行动研究法具有发展意义,使行为得到改善的过程同时也成为科学发现的过程"。

可见,青浦实验对行动研究的基本处理方式是:

1. 他们借鉴并尝试运用了行动研究的某些做法而不是全部做法。在借鉴行动研究的做法时,他们看重的是行动研究的"计划、实施、考评"过程所蕴含的反馈机制:"经验筛选的方法是在采用反馈手段的行动研究中引进了科学发现模式,这样可使行为改善与假说的建立、检验同步进行。"青浦实验在"改造"行动研究时也主要只是借鉴了行动研究的"反馈机制":"经验筛选的方法是在采用反馈手段的行动研究中引进了科学发现模式,这样可使行为改善与假说的建立、检验同步进行"。

也就是说,行动研究在这里几乎被等同于"反馈机制",这确实把握了行动研究一个基本特征。行动研究从一开始被介绍过来时,首先受到关注的也是它的"反馈"机制。1984年发表的《行动研究》一文就认为:"行动研究重视反馈作用是显而易见的。有关结果的知识的作用,可以说是心理研究的一个重要贡献。但在过去的心理学中,侧重了负反馈这一方面,近的如皮亚杰的自我调节和平衡作用,远的如行为主义的尝试错误,都可以用负反馈的机制来理解。这些都局限于错误的淘汰和平衡的恢复,基调是消极的。要进步就要创新,所以要重视正反馈。正反馈使步子越走越快,打破旧框框,闯出新路子。改革要致力于组织发展,行动研究就要在开放系统的图式中进行,更重视正反馈的作用。"青浦实验重视了行动研究的"反馈机制",看来是有道理的。

2. 青浦实验重视对行动研究的"改造"。这里的"改造"是指将行动研究法"反馈机制"与科学发现的"假设—检验"机制结合,使之成为"经验筛选法"。也就是说,它将行动研究改造为经验筛选法;另外,"改造"也意味着将行动研究法与调查法、实验法结合起来综合作用,而不限于筛选法一种。

青浦实验对行动研究的尝试与思考具有一定的典型意义。国人对待行动研究有两种态度:一是完全认可行动研究所具有的"扎根理论"精神,坚持"价值中立",不事先设立"假设",不以理论的有色眼镜去解释实践。一是对行动研究有所接受,又有所拒绝;有所借鉴,又有所改造。青浦实验显然选择了后一种做法。

不过,行动研究是否就只具备有"反馈机制"的意义,行动研究是否一定属于调查法、实验法之外的"另类";行动研究是否一定没有"假设—检验"的机制;改造之后的青浦实验是否一定就超越了行动研究的框架,是有待考虑的。

假如调查法、实验法原本就属于行动研究的常用研究策略,行动研究原本也内在蕴涵了"假设—检验"的机制,那么,对行动研究做了改造之后,青浦实验就很难说已经完全跳出了行动研究的范围。

• "大学—小学教师合作规范"

上海的"大学—小学教师合作研究"(即 U—S 联合)明确采用教育行动研究法。"教育行动研究"在这里被理解为"合作的教育行动研究"或"反思的教育行动研究",其基本理念是:(1)到中小学去研究教育。(2)从活生生的实践中汲取教育的实情:从学校特定环境、具体条件、实际经验与教育取向中,发掘出值得研究的课题,旨在谋求教育行动的改善;从日常教育事件与偶然现象中捕捉教育学生的契机,并采取相应的行动;从教师不自觉的教育行为中发现教育实践的灵感与智慧。(3)以教师为合作研究的主体,作为小学教师的合作者,"以小学教师为师"。(4)教育行动改善的过程与教师对教育行动反思的过程交错。(5)课题设计与操作规范程序力求简便,教育行动过程及其结果的表述力求符合事实。(6)研究组合,自愿参加。

基于这种认识,"大学—小学教师合作研究"从 1997 年开始,分别同上海市打虎山路第一小学和无锡市扬名中心小学一批教师,建立"教育研究自愿者组合",共同进行了几项课题研究的尝试:如有上海市打虎山路第一小学所做的"超越规范的学校管理"、"学会关心学生"、"班级小主人行动";在无锡市扬名中心小学所做的"学会关心"、"教育性评语"等等。

以"教育性评语"的研究为例,该课题建立了以"教育性评语"探索为旨趣的"教育研究自愿者群体",其中包括教师、学校领导成员、华东师范大学研究生,以教师为主体。由自愿参与研究的教师,在学校领导的支持和研究生的协助下,主动提出具体实施方案,进行调查包括:在评语结构中,偏重对学生行为的评价,忽视对学生个性的描述和忽视对学生的个性的描述;评语主要面向家长,而不是面向学生,忽视对学生的教育意义;评语用语贫乏,流于俗套,不足以打动学生。总之,评语缺乏教育性。以此为依据,该课题确立了四条具体目标:从面向家长的评语到面向学生的转变;从片面评价的评语到关于学生素质的全面评价的评语的转变;从枯燥的评语到色彩斑斓的评语的转变;从结论性评语到形成性评语的转变。这四项具体目标体现"教育性评语"的内涵,作为有待验证的四条假设。与此相应,该课题提出四条具体的"研究策略"。

1. 关于改进评语工作程序的设计。逐步建立"评语材料库",记录平时了解到的学生情况和对学生的评价。在学生自评、互评基础上,参照任课教师意见,由班主任综评。听取家长对评语的反馈意见。评语发出时班主任与学生口头约定,双方继续关注评语的效果。

2. 关于评语准确性的抽样调查。评语发出后,组织学生以小组为单位,宣读评语,让学生指认评语对象,并对其结果统计分析,以判定评语同评定对象(学生)的实际情况的符合程度。

3. 关于评语的分析框架的设计。从评语的面向(即评语是面向家长还是面向学生)、评语的取向(即评语是片面评价还是全面评价)、评语的语言色彩(即评语是枯燥的还是色彩斑斓的)及评语的性质(即评语是结论性的还是形成性的)四个角度对评语试验的假设进行检证。

4. 关于了解评语效果的工作设计。在新学期开始后的一段时间里,组织学生写同其行为相关的命题作文,了解前学期的"评语"对其行为的影响。

研究报告显示,该课题研究导致最显著的变化是"评语基本上是面对学生,评语有针对性,对个性的描述引起重视,评语的准确性提高,给学生留下的印象较以往评语深刻,并且注意到评语的形成性,堪称教育性评语"。为避免评语中出现"片面评价"或"追求花样"、"活泼有余却严肃不足"、"无意伤害学生自尊"等失误,课题研究者在报告中提出可以借鉴黑格尔在神学院毕业时他的教师所做的评语方式:黑格尔,健康状况不佳,中等身材,不善辞令,沉默寡言,天赋高,判断力健全,记忆力强,文字通顺,作风正派,有时不太用功,神学有成绩,虽然尝试讲道不无热情,但看来不是一名优秀的传道士,语言知识丰富,哲学上努力。

总体上看,"大学—小学教师合作规范"采取以小学教师为主体、以小学为基地的合作方式。"这些大都是自选课题,或从学校及教师原有实践经验中,提炼出带有普通意义的有价值的主题进行探讨,寻求可行的途径,力求获得较为可靠的研究成果,或以教师原有经验为基础,形成理论假设,通过试验,加以检验。总之,我们的合作研究,忌草率地择定课题。它是通过调查研究的过程,发现值得研究的问题和解决问题的经验基础,少则一两个月,多则一年半载。"具体地说,这种方式的主要特点是:问题的提出、分析的解决方案,是在大家充分抒发各自的意见和证据,在平等的对话和相互讨论的基础上进行的,定期召开"研讨会"是我们合作研究另外的重要组成部分。作为来自大学的"研究伙伴",我们在研究过程中的主要工作是:聆听小学教师们叙述他们在教育实践中的作为、对教育的理解、遇到的问题、对问题的分析以及他们想尝试的方案,提供一些我们需要了解的信息,和他们一起分析问题、讨论方案,并在整个研究过程中循环进行这些工作。我们试图建立一种实质性的合作,这种合作的基础是给小学教师以充分的尊重:尊重他们的经验、见识、才智,尊重他们作为实践者在洞察教育、探究教育和尝试教育方面独到的视角和能力。

从研究的合作形式来看,"大学—小学教师合作研究"基本上是遵照"教育行动研究"的精神。又由于它强调"忌草率地择定课题"、"经过调查研究的过程,发现值得研究的的问题和解决问题的经验基础,经过初步论证,才正式确定为研究课题",这使"大学—小学教师合作研究"颇具"扎根理论"的意蕴。

• 行动研究课程

近年来,国际外语教学领域发生了一些重要变化,其中"行动研究"受到了各国教育界人士的广泛关注。北京师范大学外语系从 1992 年开始讨论有关把"教学行动研究"列为研究生必修课的可行性和必要性问题。1993 年在外语系试开设一年。在评估效果之后于 1994 年正式将该课程列为英语语言教学方向研究生的必修课程。"合作"被作为基本的教学水平,注重未来教师对所处教学环境的认识。对所教学生的认知水平和需求的认识。它追求改变现状,改进教学,变被动教学为主动追求,变循规蹈矩为进取创新,使未来教师形成自主发展、自我更新和自我完善的能力,促进教师、教学和科研同步发展。

该课程以行动研究的理论与实践为基础,通过启发、探究的反思,以培养未来教师的创新精神和课堂教学研究能力为目的。行动研究在这里被理解为行动和研究二者的结合,即"在实践中不断反思和创新,提高和改进工作,提高对教学大纲、教学过程以及学习过程的理性认识,其结果是教学的不断改进和教师可持续发展的动力和能力的形成。行动研究是解决理论与实践脱节问题的一个有效的途径,也是师资培养模式改革的一个可行性研究课题"。

该课程由四个主要模块构成：理论研讨、技术准备、初期调查和行动研究。在具体的教学行动研究中，"发现问题"被视为教学行动研究的第一步，参加培训的教师往往对教学中存在的问题缺乏意识或者抓不住重点和本质。所以课程从引导教师发现自己的教学中的问题入手，反思对自己的教学不满意的地方，结合教育和教学的理念，展开小组和集体讨论，互相启发，提高对问题的认识。找出问题后，进而分析原因，提出假设。在初期阶段，参加培训的教师往往把问题的原因归结到自己所教的学生身上，怪他们缺乏动机和兴趣或努力不够，学生不用功，语言水平差等等，在通过问卷、访谈、记日记和教学观摩等方式进行初步调查和分析后，参加培训的教师发现他们的很多认识的观点都被排除了，教学中的问题往往是出在自己的教学观念和教学的方式和方法上。对此，参加培训的教师很受震动，他们开始重新审视自己的教学理念、教学模式和方法，开始挑战自我。

在确定研究的问题后，参加培训的教师在一个非常开放、和谐的民主气氛中，互相听课，共同反思，开展充分和深入的学习和研讨，寻找解决问题的办法。教学研究的过程成了学习构建新的教学理念和专业化知识的过程，同时又是检验教学理论和方法的过程。在这一过程中，教师与学生、学生与学生相互合作，相互支持，相互启发。他们针对问题，制定和实施研究的方案。在教学行动研究的过程中，学生开展了大量的教育教学创新活动，深入进行教育调查研究。解决了很多他们在教学中遇到的问题，明显地改进了教学的功课。通过教学行动研究和不断地对自己教学的反思，学生对学学过程的认识和对自我的认识大大提高，产生了自主发展的动力，形成了自我发展的能力，培养了合作学习和合作研究的精神，使学生建立起较强的进行教学和教学研究的事业心、责任心与自信心。

在教学上，这门课程实行集体、分组、两人和个别指导等多种组织方式，采取启发、研讨、观摩的教学方法。通过学生的实践和反思，充分调动学生的学习和教学的经验和认知经验，展开民主的讨论。学生在教师的指导下通过观察和反思发现自己的教学中的问题，确定研究题目，提出假设，进行调查后，进一步明确自己的研究课题，并根据所选择的课题，设计解决问题的办法，制定实施方案。在实施方案的过程中，他们互相观摩、互相启发、共同讨论和反思。他们通过记教学日记、与学生座谈、设计调查问卷、进行课堂录音等方式采集数据，对所采集的数据进行分析，评价实施的效果，继而发现和确定新的问题，准备新的研究的开始。教学的方式和方法也是在课堂的实施过程中不断得到改进和完善。在课程开设的初期阶段，对行动研究的理论背景和实践意义以及研究的方法与技巧等多采取以教师介绍为主的方式。经过两年的实践和反思后,将课程改为更多地采取学生探究的方式,教师在引导学生讨论的过程中,提出问题,由学生去查阅文献资料,开展小组讨论和汇报,而对于实际的研究方法,则要求学生亲身实践,在此基础上反思并讨论效果以及存在的问题,学生的自主性和积极性得到了充分的发挥,同时亲身的实践也为学生提供了讨论的依据,教学效果得到了明显的改进。

北京师范大学外语系开设的"行动研究课程"与麦克尔南、怀特海德、埃利奥特等人在大学开设行动研究课程的模式大体相似,埃利奥特的《指向学校变革的行动研究》一书亦被列为重点参考书目之一。此类课程行动研究在师范院校的课程与教学行动研究作为攻读学士学位或硕士学位的专业课程,让学生在讨论和操作行动研究的过程中理解有关行动研究的历史、理论以及相关的研究成果。在行动研究作为一门课程出现在大学的本科生教育和研究生教育领域之后,人们开始"教"行动研究。美国的东卡罗来纳大学的麦克尔南、澳大利亚的迪金大学的凯米斯、墨多西大学的格仑迪、英国的东盎格利亚大学教育应用研究中心的埃利奥特、巴思大学的怀特海德等人都负责指导过硕士或博士研究生的行动研究课程。开设行动研究课程的主要目的在于阅读并了解教育行动研究的历史以及基本原理,结合自己的教学实践使用行动研究方法。"教"行动研究的学位课程在某种程度上促进了行动研究在西方的发展,但如何避免行动研究因此而沾染学院式的实证主义风气,是一个问题。

以上三项研究明确将"行动研究"作为课题研究的方法,且影响较大。另外也有研究者以行动研究方式促进"小学心理健康教育"、"小学心理辅导的实践研究",有研究者则以行动研究的方式对西部女童教育的问题展开研究。中国台湾研究者多侧重于以行动研究的方式解决具体的课程与教学问题。这些研究在尝试"作行动研究"时往往借鉴了行动研究的某些研究策略或对行动研究的某些研究理念做了不同程度的"改造"。但行动研究在我国未来的教育与心理学研究中究竟可发挥多大的影响,尚难估计。[①]

教师行动研究的具体模式

许多学者都对行动研究下了不同的定义,并从不同的角度出发作了阐述,同时还提出许多行动研究操作模式,下面介绍其中几种有影响的模式:

---

① 刘良华. 校本行动研究. 成都:四川教育出版社,2002:76-86.

1. 勒温(K. Lewin)的螺旋循环模式

勒温是行动研究一位重要的先驱,他不仅首先提出行动研究这个名词和方法,还提出行动研究包含计划、行动、观察和反省四个环节的概念,并建立行动研究螺旋循环操作模式,如图 6-3 所示。后来,进一步把反思后重新修改计划作为另一个循环的开始,从而对螺旋循环模式作了修正,如图 6-4 所示。这个修正图成为行动研究操作的基本架构。

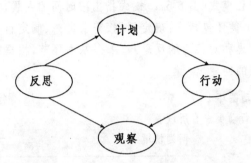

图 6-3　行动研究的螺旋循环模式

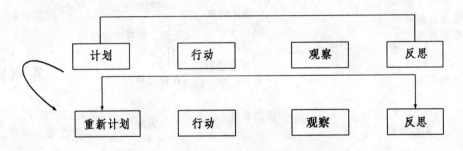

图 6-4　行动研究的螺旋循环模式修正图

2. 埃伯特(D. Ebbutt,1985)行动研究模式

这个模式包括如下几个主要步骤:

(1)一般概念的形成。包括问题的形成、问题原因的诊断、问题情境脉络的分析等。

(2)考察阶段。即资料收集阶段,需要对资料收集作计划,采用哪种方法收集资料? 收集哪些资料? 由哪些人负责此项工作?

(3)拟定整体计划。即拟定有效的行动方案,此方案会根据评价结果,适当加以调整。

(4)采取行动。即把方案付之实施。

(5)行动监控与自我评鉴。方案实施的结果,如果依据原先概念无法获得答案,问题没有得到解决,则应该修正概念,亦即重新分析问题、重新诊断原因、重新收集资料、重新计划、重新行动。

(6)修正概念,重新探测,重新计划,重新行动。

3. 麦柯南(Mc Kernan)行动研究模式

这是一个时间进程模式(图6-5)。模式指出按时间的发展,行动研究应包含几个行动研究循环,每一个循环包括有:确定问题、需求设想、制定行动计划、实施计划、评价行动、作出决定(反思和对行为的反思)等七个基本环节,根据行动结果再次确定第二行动循环需要研究的问题。

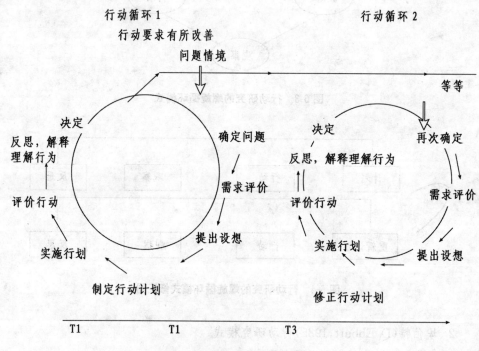

图 6-5　麦柯南时间进程模式

4. 埃利奥特行动研究模式

埃利奥特行动研究模式(图6-6)实际上也是一个时间进程模式,模式包括几个循环,每个循环包含有:确定初步设想,即通过分析资料判断设想是否合理。如果认为基本合理,则制定总体实施计划,在总体实施计划中同时考虑打算进行几个行动步骤的计划,然后先进行第一个行动,并对第一个行动进行监测,了解其效果,根据监测获

得的资料,分析失败的原因,在此基础上修改总体计划,尤其是对下一次的行动步骤
作出调整。

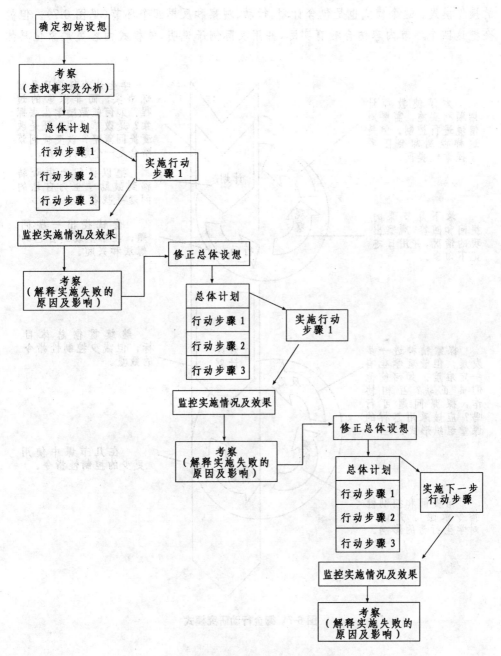

图 6-6 埃利奥特行动研究程序模式

5. 德金行动研究模式

德金行动研究模式是以勒温螺旋循环模式做基础的,是目前行动研究广泛采用的操作模式。这个模式也是包含计划、行动、观察和反思四个环节(见图6-7)。但德金把这四个环节内容结合教育实际,并用实际例子说明,使模式内容更形象化具体化。

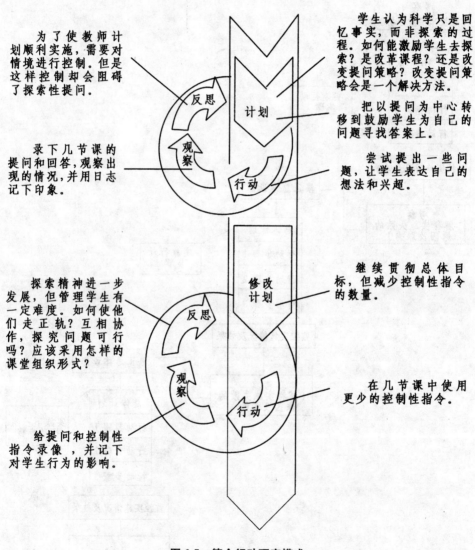

为了使教师计划顺利实施,需要对情境进行控制。但是这样控制却会阻碍了探索性提问。

录下几节课的提问和回答,观察出现的情况,并用日志记下印象。

学生认为科学只是回忆事实,而非探索的过程。如何能激励学生去探索?是改革课程?还是改变提问策略?改变提问策略会是一个解决方法。

把以提问为中心转移到鼓励学生为自己的问题寻找答案上。

尝试提出一些问题,让学生表达自己的想法和兴趣。

探索精神进一步发展,但管理学生有一定难度。如何使他们走正轨?互相协作,探究问题可行吗?应该采用怎样的课堂组织形式?

给提问和控制性指令录像,并记下对学生行为的影响。

继续贯彻总体目标,但减少控制性指令的数量。

在几节课中使用更少的控制性指令。

图 6-7 德金行动研究模式

行动研究的操作

行动研究如同所有科学研究一样,自然也有它的操作程序或步骤,并在整体上形成一定的框架结构。行动研究自产生以来,虽然所有的倡导者都还在积极寻找探讨普通推广的实施步骤,但在根本上已经取得共识,这就是,行动研究是一个由若干相互联系、相互依存的环节组成的螺旋式上升的发展过程。并且基本上遵循了行动研究的创始人勒温的制定计划、实地考察和贯彻执行的说法描述行动研究过程的思想。

综合国内外各种主张,归纳出以下操作环节和步骤,如图6-8所示:

行动研究
- 计划
  - 初步设想(想法)
  - 实地调查(观察、访谈、书面调查、成品分析、录音录像)
  - 文献研究(检索、阅读、比较分析、叙述)
  - 清理情境
  - 选题(发现问题、选定主题、明确范围、诊断原因)
  - 假设(将要采取的行为及行动结果的预测)
  - 方案设计(总体计划、第一步策略行动、考察措施)
  - 验证
- 行动
  - 试验与实验
  - 观察
- 考察
  - 测验
  - 问卷(书面调查)
  - 对话
  - 访谈
  - 研究日记
  - 收集成品(录音、录像、照片)
  - 资料整理(审查、分类、汇编)
  - 资料分析(统计分析、理论分析)
  - 解释
  - 评价
- 反思
  - 修改方案(总体计划、第二步策略行动、考察措施)
  - 准备开始新的行动

图6-8　行动研究的操作步骤

问题的归因

在经过问题的初始调查确定问题的存在和严重程度之后,研究者应该着手分析问题产生的各种可能的原因,为下一步制定问题可能的解决方案提供基础。正确和有效的归因,可以使下一步采取的措施和行动更加具有针对性,也容易取得更好的效果。

从因果关系链的角度看,问题的归因过程就是以问题为中心进行的上溯过程。由于因果关系链"因中有因"的特点,问题的原因是有层次的,因此,研究者在归因时,应该注意两个方面的问题:(1)归因层次的直接性。即研究者要着重寻找导致当前具体问题的最直接的归因线索,不要进行跨层次的归因,削弱问题的直接性和可见性。(2)归因层次的一致性。即尽量不要将不同层次的原因并列在一起,如一会儿说直接的原因,一会儿说直接原因的原因,给人以归因层次错乱的感觉。问题的归因,要求研究者拿起"剪刀",对问题的因果关系链进行修剪,不作无限的上溯,也不将不同层次的原因并列在一起。

一般而言,研究者对问题的归因,主要有三个来源,如表 6-1 所示:

表 6-1 问题归因的三个来源

来源	载 体	途 径	意 义
理论	书本、专家	学习书本理论、参加专家专题讲座、接受专家现场介入等	使教师养成带着问题去阅读理论书籍和向专家请教的习惯
经验	本人、同行	同行交流、教科研活动、教科研经验交流会等	形成同行交流的习惯与气氛
调查	学生、任课教师、家长等	观察、访谈、问卷、家访等(真实性原则)	使教师养成一种科学精神,不想当然、不盲从权威、理论和专家

（一）理论的来源

理论是有关因果关系或相关的假说,它指明了某个问题的上游影响因素,有些是来源于逻辑推断,有些是来源于理论工作者在其他时空范围内的实证归纳。理论对问题归因具有启发和指导作用,尤其是为研究者对问题进行归因分析,提供了许多上溯反思的角度。研究者可以通过接受校外专家的专题指导以及阅读与选题相关的书籍,寻找和分析问题产生可能的原因。

这意味着,教师在分析问题的原因时,首先要养成带着问题寻找和查阅相关文献的习惯,当地和学校的图书馆、阅览室、相关专业网站,都是可以利用的资源。此外,教师还可以利用学校提供的校外专家介入的机会,以及当地的专家资源,与校外专家共同分析问题可能的原因。应该指出的是,理论或书本的来源,更多的是从一般的角度对导致某一问题的可能原因进行阐述,未必就切合特定学校、特级班级、特定学生的实际,但它为研究者反思自己的实践、确定归因调查的重点,提供了可能的思路。

当然,教师在理论归因方面所遇到的最大困难,是直接提供因果关系的理论书籍的欠缺。许多理论书籍,大都从较为上游的理论层面出发,概念往往很大,教师在参照时,不容易根据自己的问题"对号入座"。因此,研究者在理论归因时,应该着重查阅比较下游的,比较贴近教师工作实际的一些通俗性理论读物,否则,理论归因的适用性和直接性就很难得到保证。

(二)经验的来源

经验从某种程度上看也是一种有关因果关系或相关性的假说,只不过与理论相比,它没有经过更大范围的严格验证,个人的色彩或群体的色彩比较浓厚。然而,对研究者当前所面临的问题而言,同行的经验也许更加具有直接和解释性,因为这些经验大多来自与当前问题相近的学校和班级环境。

因此,研究者在对问题进行归因分析时,切忌以一己之力孤军奋战,要注意利用同行的经验和智慧。研究者可以通过各种途径,如日常的学科组教科研活动、网上论坛等,将自己的问题提出来,与同行一起讨论分析,特别要向有经验的老教师和优秀教师请教,虚心征求他们对问题产生可能的原因的意见。实际上,这也是教育行动研究合作性的重要体现。

当然,经验在问题的归因过程中也只是起一种启发和参考的作用。所谓"此一时,彼一时","时过境迁",即使通过各种渠道掌握了别人或以往对同类问题的许多归因经验,这些经验是否就一定适合当前的情况,也不得而知。因此,经验所提供也只是的问题的可能原因,它为研究者确定归因调查的思路和重点提供了来自同行的线索。

(三)实证调查的来源

研究者通过理论和经验两个方面的启发列出问题可能的一系列原因之后,应该逐项对照这些原因,对自身的实际工作进行全面的反思,从中确定最有可能的若干重点原因,作为对问题有关当事人进行实际调查的重点,这个过程可如图所示。实际上,这些重点原因一旦明确之后,教师设计归因调查对象、调查内容和调查方式就有了明确的方向。

根据本书和经验,通过实证调查去分析和发现问题的原因,是当前教师所欠缺的归因分析方法。实证调查方法重视从当事人那里直接获取导致问题的原因,因而使得归因分析更加直接和有效。如果说前两个来源为归因提供了可能的思路,那么调查的来源应该成为日后措施与行动的主要依据。[1]

---

① 汪利兵.教育行动研究:意义、制定与方法.杭州:浙江大学出版社,2003:110-113.

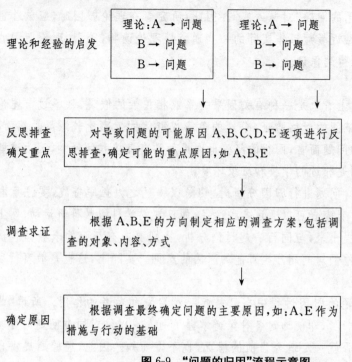

图 6-9 "问题的归因"流程示意图

以师爱化解学生对学校生活的恐惧

(一)问题的发现:P在校内外表现反差大

一天早上,正要进校门时,我看见不远处班上一名学生 P 正对着送她上学的父亲大发脾气,样子很凶,全然不同于平时在学校里那副胆小怕事的样子。印象中,P 好像对老师有一种畏惧感,从来不敢正面看我们,不敢大声说话,上课发言胆怯得很,很少见她欢快地说笑。P 在学校与同她在校外的表现怎么会相差这么大?

(二)问题的症结:解读P

P 进了校门之后,我上前询问 P 的父亲出了什么事。他说:P 在家里很任性,常常对父母发脾气,有时还同她母亲对骂对打。我感到 P 在校内外表现这么大反差,说不定是由什么特殊原因造成的,就把这种感觉告诉了 P 父,问他:P 是不是受过什么刺激。当时 P 父也感到纳闷,说不出一个所以然,只是告诉我:送 P 上学时,孩子常常一路赌气过来,但一到校门口碰到老师,马上会住口收敛,紧张得不得了。P 敢与父母顶嘴,为什么这样怕老师呢?

事隔不久,P 的母亲来学校参加家长会,特意找我交流意见,她说:P 从小到大在家里好像没有受过特别的刺激,要说有的话,在幼儿园中班时倒有一回。那时 P 是个非常调皮好动的孩子,喜欢扯小朋友的头发和饰物。有一次上课因为扯身边小朋友的辫子,把人家弄哭了。老师不问青红皂白,罚她呆在厕所里。直到吃过午饭,老师才想起她还呆在厕所里时,她已经整整哭了两个小时。现在回想起来,P好像是从那个时候开始性情起了变化。

听完P母亲的诉说,我猜想:可能是幼年这段不正常的经历深深刺激了P,导致现在她对学校和老师心怀恐惧;她爱在家里大发泄,也许又跟她在学校里过得不自在不愉快有关。

(三)问题的解决:转变P

1. 对策与方案

这样的猜测和分析到底对不对,我心里也没有数。但是,不论什么原因,当务之急是要帮助她消除在老师面前、在学校生活中过度的紧张感。于是,我建议P家夫妇耐心对待其女,多给予鼓励,不要再训斥她,重要的是逐渐消除她潜意识里对学校、对老师的成见和恐惧。

在这个方面,我们做教师的需要作出更多的努力。解铃还需系铃人,既然P是因为过去的老师严厉的惩罚而害怕老师,那么,现在要改变这种状况,最好的办法就是老师体贴她、关心她、信任她,让她真正感受到师爱。改变一个年幼的孩子对教师的成见和恐惧,重要的不是对她"讲理",而是对她"讲情"、"示爱"。

因此,我准备不让P意识到我在教育她、改变她,那种居高临下的教诲对一个受过伤害的幼稚孩子来说只能是一种压力,她不会因为老师的谆谆教诲而喜欢上老师和学校生活。我希望通过课堂内外轻松愉快的交往和看似闲聊的交谈,与P逐步建立起相互信赖的关系,还打算努力引导学生们营造出一种相互体谅、相互鼓励、相互分享、共同进步的集体生活氛围。春雨润物细无声,相信在这样的人际关系和集体氛围中长大的孩子,恐惧、胆怯和敌意都会消除,而且必将逐渐学会关心。

然而,我的信心不足以解决面临的实际困难。P对老师的态度如果是由其幼年经历所致的话,其影响就已根深蒂固了。不可能通过一两个回合改变她的态度。所以,对于P的疏导和教育,不能操之过急,而要循序渐进,一步步地消除她对教师的成见、对学校生活的恐惧。第一,可以做的是设法使她信任我,在我面前抬起头来;然后,设法使她在我的英语课上主动靠口进行对话练习,在我的课堂上轻松起来。在此基础上,再进一步引导她体会其他老师的关爱和信任,在学校里轻松快乐地学习和游戏。当她真正喜欢和老师、同学共同过学校生活时,也许就有条件引导她改变对父母的态度,体贴父母,关心父母了。

2. 方案的实施

第一步:辅导性谈话

带着这样的设想,我比以前更多地留意P,设法接近她,寻找与她闲聊的时机。

师:P,喜欢学英语吗?

生:……(点头)

师:喜欢张老师吗?

生:……(点头)

师:张老师不喜欢只看到你点头、摇头,我想听到你的回答。

生:(点头)……喜欢。

师:那么,张老师问你一个问题。你既然喜欢英语,又喜欢张老师,怎么又不见你英语课上积极举手发言呢?

生:……(稍有羞涩,沉默)

师:怕老师吗?

生:……(摇头)

师:那为什么呢? 很多小朋友都会围着张老师说这说那,你却在一边不吱声,肯定是怕张老师。

生:(使劲摇头、眼光中流露出委屈)

师:(我本想启发她承认怕老师,再加以疏导。转念一想,对于一个仍很幼稚的孩子,直截了当地讲理、教育、反而让孩子感到居高临下的压力。于是,我用欢快的语气对她说)好吧,张老师相信你! 不管什么原因,张老师希望你下次上英语课积极举手发言,踊跃与同学、老师对话。张老师还希望看到你笑,因为你笑起来非常漂亮! 要上课了,P再见!

生:张老师再见!

整个交谈过程中,P只讲了两句极简短的话。但她的神情鼓舞了我,我原先的分析和估计很可能是对路的。我等待着下一堂英语课的到来,准备围绕"like(喜欢)"一词与P展开一段对话练习。

第二步:英语对话练习

英语课上,"师生自由对话"时,同往常一样,学生们纷纷举起小手,争着要与老师练习对话。几组对练下来,我自然地走近P,用鼓励的目光期待着她。当她慢慢地将小手伸出桌面时,我高声地与她对练起英语口语。

师:Hello! P! How are you? (嘿,P! 你好吗?)

生:(轻声地)Fine,thank you! And you? (好! 谢谢你! 你呢?)

师：Very well, thanks. Nice to see you!（很好，谢谢。见到你真开心！）

生：Nice to see you, too!（见到你，我也很开心！）

师：Do you like English？（喜欢英语吗？）

生：Yes.（喜欢）

师：Do you like me?（喜欢我吗？）

生：Yes.（喜欢）

师：Thank you. I like you, too. Do you like your mummy and daddy?（谢谢你，我也喜欢你。喜欢爸爸妈妈吗？）

生：Yes .（喜欢）

师：OK! I think your mummy and daddy also like you very much. Yes or no?（很好，我想爸爸和妈妈也很喜欢你，是不是？）

生：Yes.（是的）

师：Very good! You're very clever! Sit down, please.（太棒了！你很聪明！请坐！）

我用惊喜的表情和语气对全班学生说：没想到吧！不敢大声讲话的 P 同学，今天和张老师说了一长串的英语。Let's clap!（让我们为她鼓掌!）学生们热烈鼓掌，欣喜地望着 P。P 红着小脸，洋溢着笑意，低下了头。我感受到了她内心的喜悦，借机因势利导，同时鼓励别的同学共同进步。

由此打开缺口，她开始信任老师，由信任个别科任老师到信任老师群体，隐藏在她内心对老师和学校生活的恐惧感，像阳光下的春雪在悄悄融化。平时在游戏中，在交谈中，我也总是有意无意地提示 P：你看，老师多好！随着恐惧和压抑逐渐消失，P的性情有所转变。她的父母也感受到了这种变化，一天，P 母高兴地告诉我：孩子回到家里，喜欢谈论自己的老师，说这个张老师好、那个李老师好。她在家里的表现有一定好转，但时不时还任性，比方说，饭菜不合口味，就大发脾气，让父母很伤脑筋。

第三步：教育性谈话

为此，我又设计一次私下的谈话，碰见 P 后，"不经意"地和她聊了起来。

师：P 吃过饭了吗？

生：（微笑着点头）吃过了。

师：在学校吃的，还是在家里吃的？

生：在外婆家吃的。

师：外婆、外公一定很宝贝你吧？

生：（点头）

师：那如果他们烧的菜不好吃，你对他们生气吗？

生：(略顿，摇头)

师：如果爸爸、妈妈烧的菜不好吃，要生气吗？

生：(思索状，摇头)

师：又摇头点头了，告诉张老师真话！(我微笑着嗔怪她)

生：(歪头，侧身笑)

师：我猜猜看。(作猜想状)

师：如果爸爸、妈妈烧的菜不好吃，要生气吗？ 嗯……如果今天烧的菜不是你想吃的，你肯定会对爸爸、妈妈发脾气的，对吗？

生：(笑着点点头)

师：爸爸、妈妈工作忙吗？

生：(笑着点头)

师：那爸爸、妈妈一定很辛苦。我觉得 P 是个很懂事的女孩。想想看，怎样分担一些爸爸、妈妈的辛苦？

生：(歪头笑，想了一会儿)给爸爸、妈妈倒茶、端碗、盛饭、洗碗、整理房间……

师：很好。我相信你真的能做到这些，而且以后不再对爸爸、妈妈发脾气了。要做一个懂爱讲理的孩子。

3. 实施的效果

那一段时间，我经常与 P 的父母联系，交流情况，商讨疏导和教育孩子的对策。一个多学期过去了，P 同以往大不一样，英语课上经常主动举手发言，还能比较有创造性地同周围同学表演对话。经了解，这孩子在别的课上也改变了以往胆小怕事的形象，学习的积极性高了，主动性强了。同老师交谈比以前轻松愉快多了。在家里的脾气也有所改进，经常与父母谈起自己的学校、同学、老师。但是，目前尚无证据表明她在关心和体谅父母方面有了实质性的进步。

(四)反思与讨论

这个孩子身上的变化是令人欣慰的，也促使我对自己的工作进行反思：对一个稚嫩的孩子的教育，怎样做到润物细无声？教育工作者，给孩子讲理还是讲爱？在看似简单的闲聊式交谈和平常的游戏中，怎样激发孩子的良知和爱的意识，让他们感受被关心的愉悦，从而使他们逐步学会关心？

在这些问题上，通过辅导、教育和转变 P，我自己也获得了许多教益。

我感到，教育人的工作实在是一件感情与理智相互交融的工作。如果对学生缺乏爱心，或者对孩子表达关爱之情不得体，就难以赢得学生的信赖，解除他们与交往以及在学校生活的心理障碍,更不用说引导学生们逐渐学会关心。另一方面,如果对学生的内心需要和行为问题缺乏敏感性、洞察力、理解力,就会错失许多帮助学生进步的时机。

我还感到,教育工作是一件非常困难和艰苦的工作,但是如果工作有创意又有成效,它又是一件非常吸引人的工作。最初对 P 行为表现的原因分析,带有很大的猜想成分,事后证明这种猜测是正确的,这对我无疑是莫大的鼓舞。那次私下里的"辅导性谈话"和课堂上的"对话练习"也取得了较为满意的效果,从中我感受到了一种身为人师的快乐。

这一切首先得益于对 P 的行为问题的归因分析。在与同事交流工作体会时,大家对我及时发现 P 的行为问题、准确地诊断出问题的症结给予了肯定。但是,这些方面的成功带有一定的偶然性,只是因为 P 母回忆起 P 幼年时的一段经历,才促使我把它与 P 现在的表现联系起来。学生的大量行为问题,原因复杂,难以得到如此幸运的准确诊断。

前两步处理基本成功,还得益于事先作过设计。第一,通过那次"辅导性谈话",一方面争取到了当事人某种程度的好感和信任,另一方面也暗示性地鼓励当事人上课时主动举手发言,为后面的对话练习作了铺垫。第二,在与其他学生进行几轮对话练习,营造出比较轻松和活跃的课堂气氛之后,才鼓励当事人参与对话训练,使她在心理上有一个准备过程,因而没有像平常那样临场怯阵。第三,围绕"like(喜欢)"一词与当事人进行对话练习,是有所用心的。正因为是上英语课,进行的是对话练习,学生更容易自然地表达对人对事发自内心的好恶。无需严肃的道德说教,无需正经的教育性谈话,依然可能唤起学生心灵深处爱与被爱的意识。第四,当事人成功地参与对话练习之后,掩饰不住内心的兴奋之情。我以一种分享到学生成功的欢乐的方式,表达出对其进步的肯定和欣慰,还引导全班学生真诚地祝贺一个一向胆小的同学,一道分享她成功的快乐,一道鼓励她继续进步。我相信,这样的课堂气氛,不但对当事人勇敢尝试和大胆参与学习活动是一种非常及时的强化,也会感染在场的每一位学生的。其实,懂得关心人这样一种品质,主要不是靠教学生关心人的道理获得的,而是靠教师爱心的启迪获得的,是靠相互关心的集体生活气氛的感染获得的。

不过,也有遗憾。尽管我专门对 P 进行过一次"教育性谈话",还随机作过一些引导,但是效果不明显,她在关心和体谅父母方面似乎没有实质性的进步。当然,这种品质的培养,不是通过我们教师单方面的努力就能成功的,学生家长也有责任;但是,那次"教育性谈话"本可以设计得更加精细。那时,我已经取得 P 的好感和信任,在我的启发之下,她最终鼓起了勇气,承认了菜不合口味就对父母发脾气的事实。一次极好的教育时机出现了，却又被匆匆放过。

　　告诉学生父母工作忙，家务辛苦，启发学生分担父母的辛劳，做一个懂爱讲理的孩子思路是对的，但是，简单的几句话是不可能指望学生有切身体会的。这方面的启发和教育不是通过一次谈话所能完成的，需要长期深入的工作。例如，我们可以指导P及其他同学以"爸爸妈妈的一天"为题，各写一篇观察日记，并且进行交流，让他们自己去发现和体会父母每天"忙"在哪里、"辛苦"在哪里。我们甚至可以进一步发动学生家长在双休日与学生"交换角色"，让学生"当一回家长"，"忙"上几天，"辛苦"几天，然后让大家一道来诉说做父母的辛劳。有了这样的体验，他们也许不会把关心和体贴父母简单地理解成"给爸爸、妈妈倒茶、端碗、盛饭、洗碗、整理房间……"像小学生这么大的孩子，关心父母的本分主要不在于这些方面，也许在于：尊重父母的劳动，体谅父母的苦心，不挑食不挑穿；自觉学习，独立完成功课，养成一定的自理能力，少让父母为自己操心，让父母有更多时间休息，把主要精力放在工作和操持家务上；不把父母为自己所做的一切视为理所当然，由衷地感激父母，渴望报答他们的养育之恩……我们当然不能苛求小学生完全做到这一切，因为这些连我们成年人自己也未必做得到。但是，这方面确实可以作为我们教育上努力的方向。①

---

① 陈桂生.到中小学去研究教育——教育行动研究的尝试.上海：华东师范大学出版社，2001：73－811.

第七章
教师研究的主要方法(上)

📑 **本章学习任务**

☞ 理解掌握适合教师职业生活的主要研究方法的意义,主动地通过反思提高自己运用方法的能力。

☞ 理解观察研究方法和调查研究方法的意义、特点、分类,把握其运用的程序、规则和要求。

☞ 强化对教育教学实践的观察意识,并能运用观察研究方法去研究解决自己实践中遇到的问题。

☞ 在与其他教师的交流合作中,围绕研究的实践课题,设计并编制良好的问卷,使之在调查研究中为解决实践问题提供相关资料及其策略。

一、引　言

中小学教师的教育教学研究,与其他任何研究活动一样,体现着以下特点:

1. 它有着高度的自觉性和组织性。它是以研究课题为中心而展开的有计划的、有目的认识活动。目的明确,计划周密是它区别于非研究活动的特点所在。只有当教师在一般的实践和认识基础上确定某一对象作为自己研究课题,有计划、有组织地展开自己实践和认识活动的时候,他才实际上进入一个研究过程。

2. 它有着自觉的继承性和创造性。教育研究既然把认识教育现象作为直接目的,它就必须自觉地掌握和了解人们对教育现有的认识水平,必须清楚地知道哪些问题已经解决,哪些问题还没有解决或没有完全解决,哪些理论是已经证明的理论,哪些理论则被证明为错误的理论,哪些理论是不全面而需要补充完善的理论。只有这样,教师才能使自己的研究活动以人类已经达到的认识水平作为出发点,才能经过科学研究过程真正达到发现和创造的目的。

3. 它有着极强的探索性。科学研究要认识的是未知的世界,要掌握的是人类科学还未掌握的客观规律。作为教育研究,虽不像自然科学那样对研究活动等有着严格的要求,但它仍需要在一定理论的指导下摸索着前进,失败、碰壁似乎也是难免的。

<table>
<tr><td>

重要观点

只有掌握必要的方法,才能开展科学的研究。教师必需掌握一些必要的研究方法,才能积极开展力所能及的课题研究活动。

</td></tr>
</table>

教育研究的上述特性使得研究活动中方法的重要性显得非常突出,无论是它的自觉性与组织性,还是它的继承性与创新性,或者是探索性,都需要借助一定的方法来达到。无研究的方法,研究的目的性和组织性就无所依托;无研究方法,继承性就无从谈起,创造性也就失去了途径;无研究方法,探索就几乎成了空话,只能是一种盲目的活动。

现代科学已经发展成为一个庞大的体系,相应地现代科学方法也极为复杂多样,既有形象的理论原则,也有具体的操作方法等,它们之间存在着一般、特殊和个别的关系,根据对教育研究方法以及教师研究活动的特殊性的认识,本章和第八章介绍教师达到教才研,为了教才研,研是为了更好地教的研究目的而经常运用的一些主要方法。

联系"相关链接"中"教育研究方法的几个问题"的相关内容学习。

二、观察研究法

观察研究法是教师教育研究中运用最为广泛、最经常、最有效的一种方法。其他一些研究方法,或者从观察法发展而来,或者建立在观察法所提供的基础上,它们都与观察法有着不解之缘。从一定意义讲,观察是一切研究方法的"细胞",在教育研究方法体系中占有十分重要的地位,尤其是对于认识教育现象,收集第一手资料起着重要的作用。

(一)观察研究法的定义、意义和局限

✦ 观察研究法的定义

观察研究法是指通过观察者直接感知的方式,按一定的科学程序和规则,获得由研究目的所确定的正在发生的社会现象和社会行为的一种资料收集的方法。孔子曰:"始吾于人也,听其言而信其行;今吾于人也,听其言而观其行",就是用观察法来

认识人的。观察法强调"听"和"观"要处于"自然发生"的条件下,对观察的对象不加任何干预控制。而作为科学的观察又必须符合以下原则:(1)有明确的研究目的。观察是根据研究课题的需要,为解决某一问题而进行的。在实施观察前,要预先有一定理论准备和比较系统的观察计划。(2)用经过观察者自身的感官及辅助工具去直接地、有针对性地了解正在发生的、发展和变化的现象;(3)观察记录是有系统、需要随时整理的工作;(4)要以科学理论去分析、判断和观察,力求最终全面把握研究对象的各种属性。

✦ **观察研究法的特点**

1. 目的性与计划性。科学的观察具有的目的和计划。观察者按照事先制定的提纲和程序进行观察,而不是随意观察。

2. 直接性。观察者与观察对象直接接触、联系、获得的结果真实可信、准确有效。

3. 观察者往往容易受到个人感情色彩和"先入为主"成见的影响,容易影响观察的客观性。

4. 可重复性。观察者按照相同的观察提纲,同样的观察方法、手段和步骤等观察时,能得到基本相同的结果。重复观察可避免观察的表面化和经常化。

✦ **观察研究法的意义**

观察研究法贯穿研究过程的各个阶段。不仅在收集和积累各种事实、资料和观察研究对象的发展变化阶段可以使用观察研究法,而且在查明研究事实和现象之间的相互作用和相互依赖关系,对事实进行定量分析,把所有关于研究现象的材料加以概括和综合,在教育实践中检验理论成

> **重要观点**
> 人们认识的发展来源于观察,根植于观察,许多科学包括教育科学都是在观察的基础上发展起来的。

果的正确性,以至于到最后把获得的材料和研究成果用于实施中去,都可以使用观察法。具体说,观察研究法对教师研究的作用体现在以下几个方面:

1. 有助于研究课题的选择与形成。科研往往从问题开始,进而进行观察、调查和实验,从这个意义讲,科研源于问题,然而,由于人们的一切认识,包括产生的一切问题,归根到底发生于观察所得到的事实,从这个意义上讲,科研始于观察。有经验的教育工作者往往善于观察教育实践所产生的现象、问题,从中受到启示,形成教育研究课题。

情景 7.1

在一次小学语文教坛新秀汇报课上,有四位新秀选择和执教了《触摸春天》(人教版第 8 册)。令人意想不到的是,对课文中的这段文字:"安静的心上,此刻一定划一条美丽的弧线。蝴蝶在她八岁的人生划过一道极其优美的飞行曲线,叙述着飞翔的概念。"有三位教师在教学中只字未提,一位教师只是让学生朗读了两遍。课后,笔者问执教者:"为什么不讲解这一段?"

一位教师回答说:"这段太难,肯定有许多学生理解不了,反正不讲,也不会影响他们对思想内容的理解。"

另一位教师说:"这是难点,但不是重点。如果既是重点,也是难点,我一定会设法引导学生去理解。"

还有一位教师说:"说实话,我自己都不能完全说清楚,大多数学生肯定理解不了,所以还是回避算了。"

这段文字,对于四、五年级的小学生来说,的确比较难,多数恐怕理解不了的。那么是不是因为难,因为多数学生理解不了,在课堂教学中就可以回避或放弃了呢? 我认为,不能,也不应该。这里涉及到一个如何看待教育教学平等的问题,涉及到要不要兼顾优等生的问题。[1]

教育科学主要以人为研究对象,揭示人在现实生活和各种活动中的有关情况及行为表现,通过对其进行系统的观察和描述,教师就能找到有价值的研究课题。

同其他学科相比,教育科学有许多方面难于用实验的方法进行干预和控制,这就需要对其进行系统的观察和描述,同时也可以较好地克服研究过程中的人为性。随着科学技术的发展,观察法吸取了情报学、管理学、控制论、信息论等现代科学思想,采用音、像、电子计算机等现代技术手段,其观察技术等不断提高,从而在其作用和功能上更加扩大、可靠、有效。

> **重要观点**
> 在理论的提出中运用的是探索性观察;在理论的检验中则是验证观察的运用。

2. 有助于教育科学理论的提出与验证。教育科学理论是在教育实践基础上的飞跃与提升。通过科学的观察,摄取尽可能多的教育客观事实,从而为某一理论的提出提供大量而丰富的感性材料。同时,理论一经提出,其是否符合教育规律,

---

[1] 本案例由杭州市萧山区教育局教研室朱华贤撰写。

是否具有真理性,又有待于实践的检验。因此,仍可以通过观察来进行验证。

情景7.2

追求平等是基础教育核心原则,也是课堂教学应该遵循的一个原则。平等是什么? 平等不是抑长促短,不是平均主义,更不是"劫富济贫";平等也不是优等生等一等,停一停,让学困生追上来。课堂教学中的平等,就是让每一个学生都有所获得,就是长短共进。

在一些人看来,兼顾优生,这似乎是一个伪问题,只是有照顾学困生才对。事实上,过分照顾学困生,不就是轻视了优生? 因为是难点,怕大多数学生接受不了,就采取回避策略,这分明是不给胖子吃奶,当然是不公平的。素质教育,不仅仅是努力提高学困生的学习信心和成绩,让优等生在课堂上也能吃饱吃好,这同样是素质教育的重要内容。

难点的存在,对不少学生来说,是一种挑战,不管能不能突破,都是一次机遇。而对教材中的难点,教师理应迎难而上,让学生挑战。当然,适当时也铺设台阶,巧妙地引导点拨,都是不可或缺的。如果故意回避,或视而不见,那不但会影响学生对教育内容的深刻理解,也会使学生失去挑战困难的锻炼机会。

启示:这是情景7.1的延伸。"延伸"其意是指文章作者从其对课堂教学观察的现象中提出问题,并针对问题突出"平等教育不是补差教育","课堂教学中的平等,就是让每一个学生都有所获得","素质教育不仅仅是要努力提高学困生的学习信心和成绩,让优等生在课堂上也能吃饱吃好,这同样是素质教育的重要内容"等理论观点。

3. 在具体的研究过程中,观察法有其他研究方法不具备的优点。

情景7.3

有一位教师在处理《触摸春天》中的这个难句时,是这样引导的:

"这个句子比较难,先请大家仔细地读几遍,然后想想:主要讲的是什么? 特别是"弧线"和"曲线"是什么意思?"

经过思考,一个学生说:"弧线就是蝴蝶飞行的路线,因为是花蝴蝶,所以,是美丽的弧线。"

"蝴蝶飞行时,是左左右右、上上下下曲线飞行的,不像鸟儿是直线,所以叫曲线。"另一位学生用手比划着说。

老师问:"那为什么蝴蝶在她八岁的人生中划一道极其优美的飞行曲线?"

一个学生立即说:"安静今年 8 岁,这只飞行的蝴蝶让她知道了许多,让她想得很多,所以是划过一道极其优美的飞行曲线。"

"那么,'叙述有飞翔的概念'怎样理解呢?"教师问。

"大概是说,安静有了新的理想吧。"一个学生猜测道。

教师用分解难点的方法来引导,是非常恰当的。学生的理解也基本正确,对这个句子的理解,本来就是多元的。对这个难句,现在是不是学生们都理解了呢? 不,肯定有一部分学生还不懂。但我认为,这无妨,他们以后会懂的。

启示:这是情景 7.1 和 7.2 的"延伸"。这个"延伸"是来论证作者提出来的理论观点,但从中也可以看到,较之其他研究方法,在搜集非言语行为方面,观察法,可以不断地随时地发觉不断发展的变化行为。观察者可以做现场笔记,将行为的突出特征记录下来,甚至可以用录像设备将整个行为过程记录下来。

教育研究中的观察者往往可以与观察对象们生活相当长的一段时间,因此,他们之间的关系会比访谈者与回答者之间关系更为亲密和随和。这种直接关系使研究者有机会更详尽地发现被观察者的想法。观察研究方法在教育研究中表现出的另一优点是它始终发生无干扰的环境中,而实验法要严重依赖人工环境,调查法则依赖对一套有限问题的回答。这两者都恰恰在它们所试图研究的资料中产生偏差。

4. 观察法的优点和局限。运用方便,可以随时随地采用;可以保持观察现象的自然状态,不加人为干涉,可直接取得从生活中来的材料,可以不妨碍被观察一方的正常生活或正常的发展过程,因此,也不会产生不良后果等等,这些都是观察法的优点。但是,观察法也有如下局限性:容易受到人为主观因素的干扰,观察的材料较难量化等。

活动 7.1

1. 回顾自己运用观察法的过程,并体悟观察法存在的局限性。

2. 导致观察法局限性的原因有:人的生理局限,观察仪器的局限;观察水平的局限,缺乏控制、收集资料难于量化以及样本量小。

3. 就自己的运用观察法的实际,以叙事的方式描述导致观察法局限性的三个原因。

(二)观察的类型

✦ 自然观察与实验观察

1. 自然观察。这种教育观察的环境结构一般是一个自然场所,是在自然发生条件下,在对观察对象不加暗示、不加控制的状态下进行。观察可以是隐蔽的,也可以是公开的。公开观察的主要问题是,它可能是反应性的,被观察者由于知道自己正被观察而不自在,从而导致他们的行为与平时有所不同,而在自然观察法中,希望暗中进行的研究人员很难不作为一名参与者,他们在场是非常引人注目的,能影响观察对象的行为,并能在事实上将一个自然场所改变成为一个非自然场所。

2. 实验观察。这是在人工环境的实验室场所中,在一种控制情形下进行的。其根本特点在于它不仅要有明确的实验目的和严密的实施计划,而且观察者必须精确地测量观察对象,必须严格控制一个或一个以上的变量,并观察这种控制对另外变量的影响,从而发现客体内部的因果关系和相互关系,在实验场所里,希望在暗中进行观察而得保持不被察觉,就比在自然场所里容易。

✦ **直接观察和间接观察**

1. 直接观察。是凭借观察者自身的眼睛、耳朵等感觉器官直接感知外界事物的方法。

2. 间接观察。是指观察者借助录音机、摄像机等工具进行观察活动的方法。这是按观察时研究者是否借助于仪器来分类的。

✦ **参与观察与非参与观察**

按观察时研究者是否参与研究对象活动,或者说从研究者在研究中扮演的角色来划分,可以分为参与观察和非参与观察两类。

1. 参与观察。强调研究要贴近研究对象,真实地诠释行为的社会意义。在研究中不但要了解被观察者的主观意识,观察者还要依据自己的理论框架作"主观"的解释和评价(建立在长期大量的实地观察基础之上,而非经验性的主观推测),因而属于一种定性的观察。从观察的具体操作来看,研究者要参加到被研究对象所在群体或组织中去进行观察,并参加他所观察的活动。

参与观察有两种参与方式:一种是观察者隐蔽或改变自己的真实身份,与观察对象生活在一起,努力成为他们中的一员,被他们当成自己人,在不影响对方的行为和思想的情况下对他们进行深入的观察,这是一种完全参与观察。在课堂观察中这种完全参与观察是很难做到的。另外一种形式是不完全参与观察,观察者不改变自己的身份进入观察群体,去观察研究对象的行为和结果。由于观察需要长期进行,观察者可能被观察对象看做"客人",观察者不时也要参与被观察对象的活动。课堂观察中,参与观察更多的是一种不完全参与观察。

2. 非参与观察。这是指研究者不介入被观察者的活动,而非作为一个旁观者置身于他所研究的课堂情景之外进行的观察,课堂非参与观察一般运用于观察时间短、内容较简单的情况。

表 7-1 参与观察与非参与观察法对比

	主 要 优 点	局 限
参与观察法	缩短或消除观察者和被观察者之间的心理距离,便于深入了解被观察对象内部的真实情况	观察者与被观察者之间容易相互影响,其观察的结论易带主观感情色彩
非参与观察法	观察者不易受被观察者的影响,观察结果比较客观、公正	观察易带有表面性和偶然性,不易深入

✦ 结构观察、准结构观察和非结构观察

这是按观察方式的结构化程度来划分类型。"结构程度化"是指时间和事件行为被分解的细致程度,结构程度越高就表明量化程度越高,反之亦然。

1. 结构观察。这是研究者根据研究的目的,事先拟定好观察计划,确定使用结构性观察工具,并严格按照规定的观察内容和程序实施的观察。在结构观察中,一般有一定的分类体系或结构性的较为详细的观察纲要,在特定的时间和地点内,对预先设置的分类下的行为进行记录,往往有较为严格的规划,对观察者和观察对象都有一定程度的限制。所以它最大的特点是观察程序标准化和观察内容结构化。这种观察记录的结果一般是一些规范的数据,还可以根据需要通过计算机或其他设备进行处理。

2. 非结构观察。没有预先设置的分类,对事件和行为尽量广泛地作记录,对背景因素很少予以控制,资料收集的规则是灵活的,是基于需要在观察的过程中形成的,事先不作严格的观察计划,不必指定结构性的观察表格或提纲,即使使用观察提纲,也是结构松散的形式,而且往往只是一些宽泛的指导方针,观察者对观察活动只有粗略的想法,而依据现场情况解决观察的进程。这种观察对观察者和观察对象都不作严格限定,它的最大特点是灵活机动,观察者可以基于自己的理论素养在观察中充分发挥主动性、创造性。这种观察所记录的信息可以用文字的形式体现,或还可以辅助以录音、录像等工艺学的形式。

3. 准结构观察。这是介乎于结构观察和非结构观察之间的一种过程类型。这种观察可以有预先设置的分类,既有一定的结构,但其记录不是以数据的形式体现,而是文字或其他。

✦ 开放式观察与聚焦式观察

这一分类是按观察情境的范围来进行的。开放式观察中,观察者可以用纸和笔记录一节课的情况,记录下这节课的关键点,或者用自己看得懂的方式对这节课各方面的情形进行详尽的记录。这种观察只需要一个较为宽泛的分类,观察者尽可能开放他真实的记录情况,不断判断,直到课后的讨论时才进行必要的解释。

聚焦式观察需要选定一个观察的焦点,即有一个观察的具体问题。

✦ 定量观察和定性观察

如以其资料收集的方式和所收集的资料本身的属性来划分,可以把观察方法划分为定量观察与定性观察两个方面。前者是指以结构化的方式收集资料,并且以数学化的方式呈现资料的观察;后者是以质化的方式收集资料,并且资料以非数字化的形式(比如文字等)呈现的观察。这种划分并不是绝对的,它们共属于观察方法这样一种教育研究方法之下,而这种方式究竟属于定量研究方法还是定性研究方法,取决于在研究中以定量观察为主还是定性观察为主。在观察研究中,两种类别并不相互排斥,他们相互证明、相互补充,因而在实践的研究中,它们往往被研究者综合运用。

联系"相关链接"中"定量课堂观察、定性课堂观察"相关内容学习。

(三)观察研究方法的实施途径与步骤

✦ 观察研究的途径

1. 参观。如参观考察学校的校舍、设施等。

2. 听课。深入课堂,了解教师的教学方法和教学技能,了解学生在课堂教学活动中的反应、状态。

3. 列席各种会议。如校务会议、教研组会、班队会等。通过各种方式了解学校的办学思想、管理水平,以及教师、学生的各方面状况。

✦ 观察研究法的步骤

1. 界定问题,明确观察的目的。所谓界定问题即选择和确定研究的问题,在此同时也就基本上确定了观察者和观察对象。观察目的是根据科研任务和观察对象的特点而确定的,为此,应作为大的调查和试探性观察,其目的不在于系统地收集科研计划,而是掌握一些基本情况,了解观察对象的特点,以便确定观察需要获得什么材料,弄清楚什么问题,然后确定观察范围,选定观察重点,具体计划观察的步骤。

2. 制定观察计划。观察计划一般包括如下内容:

(1)观察目的;

(2)观察重点和范围,一般重点不能多,范围不能太广;

(3)观察提纲,列出需要通过观察获得材料的要目;

(4)观察过程,包括选择观察的途径、安排观察的时间、次数和位置、选择观察的方法和掌握观察的态度等;

(5)观察的注意事项,根据观察的特点,列出为保持观察对象常态的有关规定;

(6)观察的记录表格、速记符号、规定有关的统一参照标准;

(7)观察仪器;

(8)观察人员的组织分工;

(9)观察物质准备。

活动7. 2

就某老师课堂教学的某一问题,制订一份课堂观察计划。

3. 做好物质准备。

(1)如果观察要借助仪器,就必须事先对仪器进行检查、安装,以及使用的安排;

(2)印刷观察记录表格,以便迅速、准确和有条理地记录所需要的材料,便于日后的核对、比较、整理和应用。

4. 根据观察计划开始进行实际观察。在进行观察时,研究者除了不仅可以使用自己的眼睛、耳朵、鼻子等感知觉器官以及其他仪器设备(如录像机、录音机)以外,还可以使用笔对观察的内容进行记录。记录在观察中占有十分重要的位置,是观察中一个必不可少的步骤。记录观察材料要注意以下几点:

(1)及时性。要在观察的过程中和观察之后,立即记录观察材料。如果在观察的过程中进行记录会影响观察对象的活动,那么也要在观察后写上将获得的材料记录下来,以免遗忘。有些人没有养成及时记录的习惯,使一些宝贵的材料失之交臂。有些人因遗忘了一些细节,就用主观的臆想来加以弥补。这些都是我们应当防止的。

(2)真实性。记录要准确无误,有什么记什么,是什么记什么,绝对不能凭主观想象和猜想,更不能凭空捏造。根据自己的观点想当然地去修改事实,是人们常犯的毛病。要克服这个毛病,一是将所有观察到的材料记录下来,即使与自己想法不同的事实,也不应舍去;二是把事实的记录与自己的解释严格区分开来。

(3)完整性。记录材料要完整,全部的来龙去脉必须记下来,不能只记需要的而遗弃不需要的。记录材料和分析材料是两个不同的过程,决定取舍是分析材料时应从事的工作。

(4)顺序性。应按事物固有的顺序记录,不能杂乱无章或随意颠倒。任何事物都是有序的,都有产生发展的过程,我们要将这个顺序记录下来。这不仅能为我们分析和整理材料打好基础,而且可以揭示对象的内部联系和某些规律。

(5)连续性。对观察活动进行记录要按时序进行,所记的事情之间要有连续性,一个事情接着一个事情地记,不要对所有事情作一个整体性的总结。这样做一方面可以保持事件发生的时序和情境,有利于今后分析时查找;另一方面保留了大量有关事件的细节,便于今后为建构理论提供具体的素材。可采用连续记录法。这是用笔记的方法在现场作连续记录,也可以运用录音机、录像机、微型摄影机将观察到的情况录摄下来,回来后再转存在计算机上。

(6)摘录与全录。如果在研究后期,观察的目标已经比较明朗、内容已经比较集中,我们也可以采取摘要记录的方式将重要的事情记录下来。但是,这样做有一定的冒险性,因为随着研究的深入,我们可能发现原来自己认为不重要的事情变得重要了,而如果这些事情当时没有被及时地记录下来,过后无论我们如何回忆也不如当时的记录那么生动、确切。

5. 评等、量化。

(1)评等法。观察者对所观察的研究对象评定等级,比如研究对象对某种事物可以是不喜欢、不太喜欢、一般、有点喜欢、很喜欢。观察者可以在预先印好的表格上按级划圈。

(2)量化。为了避免观察不易量化的问题,我们也可以运用一定技术,尽力使获得的材料可以量化。例如,在观察学生是否有进取的动机和顽强的意志时,可以编制表 7-2 这样的量表:

表 7-2　评等量化表

得分　　表现 项目	很经常	不经常	有时	不经常	很不经常
完成作业	5	4	3	2	1
犹豫不决或轻易放弃	1	2	3	4	5
决定之前周密思考	5	4	3	2	1
难于集中精力	1	2	3	4	5
能持续从事一项活动	5	4	3	2	1

把某个学生的表现,在得分处打√,得分高者,说明进取的动机强,意志力强。还可以算出全班的平均分(常模),看某个学生是在平均分之上或之下。对每个班的平均分,也可以进行比较。

◆ 观察法的要求

1. 客观典型。必须坚持观察的客观性。一定要采取实事求是的科学态度,不许掺杂个人的偏见,这样观察到的材料才可能是真实可靠的。所选择的观察对象要有典型性。可以从上、中、下各种类型选择能代表一般的典型进行观察,避免以偏概全。

2. 掌握观察技术。观察者要掌握观察技术。在观察之前要拟订好详细的观察提纲,制订观察的标准、记录表格和速写符号。在观察过程中要随时做好观察记录,及时处理观察的记录材料,将观察到的现象材料数量化、系统化和本质化;提高观察的信度和效度。

3. 记录的格式。基本的原则是:清楚,有条理,便于今后查找。通常的做法是:在记录的第二页上方写上观察者的姓名、观察内容的标题、地点、时间、本笔记的标号、此套笔记的名称,然后在笔记的每一页标上本笔记的标号和页码。主笔记的段落不宜过长,每当一件新的事情发生、一个不同的人出现在现场、一个新的话题被提出来,都应该重起一个段落。

实地笔记的纸张应该比较大,在记录的左边或者右边留下大量的空白,以便今后补充记录、评说、分类和编码。记录纸的页面应该分成至少两大部分,从中间垂直分开,左边是事实笔记,右边是研究者个人的思考。"事实笔记"部分记录的是研究者在观察中看到和听到的"事实",是可以感觉和知觉到的东西。如果这部分记录了被观察者所说的原话,应该用引号标示出来,以区别于研究者的重述或说明"个人思考"部分记录的是研究者本人对观察内容的感受和解释,是对研究者的同步思考活动的一个现场记录。这个部分非常重要,应该及时地记录下来,但记录的时候应该注意与"事实笔记"分开。

4. 记录的语言。观察记录的话语言要求尽可能具体、清楚、实在。这三个标准是一种相互关联的关系,做到了其一,便会影响到其二和其三。具体的语言会使记录的内容显得比较清楚、实在;清楚的语言会使记录显得比较具体、实在;而实在的语言也会使记录的内容显得比较具体、清楚。

总之,调查研究中的观察要求达到如下几条标准:

(1)准确:观察要获得相对确切的资料,即符合观察对象的实际情形。虽然持不同范式的调查研究者对什么是准确理解不一样,但是他们都认为仍旧存在一个衡量是否准确的标准。

(2)全面:观察要求注意事物的整体状况,特别是观察时的社会、文化、物质背景。

(3)具体:观察要求细致入微,注意了解事情的细节。

(4)持久:观察要长期持续地进行,追踪事情的发展过程。

(5)开放:观察可以随时改变方向、目标与范围,观察本身是一个演化的过程。

(6)具有反思特点:观察者要不断反思自己与被观察者的关系,注意这一关系对观察的进程与结果所产生的影响。

三、调查研究法

"没有调查就没有发言权"。调查在教育研究中的作用举足轻重。调查研究可能是在教育研究中单独使用最广泛的一种研究方法,它包括对现状的研究,以及确定和解释教育的或心理的变量之间的关系的研究;在许多教育研究的情境中,调查研究是一种相当合适的研究方法。

(一)调查研究的定义与特点

✦ 调查研究的定义

调查研究是研究人员在一定的教育思想指标下,运用一定的手段,如观察、问卷、访谈、列表、个案研究以及测验等科学方式,在自然状态下有计划地、系统地搜集被调查对象某一方面的资料,了解被调查对象该方面的状况,并从获得的信息中分析和解释现象、解释内在相关关系发展规律的一种研究方法。

调查法是教育科学研究中最主要的一种收集研究资料的方法。它不仅可以用于教育科学研究,还可以用于教育工作总结教育经验,改进工作方法。通过教育调查,能明了教育的现状、发展新的研究课题、先进的教育经验,提示教育发展中存在的矛盾和问题,并提出解决问题的新见解、新理论、从而找到解决问题的办法。调查法可以为教育科学研究人员提供既定的材料和依据;只有通过教育调查,才能防止制定决策计划时的偏差和教育工作的盲目性。

> **重要观点**
> 调查研究不仅是研究的需要,也是了解工作对象情况的有效手段;开展教育调查研究,无论是对教育科学研究工作的开展,还是对教育质量的提高均有十分重要的意义。

✦ 调查研究的特点

1.调查情景的自然性。调查的最大特点就是对研究对象不作任何干预或控制,完全在自然状态下进行。一切安排都尽量避免人为干预,以便能最大限度地得到被调查对象的心声,甚至许多情况进行署名调查,即便个案访谈也会根据需要绝对为被调查对象保密。

2.调查范围的广泛性。调查研究可以根据需要在同一时间内进行大范围的调查,通过抽取一定的代表性的样本来实现对总体的研究分析。为节省大量的资源,大规模的研究必须采用抽样调查。

3. 调查手段的多样性。调查研究有多种手段供选择,比如观察、问卷、访谈、制表、个案研究以及测验和网上调查等。根据需要选择其中一种或多种方法和手段,有时候还可能综合运用多种方法来得到想要的信息。

4. 调查时间的灵活性。采用调查方法,一般在时间在没有特别要求。可以根据需要在调查者和被调查双方共同方便的时间进行,也可以在各自方便的时间内分别进行。

5. 被调查对象的自主性。调查研究完全在被调查对象的自愿下进行,调查者对被调查充分尊重,而且被调查者享有回答问题的自主权,回答问题的真实程度也决定于被调查对象。因而,采用任何调查方式,内容等要充分考虑被调查者的心理,尽量不造成负担。

同样,调查研究也有自身的不足之处,比如调查研究处理的问题显得比较肤浅,调查研究者很难全面把握受访者在整个生活情景中的表现,主观的人为因素影响较大,真实程度也值得考虑等。

(二)调查研究的类别及方案设计

✦ 调查研究方法的类别

1. 按调查研究目的分类。

(1)现状调查。这是一种描述性的调查,它主要调查某一类教育现象目前的状况和基本特征,目的是对教育现象的真实情况进行具体描述,或寻找一般数据。

(2)发展调查。这是一种预测性调查。它主要调查某一教育现象随意时间变化而表现出来的特征和规律,从而推断未来某一时期的教育发展趋势与动力。

(3)关系调查。这是一种相关性的调查,它主要调查两种或两种以上教育现象的性质与程度,分析与考察它们是否存在相互关系,是否为互动变量,目的是寻求某一教育现象的相关因素,以探索解决问题的办法。

(4)比较调查。这是一种对比性调查,它主要是对两个或两个以上群体、地区、时期的教育情况,对比分析不同对象间的差异特点和规律,目的是弄清不同类型的教育对象,不同性质教育现象之间的差异性、相似性及其内在关系。

(5)原因调查。原因调查是一种因果性的调查,它要调查产生某一教育现象的可能原因。这种调查相对来说比较直接,有利于迅速发现问题,尽早解决问题。

活动 7.3

归属连线

研究课题	调查法类别

(例)中小学衔接教育调查

教师职业道德的调查　　　　　　　　　　　　现状调查

互联网时代教师角色的调查
　　　　　　　　　　　　　　　　　　　　　发展调查
家庭因素与学业成绩关系的调查

边远地区义务教育普及情况的调查

21 世纪我国教师所需要素质的调查　　　　　关系调查

教师素质与其教育成长

城乡之间义务教育情况的调查
　　　　　　　　　　　　　　　　　　　　　比较调查
2004 年高等师范院校生源情况调查

期中考试调查

优秀教师与普通教师教学风格的调查
　　　　　　　　　　　　　　　　　　　　　原因调查
初三下学期部分学生辍学原因的调查

2. 按调查对象的范围分类。

(1)普遍调查。是指对被调查对象总体中的每一个单位或个人都进行调查。这类调查也称全面调查,利于了解全面情况,但是往往要花费很多的人力、物力、财力和时间。

(2)抽样调查。指从被调查的总体中抽取一部分具有代表性的对象作为样本进行调查,根据调查所得的数据资料,推断被调查总体的状况。可分为随机和非随机抽样调查。这类调查要有教育统计学的基础,具有较高的科学性和准确性,对调查结果侧重定量分析。由于它能大量节省人、财、物、时,因而常为教育工作者所采用。

(3)个案调查,也称"典型调查"。是指从总体中选取具有代表性的若干人或典型单位进行调查。这类调查深入细致,对调查结果侧重于定性分析。

3. 按调查研究的内容分类。

（1）事实调查。这是指在调查过程中调查对象需要而且必须提供现成的事实或数据，往往是要求了解教育现状。

（2）征询意见调查。这是指在调查过程中调查对象自己提出对某个问题的看法和意见，往往是为了改进和提高教育教学工作而进行的调查。

4. 按调查研究的方式分类。依据调查研究的方式不同，可以把调查研究分为问卷调查、访谈调查、测验调查、成品分析调查等等。在具体调查研究中，这些调查方式一般要综合运用，往往都是以一种调查方式为主，其他一种或几种方式为辅。

✦ 调查研究方案的设计

为了做到有的放矢、有条不紊地进行调查，要预先设计研究方案。

一般来说，调查设计可以分为纵向设计和横向设计两种。这些设计一般用于样本中。区分它们的两个特征是：收集资料的地点和样本的性质。

1. 纵向设计。纵向设计涉及随着时间推移收集资料的调查和在特定时间内及时收集资料的调查。所收集的数据都是在一定时间内分两次或多次收集的。

> **重要观点**
>
> 趋势研究是在不同时间内对研究总体的纵向研究，通常是要从总体中取样，再测量样本。

一种纵向设计是趋势研究。在此研究中，要对调查总体研究段时间，要在该时间段内对不同人群进行随机抽样，而且，这些样本要不一样，但这些样本代表一般总体。趋势研究常常用于不同时间的态度研究。

一种纵向设计是群体研究，趋势研究的一种变通形式。在群体研究中，通常是研究特定的群体，而不是一般总体。通常在一段时间的不同时刻进行随机抽样，而不是包括总体。趋势研究和群体研究能够帮助研究者了解一段时间中的变化和过程。但是，每次收集数据时，都选择不同的随机样本。趋势是针对群体而言，而非针对全体。如果变化经常发生，研究者不能明确知道哪些个体导致了这些变化。

> **重要观点**
>
> 专门对象研究是对同一样本进行两次或两次以上测量的纵向研究。样本可以代表一个特定总体和或一般总体。

纵向设计的另一个形式是专门对象研究。它是指在不同的时间，对一些个体样本进行群体数据收集，这些使用的个体样本叫做专业对象，它是在研究一开始就选定的。它的一个优点是，不仅能够帮助研究者测出发生的变化，还能鉴别出变化是由哪些特定的个体导致的；它还能提供关于变量之间次序的信息，这些信息对研究因果关系的建立是很重要的。专门对象研究对于短期的、静态的集体研究是可行的。

纵向设计通常是研究一段时间的变化和状态。一个特定的设计所需要的时间和资料收集的数量,由研究的目的来决定。从取样的角度说,趋势研究是从整个总体中进行随机抽样,群体研究是从特定的总体中进行随机取样,而专门对象研究每次测量的是单一的随机样本。

2. 横向设计。这是指对一个代表总体的随机样本,在一段时间内进行一次性收集资料。横向设计不能测量个体的变化,因它仅测一次。但是,在横向设计中,不同被调查的小组间的差异却代表了一个范围较大的总体的变化。

从两个或多个总体中同时选择样本,并进行与同一研究问题相关的研究,这叫做"平行样本设计"。平行样本设计常常好像是横向设计,尽管它们也可能是纵向设计。在后一种情况下,它们将进行两次或多次数据收集。中间有着一个时间间隔。纵向设计和横向设计的特点可以综合到一个复杂的设计中,这是针对从两个或多个亚总体(或总体)进行两次或多次取样而言。这样的话,可以把数据放在一个特定的时间内进行比较,也可以在不同的数据收集之间进行比较。

活动 7.4

1. 理解调查设计的类型。

2. 把不同类型的调查设计的特征概括于下表之中。

表 7-3

设计	研究的总体	如何取样
纵向设计		
趋势研究		
群体研究		
专门对象研究		
横向设计		

3. 调查设计的特征。

✦ 调查设计方案

1. 调查设计方案的内容。

(1)明确调查研究的目的。进一步明确调查研究的目的,并把它分解成各个目标,是搞好调查研究的必要前提。

(2)确定调查对象。"确定"包含两重含义:其一,确定调查对象的总体范围,即调查哪一类人;其二,确定调查时是采用全体法、抽样法还是个案法,也就是说,既要确定调查哪一类人,又要确定这一类人中哪一部分人。

(3)抽取样本。抽取样本即抽样的方法主要有随机抽样和非随机抽样。

随机抽样是使每个个体入选机会都相同的抽样方法。又可以分为以下几类:

①简单随机抽样(单纯随机抽样)。如果总体中每个个体被抽到的机会是均等的(即抽样的随机性),并且在抽取一个之后总体内成分不变(抽样的独立性),此种方法称为简单随机抽样。方法有抽签、随机数目表或摇号等。②集团抽样法。为了使调查对象不过于分散,节约费用,可以随机抽取团体。抽中的团体中所有的个体入选,叫集团抽样法,也叫聚类取样法,又称整体抽样。③分层抽样法。当总体中个体分布不均匀,不同的群体差异甚大时,为了提高可靠性,可以把总体分成若干层,分层的原则是层内的群体同质性强,层与层之间差别较大。分层越细则代表性越好。④二阶段抽样法。先随机抽样出总体中的某些群体,再在已抽样中的群体中随机抽取个体组成样本。

非随机抽样:一类是立意抽样法。根据调查者对回答者的判断来确定样本,认为哪些对象适合该项研究,就抽取哪些对象。一类是方便抽样法。此方法适合该项调查的人甚广时,调查人员可以选择调查最方便的人作为样本。这种方法可能在准确程度上有所不足,但可以节省人力、物力、并能及时取得调查结果。制约样本量的因素,一是研究者的人力、经费、时间;二是满足预定的误差要求;三是总体内个体的相似程度。

(4)设计调查项目内容,建立指标体系。调查项目就是调查目标具体化以后,可以实施调查活动的项目。调查项目要全面具体,对影响被调查对象某些特征的直接或间接因素,都要予以考虑。依据调查项目目标和调查项目,进一步制定出与之相应的研究变量,并建立每一研究变量的研究指标。分析研究变量的内容性质、范围角度、确定具体从哪些方面或哪些角度对研究变量进行研究。

(5)设定调查工具,根据调查对象范围、调查项目内容及其指标体系,选定具体用哪一种或几种调查方式。为完成一定调查任务所采用的调查手段,如问卷、试卷等是最常用的调查工具也称调查方式。在教育调查过程中,调查工具的设计是很重要的一个环节。可以说,采用科学、有效的调查工具,调查任务也就完成了一半。

(6)确定步骤和组织分工。先调查什么,后调查什么,这都是调查实施以前应该考虑好的。调查的日程安排必须与整个研究工作协调一致,必须考虑到调查对象的时间配合,要确保实际调查工作的各个阶段都有足够的时间保证,都有足够的人手负责。

(7)调查结果的分析。调查到的资料或数据可以使用适当的统计方法进行分析。在许多调查中,至少有部分的调查结果是以描述性的方式予以报告出来的。通常要对受调查者回答某个问题的百分比或比例数字进行深入分析。

活动 7.5

1. 阅读案例《中小学生对惩罚的心理感受研究》。

2. 就案例进行分析并简要阐述开展调查研究的 7 个基本环节：(1)确定调查什么；(2)确定调查谁；(3)确定调查时间；(4)确定调查地点；(5)确定如何调查；(6)解释数据的原因；(7)撰写调查报告。

中小学生对惩罚的心理感受研究

(1)引言

惩罚是一种针对个体某种特定行为施以痛苦刺激或剥夺需要，以减少某种行为再次发生或制止某种行为与群体目标不一致的管理手段。"如果错误的行为没有受到惩罚，或者教师放弃了对违规行为的惩罚，那么惩罚在学生中的威信和作用将会降低，而且如果其他学生也注意到这种不连贯性的话，那么更多的错误行为就有可能发生。"因而，惩罚被认为是激发学生良好行为和态度转变的一种有效方式；然而，另有一派观点认为，任何类型的惩罚都会损害学生与教师的关系，而且这种损害可能是永久性的；惩罚只能使学生排除某种不良反应信号，而不能保证学生学会正确反应；学生受到了惩罚只是懂得什么样的行为会导致惩罚，因而避免此类行为再次发生，但他们可能不清楚究竟怎么样的行为能避免惩罚；频繁的惩罚可能会加重学生对自己是弱者的认知，并使其产生习惯性的失败体验，从而损害自尊心，造成情绪上的恐惧和焦虑，有损心理健康。可见，已有研究观点莫衷一是，缺乏深入系统的实际调查和辩证分析。为此，本研究通过调查分析，揭示目前不同年龄阶段中小学生对惩罚的心理反应及其年龄特点和变化规律，为正确认识和合理运用惩罚手段，提高教师职业道德修养，提供心理学依据。

(2) 研究方法

① 被试

从烟台经济开发区随机抽取 1000 名 5—4—3 制(小学 5 年，初中 4 年，高中 3 年)中小学生作为被试。男生占 49%，女生占 51%。剔除无效被试后，还有小学生 539 名，从小学三年级到五年级比例及男女比例基本相当，平均年龄 10.8 岁；初中生 239 名，从初一到初四比例及男女比例基本相当；平均年龄 14.7 岁；高中生 197 名，从高一到高三比例及男女比例基本相当，平均年龄 17.4 岁。

②问卷设计

针对中小学教育中使用惩罚手段的实际情况，通过文献调研和师生访谈，并考虑到各年龄阶段学生的身心特点设计问卷。题目分成两大类:排序类和选择类。排序类从常见的对自身受到惩罚后的心理感受里筛选出12个典型项目:难过、害羞、自尊、受损、害怕、失去自信、失去学习兴趣、愤怒、憎恨、生气;从最反感的惩罚形式里筛选出6个典型项目:辱骂、讽刺挖苦嘲笑、罚作业、不让上课、罚站、不准回家。编成问卷,要求学生分别按由重到轻排序。记分办法是:A×1+B×2+C×3+D×4……=该项总分。其中,A代表某项排在第一位的人数,B代表该项排在第二位的人数,C代表该项排在第三位的人数,依此类推,最终得分最少的项目排在最前,表示程度最重;反之,表示程度最轻。选择类包括对他人受到惩罚的心理感受、对待惩罚的心理倾向、对惩罚效果的心理感觉,要求被试从多项分级量表中选出符合自己认识的一项,利用所选该项的百分比进行统计分析。为保证学生说实话,问卷不记名,并由陌生老师组织进行。

(3)结果

①对自身受到惩罚的心理感受

受到惩罚后,学生的心理感受按常见程度由大到小依次为:

小学生:难过、害羞、自尊受损、害怕、失去自信、失去学习兴趣、愤怒、憎恨、生气;

初中生:难过、害羞、自尊受损、失去学习兴趣、害怕、生气、失去自信心、愤怒、憎恨;

高中生:难过、自尊受损、失去学习兴趣、生气、害羞、失去自信、害怕、愤怒、憎恨。

由上可见,在受到惩罚后,所有中小学生第一心理感受是难过。各阶段学生受惩罚后的心理悲伤情绪首先指向自我(如难过、害羞、自尊受损、失去学习兴趣等)并且带有中性,然后向自我以外发展(如愤怒、憎恨)并且带有敌对性。比较而言,小学生与初中生的心理感受都表现出同等程度和次序的难过、害羞、自尊受损;但小学生比初中生更容易害怕和失去自信;而初中生比小学生更易失去学习兴趣和生气。高中生比初中生则更易引起自尊受损、失去学习兴趣、生气,但明显不像初中生和小学生那么容易害羞。

②对他人受到惩罚的心理感受

整体上看,对他人受到惩罚有约半数的学生(50.9%)表示同情,其次,接近1/4的学生(24.8%)表示不满,表示不平和无所谓的学生各占1/10多(12.1%),对他人受到惩罚表示同情的比例随年级升高而递减。相反,表示不满的则依次递增。(见下表对他人受到惩罚的心理感受部分)

表7-4

班级	对他人受到处罚的心理感受				学生对惩罚的心理倾向表				
	同情%	不平%	不满%	无所谓%	非常赞成%	赞成%	无所谓%	不赞成%	极不赞成%
小学	56.8	12.1	18.4	12.8	31.9	21.3	7.80	20.4	18.6
初中	47.7	11.3	30.1	10.9	8.80	20.9	14.6	36.0	19.7
高中	38.6	13.7	36.0	11.7	1.50	16.8	6.10	54.8	20.8
合计	50.9	12.2	24.8	12.1	20.1	20.3	9.10	31.2	19.3

③中小学生最反感的惩罚形式

整体上讲,学生最反感的惩罚形式排在前六位的分别是:辱骂、讽刺挖苦嘲笑、罚作业、不让上课、罚站、不准回家。其中,讨厌辱骂、讽刺挖苦嘲笑、罚作业的比例明显高于其他惩罚形式,并且表现出各自的年级特点。学生对讽刺挖苦嘲笑的反感人数比例则从小学五年级到初中一年级急剧增大,然后持续增长,直到高二又一次剧增。学生对辱骂在小学四年级前后和初中二年级前后逆反心理最强,所占比例分别超过1/3和接近1/2。学生对罚作业的反感人数比例初中最高,尤其是初二和初四。学生对其他惩罚形式的反感人数比例各阶段变化幅度不大,基本在15%以下波动。

④对待惩罚的心理倾向

整体上看,50.5%的学生不赞成惩罚,并随着年级的增高,对惩罚反感的倾向上升。53.9%的小学生赞成惩罚,明显多于不赞成的比例(39%)。55.7%的初中生不赞成惩罚,明显多于赞成的比例(29.7%)。75.6%高中生不赞成惩罚,而赞成惩罚的比例只有18.3%。还有一个最显著的特点,就是非常赞成惩罚在小学的比例为31.9%,初中生则锐减到8%,高中生则只有1.5%(见上表学生对惩罚的心理倾向部分)。

⑤对惩罚效果的心理感觉

整体上看,46%的学生在心理上感觉惩罚有用,35%的学生感觉惩罚无用,19%的学生对惩罚是否有用感觉不清。小学、初中阶段认为惩罚有用的(52.7%、39.3%)都明显高于认为惩罚无用的比例(38.4%、27.2%),而到高中阶段认为惩罚有用与无用的比例持平(37.6%)。小学阶段认为惩罚有用的比例最高(52.7%),初中阶段对惩罚是否有用说不清的比例最高(33.5%)。

(4)讨论

在受到惩罚后,所有中小学生第一心理感受是难过,这是惩罚及其发挥作用的必然结果。美国社会心理学家费斯廷格提出的认知不协调理论认为,学校教育中的惩罚就是通过给予有违规行为的学生个体或群体以一定的痛苦或苦恼的内心体验,造成学生认知上的不协调,从而促使学生的态度和行为向教师要求的方向转变,达到教育的目的。

小学生由于缺乏自我意识和勇气,受到惩罚后自然比初中生更容易引起害怕和失去自信,而初中生是青春发育关键期,容易移情和情绪化,因而更容易生气和难过,进而导致失去学习兴趣。高中生由于自我主见增强,自尊心虽容易受损,但不再容易害羞。

学生最反感的惩罚形式排在前六位的与伤害心灵、侵犯正当学习权利和亲情权利有关,说明学生对人格尊严的重视和求知欲望、亲情需要的强烈。学生对讽刺挖苦嘲笑辱骂产生的逆反心理在初中二年级前后达到高峰,这与"心理断乳期"的防御和对抗心理较强有关。

当他人受到惩罚时有约半数的学生表示同情,甚至还有接近1/4的学生表示不满,且比例随年级递增。可能与从小接受关爱他人的教育和移情作用有关。半数多的学生不赞成惩罚,超过1/3的学生认为惩罚无用,年级越高,独立性越强,越容易认为惩罚无用。但低年级学生服从性高,因而接受惩罚和认为惩罚有用的比例高。小学三年级到小学五年级(10岁~13岁左右)、高一到高三(15岁~18岁左右)分别是两个身心发育关键期,逆反心理特别强,因而,认为惩罚无用比例明显高于其他年龄段。可见,尽管惩罚是说服教育的有效补充手段,但要根据对象谨慎使用,把握好"度"。

(5)结论

任何形式的惩罚都会伤害学生的心灵,受惩罚后的共同第一心理感受是难过,其余心理感受形式因年龄不同而有差异。受惩罚后的心理悲伤情绪指向先向内后向外。对他人受到惩罚多数表示同情和不满,年级越高对待惩罚越有自己的主见。学生反感任何形式的惩罚,尤其是给身心造成严重伤害的惩罚,并有随年级升高的趋势。对不同惩罚形式表现出年龄上的关键敏感期,具体特点又因年级而异。多数学生对惩罚及其作用持否定态度,但也有相当比例的学生认为有用,尤其是低年级学生。所以对待惩罚要持科学、辩证和审慎态度。

(6)参考文献(略)[①]

(三)问卷调查

常用的调查方法有问卷调查、访谈调查和测验调查。测验调查主要是指心理测验,一般由专门人员采用已编印的测试工具,按规定程序进行测量,获得数据,从而进

---

① 中央教育科学研究所孟万金撰写。

行研究。"成就测验"、"学习风格测验"、"智力测验"、"能力倾向测验"、"创造性测验"、"人格测验"等都是常用的测量工具。这里不作详细介绍。访谈是指调查或访谈员通过与调查对象面对面的谈话来了解情况,搜集资料。访谈中调查者或访谈者将访谈对象的意见和表现详细记录下来,然后由调查者对这些访谈记录进行汇总分析,从而得出调查结论。访谈调查,将在本书"质性研究"的章节中作详细的介绍。这里仅介绍问卷调查。

✦ 问卷的特点

1. 标准。问卷法统一提问、回答的形式和内容,对于所有被调查都是以同一种问卷进行询问。同时,以同一种方式发放与填写问卷。由此,问卷调查可以反映同一地区、同一阶层对具有某种社会同质性的被调查者的平均趋势与一般情况,又

> **重要观点**
> 问卷调查是指研究者使用统一严格设计的问卷来搜集所需要信息的一种研究方法。

可以对不同地区、不同阶层等具有某种社会异质性的被调查者的情况进行比较分析;有时还可以对一些被调查者进行跟踪调查。另外,使用标准化工具搜集来的资料,便于定量分析。但是,提问与封闭性答案是固定的,难以适应不同调查对象的实际情况,难以根据具体情境灵活与深入的了解情况。

2. 匿名。使用问卷进行调查,一般不要求被调查者在问卷上署名。由于匿名,被调查者在问卷调查中就减少了顾虑,有利于调查者提出某些敏感性与威胁性的问题,并得到被调查者真实的回答。

3. 间接。调查者一般不与被调查者直接见面,而由被调查者自己填写问卷。这一特点的优越性,是节省调查用工与经费,同时可以避免因调查者与被调查者见面而可能带来的不良印象与偏见。但是,调查者不能控制被调查者在填写问卷时的情境。调查者不知道被调查者在外界干扰的情况下填写,是否受人诱导或指使,是否敷衍了事,是否清楚问题与答案的意义;被调查者也没有机会向调查者询问和了解问卷中的有关问题,无法对问卷中的有关问题提出问卷所不能容纳的情况和看法。因而,问卷的真实程度难以保证,一般来说要低于访谈法。另外"间接"特点带来的缺点是问卷的回收率低。造成这一结果的原因,是不能当面解释调查的目的、意义与难点,增加被调查者的兴趣与热情,不能通过人际交往增加填写问卷的情感因素与义务感。

✦ 问卷的设计

问卷的核心是问题。编制问卷首先需要确定问题,也即在问卷中提出哪些需要被调查者回答的项目。确定问题包括问题的产生、问题的提出和问题的排列等环节。

1. 问题的产生。问题的形成一般经过如下步骤:课题分析,提出假说;概念具体

化,寻求变项;确定指标;为测定已经确定的指标,编制直接与间接的问题。问卷所问的问题,根据问题的性质,可以分为两大类:第一类为客观性问题:包括背景事实,如性别年职业、家庭人口、家庭所在地区、政治面貌、文化程度等,与社会活动有关情况,如结交若干朋友,参加学校各种团体等。第二类为主观性问题:包括信仰、价值、认识、兴趣等。

根据问题的内容,可以分为两大类:第一类为一般性的问题,第二类为敏感性或威胁性问题,有些会遭到被调查者的拒绝。

活动 7.6

1. 根据研究课题的内容细化,填写问题形成的每一个步骤:

例:课题

表 7-5　少数学生为什么厌学

步骤名	课题内容
	有些学生因学习成绩不好而厌学,有的学生因人际关系处理不当而厌学
	学习成绩　人际关系　厌学
	对学习内容的掌握、测验成绩;与教师的关系、与周围其他人的关系;对教师的态度、对学校的态度
	入学成绩、期中成绩、期末成绩、平时成绩、作业情况;与教师的关系;不愿上学,对教师所讲的内容不感兴趣,对教师的说教有厌烦的心理,对学校环境不适应
	你的入学成绩如何?你在最近一次测验中成绩如何?你经常做作业吗?对教师布置的作业乐于完成吗?你喜欢所任教学校吗?你喜欢与同事相处吗?你能适应学校的学习环境吗?你对教师的说教有厌烦心理吗?……

2. 用箭头的方式,把问题形成的步骤表示出来。

课题:→　　　　→　　　　　→　　　　　→

重要观点
提出问题是问卷设计中的一个关键性环节。

2. 问题的提出。一份好的问卷,必须合理、科学和艺术地提出每一个问题。

(1)合理地提出问题。判断所提出的问题是否合理的标准有以下几个:全部问题是否都是特定研究课题及其理论假设的所必须了解的;问题对于全部被调查者是否普遍适用;提出的形式是否适合被调查者。

(2)科学地提出问题。判断所提出问题科学性的标准主要有三个:单一性,即一个问题中只包括一个调查指标、只询问一件事情;中性,即问题不带倾向性;明确性,即提出的问题必须具备明确的含义。

(3)艺术地提出问题,即提问中的艺术,就是善于使用容易被人接受的措辞与表达方式,消除易于引人反感、厌倦的句子与词汇,激发被调查者回答问题的兴趣与热情。

3. 问题的排列。问题拟定以后,就要将问题按一定的顺序排列起来,组合在问卷之中。问题的排列需要遵循如下几个原则:

(1)同类组合。即把相同主题排列在一起。如果相同主题的问题分散在问卷的各部分,会使人感到混乱与重复,也不利于联想。

(2)先易后难。容易回答的问题适宜放在问卷的前边,难于回答的问题适宜放在问卷中间或后边。

(3)先次后主。个人与家庭基本情况在多数调查中属于背景问题,也即次要问题,宜安排在问卷的开头部分。同研究课题与理论假设紧密相关的问题,是主干问题,应安排在问卷的中间或后边。

(4)先一般后特殊。一般性问题是不容易引起被调查者情绪反应的问题,特殊问题是很容易引起被调查者情绪反应的问题(如敏感性问题与威胁性问题)。

(5)先大后小。轮廓性的、概括性的问题,反映的是有关"面"的情况的问题,是大范围的问题;深入的、精细的问题反映的是"点"的情况的问题,是小范围的问题,大问题应该安排在前,小问题安排在后。

(6)先封闭性问题后开放性问题。封闭性问题回答比较简单,只需在若干答案中选择,开放性问题回答比较复杂,需要动手拟答案。开放性问题一般安排在结尾处。

4. 回答的类型。

(1)封闭型回答。在问题提出后,提供若干备选答案,让被调查者在其中选择符合他实际情况的答案,而且只能在其中选择答案,这种回答的方式即是封闭型回答。

例 7.1

1. 您认为教师竞争上岗位合理吗?

  A. 非常合理　　　　B. 比较合理　　　　C. 合理

  D. 比较不合理　　　E. 非常不合理

2. 您是否愿意参加集体备课?

    A. 愿意   B. 无所谓   C. 不愿意

(2)半封闭型回答。在问题提出后,提供若干备选答案,让被调查者在其中选择符合他实际情况的答案;如果在备选答案中找不到或找不全符合他实际情况的答案,则在最后一个答案位置"其他____"中填上被调查者自拟的答案。"其他"之前的答案是预先提供的,而"其他"是开放,故称这类回答为半封闭型回答。

例 7.2

在培训过程中,任课教师与学员之间的交流与讨论:

A. 外聘教师比较多,很难进行相互交流与沟通

B. 与基地的导师有比较固定的交流时间

C. 基本上没有交流

D. 其他(请写出:_____)

(3)开放型回答。只提出问题,不提供任何答案,由被调查者自拟答案,这种类型的回答叫开放型回答。也就是说,回答不受约束。

例 7.3

你对教师培训工作的意见和建议是:_____

_____

5. 回答与方式的类别。

(1)封闭型回答的方式。问卷中封闭型回答一般为多数,半封闭型回答为少数,开放型回答的方式主要有以下几种:①两次式。两次式是提供两个答案,让被调查者从中选择出一个答案的回答方式,也即两个答案的回答方式。②并列式。是对两个以上互相并列的答案的选择方式,即在问题后提供三个或更多个备选答案,让被调查者在其中选择符合他实际情况的答案。说明只能选择一个或几个答案的回答。

(2)限制性并列式回答方式,即说明只能选一个或几个答案的回答。

例 7.4

您认为一名优秀教师最重要的素质是:(限选 3 项)

A. 强烈的事业心和献身精神   B. 强烈的开拓创新精神

C. 教育理念符合时代要求   D. 作风民主

E. 深厚的教育教学理论修养   F. 渊博的学科知识

G. 高深的教学水平   H. 良好的人际交往能力

I. 很高的教学研究水平   J. 终身学习意识

K. 热爱尊重并了解学生   L. 行为举止为人师表

(3)非限制性并列式回答方式,即任何答案的回答。

例7.5

您通常通过什么途径获得课外信息?(有几项选几项)

A. 课外读物和辅导材料   B. 电视

C. 广播   D. 报纸

E. 杂志   F. 日常交往

(4)等级式。这是对两个以上分成等级的答案的选择方式。等级式回答方式只能从中选择一个答案。①外在等级式,即对于外在事物进行评价的等级式回答方式,叫外在等级式。②内在等级式,即对于主观感受与心理体验进行描述的等级式回答方式。

例7.6

您所在班级的卫生状况如何?

A. 很好   B. 一般   C. 很差

例7.7

您认为在担任技术职务以来,自己的业务水平

A. 显著提高   B略有提高   C. 没有提高   D. 降低

(5)排列式。这是对所选答案进行顺序排列的一种回答方式,即让被调查者从备选答案中选出部分答案,并对它们按照一定的原则排序,或者让被调查者对全部答案按照一定的原则排序。前者叫做部分排序式,后者叫全面排序式。

例7.8

就新课程的师资培训而言,您作为培训者最需要的是:(请将序"1、2、3"填写在□中。"1"代表"最","2"代表"次之","3"代表"再次之",至多选三项)

□课程知识和课程实施能力   □教学知识与教学能力

□德育知识与思想政治工作的能力　　□创新知识与创新能力

□管理知识及教学与学生管理能力　　□学生学习知识与激发学生学能力

□学科知识与相关知识及其运用能力　□人际交往的知识及其与人交往的能力

□＿＿＿＿＿＿＿＿＿＿＿＿＿＿＿

(6)矩阵式。一般矩阵式回答,主项为横栏,在左边;次项为纵栏,在右边。

例 7.9

	读书	看电影	看报纸	听广播
您的课余时间	(　)	(　)	(　)	(　)
您父亲休息时间	(　)	(　)	(　)	(　)
您母亲休息时间	(　)	(　)	(　)	(　)

(7)表格式

例 7.10

培训规模

表 7-6

		2005 年底(人)	2006 年底(人)
	培训总人数		
其中	新教师上岗培训		
	履职晋级资格培训		
	骨干教师培训		
	其他		

(8)后续式。是对某一答案的人们再次提供备选答案的回答方式。

例 7.11

您是否经常与教师交谈?

A. 不是　　　　　　B. 是(请回答原因)

a. 交流感情　　b. 获取知识　　c. 了解信息　　d. 出于对教师的尊重

(四)问卷的基本结构

✦ 前言

前言是写在问卷开头的一段话,又称说明信、封面信。在任何问卷调查中前言都是重要的部分,它是向被调查者介绍问卷,并鼓励他们作答的工具。其内容包括:调查的目的与意义,关于匿名的保证,对被调查者回答问题的要求,调查者的个人身份或组织名称,谁在前言上签名很重要,如果前言上署上了与回答人有某些关系的人(或某组织)的姓名(名称)、回答率就很高。前言的文字要直截了当,阐明调查的目的和潜在价值,并说明被调查者作答的重要性。前言中不要有任何能引起个体对调查目的或内容有所怀疑的内容。

例 7.12

尊敬的老师:

您好! 这些问卷调查的主要目的是为了了解我省中小学教师对职后培训的需要,使我们能够提供更符合您需要的培训项目和进修机会。问卷不记名、不涉及答卷人及其所在单位的评价;其结果不反馈给答卷者所在单位,请按照您的真实情况和填写问卷,以使我们获得准确的统计分析结果。

云南省中小学教师继续教育培训者培训资源开发研究组

2003 年 4 月

✦ 主体

问卷的主体是问题表,包括从研究课题与理论假设中引申出来的问题、回答方式以及对回答的指导语等。问题的形式与提出已在前面讨论过了,回答的方式在前面已详细加以讨论。这里着重谈指导语。指示语主要有 4 种类型:

1. 关于选出答案的记号说明。一般用圆括号"(　)"或方框"□"来限定答案前的圆括号或方框内的记号,如果在答案前不留空间,一般要求回答者圈出他所要选择的答案的记号。

2. 关于选择答案数目的说明,这种提示语一般写在问题的后面,如"选择一项","有几项选几项"等。

3. 关于填写答案要求的说明。如,凡在回答中需要选择"其他"一项作为答案的,请在后面的"(　)"中用简短的文字注明实际情况。再如,您所在学校的校园面积是(　)平方米(填至小数点后一位)。

4. 关于答案适用哪些被调查者的说明。问卷中有的问题可能并不普遍适用的,而只是适用于某一类人。当这类问题出现时,可说明由特定的一类人填写,其他的人跳过这些问题。

◆ 结语

一般采用3种表达方式:

1. 一段短语内容是对被调查的合作再次表示感谢,以及关于不要漏填与复核的请求。这一表达方式的目的,在于显示调查者首尾一贯的礼貌,督促被调查者消除无回答的问题、差错的答案。

2. 提出1~2个关于本次调查形式与内容感情等方面的问题,征询被调查者的意见。

例7.13

封闭性问题形式

1. 您填完问卷后对我们这次调查有何感想?

（   ）A 很有意义　　　　　　　　（   ）B 有些意义

（   ）C 没有意义　　　　　　　　（   ）D 说不上

2. 开放性问题的形式。

您还有需要补充的吗? 若有,请写在下面_____。

提出本次调查研究中的一个重要问题,以开放性问题的形式放在问卷的结尾。

例7.14

在对某种教学方法所作调查的问卷的结尾处,可安排如下一个开放性的问题:"您在使用教学方法进行教学的过程中,遇到了哪些主要的困难? 请写在下面"。

例7.15

"2+2"方法运用调查问卷

老师:您好!

这次问卷调查的主要目的是为了了解403项目县教师"2+2"方法运用的情况,使我们更好运用该方法促进专业发展。问卷不记名,不涉及对答案人及其所在单位的评价;其结果不反馈给答卷人所在单位,请按照您的真实情况和想法填写问卷。

衷心感谢您的支持与合作!

UNDP403项目云南省"2+2"方法运用调查组

答卷说明：

1. 选答题请直接按在所选项的英文字符上打√。无特殊说明，每题只选一项；

2. 有□者，便将序号"1、2、3"填写在□中，"1"代表"最"，"2"代表"次之"，"3"代表"再次之"，每题最多可选三项。

3. 有"＿＿＿＿＿＿＿"者，请直接填写。

一、您所在学校

1. 您的基本情况

A. 乡（镇）中心完小　　　B. 村（完）小　　　　　C. 教学点

2. 你的专业技术职务

A. 高级　　　　　　　　B. 小高　　　　　　　　C. 一级

D. 二级　　　　　　　　E. 未定级

您担任现任专业技术职务的年限是

A. 1 年以下　　　　　　B. 1～2 年　　　　　　　C. 2～3 年

D. 3～4 年　　　　　　E. 4～5 年　　　　　　　F. 5 年以上

3. 您最后的学历

A. 大专　　'B. 中师　　C. 中专　　D. 中专以下

4. 您的教龄

A. 1 年以下　　　　　　B. 1～2 年　　　　　　　C. 2～3 年

D. 3～4 年　　　　　　E. 4～5 年　　　　　　　F. 5 年以上

5. 您的民族

A. 汉族　　　　　　　　B. 少数民族＿＿＿＿＿＿＿＿＿（请填写名称）

6. 您的性别

A. 男　　　　　　　　　B. 女

二、你的工作情况

7. 你所从事的学科教学依次是

□语文　　□数学　　□自然（科学）　　□美术　　□音乐

□体育　　□思品　　□＿＿＿＿＿＿＿＿＿＿＿＿＿＿＿＿＿

8. 本学年你平均每周实际授课＿＿＿＿＿＿＿＿＿课时。

9. 你觉得目前的工作对你而言

A. 比较合适　　B. 一般　　　C. 不合适　　D. 说不清

你对目前工作的积极性

A. 较高　　　　　　　　B. 一般　　　　　　　　C. 较低

三、您参加"2＋2"活动的情况

10. 你参加"2＋2"活动主要是因为考虑到

□提高自己的教学水平

□提高自己的教学评价能力

□听从学校安排

□我与其他同事互相听课的需要

□＿＿＿＿＿＿＿＿＿＿＿＿＿＿

11. 您参加"2＋2"活动的安排

A. 学校按计划安排　　　B. 与其他教师约定　　　C. 纯粹是个人行为

12. 2004～2005 学年

您听了＿＿＿位教师的＿＿＿节课,提出＿＿＿条表扬性意见和＿＿＿条改进性意见,有＿＿＿位教师听了您所授的＿＿＿节课,给您提出了＿＿＿条表扬性意见和＿＿＿条改进性意见

13. 2005～2006 上学期

您听了＿＿＿位教师的＿＿＿节课,提出＿＿＿条表扬性意见和＿＿＿条改进性意见,有＿＿＿位教师听了您所授的＿＿＿节课,给您提出了＿＿＿条表扬性意见和＿＿＿条改进性意见

14. 给你提供(或您提供讲课者)"2＋2"反馈意见的人,有

□同一学校的"同课"教师

□同一学校的"不同课"的老师

□您所在学校的教师

□学生

□不同学校的教师(或领导)

□校外的培训者或专家

□＿＿＿＿＿＿＿＿＿＿＿＿＿＿

15. 您收到(或你提出)"2＋2"反馈意见后

□与听课(讲课)教师进行交流讨论

□很少与听课(讲课)教师交流讨论

□独自进行探讨与反思

□＿＿＿＿＿＿＿＿＿＿＿＿＿＿

16. 请列出你得到的最有用、最有意义的表扬性意见。

_____

_____

请列出你得到最有用、最有意义的改进性意见。

_____

_____

请列出在观测其他教师教学时所获得的教学思想或启示。

_____

_____

_____

您认为您所提出的改进性意见

A. 已发挥作用　　　　　　B. 未发挥作用

17. 通过"2+2"活动,你的收获是

□与其他教师(领导)建立互信互赖的合作关系

□与其他教师分享新的思想、新的观念和新的教学建议

□无论是给我的表扬,还是改进建议都推动我探索更多富于创新精神的教学方式

□帮助我看到自己的教学"长处"和"不足"

□帮助我改善着教学行为

□_____

18. 您认为参加"2+2"活动的困难依次是

□没有听课的时间

□其他教师听我课的时间少

□提出高质量的反馈意见难

□反思缺乏相关理论的指导

□教学行为改善不容易

□教师之间的关系不好处理

□缺乏经常性地对活动的实际指导

□_____

19. 结合您参加"2+2"活动的经历,您认为此培训最有必要的内容

☐教学的理论

☐教学的设计

☐教学的组织

☐教学方法与技术

☐教学的评价

☐教学的研究

☐教学的反思

☐教学细节

☐_____

您认为哪些培训途径最有必要

☐学习相关教学理论

☐针对"2＋2"反馈意见学习相关教学理念

☐自己独立学习

☐与其他教师合作交流

☐需要培训者(专家)指导

☐_____

20. 您对进一步开展"2＋2"活动的建议

问卷到此结束,再次感谢您的支持与合作!

(五)良好问卷的标准

良好问卷有两个基本标准。第一,问题要符合研究目的;第二,问题要符合受测者实际情况。问题符合研究目的是比较容易受到注意的,如何使问题符合受测者是编制良好问卷的关键,题目是不是符合受测者的实际情况,关系到研究的成败。

✦ 目的明确

提出的问题必须反映研究者的研究目的和假设,这样才能便于分析与讨论。问卷设计应注意研究的变量要符合研究目的,使研究架构比较合理。同时,问题的设计要符合上述架构的基本要求。

✦ 表述明确

问卷设计要考虑的是:受测者如何解释这句话? 他能解释到什么程度? 受测者认为这句话的意义是什么? 他所能意识到的语义、语法结构应求简单,不能太复杂,尽量避免运用较重的否定语。一句话表现单一事物,不要用两个以上的观念或事件。另外,用标准的语言叙述或描述,把范围固定,把一个问题描述得越肯定,受测者的答案也就越稳定。

✦ 语言通俗

一般的问卷和量表,句子都以短取胜,越短越好。短句使受测者容易集中思想问答,不会因句子而分散注意力。

✦ 理解清楚

所提出的题目应该在受测者能理解的范围内。研究者必须事先对样本的特性有所了解。通常在出问题时要注意以下几点:第一,在被测者能懂的范围内提出问题;其次,问题不要引起读者的误解,也不要引起不同的读者的争论;再次,不能用假设或猜测语句。

✦ 避免主观性情绪

出问题时研究者如果带有比较明显的情绪化和主观化,就会影响受测者的思考,从而导致不真实的回答。出题要注意:第一,要避免主观情绪化字句;第二,避免涉及隐私的问题;第三,要避免诱导回答及暗示回答。

✦ 选择合适角度

问题提出的方式和角度可以多样化,问卷设计可以根据实际情况选择合适的角度。第一,问题的广泛性。如果需要的资料涵盖面比较大,就把题目出得大些,否则就小些。每一个问题的字句之间,都可能涉及这些方面,研究者应视需要而予以确定。第二,是否直接提问。一个问题,如果比较明确和简单,应该直截了当地提出;有些问题就不能直接问,可以间接提出。第三,在态度量表中,还要注意同一变量的问题,可以选择不同情境,另外提出,以提高研究的效度。

活动 7.7

用良好问卷的标准评估本节例 7.15"'2+2'方法运用调查问卷"的设计与编制。

(六)问卷调查的实施

✦ 调查员的培训与职责

训练调查员是调查,尤其是规模较大的调查的需要。务必使每一个调查员都要明了调查的目的、意义、要求和具体操作程序,保证按要求及时收回资料,尽可能少地废弃。为保证资料的可靠性和客观性,不应先入为主,不要有任何偏见。

✦ **先行性测试**

在大规模发放问卷以前,先选择一个小组调查对象做一个测验,对测验结果进行分析,考虑问卷的信度、效度。根据分析考察的结果,对问卷进行适当的修改后,就可以正式实施调查。

✦ **选择调查对象**

由于问卷回收率一般不可能达到100%,回收问卷的有效率也不可能达到100%。所以实际选择的调查对象应多于所要研究的对象。这一计算公式是:

调查对象＝研究对象÷回收率×有效率

在调查以前,只能以可能的回收率和有效率来计算。一般情况下,回收率的可能值以70%计算,有效率的可能值以80%计算。

✦ **问卷的发放和回收**

问卷的发放和回收可以分为两种形式,直接发放和回收与邮寄发放和回收。随着互联网在我国的发展,网上公布调查问卷,也是问卷发放和回收的一种形式。

✦ **问卷统计**

问卷回收后,要做的工作就是统计。

1. 整理资料。调查工作基本完成以后,要对取得的资料进行全面检查整理,逐项检查资料是否完整,有无缺漏、丢失,对于缺漏的重要资料要尽快补救。清查后,把所有资料按项目分编使之有序,为输入计算机和进一步处理做好准备。

2. 统计回收率的计算公式是:

回收率＝回收问卷的数量÷发放问卷的数量×100%

3. 有效率的计算公式是:

有效率＝有效回收问卷数量÷回收问卷的数量×100%

> **重要观点**
>
> 回收率是指调查对象送回问卷的比率;有效率是指回收后有效的比率。

(1)要对问卷中所有问题的回答分类统计。详细的统计方法和过程,则运用教育统计学方面的知识。

(2)分析统计结果。统计结果出来后,要对它进行定性和定量分析。这是最终得出调查结果的一步,也是问卷调查中除问卷设计外最关键的一步。

✦ **提高问卷回收率的方法**

问卷调查的有效性直接依赖于问卷的回收率和回收问卷的有效率。一般来说,如果对象为专业人员,最低回收率为70%时,其调查被认为是有效的;如果调查对象

为普通人员,最低回收率为 60％时,其调查被认为是有效的。提高回收率有以下一些办法:

1. 问卷的外观应专业、大方。一份富有吸引力的、看上去很专业化的问卷能提高回收率。

2. 注意控制好完成问卷的时间。尽量减少完成问卷的时间,或使用不正确的时间暗示,使回答时间能为调查对象接受。如果回答问卷所需时间较长,可以告诉调查对象可能需要多长时间。这种时间暗示和完成问卷的实际时间相匹配,调查对象就可能更多地回答问卷。

3. 跟踪发送信函。跟踪发送信函应事先有计划;在有些情况下,两次或两次以上跟踪发送信函是应该的。有两种跟踪发送信函的方法:(1)紧接着给那些没有回答的人寄一封信或明信卡;(2)给每个个人都发一个空白的问卷的信封。前者更受欢迎,因为它比较便宜,而且排除了从同一个人那儿收到两张已做好的问卷的可能。后一种方法只有当不能鉴别出不答卷的人时才使用。如果使用后一种方法,那么就应该告诉答卷人,如果他们回答了第一次问卷,就不要做第二次了。

4. 提供报酬。如果回答人认为回答的花费(时间和精力之类)相对于报酬来说是低的,他就会回答。研究者可能提供的报酬有:(1)被另外一个人认为是积极的;(2)向回答者表示感谢;(3)和回答者讨论调查的重要性。如果资金允许的话,给每个调查对象一定的报酬,在一定的范围内,会提高调查对象的回答率。

资源中心活动	1. 阅读有本章相关的文献、网页资源。 2. 与其他教师合作,相互运用观察法研究各自的授课实践。 3. 就一个学生学习的研究课题,设计与编制一份问卷,并与其他教师交流,在完成调查中完成问卷报告。

📄 本章小结

本章在阐述教师掌握一些必要的研究方法对其展开教育教学研究活动意义的基础上,较为详尽地阐述了教师研究中常用的观察研究方法和调查方法。

观察是一切研究方法的"细胞",在教育研究方法体系中占有十分重要的位置。观察研究法贯穿于研究的各个阶段,不仅在收集和积累各种事实、资料和观察研究对象变化阶段可以使用观察法。而且在查明研究事实和现象之间的相互作用和相互依赖的关系,对事实的进行定量分析,把所关于研究对象的材料加工以概括和综合,在教育实践中检验理论成果的正确地、以至于到最后把获得的材料和研究成果用于实践中去,都可以使用观察法,因而,教师要成为研究者,掌握观察研究法是一个必不可少的条件。学会运用观察法,首先要要清楚观察研究方法的分类,尤其是以其资料收集的方法,以及所收集资料本身的属性所划分的定量分析和定性分性;同时了解观察研究的途径、步骤和要求。

调查研究包括对现状的研究,以及确定和解释教育的或心理的变量之间的关系的研究,在许多教育研究的情景中,调查研究是一种相当适当的研究方法。广泛性、手段多样性,时间的灵活性以及被调查对象的自主性是调查研究的特点。同样,不同的角度可以对调查方法进行多种分类,但调查设计方法有共性的要求,包括方案的内容和步骤。本章重点介绍了问卷调查,它的特点、设计、编制及其实施中的要求和问题,期望教师能够合理地、科学地使用问卷调查进行教学研究活动。

⌨ 本章重点

❖ 中小学教师的教育教学研究所具有的研究活动的特性:自觉性、组织性、探索性,使得研究活动中的方法的重要性显得非常突出。只有掌握必要的方法,才能开展科学研究。教师要掌握一些必要的研究方法,才能积极开展力所能及的课题研究活动。

❖ 观察研究法是教师教育研究中运用最为广泛、最经常、最有效的一种方法。其他一些研究方法,或者从它发展而来,或者建立在它所提供的基础上。尤其是对于认识教育现象,收集第一手资料,调查法起着重要作用。

❖ 观察研究法是指通过观察者直接感知的方式,按一定的科学程序和规则进行,获得由研究目的所确定的正在发生的社会现象和社会行为的一种资料收集的方式。

❖ 观察研究除了科学研究必须符合的原则外,强调"听"和"观"要处于"自然"发生条件,对观察对象不加任何干预控制。

❖ 目的性、计划性、直接性、情感性以及可重复性等是观察研究方法的特点。

❖ 人们认识的发展来源于观察。根植于观察,许多科学包括教育科学都是在观察的基础上发展起来的。它对教师的教育研究作用体现在"有助于研究课题的选择与形成"和"有助于教育科学理论的提出与验证"。

❖ 观察可以分为自然观察与实验观察,直接观察与间接观察,参与观察与非参与观察,结构观察、准结构观察与非结构观察,开放式观察与聚焦式观察,定量观察与定性观察等。

❖ 观察研究的途径有参观、听课、列席各种会议。

❖ 观察研究的步骤:界定问题→制定观察计划→做好物质准备→进行实际观察→观察材料的记录与整理→提出观点并撰写研究报告。

❖ 调查法是调查研究人员在一定的教育思想指导下,运用一定的手段和科学方式,在自然状态下,有计划地、系统地搜集调查对象某一方面的资料,了解被调查对象该方面的状况,并从获得的信息中分析和解释现象,解释内在相互关系和发展规律一种研究方法。

❖ 调查法不仅是教育科学研究中最主要的一种收集研究资料的方法,同时也是了解教育教学实践及其工作对象情况的有效手段。

❖ 按调查研究目的分类,调查研究可分为现状调查、发展调查、关系调查、比较调查和原因调查。

❖ 按调查对象的范围分类,调查研究可以分为普遍调查,抽样调查、个案调查。

❖ 按调查研究的内容分类,调查研究可以分为事实调查和征询意见调查。

❖ 按调查研究的方式分类,调查研究可以分为问卷调查、访谈调查、测验调查、成品分析等。

❖ 调查研究方案的设计,从类型上看有纵向设计和横向设计。其方案的内容包括明确调查研究的目的,确定调查对象,抽取样本,设计调查项目内容,建立指标体系,设定调查工具、确定步骤和组织分工和调查结果分析。

❖ 问卷调查是指研究者使用统一严格设计的问卷来收集所需要信息的一种研究方法。

❖ 问卷的核心是"问题",编制问卷首先需要确定问题、包括问题的产生,问题的提出和问题的排列等环节。

❖ 在问卷中,回答的方式主要有封闭型回答、半封闭型回答和开放型回答。

❖ 问卷的基本结构成分有"前言"、"主体"和"结语"。

❖ 良好问卷有两个基本标准:第一,问题要符合研究目的;第二,问题要符合受测者实际情况。后一个标准是关键。

❖ 良好问卷的具体标准为,目的明确,表达明确,语言通俗,理解清楚,避免主观性情绪和选择合适角度。

❖ 问卷调查实施要做好的工作是:调查员所培训与职责,先行性测试,选择调查对象,问卷统计和分析统计结果。同时要关注提高问卷的回收率。

本章学习反馈

自 我 学 习 评 价

疑问和没有解决的问题

相关链接

教育研究方法的几个问题

一、"方法"词源的追溯

"方法"一词,在我国存在已久,古代把量度方形的方法称之为方法,把量度圆形的方法称之为圆法,后合称方法。可见,"方法"在其一开始,就是一种规范,它自身就具有一定的规范,是用来规范人的活动的。

在西方,希腊"方法"是从"沿着"、"道路"演化而来的,其意思是沿着正确的道路运动,后来逐步演化称为"研究自然、社会现象和精神现象的方法、手段"。

现代科学已经发展成一个庞大的体系,相应地现代科学方法也极为复杂多样。但依据研究方法在现代科学中运用的范围,大体可以把研究方法区分为四个层次:第一层次,世界观意义上的最一般方法,主要表现为哲学方法;第二个层次,应用于各门学科或各个领域的一般方法,主要表现为逻辑学和系统科学等;第三个层次,应用于某个领域的特殊方法;第四个层次,应用于某门学科的个别方法。在这四个层次中,既有抽象的理论、原则,也有具体的操作方式等,抽象的程度不同,所处的层次不同,也就随之有了方法论和分野。

二、方法与方法论

方法论是关于活动中的认识方法和活动方法的原理,它自身不是一种具体的方法,是以方法为认识对象的,是具体方法的基础,它支配着具体方法,它的变革,震荡着方法和理论的大厦。在上述四个层次中,第一、二两个层次属于方法论的范畴。而后两种属于具体方法的范畴。

上述四个层次的方法存在一般、特殊、个别的关系。方法论探讨的是一般,方法着重研究的则是特殊和个别。从目前的研究来看一般都认为,每门学科并不一定要具备自身独特的研究方法,也就是说,独特的研究方法并不是构成一门独立学科的必要条件。方法是解决问题的工具,而工具本身就是具有很大的通用性的。一些方法首先在某一领域中运用而得其名,只要对象合适,在其他领域也能通用,并不一定有一种对象就有一种研究方法,单单寻找独特的教育研究方法的努力往往是徒劳的。

三、教育研究方法特殊性的表现

(一)在运用其他教育研究方法时,应做一些适合本学科对象的改革,也就是根据所要研究的对象性质来加以改造。改造即是特殊性的一种表现。

(二)在研究方法总体结构上呈现出特色来。在研究中,方法不是单一的,而是几种方法的综合运用的。教育科学研究的总体特征之一是综合性特别强。教育科学不是研究物理而是研究事理的,因此研究事理的方法所占的比重较大,强调自然条件下的研究,强调方法本身的人道价值和社会价值。

(三)需要创造出其他科学中还没有运用过的方法,以解决教育研究的特殊问题。这种需要不能完全排除,随着科研水平的提高,课题的深入,这种需要会越来越强烈。对于方法创造的需要,受着两个因素的制约:一是对象本身的特殊性;二是科学本身的成熟性,发展水平较高的学科对较低的学科影响较大,后者常常移植前者的方法,一旦移植成功,后者发展水平往往会出现不同程度上的飞跃。在教育研究上,常遇到的首要问题就是移植。

从以上的分析看,教育研究中较为普遍运用的还是那些一般的方法论的东西和在一些特殊领域中普遍运用的方法,自身所产出来的"个别"的方法尚不完备。在这种情况下,如何处理好一般、特殊与个别的关系,就成了一个值得注意的问题。一般如何转化为特殊,特殊如何运用于个别,都需要深入思考。①

定量课堂观察

定量的课堂观察是运用事先准备的一套定量的、结构化的记录方式进行的观察。在这套记录体系里要确定需要观察的行为或事件的类别,观察的对象以及观察的时间单位等。这种观察方式在西方多被称为结构观察或者系统观察。在定量课堂观察中,研究者们主要运用时间抽样和事件行为抽样的方法对课堂进行结构分解(时间抽样比事件行为抽样更具有结构性),根据分解类别和因素设计观察工具(量表),从而收集到属于较低推论的、事实性的、量化的资料,又经过统计分析的量化处理,以期得出科学客观的结论,特别是关于课堂的各种因素之间的相互关系等一些结论。

定量观察的记录方式的特点是:预先设置行为的类目,然后对在特定时间段内出现的类目中的行为做记录。有三种主要的样式:编码体系、记号体系或称项目清单、等级量表。

一、编码体系

国外具有代表性的编码体系有几百种,其中较为著名也是较早的有弗兰德斯的互动分析分类体系(FLCA)。它自 20 世纪 60 年代以来被广泛地加以应用,不断地修订,并且影响了很多其他编码体系的设计。下面以 FLCA 为例对编码体系进行分析。

FLCA 对师生的言语互动进行研究,它把课堂的言语活动分为 10 个种类,每个分类都有一个代码(即一个表示这类行为的数字)。

表 7-7 弗兰德斯互动分类分析体系的类别

教师说话	直接影响	1. 接受感情 2. 表扬或鼓励 3. 接受或使用学生的主张 4. 提问
	间接影响	5. 讲解 6. 给予指导或指令 7. 批评或维护权威性
学生说话		8. 学生被动说话(比如回答问题) 9. 学生主动说话
		10. 沉默或混乱

(资料来源:Hopkins, D. , A Teacher's Guide to Classroom Research, 1993, p. 111.)

它主要采用时间抽样的方法。在指定的一段时间内,每隔 3 秒钟观察者就依照

---

① 郑金洲. 教育研究专题. 上海:华东师范大学出版社,2002:60－69.

上述分类记下最能描述教师和班级言语行为的种类的相应编码,记在表 7-8 所示的数据表中。

表 7-8　FLCA 数据表

	1	2	3	4	5	6	7	8	9	10	11	12	13	14	15	16	17	18	19	20
1	5	5	5	10	5	5	5	5	10	10	10	10	10	10	10	10	10	10	10	10
2	10	10	10	10	10	5	5	10	5	10	10	10	10	10	10	10	10	10	10	10
3	10	5	5	10	10	5	10	10	10	10	10	10	10	10	10	10	10	10	10	10
4	5	10	10	10	10	10	10	10	10	10	10	10	10	10	5	10	10	10	5	10
5	10	10	5	5	10	5	10	5	10	5	5	10	10	10	10	10	10	10	10	10
6	5	10	10	10	10	10	10	10	10	10	10	10	10	10	10	10	10	10	10	10
7	10	10	10	10	10	10	10	10	10	10	10	10	10	10	10	5	10	10	10	10
8	5	10	10	10	10	10	10	10	10	10	10	10	10	10	10	10	10	10	10	10
9	4	8	4	8	4	10	10	3	8	8	2	5	5	5	5	5	5	5	5	5
10	5	2	5	4	10	4	4	10	48	4	4	4	8	8	8	8	8	8	8	8
11	3	4	4	8	4	4	4	4	4	4	4	4	4	4	9	4	4	4	4	4
12	9	2	5	4	10	4	4	4	5	4	4	4	4	9	5	5	5	5	5	5
13	5	4	9	5	4	10	10	4	4	8	8	8	8	8	2	8	8	3	5	5
14	4	9	4	10	10	10	2	5	5	5	5	5	5	5	5	5	5	5	5	5
15	5	5	5	5	5	5	5	5	5	5	5	5	5	5	5	5	5	5	5	5

这样,每一行 20 个方格就记录下一分钟内 20 个行为的编码,表中 15 行就表示一段 15 分钟的连续观察。上表是运用 FALC 所做的一段 15 分钟的观察记录(生物课,上午第二节,高二年级,生物实验室)。

编码体系中,事件可以是观察的焦点,但时间抽样始终占支配地位。3 秒钟的时间抽样单位把课堂时间较为严密地分割开来,这样,如果要知道在记录的时间段内教师提问的总时间及时间的百分比是非常容易的,比如,在上表中,教师在这节课的前 15 分钟内,提问 36×3＝108 秒＝1.8 分钟,占这段时间的 1.8/15＝12%。它除了可以评价教师的提问和反馈之外,还可以评估群体的参与水平,即通过计算在这一时间段内学生说话的总时间来获得这一信息。FLAC 体系的分类是非判断性的,只是客观地呈现事实。

真正的课堂互动是粗糙、混沌的而不是严格按照人为设计的。行为发生,清清楚楚、明白分割的,而且并不是每一个行为都一定持续 3 秒钟。弗兰德斯建议,如果同一个 3 秒钟内发生了两件事情,应记录更为突出的那一个,如果同样突出都应记录下来,因而虽然是定量的方法,也离不开主观判断。该体系比较适合用在教师领导下进行的群体讨论,即一种比较常规的课堂教学。而如上所述,如果一节课加入了一些非常规的内容(放录像),就比较难以在记录中体现。但不管怎么说,FLAC 确实是一个简单而典型的体系,对它的了解和应用都不太困难,受过培训的观察者之间能达到较高的一致。通过它能收集较多的课堂信息,对这些信息加以正确的分析,并根据这一体系的准则,可向教师提出增加或减少某些特定行为的建议。从弗兰德斯互动分类体系可以看出,编码体系的优点在于非常客观,无论对观察者、教师还是学校行政人员来说,都较容易理解和接受。每种要观察的行为都有特定编码和操作性定义,单位时间内任何行为都予以记录,因而都可以转化为时间的百分比,便于分析。编码体系的不足在于行为的某些特质被遗漏。比如,关于提问的水平在记录中得不到体现,另一个不足之处是上课的内容被忽略。还有,如果不借助电脑或其他设备的话,对资料的分析处理将是一个比较复杂的程序。

二、记号体系或核查清单

记号体系(tdly system)或称核查清单(checklist)是指预先列出一些需要观察并且有可能发生的行为,观察者在每一种要观察的事件或行为发生时做个记号,其作用就是核查所要观察的行为有无发生。

与编码体系不同的是,记号体系只记录单位时间内发生了多少种需要观察的行为,而编码体系则要记下单位时间内发生的每一个需要观察的行为。这样编码体系记录了所有发生的行为,而记号体系则在于让观察者体会到每一个时间段内课堂活动或学生表现的特点。

美国学者拉格设计了一个观察表,用来观察教师如何管理学生的行为,这是记号体系的范例。

表 7-9 学生不当行为记录表

记录行为的类型:

吵闹或违纪说话	/				
不适宜的运动	/				
不适宜地使用材料					
损坏学习材料或设备					
不经允许拿别人的东西	/				
动作侵扰其他同学					
违抗教师					
拒绝活动	/				

(资料来源:Wragg, E. C. , An IMrohmn to Classroom ObsmMm. 1994, p. 49.)

观察者每一分半钟内针对目标学生做一次记录,填在上表中(表3)

　　每一列代表一分半钟,第一个一分半钟内发生了学生的四种不当行为。上表只是拉格记录表的一部分,其他部分还要继续对相关的事件进行记录,比如教师如何对学生的不当行为作出反应,是点名、训斥还是转移学生注意等。然后学生又如何对教师的反应作出反应,是争辩、抗议还是安静下来,接着不当行为是终止、减少,还是继续或增强等等。这样几个时间段记录下来,观察者就可以掌握一节课或几节课内教师课堂管理的大致情形。

　　记号体系和核查清单还比较适合用于核查学生在课堂上投入或非投入学习的状态。[1]（如表7-10）

表7-10　学生学习投入状态观察表

	非投入		投入	
	人数	%	人数	%
1	4	16	21	84
2	6	24	19	76
3	1	4	24	96
4	0	0	25	100
5	3	12	22	88
6	3	12	22	88
7	6	24	19	76
8	5	20	20	80
9	4	16	21	84
10	4	16	21	84
总计(人数)	36		214	
平均数(%)		14.4		85.6

（资料来源:Hopkins,D.,A Teacher's Guide to Classrom Research,1993,p.104.）

---

① 郑金洲.教育研究专题.上海:华东师范大学出版社,2002:60-69.

表 7-10　分类体系的类型及一般特征

编码体系	记号体系或核查清单等	级量表
1. 预先设置行为事件的观察类目。特定时间内发生的任何分类中的行为都予以记录	1. 预先设置行为事件的观察类目。记录特定时间内发生的分类中的行为种类,重复的不予以记录	1. 预先设置行为事件的观察类目。记录等级时要进行主观判断
2. 称名量表	2. 称名量表	2. 区间量表(等级量表)
3. 通常在事件进行同时做记录。可与录音、录像设备一起使用	3. 通常在事件进行的同时做记录,可与录音、录像设备一起使用。	3. 通常在一段观察结束后使用,对先前的观察做总结。使用时观察者不一定在观察现场中
4. 行为的单位较小,要求低判断、低推论	4. 行为的单位较小,要求低判断、低推论	4. 要求较高判断,对总体情况作出评判
5. 以时间抽样为主	5. 可以是时间抽样,也可以是事件抽样	5. 事件抽样(时间与记录的关系不大,但应注意观察与评价之间的时间间隔不宜过长,否则会产生信息遗失)

(资料来源:Wragg,E. C. An Introduction to Classroom Observation. 1994,p. 49.)

定性观察

定性观察方法是研究者依据粗线条的观察纲要,在课堂现场对观察对象做详尽的、多方面的记录,并在观察后根据回忆加以必要的追溯性的补充与完善,观察结果的呈现形式是非数字化的,而分析手段是质化的,并且资料分析在观察的周期中就可以开始进行。定性观察一般需要较长的时间,而且研究的问题常常在研究的过程中不断地被重构。

定性观察以非数字的形式呈现观察的内容,包括书面语言、用录音设备记录的口头语言和(或)用其他工艺学手段记录的影像、照片等,具体来说有四种主要的记录方式:描述体系、叙述体系、图式记录、工艺学记录。其中描述体系和叙述体系实质上都是以实地笔记(field note)也称田野笔记的文字形式做记录,而图式记录和工艺学记录严格地说,即可用于记录量化的资料,也可用于记录质化资料。在此,为了叙述方便,统一将其以非数字形式的特点置于定性观察的记录方式之下。

一、描述体系

描述体系其实是一种中间过渡类型,它继承了分类体系分类的特点,但是又属于开放定性的体系。它是在一定分类框架下对观察目标进行的除数字之外的各种形式的描述。比如,文字、个人化的速记符号,通常还辅之以工艺学记录,比如,观察者可以通过特殊的设备在现场录制观察对象的口头描述。描述体系往往抽取较大的事件片段,并对行为的多方面进行记录,因此这种方法要考虑更多的背景因素,即要在具体的情景和条件下考虑行为的意义。表7-11对教学技能几个方面的观察就属于描述体系,描述体系也可以说是一种准结构的定性课堂观察的记录方法。

表7-11　教学技能的观察

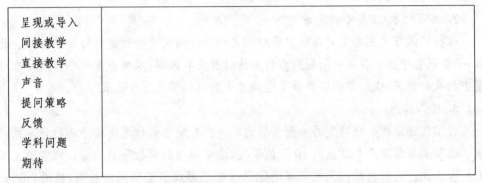

呈现或导入	
间接教学	
直接教学	
声音	
提问策略	
反馈	
学科问题	
期待	

(资料来源:Hopkins,D.,A Teacher's Guide to Classroom Research,1993,p. 89.)

描述体系还可以用于研究者进入研究场所的初期,他可以照这样几个一般性的问题来观察描述一个社会场所。

空间:物理位置或场所。

时间:观察的时间及事件发展的时间顺序。

环境:现场呈现的物质环境。

行动者:介入的人们。

事件、活动:人们所作的系列相关行动。

行动:人们所做的单一行动。

目标:人们正在完成的事情。

感情:观察者的感受和被观察者所表达的情绪等。

二、叙述体系

叙述体系也属于开放的体系,它没有预先设置的分类。事先抽取一个较大事件的片段,观察的同时对相关事件和行为做详细真实的文字记录,同时还可以加入观察者的一些主观评价。在对记录的资料进行分析的过程中,在分析的理论框架的指导下,行为的分类以及观察研究更进一步的主题会得到确认。这种方法能帮助观察者找到真正需要研究的焦点,然后再做进一步的课堂研究,有效地避免了为观察而观察的现象。威特罗克认为叙述体系具体有下面四种记录方式,这些记录方式呈现信息的形式基本一致,主要是文字的形式,但它们在抽样、叙述内容的侧重点等一些具体的方面有所不同。[①]

1. 日记/流水账

这种记录方式常常用于长期对某学生个体的各方面或某些方面进行记录,以观察了解学生行为态度的变化过程及原因;或者由教师或参与观察者对自己整个工作过程或经验体会做记录。

2. 逸事记录/重要事件记录

这种记录方式主要是对与研究密切相关的事件的整个进程进行详细的描述。比如,记录课堂中学生就某一问题热烈讨论的过程及其内容;或检查某项学校规定在课堂中的执行情况,或对学校课程改革在课堂中的执行情况进行记录。

3. 样本描述

样本描述是在一段特定的有代表性的时间内对发生的行为按顺序进行详尽的记录。比如某班每天上午9点到10点的情况,或者典型的学校一日生活,或者班主任的一天工作。这种持续一天或一周的记录有助于形成个案研究的材料,随着时间的推移、资料的积累,就可能显现出行为的模式和意义。

4. 实地笔记

也可直译作田野笔记。它来自人类学的研究方法,主要是用书面语言的形式记录调查者在针对某个较大主题的参与观察过程中所看到、听到、经验到和想到的信息。对叙述体系分类的目的在于了解叙述体系可以用于哪些情况,而在具体应用中没有要对其做严格的区别。日记、逸事记录/重要事件记录、样本描述等形式从本质上来说都可以包括在田野笔记这种形式内。可以说田野笔记是叙述体系同时也是定性课堂观察最基本的记录方式。这种形式的记录为研究提供了大量的文字资料,它不但要求研究者记录在现场所观察到的人、行为、事件和谈话,还要求记录研究者个人较为主观的想法、推测、情感、预感、印象等,要求对行为背后的意义作出诠释。但在记录中客观的描述和主观的印象不能混淆,要清楚地区别开来,描述要尽可能详细具体,避免使用抽象、笼统和有偏见的文字。

比如下面对含混的记录和对具体记录的比较很能够说明叙述体系对事件描述所应达到的具体程度。

---

① Wottrock M. C (ed), Handbook of Research on Teaching:A projectof the American Educational Research Association,1986,pp. 16-213.

表 7-12　两种不同记录的比较

含混的记录	具体的记录
男孩在陌生人面前很不安	在这些陌生人面前,男孩显得很不安。他一直变换双脚的姿势,结巴地说话,他的声音低得很难被听到,还一直摸着左臂上的疤痕,当陌生人开始走向屋子,他就跑到屋后消失不见了
那孩子很生气,因为邻居的孩子们不肯和他玩	那孩子告诉我他很生气,因为邻居的孩子们不肯和他一起玩。他说他曾带着他的弓和箭到明华(邻居)的家,而成生和章翔(邻居的孩子)把他赶出去,还叫着辱骂他

上述两个含混的记录中,"不安"和"生气"可能蕴含着特定的动作和情况,除非与特定的事件相联系,否则没有多少意义.再比如我们在课堂观察中仅仅描述学生点头的动作,这种描述是很单薄的,学生点头意味着什么呢? 因为在很多课堂上都会发生学生点头的情形,它可以代表不同的情况:表示他们跟随着教师的思维路线;他们同意教师的观点;或者他们的兴趣是在别的地方,但只是出于礼貌或迎合教师的兴趣而点头;或是在打瞌睡;或者向教师表示他们理解了教师所讲的东西等等,可能性很多。观察者要获得行为背后更为深远的意义,需要仔细地去观察和理解,再结合其他的资料(比如通过访谈询问等,听取行为者自己的解释),来探究行为的本义。

田野笔记的好处在于,研究者本身作为观察工具使观察记录的过程较为简单,没有太多外在的需要,长期的记录能提供关于研究对象发展的连续而真实的"画面",并为研究提供大量可贵的第一手资料。同时田野笔记也可作为研究者的一种"记忆辅助",通过它,尽管事隔很久,研究者也能够较为清楚地回忆起所观察的课堂中的一些细节。如果教师坚持长期记录田野笔记,那么非常有助于摸索对相似问题的解决办法以及其他教育规律。另外田野笔记的记录为个案研究提供了非常有用的素材。

田野笔记的缺点在于,研究者为观察工具,所以观察受观察者本人的理论素养、理解水平以及文字水平的影响较大,主观性强。不同的观察者对同一节课所记录的田野笔记是不可能相同,而且田野笔记往往是在长期的观察中进行记录,校外的研究者一般情况下难以获得长期观察的机会。

三、图式记录

在定性观察中有一种更为直观的记录方式,即用位置图、环境图的形式直接呈现相关信息。如前所述,图式记录作为一种辅助性观察手段,它同时可以用作定量观察的记录手段。观察者进入一个课堂现场做定性观察时,最好能先对教室的布置做一个记录,在文字描述的同时,如果配以位置图,将会使描述更清楚明了。比如,有研究者进行课堂观察时,在课堂上就针对教室环境做了这样一个记录,这是综合使用了描述体系和图式记录的方式。

时间:2000 年 4 月 25 日星期二上午。

地点:上海华东师大二附中。

背景:上海理科班是从上海各中学中选拔的理科成绩突出的学生,他们的物理教材与其他班不同,内容较深,是该校物理特级教师张大周编的《名师讲高中物理》。

制服:全班共有 47 个学生,其中 11 个是女生,全班有 7 个学生没有穿制服。

课桌椅及窗户:课桌椅摆放基本整齐,基本没有明显的破损情况,窗玻璃也没有破损情况。

卫生情况:地面干净。

教室布置图:见下图。

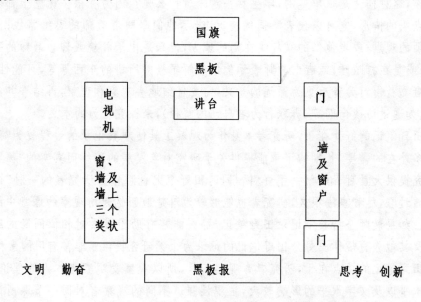

图 7-1 华东师大二附中"上海理科班"教室布置图

主观评价:观察了上海理科班的这节课后,我又接着到一个普通班高一(1)班的物理课上进行课堂观察,就两个班在教室环境方面的情况进行对比,我觉得有两个较大的具体区别:第一,上海理科班的教室布置较简单,墙上除了几张竞赛所得的奖状和黑板报上方的一条标语之外,没有其他的东西,比如高一(1)班所布置的各种活动的照片、海报、宣传画等。第二,从学生制服穿着的情况来看,高一(1)班共有 46 人,只有 7 人穿制服,与上海理科班形成鲜明对比。通过对教室环境的对比观察,我认为,上海理科班的学生因为更多关注于学习,而对其他方面,特别是环境装饰和个人衣着方面显得比较淡漠。

除了学校或教室环境的位置图之外,还可以结合观察的具体问题,画出相关图式来帮助说明问题。比如说,对教师针对个体学生的提问进行观察时可以同时画出回答问题学生的位置。这样可以考察教师提问学生的位置有没有较为固有的倾向,也可以结合回答问题学生的背景考察教师提问与学生本身的特点有无相关等等这些研究者需要了解的问题。

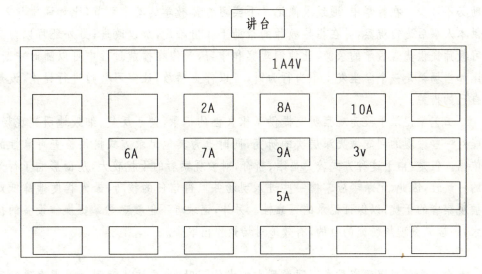

图 7-2 教师提问记录图

在图中,一个方框就代表一个学生,当学生回答了一个问题,问题的序数就写进他代表的方框里,空白的方框说明这些学生在这节课上没有回答过一个问题。另外可以记录学生回答问题时是自愿的还是被动的,用字母"V"表示学生是自愿回答问题的,而字母"A"则表示学生是被要求回答问题的。自愿回答了几次就可以用几个"V"来表示,诸如此类。比如第一排第四列的这个学生回答了第一个问题和第四个问题,其中第一个问题是被动回答的,第四个问题则是自愿回答的。另外这节课教师针对学生个体提问了 10 个问题,回答问题的学生的位置基本集中在中部,10 个问题中有7 个是教师要求学生回答,而 3 个是学生自愿回答。

可见图 1 是图式记录用作定性观察的情况,而图 2 则是图式记录用作定量观察的情况,其具体作用与记号体系相似。

四、工艺学记录

工艺学记录是使用录音带、录像带、照片等电子、机械形式对所要研究的行为事件做现场的永久性记录。由于工艺学记录资料呈现的最初方式是非数字式的,我们将它也归于定性观察的记录方式之中,但实际上这种技术化的记录形式与图式记录一样往往是作为辅助手段来使用的,以上提到的包括定性和定量的各种记录形式都可以同时辅之以工艺学记录方式,以便反复回顾现场,检验记录。

录音和录像的形式最为常用,这种方法为当事者对自己的行为进行观察提供了条件,这是其他任何一种记录方法都无法做到的。因此在教师培训中,录音录像的辅助必不可少。在教学中,通过录像记录下实习教师教学的某个环节,比如课堂导入,供本人事后进行观察,并在指导教师的帮助下找出不足,加以改进;另外还可以为实习教师提供优秀教学的录像,让他们观察和学习,录像在播放过程中可以随时中断,比如当场景是一个学生发生不当行为时,可以停止播放,让实习教师进行讨论,设想自己的措施。

工艺学记录手段为观察研究提供了永久性的记录,便于反复、细致地研究现场,能对一些微观的问题做更深层次的研究,同时也为其他记录方式提供检查可靠性的依据。但是,由于这种方式较为显眼、新奇,对被观察者的干扰较大,从而影响了行为的一致性,因此,记录者应掌握一些进入现场并取得信任的技巧,最大程度地降低对被观察者的干扰,以保证记录的可靠性。另外,记录者不但要熟悉掌握操作设备的技术,还应充分理解研究的目的,有效地对场景作出取舍。

......

在注意到观察研究具有不同类型和方式的同时,也应该注意到运用观察进行研究时,容易发生的错误。[①]

表 7-13　观察研究的错误类型的含义

错误类型	含　义
1. 中心趋向	在使用等级量表进行观察时,观察者往往主观地向中间等级靠拢
2. 防宽尺度	在判定"是"、"有时"、"很少"、"没有"等尺度时,观察者往往有意无意地把尺度放宽
3. 第一印象或近期效果	观察者的第一印象可能对后来的判断产生影响,或者得出的认识受他最近观察的影响

① Evertson,C. and Green, J. , Observation As Inqury And Method, in Wittrock, M. (ed.), Handbook of reaching,1986

续表

错误类型	含　义
4. 逻辑错误	观察者依据正确或不正确的理论、经验或假设,作出错误判断
5. 没有认识到自身的影响	忽视了观察者自身在特定情境中的影响,观察者的角色可能导致一些特定期望的形成,而他最终的判断可能就是依照这些期望作出的
6. 观察项目分类不确当的信息	观察项目的一些类别没有能够很好地加以区分,有些类别虽然满足了定量方面的要求,却遗漏了或丢失了关于过程以及本质上的差别等方面
7. 将特殊的行为概括化	有些判断是依据不具代表性的样本作出的,这有可能导致错误的结论
8. 没有注意到观察者已有的兴趣和价值观	由于没有检视个人已有的偏见,可能会使最后的结论歪曲或承载过多的价值
9. 没有从被观察的角度考虑问题	观察者自以为对观察对象有了清晰的认识,但实际上并没有设身处地地从观察对象的角度考虑问题,由此可能确定的是一些无效的因素、过程或变量
10. 选择的样本无代表性	选择观察的样本不能代表总体的行为,以这些样本为基础得出的结论可能就是错误的
11. 被观察者的反应产生的影响	被观察者的反应,可能影响被观察的现象与过程,例如,被观察的教师因为焦虑,作出不同于平时的举动
12. 没能说明当时的情形	观察者忽略了观察活动的变化、被观察者权利与义务的变化,导致结论扭曲
13. 观察系统设计不合理	观察系统设计方面存在的这样或那样的缺陷,可能导致观察结论的效度和信度的一系列问题
14. 对相关活动的迅速变化考虑不够	由于课堂上的活动的迅速变化,观察者对其中一些关键特征没有很好地加以把握
15. 对同时产生的相关活动考虑不够	许多活动都是在同一时间发生的,在同一时间可能发出的是一个以上的信息,并且同一时间是不同信息在发挥着作用。忽视了这点,也容易导致错误的结论
16. 对人类行为的目标导向或目的性考虑不够	由于对人类行为的目的考虑不够,导致得出一种行为缺乏稳定性的错误结论
17. 没有考虑到观察者的变化	随着观察的进行,观察者可能会产生一些变化,导致观察的描述与最初的描述不相一致

每一种方法都有自己的优势和不足,有各自的适用范围,可用其对各种各样的教育现象进行研究。每一种体系记录不同的现实片段,包含不同的背景因素,从而也获得对被观察现象不同方式的描述(数字的、文字的、图式的、工艺学的)。观察者可以根据课堂研究的目的和需要在以上提到的如此大的范围内选择工具。比如,如果研究者想要从大样本中收集有效教学策略的大量事实的话,就可能需要一种系统性的编码体系,而如果想要了解哪些学生在特定的任务中脱离了任务的话,记号体系是最为合适的;如果要对一个教师的课堂教学进行评价的话,可以选择定量和定性多种方法。更多情况下,一个观察研究并不局限于一种方法,各种方法的综合使用,可以为一种现象提供多方位的研究资料,更利于分析问题和资料的相互验证。就像来回调节显微镜的旋钮一样,研究者根据研究目的的需要选用不同的方法,获得不同类型的信息,从而对现象的不同方面作出解释。我们探索记录方法中一些有代表性的样式的关键,不是评选出谁是最好的,而是在需要的时候能够找出哪一个最适合被研究的问题,最适合用于描述被观察的现实。所以研究者掌握的样式越多越系统就越有利于观察研究。

对各种主要课堂观察记录方法的分析可简单总结于表 4 中,以便比较和查阅。[1]

表 7-14　课堂观察记录方法的比较分析

	分类体系	描述体系	叙述体系	工艺学记录
体系特征	封闭体系;有预设的分类;关注具体行为,在特定时间内对行为事件进行抽样;忽略事件的自然分界,忽略行为的背景	有限制的开放体系;可有预设的分类;对有自然界限的行为事件进行抽样;在具体的背景中考虑行为的意义	开放体系;没有预设的分类;对有自然界限的行为事件进行抽样;在具体的背景中考虑行为的意义	开放体系;没有预设的分类;对一段特定的时间或一个完整的事件进行抽样;不试图过滤或调整所发生的事情
具体类型	编码体系;记号体系/核查清单;等级量表	结构化的描述分析体系	日记/流水账;逸事/重要事件记录;样本记录;田野笔记	录音带、录像带、照片
信息呈现方式	数字为主	文字为主	文字为主	由录音带、录像带、照片等承载的音像资料

---

[1]　郑金洲.教育研究专题.上海:华东师范大学出版社,2002:70—83.

续表

	分类体系	描述体系	叙述体系	工艺学记录
目的	从大样本的课堂研究中获得规范的数据以概括及明确教学的法则；极少关注个体的变化	在预设的分类下获得对被观察现象的详尽描述，从而解释事件和行为在具体情境中发生发展的过程，并概括出一般原理	获得对被观察现象的详尽描述，从而解释行为事件发生发展的过程，以确认在特定的情况下行为的一般原理和模式	获得对被观察现象的一份永久性记录。在特定的时间内依照研究的目的凝固某些方面的事件行为，留在以后作分析之用

课堂教学交往的观察研究

摘要：通过对广州市某小学一至四年级的课堂教学观察结果的分析，探寻现行的课堂教学中存在的交往方式以及它们各自的特点和作用；同时针对主要的双向显性交往方式中交往对象的选择，从不同角度进行分析，找寻现在课堂教学组织的欠缺，提出在组织课堂教学交往中应该注意的问题。

一、研究背景

课堂交往是学生发展的一种重要手段，国外学者对课堂的教学组织给予较多的关注，其中，最广为人知的有贝拉克（A. Bellack）以及安得逊（R. S. Adams）和拜德尔（B. J. Biddle）在 1960 年代所做的研究。贝拉克通过观察和分析课堂对话提出四种"基本语言行动"——组织、诱导、应答和反应。安得逊和拜德尔提出课堂交往的三种形式："Emitter—Listener"、"Targer —Target"、"Audience—Player"，利用摄像技术观察对这三种交往类型的频率与特征进行处理分析。此后对课堂交往的研究相当活跃，研究结果表明：让某些教学交往方式（比如，批评和教师的不直接反应）与学生的成绩相关；学生在课堂中处于被动状态，教师给予学习好的学生更多关注；教师与不同性别学生的交往机会因人因地而异，虽然教师对女生的评价高，但对男生期望更高；选择前中排座位的学生成绩较好。

国内学者对课堂交往的研究主要有三类：第一类是理论探讨，从教育学、社会学角度探讨教学交往的重要性以及理想的教学交往模式；第二类是实践经验归纳、从实践的角度对课堂教学的有效交往策略进行归纳；第三类是实地观察研究，从对课堂实际的观察、调查寻找现在我国课堂教学交往的特性。其中，值得注意的是南京师范大学吴康宁等人在 1995 年所做的研究。他们将课堂交往行为分为提问（主动与被动）、答复（求案与寻由）、要求、评价（表扬与批评）等方面，对 7 所学校 28 节新授课做课堂观察，从课堂交往的时间构成、交往言语、交往行为与交往对象、教师角色等角度分析，发现除安得逊和拜德尔的三种交往形式外，还存在一种单向隐性交往互动的交往方式。

将安得逊和拜德尔提出的研究框架和南京师范大学学者们提出的隐性交往的概念结合起来，可以把课堂上的交往概括为四种模式：①单向显性交往互动；②双向显性交往互动；③多向显性交往互动；④单向隐性交往互动。

表7-15概括了这四种交往中师生间的关系。

表7-15　课堂交往四种模式师生间的关系

分类体系	交往模式	教师交往控制	学生交往活动量	具体情景举例
单向显性交往互动（教师是信息发送者）	教师传授学生听讲	教师活动量大，充分控制课堂交往，实行单一交往，面向全体	假设学生在单位时间内获得大量知识信息，但处于被动交往地位，活动量少	教师讲授
双向显性交往互动（均成为班级学生关注目标）	师个交流	教师活动量大，进行显性交往（言语交往），反馈增加，交往频率因人而异：为了面向全体而选择交往对象	学生活动量增加，发挥主体作用，为了交往展开积极思维活动	个别提问、表扬、回答、要求学生
	师群交往			提问、表扬、回答、要求全体学生
多向显性交往互动（教师成为旁观者）	生生显性交往（交往学生成为焦点）	教师对交往控制程度下降，集中于：交往中负责交往的目的调控、交往结果的评价、交往过程的导向。为了促进个体的交往共振，发挥竞争和合作作用	学生的交往活动为最强，主体交往活动意识增加	比如，教师请学生表演、讲解题目
	生生隐性交往（学生私下交往）			比如，英语教师请学生与同伴对话
单向隐性交往互动（教师成为指导者，与学生私下交往）	思考	教师有选择地与学生交往。主要是为了促进个体的发展	学生被教师选择成为交往对象，交往发生在个体学生与教师之间	比如，教师要求学生练习，私下巡堂与指导

本研究以此为框架，观察分析广州市华南师范大学附属小学课堂教学交往的实际情况，探索影响课堂交往频度的因素（如某种交往方式的对象与手段），以期发现小学课堂教学的基本特点，分析教师在管理课堂教学交往中应当注意的问题，进一步充实国内外学者们的研究。

二、研究方法与对象

本研究主要采用两种研究方法：一是通过课堂观察了解课堂交往的实际情况；二是通过必要的问卷和访谈向有关教师和学生收集一些必要的资料。

课堂观察的对象是广州市华南师范大学附属小学一年级至四年级的语文和数学课，每年级一个班；共观察7课时。观察记录表格分《师生交往角色与时空关系记录表》和《学生课堂交往行为记录表》，是在南京师范大学四位学者所设计工具的基础上，参照观察者与课堂交往的具体情况修订而成。

听课后对被观察班的教师进行结构性访谈，并向班主任发放调查问卷。对教师的调查主要是了解班主任对学生座位安排的考虑因素和任课教师对课堂交往对象选择的考虑因素等，获取教师选择交往对象的倾向性信息。同时，还对被观察班级的学生进行问卷调查，共发放问卷226份，回收220份(回收率为97.3%)。问卷主要是了解学生的座位安排和学习成绩等基本情况以及不同类型的学生交往态度，学生座位安排的经验、承担学生干部角色的经验、现有座位安排的满意程度和理由、对座位的希冀和对课堂交往的态度等等。为课堂交往的分析收集背景性资料，试图发现学生的座位安排(空间位置、学生干部角色、成绩)与课堂交往是否存在相关。

本研究所关注的主要是课堂交往活动的三方面因素：(1)物理因素(如学生的性别、学生的空间位置)；(2)精神因素(如学生的成绩、学生参与的倾向性)；(3)交往方式。这三种因素构成一个多维的关系，成为交往分析的基础。资料收集之后，分析比较从课堂观察、教师及学生这三个角度所获得资料的一致性，利用 Excell 和 Spss 软件进行统计检验和分析(主要包括用双向表 χ^2 做相关检验、单向表的 χ^2 做差异检验和独立样本平均数差异 t 检验)。

三、研究结果与分析

(一)课堂交往方式的分类与比较

课堂观察记录汇总的结果表明，被观察的小学在班级授课制下的课堂教学交往方式，基本符合上面归纳的四种类型，交往时间分布如表7-16所示。

表7-16　课堂交往与教师角色构成

交往类型	交往角色	分钟	百分比(%)
单向显性	E—L	46.3	16.53
双向显性	T—T	163.75	58.48
多向显性	A—P	35.1	12.53
单向隐性	G—L	24.63	8.97
其他	无交往	10.22	3.65

表 7-16 所描述课堂交往的结构中,由教师发动的交往成为最主要的方式。这样的一种课堂交往模式意味着什么,是否像有的学者所说的是一种以学生的被动角色为特点的新的"满堂灌"式的教学。我们不同意这种不考虑学生的具体认知水平而只依据交往形式来下结论的做法。正如教育社会学家扬(M. F. D. Yang)所指出的,课堂上师生交往互动是形式,真正的实体是意义的沟通,通过沟通促进知识和实践的社会建构。实际上,学生的主体地位随着年龄和时间的推进而增加,与此同时教师的主导地位则逐步降低,两者的曲线在初中阶段达到交叉重合。在小学阶段,由于学生的知识经验结构尚未达到一定水平,教师对新知识的介绍和对方法的启示是很必要的,加上由学生发起的多向显性交往尚未成熟,教师发动的交往占主要并不见得一定使学生处于被动地位。只要这种交往在内容上真正地做到启发智力和促进思维,它就是一种有效的交往方式。因此,我们认为当前小学课堂交往的时间分布基本合理。可以看出,大多数的教师都比较重视课堂的双向显性交往(如言语交往),占全部教学时间的 58.48%,成为交往的主导。其次是作为师生个别进行的多向显性交往,占12.53%,在教师调控下的生生单向隐性交往,占 8.79%。课堂教学过程中教师作为单向交往发动者的时间仅占 16.53%。

根据吉尔福特(J. P. Guilford)的智力因素的假设,在需要收敛思维的问题上,个体思考效果较好。相应的课堂实践可以是由教师提出问题,学生个体经过思考再通过举手或集体回答。在发散思维的问题上,团体思维的启发力量更大,即通过多向交往的互动模仿与启发,可以促进个体的认知发展。从表 2 还可看出在师生课堂交往中,双向(T—T)交往时间大约是多向(A—P)交往时间的 4.67 倍,说明教师倾向于扮演控制的角色,试图通过控制交往的高潮和节奏,维持学生的注意力,以保证教学任务的顺利完成。这种做法可能会影响对学生发展有重要意义的发散性思维的培养,值得注意。

(二)课堂教学交往对象的选择与分析

1. 精神因素与交往相关检验

(1)学生参与的倾向性对学生交往机会的影响

从对科任教师的调查访问中了解到,教师课堂交往选择的考虑因素依重要程度递减(W 统计),前三位为参与情况(0.2585)、学生成绩(0.1904)和控制课堂交往(0.1088)。学生在课堂上的参与情况似乎成为教师选择的首要因素。如果学生具有同等的参与欲望和举动(如举手),学生是否能实现课堂交往就取决于教师的选择。教师在选择时首先考虑的是积极参与的学生,积极参与的学生获取交往的机会相等。对于这部分学生而言教师的选择是随机的。

在教师随机选择的基础上,学生的参与情况是否与学生的参与态度相关呢?用斯皮尔曼相关系数检验的结果发现,学生是否愿意回答问题的态度与该学生是否成为课堂交往的对象(包括所有的交往方式)显著相关 $r=1.73,P<0.05$,这与教师的问卷调查相一致——教师还是根据学生的参与情况作出选择。

(2)交往方式与成绩的相关检验

在班级授课制中,教师需要选择不同成绩的学生作为交往对象,以取得良好的整体教学效果。但是现实中教师是否注意让成绩不同的学生都有机会参加交往呢?通过皮尔逊相关系数检验,发现本研究中学生能否成为交往对象与他的语文、数学成绩显著相关(r 分别为 0.413 和 0.416,$P<0.05$)。为弄清情况,将学生按成绩排名分为优(前 27%)、中(中 46%)和差(后 27%)三组,列出各组学生是否成为交往的对象(焦点)的情况(表 7-17),χ^2 检验说明学生的成绩与交往有显著的相关($0.05>P>0.01$),优生的交往几率最大,差生的交往几率最小。这种情况显然不符合面向全体学生的原则。

表 7-17 师生焦点与成绩的检验

单位:人次	焦 点	非焦点	合 计
优	46	22	68
中	59	41	100
差	26	30	56
合计	131	93	224
检测	$\chi^2_{0.05}=5.99<\chi^2=6.78<\chi^2_{0.1}=9.21$		

造成这种结果的原因有很多,一是优生更愿意参与课堂交往,由于教师根据学生参与的积极性选择交往对象,结果造成交往上的偏向;二是教师有意识地以中等生作为全班大多数学生认知水平的代表,及时了解全部学生的情况,有效地控制和调整教学。

2. 物理因素与交往的相关检验

物理因素主要指学生的座位,教师的安排目的是为了便于管理并有利于开展活动。据对班主任的问卷调查结果表明,在安排座位时考虑的因素主要有(以重要程度为序):①性别搭配($W=0.19$);②身高和干部搭配($W=0.18$);③学生成绩搭配($W=0.17$);④性格搭配($W=0.13$);⑤文体人才的搭配($W=0.07$)。实际上,在被观察的班中,座位的安排表和学生成绩有显著相关,表 7-18 列出了座位安排情况。由表 4 可见,在前排的学生中,差生占 41.93%,中等生占 33.87%,优生占 24.19%。有 77.98% 的优生位于中后排,73.21% 的差生位于前排。

这样的一种座位安排是否影响教师选择交往的对象,相关检验结果表明,座位与交往对象,($\chi^2=0.39<\chi^2_{0.05}=9.49$),座位与交往次数($\chi^2=0.2<\chi^2_{0.05}=9.49$),以及座位与交往方式($\chi^2=3.45<\chi^2_{0.05}=12.59$)的相关均不显著,说明课堂上教师对参与程度相等学生的选择没有受学生空间位置的影响,即教师已采取措施避免空间位置的影响。由于我们所观察的是两个各方面条件都很好的省一级学校,在一般学校里能否排除学生座位对交往的参与几率的影响以及对学习成绩的潜在影响,还有待进一步研究。

表 7-18　座位与成绩的相关检验

单位:个	前	中	后	合计	检　验
优	15	32	21	68	
中	21	50	29	100	$\chi^2=14.46>\chi^2_{0.01}=13.28$
差	26	15	15	56	
合计	62	97	65	224	

3.交往对象与学生性别的相关检验

从对科任教师选择交往对象调查中发现,教师并不对交往的性别搭配做有意识的控制,其权重仅为0.05,重要程度在各因素中居最后。但由于交往的双向特性,如果不同性别的学生参加课堂交往的积极性有显著差异,比如女生比男生更加积极参与交往,结果还是会造成课堂交往中的性别差异。[1]

① 谢春风,时俊卿.新课程下的教育研究方法与策略.北京:首都师范大学出版社,2004:301-305.

第八章
教师研究的主要方法(下)

📖 本章学习任务

☞ 理解个案研究法、比较研究法和经验总结法的作用、特点,把握运用这些方法方法的程序和要求。

☞ 运用个案研究法把握学生的差异,并能较好地解决不同特点学生在发展中的问题。

☞ 运用比较研究法,寻找到自己教育教学的长处和不足,增强自我意识和自我成长的信息和能力。

☞ 能从具体经验总结提升到一般经验总结,逐步做到科学经验总结,在比较过程中不断提高理论水平和实践能力。

一、引 言

从第七章关于"观察研究方法"和"调查研究方法"的介绍和阐述中,我们又一次体会到教育研究就是一项认识和实践的活动,是教师围绕研究问题而展开的创造性的认识和实践活动。这项活动的进展速度、效率、效益、质量水平如何? 除了取决于教师的知识储备、理论素养、创新能力之外,还在很大程度上取决于研究方法的运用及方法作用的发挥。运用研究方法必须关注的一件重要的事情,就是方法与研究相一致,方法要与研究性质类型、与研究规模、与研究对象、与研究目的相一致。从教师教育研究的研究特点、规模、对象和目的等方面的实际出发,教师研究的主要方法还有个案研究方法、比较研究方法和经验总结方法。

二、个案研究法

个案研究是教育研究中一种常用的研究方法,是涉及课题研究的中小学教师可以尝试的一种简单易行的方法。它不仅容易开展,而且可以帮助教师及时了解学生发展状况,及时收集教育反馈信息;还可以不断总结与评价积极的教育经验和措施,对以后教育工作给予有益的启示。

(一)个案研究法的概念及特点

个案源于医学,是指具体的一份病例。个案研究最早运用于医学,是指医生对病例中的病人作详细的临床检查,判明病理和病因,提出治疗方案的一种方法。

✦ 个案研究的概念

> **重要观点**
> 个案研究常常需要追溯研究对象的背景材料,了解发展变化的具体经历,因此,个案研究又称个案历史研究法。

1. 个案研究的定义。个案研究法,又称案例研究。指采用各种手段搜集有效的、完整的资料,对单一对象进行深入细微的研究方法(也称之为"研究过程")。通常个案研究是对特定的人、事、物所进行的描述和分析,研究对象可以是一个人、一个机构,一个社会团体,资料搜集可以采用查阅档案记录、问卷、测验、访谈、观察等方法。

> **重要观点**
> 个案研究是一种综合多种研究手段进行研究的方法。

2. 个案研究的任务。个案研究是对个案的行为特征提出描述性的报告,为最终判断提供现实的依据。一般都采用评判法进行,即以系统的方法对个体、个别事件或案例作深入的研究及调查,结合主观评判试图用推理方式解释、分析所收集来的事实资料,提出解决问题的方案或策略。

3. 个案研究在学校教育中的意义。(1)教育教学研究历来重视个体的发展和个别差异,通过个案研究可以详细地描述个案特征,有助于因材施教,促进学生的全面发展;(2)以个案的具体实例来解释和说明某种抽象的理论和观点,为进一步证实理论或假设提供依据;(3)验证某种治疗方案或辅导策略的可行性和有效性,为解决某类问题提供操作性的策略与步骤;(4)在可能的情况下,试图将个案的研究结论适度地推广到更大的同类群体中去,发现或描述个体或事件的总趋势;(5)个案研究信息的积累有助于事物的总体的归纳,可以为以后的研究分析、理论概括做好准备。

4. 个案研究的应用范围。在学校教育中,个案研究由于研究对象少,研究规模较小,在自然状态中进行,需要较长时间的跟踪,因此是一种特别适合教师使用的研究方法。个案研究往往运用于对不良问题预测和控制的事例环境。如学生辍学、学业失效、家庭破裂,品德不良、青少年犯罪、学生的心理问题等等。个案研究也可以对好的学校、教师或学生进行个案研究,其目的在于描述其特点,分析其所以好的理由,并解释与相适应的条件。

5. 研究对象的单一性。个案研究的对象首先必须是对单一个体或单一群体,即使研究中有多个被试,通常也把他们作为一个单位或某个问题看待。这种对象一般具有单一性、具体性。个案研究的对象虽然是单一的,但是,为了全面系统地了解研究对象,常常要同时研究个人的行为与社会环境的关系。

6. 研究目的针对性。个案研究是以更好的训练、补救和矫正为目的,其研究目的具有较强的针对性。任何个案研究的目的都是通过发现存在的问题并探索形成问题的根源,以便更好、有针对性矫正,促进其成长和进步。

7. 研究过程的精细性。个案研究的对象数量少,目的具体,容易对研究对象进行极精细的分析工作,便于提出有针对性的矫正或训练措施。同时,在个案研究中,常常是运用归纳的方法,对材料进行横向和纵向的精细分析,有利于从个别现象中概括一般结论。

8. 研究方法的综合性。个案研究收集个案资料的方法是多样的,研究的手段是综合的。研究中常常要综合测验法、访谈法、调查法、实验法、文献法等多种方法进行。只有这样才能比较全面、系统地考察研究对象的特点及其发展变化的过程和规律,从而得出比较科学的结论。

9. 研究时间的长期性。个案研究常常是一种长期的研究,这是因为对研究对象要进行全面、深入的了解,不仅需要了解其现状、发展的历史背景,还需要把握其发展过程及发展过程中出现的问题,因此其研究常常需要持续较长时间。

> **重要观点**
> 个案研究的周期一般比较长,需要对个案进行连续的跟踪研究,使其研究内容具有深入性的特征。

✦ 个案研究的优点与局限

1. 个案研究的优点。

(1)个案研究既强调必须充分考虑研究对象自身的特点,并能根据研究对象的实际,提出有针对性的建议和对策,同时,又强调把研究对象放到社会文化背景中加以考察,注意其社会性。

（2）个案研究强调历史研究与现实发展相结合的动态研究，能更好地揭示对象的发展变化的特点和规律，能够提供有关个别对象发展的具体材料，丰富感性认识；同时，通过多次同类问题的个案研究，所得的"案例"，不仅能为以后研究假设的形成提供参考，而且为解释同类事物提供根据。

（3）个案研究方法灵活多样。在具体从事个案研究时，必须运用多种方法，才能搜集到有深度、广度的个案资料。

（4）个案研究一般涉及较少研究对象，研究可以节省人力、物力、财力。

2. 个案研究的局限。

（1）由于个案研究的对象数量较少，其代表性较差，因此，难于从个案研究中得出普遍性的规律和结论，而且依据个案研究得出的研究结果的运用性也常常被人怀疑。

（2）个案研究一般只能揭示对象的类型特征，常常是定性的分析，其分析的方法也难于标准化，容易作出主观的不明确的结论。

现代个案研究的运用，既强调个人个案作详细的追踪研究，又对带集体性的成组的"个案"统一分析，这种个案研究常常称为集体性、系统性的个案研究分析法，它能在一定程度上弥补个人个案研究的缺陷。

（二）个案研究的基本程序

✦ 个案研究的步骤

一项完整的个案研究一般要经过如下步骤：

1. 认识对象，确立个案。任何科学研究，关键在于发现和提出问题，它比解决问题更重要。研究者应根据个案研究的目的和内容以及对个案问题行为的界定，选择典型的人或事作为研究对象。在这个步骤中需要研究者细心观察和思考。如某学生成绩突出、思维敏捷、善于提出并解决较难的问题平时的作业，或回答问题具有一定的创造性，甚至有些小发明创造等等，这样的学生就可能是一个特殊而有价值的个案对象；又如某学生近来一改以前学习不认真、厌学的一贯行为与态度，而表现出认真上课，积极主动思考和回答问题，成绩明显上升等学习行为。为什么会出现这些行为，就可以设计研究的个案来进行研讨。

联系"相关链接"中"个案研究的基本步骤"相关内容学习。

> **重要观点**
> 个案的设立必须明确研究目的和任务，考虑选题的价值和可行性。

2. 搜集个案资料。个案研究依赖于搜集详尽的相关资料，否则难以准确的结论。

3. 个案资料的内容。个案资料所涉及的内容十分丰富。就个体个案研究而言，其内容包括：

(1)研究对象的基本资料,如个人的姓名、性别、年龄、所在学校和班级、民族、籍贯,团队的人员构成、年龄分布、性别比例、文化状况等;

(2)个体身体健康资料,如既往病史、药物过敏史等;

(3)个体成长及心理发展资料,如母亲妊娠、出世、发育情况,学习人际交往、人格特征、情绪的稳定性、性格的内外向、社会态度倾向,自我观念及价值取向、品德行为情况等等;

(4)个体家庭背景资料,如父母亲姓名、年龄、职业、文化程度、健康状况、家庭经济状况及居住环境,父母对子女的教养态度及亲子感情,家庭中的重大生活事件,家庭病史等;

(5)个体当前问题资料,如目前的主要病状、表现等等。

4. 个案资料的来源与搜集。搜集个案资料时,必须注意个案资料的来源是十分广泛的,可以来自对研究对象本身的观察、调查或由研究对象自己提供,也可以来自于与研究相关的一些人。所搜集的这些个案材料可概括为两类,即主体和客体资料,前者指研究对象的自传、日记、写给别人的信件、著作等;后者指个人档案、社会或学校、机关的记录、照片、录音、登记表格以及朋友、同事同学亲人提供的证明材料。

5. 注意材料的深度、广度和真实性。在教育的个案研究中,不仅要广泛搜集采用了解对象的历史和现状,而且更要了解对象深层的心理活动和倾向,如态度、期望、意见等等。同时,为了获得真实可靠的个案资料,还需要访问研究对象本身,尤其对学生、教师或社会团体人员的个案研究。

6. 诊断与假设。在广泛搜集个案资料的基础上,常常还需要对相关问题作进一步的测试,以诊断问题的症结所在,推论原因——主因、次因、远因、近因等,形成初步的假设。诊断最好能有标准化的测验量表。

7. 分析整理资料。个案研究收集到的资料往往比较粗糙、琐碎、难于直接解释问题,因此需要用逻辑思维的方式对有关资料进行理性的加工。

8. 个案资料的分析。分析个案材料主要从两个维度进行:(1)主观—客观维度。从研究对象的主观上分析,主要是了解行为发生的内在动力,如动机、态度、情感、世界观、人生观、价值观等,与行为及其结果的因果联系;从客观上分析,主要了解教育、社会环境、家庭等与学生的生理、心理特点以及学生的成长、发展存在哪些相适应的矛盾或不相适应的地方,并找出适应或不适应的矛盾关键所在。(2)现状—过程—背景维度。主要从个案的当前发展现状和水平分析个案行为或现象的形成和发展过程与现有水平的动态关系,进一步分析影响个案行为或现象发生的背景因素,依次来了解个案发展变化的基本特点和规律以及影响个案发展变化的各种因素。

9. 个案资料的记录整理。个案研究资料的记载和整理一定要简便、清晰，一般可采用表格来处理。如：

表 8-1　个案研究谈话记录表　　　年　　月　　日

姓　名		性别		年龄	
谈话时间					
谈话地点					
谈话原因					
谈话问题					
被试的反应					
研究者的分析					
矫正办法					

表 8-2　学生个案研究资料袋　　　年　　月　　日

姓　名		性别		年龄	
学校名称	年级班级				
学校地址					
表件名称	制表或存放的时间			备　注	
谈话记录表	年　　月　　日				
观察记录表	年　　月　　日				
原毕业学校介绍信	年　　月　　日				
自我检查书	年　　月　　日				
班主任历年评语	年　　月　　日				
每年各科成绩表	年　　月　　日				
体格检查表	年　　月　　日				
其　他	年　　月　　日				

✦ 实施个案指导

通过跟踪、观察、记录等方式验证先前的诊断和假设。在个案研究的诊断与假设、分析与指导过程中难免会有错误的判断和推论，因此需要在实际的个案实施实施过程中，通过多方面的信息和资料来检验先前主观推断的合理性。

✦ 个案的补救矫正与发展指导

个案研究不仅要提出研究的问题，还需要提出解决问题的策略和指导性意见并加以实施。个案的补救矫正、发展指导涉及两个方面的具体内容：

（1）改善、疏导那些不利于发展的外因条件，发展、加强有利于促进发展的外因条件，使之更好地适应、满足学生发展的需要；

（2）矫正或引导学生内在因素的健康积极发展。一般来说，教师要矫正学生的不良行为，需要根据生理学、心理学、教育学、社会学的原理，进行综合运用，针对病源，有针对性地加以矫正。

✦ 形成结论

对个案的表现进行讨论和评估,提出建议,得出结论,撰写个案研究报告。一份完整的个案研究报告,其基本格式包括:

(1)概述。主要包括研究对象的基本情况。

(2)特殊表现的基本描述。主要包括研究对象的特殊性表现,如问题学生的问题行为表现、超常儿童的智力超常表现等等。

(3)特殊表现的原因探索。

(4)分析与讨论。通过所搜集资料的分析,对结果进行原因分析。这一部分涉及对学生进行的具体矫正辅导措施及方法和过程。

(5)小结与建议,通过分析,得出一般性结论,然后针对性地提出一些教育建议,这一部分涉及矫正、辅导的效果。

联系"相关链接"中"个案研究报告的撰写"的相关内容学习。

(三)个案研究的具体操作

个案研究过程中,个案问题的界定,问题的描述与分析,相关资料的收集、个案问题的判断和抉择,以及个案问题的推论等,都是复杂的认知过程,需要技能和技巧。

> **重要观点**
> 个案研究是复杂的认知过程,需要技能和技巧。

✦ 个案记录方法

个案记录就是研究者保存的备忘录,也是整个研究最重要的参考资料,个案记录必须以客观、准确、清晰的方式加以描述,必须建立在充分收集相关资料的基础之上。个案记录的基本原则就是要保持资料的完整性、正确性、可靠性。在这个基础上,尽量使个案记录观点简洁、明确,内容容易联系、理解。个案记录的方法有很多,如结构描述法、半结构描述法、直接描述法、图表表示法等。

联系"相关链接"中"结构与半结构描述法"的相关内容学习。

✦ 问题的描述与分析

在确定和识别研究的个案后,个案的描述与分析是个案研究过程中的关键一环。

参考本章"相关链接"中的"个案研究报告的撰写"的相关内容学习。

活动 8.1

1. 在复习本节内容的基础上,再阅读"相关链接:个人个案研究的概念"。

2. 尝试对自己班上的一位学习困难的学生进行"个案研究"。

3. 把研究报告与其他教师,尤其是同年级教师交流共享。

三、比较研究法

比较是认识事物的基础,是人类认识、区别和确定事物异同关系的最常用的思维方法,"要认识自己,就要把自己同别人进行比较。"比较研究的最初运用可追溯到古希腊亚里士多德。19世纪以后,比较研究逐渐成为教育研究中的一种重要的方法。20世纪60年代以后,逐渐发展成熟,在教育研究中有着广泛的运用。

(一)比较研究法的作用

作为一种思维方法,比较研究贯彻于教育研究的全过程,无论是理论研究中,还是实践研究中,比较研究都是不可或缺的基本方法,其作用主要表现在如下几个方面。

✦ 更好地认识事物,把握教育规律

只有比较才有鉴别;只有鉴别,才有认识。在实际生活和工作中,比较是认识事物本质最基本的也是最重要的方式之一。比较研究法通过对各教育现象或事实之间的比较,把所研究的个别事物或现象纳入广阔的教育背景之中,从而克服教育研究过程的狭隘性,更好地揭示教育的普遍规律。教育是一个复杂的系统,涉及诸多因素,要使教育改革与发展的决策科学、合理,就要对该问题有客观全面的认识,这就需要将该问题与其他事物加以比较,通过比较研究,找出其发展的特点和素质。如,关于普及义务教育问题的研究,通过对国外发达和不发达国家的比较研究,我们可以看到实施义务教育既是生产力和科学技术的客观要求,又要受一个国家的经济发展和生产力发展水平的制约。

✦ 更好地认识本国、本地及本人的教育状况

> **重要观点**
>
> 要考察或认识一种教育现象或事件,必须把它放在与此相联系的事物或现象的背景或系统中去进行比较分析,才能发现事物的普遍属性和规律。

"不识庐山真面目,只缘身在此山中"。不借助他人,有时我们很难认清自己,通过比较研究可以找出一些共同的问题,也能发现一些本国、本地和本人的特殊问题,因而能更好地认识其自身的教育状况,有效地推动教育的发展。

活动8.2

一位教师的研究课题是"拉祜族女教师专业成长的研究",就此课题请你帮助她设计其中"比较研究"的活动。

✦ 获得新的发现

通过比较研究来揭示事物和现象之间的本质联系,能够帮助人们获得新的发明、发现。如通过对教育发展历史的纵向比较,较好地揭示了"传统教育"与"现代教育"的根本分别,进而有助于把握科学主义与人文主义的教育及其对教育的影响。再如"差生"的成因问题,上海市实验小学通过对"优生"与"差生"在课堂举手发言的情况进行比较研究,从而得出"差生"的成因是缺少教育机会引起的。

情景8.1

好、中、差三类学生在参与时间上存在巨大差异

从实际调查来看,在一堂课40分钟的时间,平均而言,好、中、差三类学生(从发展的角度来说,没有差生学生,但为了研究的需要,还是将学生分为三种水平)积极参与的时间存在巨大差异。根据调查所获得的平均结果,对学生在一天、一周内的参与时间进行了推算,结果见下表。

表8-3 学生课上参与时间一览表

	一节课(40分)		一天(6节课)		一周(5天、30节课)	
	参与	不参与	参与	不参与	参与	不参与
好学生	34分	6分	204分 5节课	36分 1节课	1020分 25.5节课	180分 4.5节课
中等生	22分	18分	132分 3节课	108分 3节课	660分 16.5节课	540分 13.5节课
差学生	14分	26分	84分 2节课	156分 4节课	429分 10.5节课	780分 4.5节课
平均水平	27分	13分	162分 4节课	78分 2节课	810分 20节课	390分 10节课

课堂上学生参与教学活动、有效利用课堂时间是学生学习状态差距的成因之一。如果不能有效提高学生课上参与,差生就会不断产生,而且好学生,甚至中等学生之间的差距会不断加大。

> **重要观点**
> 比较研究有四大作用:有助于认识事物的本质和教育的普遍规律;有助于更好地认识本国、本地和本人的教育状况;有助于获得新的发现;有助于教育改革的制定。

✦ **为教育政策的制定提供依据**

教育政策的制定是一个复杂的过程,涉及到诸多因素。为使科学决策合理就必须对各种因素有一个全面的认识,这就需要将某一问题与其相关的事物进行比较。比较中分析优劣得失、长处弱点,从而使政策的制定符合教育规律和教育本质。

(二)比较研究法的概念及种类

✦ **比较研究法的概念**

教育中比较研究法是根据一定的标准,对两个或两个以上有联系的事物进行考察,寻求其异同,探求教育的普遍规律与特殊规律的方法。从下面五个方面来理解比较研究法的概念:

1. 同一和差异是在各种事物之间普遍存在的一种客观联系,这种同一性与差异性是进行比较研究的基础。

2. 在教育科学研究中,比较是一种有目的有计划的认识活动。比较哪一些对象以及比较对象的哪些方面都是根据研究的实际需要而决定的。

3. 比较的对象可以是两个或多个国家或地区,也可以是同一国内的不同地区,甚至是两个学校或班级,也可以是两个教师的教育实践……总之,比较的对象涵盖教育所有领域。

4. 比较的过程追求"同中求异"、"异中求同"。既要发现表面上相同或相似的事物有什么本质上的区别,或表面上似乎有明显差别的事物在本质上有什么相同之处。

5. 比较不能十全十美。比较研究总是有选择地对某些事物的某些方面或一个方面进行考察,而暂时有条件地撇开其他方面。

✦ **比较研究法的种类**

1. 按属性的数量,可分为单向比较和综合比较。单向比较是按事物的一种属性所作的比较。综合比较是按事物的所有(或多种)属性进行比较。单向比较是综合比较的基础,但只有综合比较才能达到真正把握事物本质的目的。

2. 按时空的区别,可分为横向比较与纵向比较。横向比较就是对空间上同时并存的事物的既定形态进行比较。纵向比较即时间上的比较,就是比较同一事物在不同时期的形态,从而认识事物的发展变化过程,揭示事物的发展规律。在教育科学研究中,对一些比较复杂的问题,往往既要进行纵比,也要进行横比,才能比较全面地把握事物的本质。

3. 按目标的指向,可分为求同比较和求异比较。求同比较是寻求不同事物的共同点以寻求事物发展的不同,以发现事物发生发展的特殊性。通过对事物的"求同"、"求异"分析比较,可以使我们更好地认识事物发展的多样性与统一性。

4. 按比较的性质,可以分为定性比较与定量比较。任何事物都是质与量的统一,所以在科学研究中既要把握事物的质,也要把握事物的量。这里所指的是定性比较就是通过事物间的本质属性的比较来确定事物的性质。定量比较是对事物属性进行量的分析以准确地确定事物的变化。定性分析与定量分析各存长处,在教育科学研究中应追求两者的统一,而不能盲目追求量化。

活动 8.3

课题"农村教师队伍整体水平提高的研究"设计研究方案,并对其中运用比较研究法的部分进分析,指出比较研究法的种类,并回答为什么?

(三)比较研究法的运用

✦ 使用比较研究法的条件

使用比较研究,必须具备三个条件,凡是不具备这三个条件的教育现象,都不能使用比较法来研究。

> **重要观点**
> 使用比较研究是有条件的。

(1)研究对象的数量必须存在两种以上的事物。

(2)研究的对象之间必须有共同基础。

(3)研究对象必须有不同的特性,即研究对象必须有差异。

活动 8.4

优生与差生解题能力的比较研究。从使用比较研究的条件来看,课题是否适用于比较研究?

✦ 比较研究法的基本程序

运用比较研究教育问题,并无固定模式,但一般应遵循如下操作步骤:

1. 明确比较主题和标准,提出比较问题。明确比较主题就是要知道比较什么问题,即根据研究课题,确定比较的内容,限定比较的范围,从而使比较的目的 明确而具体。这是进行比较研究的前提和基础。无论是比较教育的内容还是比较教育的方法,是比较教育目的任务还是比较教育制度,是比较学生心理发展的水平还是比较其发展的过程,是比较教师专业素质还是专业化的过程等,首先必须对比较的主题和标准清楚明白,但要比较的问题限定的特点的范围之中,对有共同基础的材料进行比较。确定比较标准就是把比较对象的材料按可能比较的形式排列起来。比较的内容和概念要明确,标准要具体,数据要准确,标准要有可比性和稳定性。

2. 搜集、整理比较材料。比较结果的取得是建立在对所获材料的分析基础上。搜集的材料是否完整、全面、客观,对所搜集的材料如何整理和加工,都会影响比较研究结果的科学性和准确性。因此,在比较研究中,首先要研究教育现象的有关资料,并按一定的要求进行分类整理和加工,避免研究者的主观偏见和感情色彩的消极影响。

3. 分析比较材料,解释比较内容。这是比较研究最重要的环节。分析要从初步分析到深入分析,对收集的资料进行加工、解释、评价;不仅要说明教育现象是怎样的,而且还要说明为什么是这样,分析其形成的原因、因素,只有这样,才能把研究引向深入。

4. 作出比较结论。作出比较结论就是在对材料进行全面分析研究的基础上,对所揭示的教育现象的本质和规律,作出研究结论。它是比较研究的目的。同时,还要对所得的结论进行理论和实践的论证。

以上就是比较研究的一般步骤,这些步骤是相互联系、环环相扣的。确定比较研究的问题是运用比较研究法的前提;制定比较的标准是运用比较研究法的依据;材料的分类与解释是运用研究法的基础;比较分析是运用比较研究法的中心;得出结论是运用比较法的目的。比较研究不是为了比较而比较,而在于探索教育规律并得出客观实际的结论。

活动 8.5

"优等生和差生学习机会的比较"这个主题,可以确定哪些方面的比较内容(或项目)?

✦ 运用比较研究法的基本要求

1. 资料的可靠性与解释的客观性。提供比较研究的资料必须具有权威性、真实性,最好是第一手资料。其次,资料要具有代表性,能反映普遍的情况。最后要求资料具有典型性,能反映事物的本质。这就要求采样的科学化、资料归类的合并的程序化,资料收集人员要有扎实的教育理论修养和深厚的基础理论素质。在解释资料时根据当时当地的客观实际,运用科学的理论加以全面的分析,并保证解释的客观性而不带个人的偏见。

2. 全方位多角度进行比较。制约教育因素甚多，而且任何事物都不是孤立地存在的，而是与其他事物密切联系的，所以应坚持全方位多角度的比较。在比较时，任意选择个别条件、片面地进行研究，或者割裂事物之间的联系，孤立地进行比较，都是不正确的。

3. 比较事物的本质。事物不仅有现象异同，更有本质的异同。比较研究不能仅抓住表面忽视本质，否则就难以准确地认识事物。"假如一个人能看出当即显而易见之异，譬如，能识别一支笔和一头骆驼，我们不会说这个人有了不起的聪明，同样，另一方面，一个人能比较两个近似的东西，如橡树和槐树，或寺院与教室，而知其相似，我们也不能说他有很高的比较能力。我们要求的，是要看得出'异中之同和同中之异'"。就是说我们要透过现象抓事物的本质。要进行本质的比较就要通过大量、典型的材料分析其内在关系，从历史的社会的、经济、社会风俗等角度进行探讨。

四、经验总结法

教育客观现实中必然存在着成功的或失败的，积极的或消极的经验，这是经验总结的"原料"。通过去粗取精，去伪存真，由此及彼，由表及里的加工后，即成为初步升华了的教育经验，这就是经验总结的过程。由此看来，经验总结法是教育研究的基本方法，运用十分广泛，具有非常重要的作用。

(一)经验总结法的含义与特点

✦ 教育经验的概念

1. 教育经验的含义。教育经验来源于教育实践，又高于教育实践，它包含教育实践活动这一客观存在，同时又含有教育者的主观认识，这一认识依教育者的文化水平、理论修养有高、低之分。教育者的实践活动和主观认识是相互依存、不可分割的，它们共同构成了教育者的教育经验。

2. 教育经验的特征。教育经验同所有的"经验"一样，具有四个特征，即：来源于教育实践过程，是对教育教学工作的感性的、初步的认识；教育经验内容和本质是客观的；有待进一步上升为理论认识。总结教育经验，使它上升为理论认识，是为了揭示教育现象间的联系，把握教育教学过程的本质和规律。

3. 教育经验的分类。根据教育实践反映在活动过程中的结果，可以分为"成功的经验"和"失败的经验",根据经验的实践者,可以分为学校集体创造的经验和教师个人的经验。

4. 经验总结法的含义。经验总结法是在不受控制的自然形态下,依据教育实践所提出的经验事实,分析概括教育现象,认识教育措施、教育现象与教育效果之间的必然与偶然的关系,从中得出规律性的认识,上升到教育理论高度的一种研究方法。经验总结法有别于教育研究中的其他方法,它以经验事实为研究对象。经验是人们在实践过程中获得的,由于经验的获得往往依赖于个人或团体的特定条件与机遇,具有一定程度的偶然性和特殊性,因此经验需要做总结验证、提炼、加工的工作,才会具有普遍的指导意义。

✦ 经验总结法的特点

1. 以经验事实为研究对象。它不是以一般的自然存在的事物或文献资料为其研究对象,而是研究调查掌握的经验事实。这种研究对象是实践者发挥主观能动性,在改造客观事物的实践过程中形成的感性认识,以及某些未经系统化的理性认识。

2. 研究客观、真实、自然。经验总结法的重要特征是不控制研究条件,不干预正常的教育、教学活动过程,不对被研究者施加某种影响,使之发生某种变化,以求得某种预期的效果。研究是在自然状态下进行,一切教育活动、行为均是在自然状态下的自然表露,并且依据一定的客观事实进行分析研究,科学认识客观经验,具有客观、真实、自然的特点。

3. 进行"回溯"研究。经验总结法总是在实践效果已经显示出某种效力,某种经验大体形成,实践过程告一段落之后,才能对这些经验进行回溯研究,以果索因,采用分析归纳的思想方式和实践验证的方法,从而取得研究成果。

4. 操作简便易行,运用广泛。经验总结法不强调事先提出假设,不严密控制条件,不需要复杂的设备,研究过程相对实验法等较为简单,并且费钱费时少,工作量也相对较小。教师均可在自己的教育实践中采用这种方法研究教育,积累经验材料,把自己一点一滴有用的做法、深刻的感受记录下来,加以归纳、分析、提炼,取得规律性认识,从而更有效地指导自己的实践,丰富理性认识。

5. 主体性和主观性强。经验总结,无论是他人总结或是自我总结,都要经过一定主体的再认识和思维加工。因为在总结经验过程中,总结者头脑里的认知结构是对经验事实进行选择取舍的框架,研究选取哪些经验事实并不取决于经验事实本身的属性,而是总结者的认知结构主动选择的结果。总结者的认知结构也是理解和解释经验事实的基本参照系和思维工具,总结者是以自己的认知结构把经验事实加工整理成一定的知识形态,赋予经验事实以一定意义的解释和说明。因此,经验总结法的主体性强,同一经验事实,不同的人进行总结,结果截然不同。也正因为其主体性强,受主观因素影响大,从而在一定程度上影响它的科学性。

6. 研究结论具有不确定性。经验总结一般由教育效果推及原因,但往往存在一果多因的现象,难以确证显著成效的真正原因。并且,经验事实是教师在教育实践活动中对事实的一种感性概括,它是在教育实践的特殊环境中产生的,缺乏全面性、普遍性、典型性,而具有特殊、偶然和随意的性质,这导致了经验总结中取得的因果关系具有不确定性,缺乏严格意义上的科学论证。

(二)教育经验总结的途径与层次

✦ 教育经验总结的途径

经验总结是一个对经验进行分析、研究、提炼的过程。要理解教育经验的实质和价值,要搞清经验的产生以及它与教育科学的关系,要使总结出来的经验具有活的生命力,能被其他教师采用,就必须注意总结的途径和方法的选择。

1. 在教育实践活动中的经验研究。从科学认识的角度反映教育实践,首先必须描述,描述和总结教育经验是反映教育实践的第一步骤;第二步骤是进行理论研究,即对经验的结果进行分析研究,认识教育工作的本质和规律性。这些步骤都

> **重要观点**
> 在教育体系中,教育实践是教育体系的出发点,也是教育体系最后的、最重要的归宿。

不能孤立于教育实践之外,而应参加到生动的教育实践活动之中。经验的结果最后又要返回到教育实践中去,在教育实践中得到验证和新的创造,产生新的教育经验。这种教育经验又成为新的观察、描述、分析总结的对象,教育实践就是在这样的动态中得到发展、提高。

2. 运用教育理论分析和研究教育经验。教育经验总结的目的,一是教师对自己的教育实践进行思考和分析,以便进一步完善教育实践;一是研究者(可能同时是实践者)对优秀的教育实践经验

> **重要观点**
> 教育经验总结是与学习、掌握教育理论有机结合在一起的。

进行研究、总结、推广先进的教育经验,普遍提高教育及教学质量。为了使教师的思考成为一种自觉的、有意识的理论思考,为了使总结的经验得以推广,利于他人学习、借鉴,就需要将经验提高到教育理论的范围上来加以概括。因此,在经验总结中,仅仅认定事实是不够的,还必须说明为什么取得良好的教育效果,揭示为什么教师采取的教学方式能在学生的意识中形成因果联系等。这就要求运用教育理论知识来思考教育经验,发掘教育现象后面蕴含的具有普遍意义的规律性东西。

3. 灵活运用多种具体研究方法,坚持定性研究和定量研究的统一。教育经验总结采用观察法和实验法等多种研究方法。在经验材料的收集和经验结果的分析、研究过程中,要坚持定性研究的统一,以定性分析提炼教育经验的内在规律性,以定量分析进一步加深对经验内在规律性的认识。

✦ **教育经验总结的层次划分**

一般来说,科学认识存在经验与理论两个不同层次。经验层次是理论学说的出发点,科学认识发展的基础;理论层次则是我们认识所要达到的目的——建立新的理论体系,把握客观真理。只有达到理论层次的认识,才能达到普遍性和具体性,才具有实际运用的无限范围。在现实工作中,由于教育经验的先进性程度不同,总结者自身理论修养不同,以及进行总结时采用的方法、手段不同,推广时针对的对象领域不同。因此,教育经验总结之间是存在差距的,也有着经验层次上的不同水平认识。

1. 具体实践经验的总结。这种总结,以具体实践事实为基础、描述和记录一次教育或教学活动的经验。其一般内容为:(1)教育活动过程,包括活动的目的、内容、准备、活动经过,师生参与情况等;(2)活动的效果:论述活动后师生的反映、收获等;(3)体会,介绍活动后的感受,对此项活动优越性的认识,亦即具体经验所在。可以说,具体经验总结是经验总结的初级层次,是对具体经验的描述和记录,特别简便易行,适合广大教师作为经常采用和积累资料的重要方式。具体经验总结最接近教育实践,为进一步的抽象概括,分析研究提供素材,是经验总结必不可少的基础。

情景 8.2

新学期开始后,班主任又要解决一个棘手的问题——排座位。不同的学生的对座位有不同的要求,无论怎么排总会有一部分学生不满意,怎样解决这个矛盾呢? 我的办法是让自己挑选座位。

上个学期的开学初,我组织了一次主题班会,重点讨论了座位怎样排的问题。讨论的结果大家达成三项基本原则:小个同学应该排在大个同学的前面;视力不好的同学应该坐前排;座位应该按规定的顺序每周轮换一次。达成共识后,我组织同学们把42桌椅整齐地摆成6列7排,然后我告诉同学们,桌椅的位置固定不变了,以后每列的7名同学都要按照从左到右的顺序每周轮换一次座位。

"这个学期的座位该怎么排呢?"我顿了顿告诉大家:"这个学期的座位由自己来选择。""自己挑选座位? 这是真的! 这个学期大家可以自由地挑选自己满意的座位。"同学们听到这个确定的消息后,高兴地跳了起来,教室里响起了一阵热烈的欢呼声。

我把全班42名同学带到操场上,让同学们根据主题班会达成的三项基本原则自由组合,排成6列7排。同学们经过半个多小时的排列组合,大多数的同学都选到了自己理想位置,只有个别的几名同学因为相中同一个位置而无法顺利地排到队伍中。我给这几名同学规定了轮流坐庄的办法,也就是说每个人在自己相中的位置上坐一周后,再与对方交换位置,这样就把剩余的个别同学也都顺利地排到队伍中。

通过自己挑选座位,全班42名同学都找到了自己的位置。来到教室坐好后,大家会心地笑了。因为同学们都很快发现,自己现在的位置居然没有太大的变化。

一个学期过去了,以前学生经常因为座位问题而产生矛盾,这个学期竟然一次也没有发生,虽然有个别家长提到座位问题,但是当他们得知座位是孩子自己选择的时,家长也就不好再说什么了。新学期开始了,在座位的安排上,我还让同学们自己做主。①

启示:以排座位难题的解决记述了一次或一项生动的教育活力经验。具体实践经验的总结常用"教学一得"、"教学后记"、"教学案例"等形式的记述。

2. 一般经验总结。是以具体经验总结为基础,教育教学实践活动进行归类、分析和抽象,从中概括出一般的工作规律,其主要内容包括:教育活动的基本程序和举例;教育活动的指导思想和优越性;教育活动的适用范围和实施的具体建议。较之具体经验,一般经验有更大的普遍性,可以成为一类教育活动的参考和借鉴。

情景8.3

按照惯例,每年3~5月份是高三第二、三轮复习的关键阶段。该阶段以综合复习与测试为注,"满天飞"的习题试卷包围着学生;久而久之,学生易产生烦躁失眠、学习效率下降等不良反应,这便是学习焦虑症的表现。

学习焦虑症是学习之大敌,如何帮助学生预防学习焦虑症呢? 近年来,笔者在教育教学实践中,摸索出了以下行之有效的方法。

首先,优化知识,提高学习效率。学习焦虑症产生的主要原因在于知识"多而滥",学生"吃不完"、"嚼不烂"。于是,我对症下药,将多份资料(试题)进行认真筛选、优化,组成质量上乘的适合学生实际的新资料(试题),精讲精练,让学生从无边的题海中解脱出来!

比如政治学科二轮复习时,我尝试了"学案复习＋单科测试＋模拟测试"复习

---

① 中国教师报,2006-3-8.

法——将每课时内容设计为一个学案,学案由"考点分析"、"基础知识梳理"、"热点、难点透视"、"典型题例解析"、"巩固练习"板块构成;在学案复习的基础上,一单元进行一次单科测试和高考模拟测试(政治、历史、地理三科综合)。方案、单科测试、模拟测试等内容由质量相对过硬的若干套资料(试题)进一步优化而成,坚决杜绝照搬照抄! 这样,学生接触的全是知识精华,有效地解决了以往学生手头资料(试题)"多而滥"、学习效果不理想的"老大难"问题。

其次,营造宽松和谐的学习环境,让学生保持乐观向上的心态。以往,每逢高考前100天左右,教室内显眼处便会设立"高考倒计时牌"。"计时牌"在提醒学生争分夺秒的同时,给部分心理素质较差的学生带来了极大的心理压力,导致学习效率下降。从学生民意测验反馈的信息看,半数左右的学生厌恶"计时牌",反对制造紧张空气。为此,经过再三考虑,我打消了在教室里挂"计时牌"的计划,并协调任课教师尽力避免在课堂上谈论"高考迫在眉睫"之类的话题。同时,引导学生辩证地看问题,让学生懂得成绩偶尔出现波动是正常现象,让学生在宽松和谐的氛围中一步一个脚印地把学习搞好。

实践证明,以上举措有效地防止了学习焦虑症的发生,促进了教育教学质量稳步提高。[1]

启示:一般经验总结是较长时间的实践活动和具体经验的总结为基础,并已经有所抽象和概括,可以成为一类教育活动的参考和借鉴。

3. 科学经验总结。这是经验总结的最高层次。它在一般经验总结的基础上,进行逻辑的、理性的分析,揭示经验的实质,行为与效果间的相互联系以及在教育工作中的地位与作用,是对感性认识进行科学概括和哲学抽象,形成理性认识的阶段。一项教育经验总结是经验层次的,还是科学理论层次的,就在于它是否能达到第三个层次。

> **重要观点**
> 教育经验是由教育者的实践活动和主观认识共同构成的;教育实践活动是指教育者的实践行为及其反映在学生身上的结果。

科学层次的教育经验总结是形成教育科学理论的基础,是科学研究意义上的经验总结,对它提出了更高的要求:①对经验的先进程度提出要求。要进行经验的鉴别、筛选,深入教育实践,进行广泛的调查研究,积累第一手资料。②不能从经验到经验,进行简单的推理,要综合运用多种具体研

① 中国教师报,2006-7-8.

究方法。③在工作过程中,研究者(也可以同时是经验的创造者)应加强理论学习,不断提高自身理论修养和分析能力。

三个层次的教育经验总结相对独立,又是相互联系的。具体经验总结和一般经验总结是科学经验总结的基础,这两个层次经验总结的真实性和价值性决定着科学经验总结的科学性。科学经验总结反过来指导教育实践,促使具体经验总结和一般经验总结水平的提高。前两个层次经验总结,一线教师经过学习可以作为经常采用和积累资料的重要方式。科学经验总结对研究者提出更高的要求。只有当教师进行创造性地工作,并且善于运用理论知识思考自己的经验,才有可能达到科学层次的经验总结。

(三)经验总结的意义

教育实践经验的总结,绝不是某一研究者或教师个人的事,而是一个涉及教育科学研究和教育事业发展的大事。事实证明,教育经验总结法在发展教育科学、传播、推广先进的教育经验,帮助提高教育质量方面,已经并且将继续发挥其他研究方法不可替代的作用。

✦ 教育经验总结是教育科学研究的起点

从教育科学研究的视觉分析,经验总结是人们获得理性认识,建立教育科学理论的重要基础。迄今为止,教育科学还主要依靠经验引出结论,阐述现象;教育经验经过多次筛选验证,去伪存真,由此及彼、由表及里的改造加工,上升为理论,教育经验对教育研究特别重要,尤其是那些能够保证稳定而良好的教育效果的先进经验,对教育科

> **重要观点**
> 教育科学研究应重视教育实践经验的总结,应该养成经常深入学校、深入课堂,观察学生,了解教师的习惯等,从点滴经验入手,进行具体研究。

学是特别宝贵的,它们是建立教育科学理论的重要基础。研究者扎根于丰富多彩的教育实践活动,研究、总结教育经验,既可以充实自己的感性认识,为科学研究提供丰富的实践素材,又可以提高研究者多方面的能力,开阔视野,扩宽研究思路,从理论与实践结合的高度,提高研究水平,提高研究成果的使用性和价值性。

✦ 教育经验总结使教育行政部门工作更具体、更有效果

教育行政部门的工作任务是贯彻执行国家教育方针政策。需要依靠对先进教育经验的研究、总结和推广,推动教育工作开展。对先进教育经验总结的过程,教育行政部门能吃透实际情况,做到心中有数,又能够加深对教育方针政策的理解,更有效地发挥教育行政部门的职能作用和指挥能力;依靠研究、总结、推广先进的教育经验,

提供正面的舆论导向,使行政部门的领导工作显得更具体、更加有生命力,从而提高领导工作的效果。

✦ 教育经验总结有效地推动了教研工作

我国的教研工作与教育行政部门的工作很类似,所不同的是,教研工作者是对学校和教师在教学工作上,包括分析、研究教材、备课、上课的策略和技巧等,给予具体的帮助和指导。因此,其指导的效果在很大程度上也取决于是否有先进经验作为依据。教育理论在学校一度受到教师们的冷落,被认为是空泛的、缺少实用价值的教条,正是由于缺少了生动、活泼的典型事例这一理论运用于实践的桥梁。教研工作者也必须深入研究、总结先进教育经验,理解它的实质和它所依据的规律性,以更有效地利用先进经验为研究工作服务,使教研指导工作有声有色,生动活泼,为广大教师所喜爱。

✦ 教育经验总结是提高教师素质和教育质量的有效手段

教师只有在"传道授业解惑"的同时,肩负起发展教育科学的重任,才可能体味教师劳动的创造性魅力,才可能在创造性的劳动中得到真正的满足。教育经验总结是研究的基础和起点,且取材于丰富的教育实践活动,不影响教育的自然进程,操作简单易行,因此更适合中小学教师参与教育科学研究。要富有成效地开展教育研究,教师必须掌握基本的教育理论,必须运用科学的研究方法。教育理论对教育实践之所以显得重要,是由于教师可以通过两条途径从教育理论中获得益处:一是教师可以直接享用前人的智力和经验,不必凡事从头做起,进行重复摸索;另一条是教师运用教育理论知识来分析和总结自己的教育经验,经常分析和总结自己的经验,不断改进自己的工作,对教师来说非常重要。如果通过先进经验的研究、总结、推广,先进的、有效的教师个别成就能够变成全体教师的财富;如果通过先进经验的介绍、学习,能帮助急需经验的新教师更快地成长起来,则会推动我国教育事业整体水平的大幅度提高。

(四)经验总结法的基本程序

教育经验本身具有广泛性、群众性和多样性的特点,而其内容又相当复杂,一般不可能控制在特殊条件下进行总结,也难于制定统一的总结经验的步骤方法。这里,只能根据经验总结的经验或工具实践过程,提出如下简要的步骤。

✦ 确定总结的课题及选择研究对象

经验总结研究的课题,均来自于教育实践,往往是改革教育、教学工作的过程中急需解决的问题。如学生学习方式的问题,用教材的问题,情景教学资源的问题等等。在着手进行经验总结之前,应根据经验总结的目的和任务,从实践问题出发,寻求某一地区或某一学校,某位教师能切实解决现实问题的措施和经验,以此作为总结的课题。研究课题的确定和研究对象的选择,往往是结合在一起的,究竟是总结某一个人的经验,还是某个班级、某个学校、某个地区的经验,是总结某门学科的教学经验,还是总结整体教学改革的经验,这必须从实际出发,认真选择。所选择的对象常常包括好、中、差三种类型,其研究范围要既有"点"也有"面",做到"点"与"面"结合,以获取完整的经验。

✦ 掌握有关参考资料

在研究课题和对象确定以后,就要围绕经验总结的中心内容、广泛收集、翻阅有关方针政策,上级文件与指示、国内外研究动态以及研究对象的历史与现实资料,其目的是为总结经验提供可靠的依据,有利于进一步明确总结经验的指导思想、目的任务,避免盲目摸索或重复已有成果,以提高经验总结的功效。

✦ 制定总结计划

总结计划,是总结经验过程的总体构想。它包括了总结工作进行的大体轮廓,即研究课题的论证,研究对象的确定,研究人员分工,收集经验事实的具体方法和途径,研究的程序和步骤以及时间安排,对经验事实进行理论分析和实践筛选,以及实验验证等。由于计划要付诸实践,常常会出现事前难以预料的问题,有必要及时补充或修改原定计划,使之适应经验总结的实际情况。因此,制定总结计划时要留余地,要充分考虑实施计划的可行性。

✦ 收集具体事实

经验事实是教育实践直接的、最初的反映,也是理性思维得以进行的基本素材,因此经验事实是经验总结的基础和前提条件。只有对事实占有得到充分、具体、详实、才能准确地把握整体、发掘它的本质和规律。为此,经验总结必须采用观察、调查、查阅等途径及有效方法全面收集经验事实,详尽占有事实材料。

> **重要观点**
> 经验总结法是对经验事实进行思维加工的方法。

1. 观察。它是对现实状况的及时记录,是对教育活动过程自身所呈现出来的各种事实进行有目的的收集,它是收集材料最初级、最基本的形式,具有广泛性,易于教师掌握和运用。在经验总结过程中总是总结他人的经验,研究者一般是通过深入课堂听课、进行教学观摩等方式现场记录研究对象的经验;教师则需要在日常的教育实践中,自始至终地、有计划地连续观察记录,积累和收集系统的经验事实材料。

2. 调查。它是观察的有效补充，是对教师活动过程中某一特定现象的深入了解，比观察的目的性更强。一般通过对研究对象的深入了解进行访谈，直接了解总结对象的具体感知和体验；考察有关事实，如通过查看教学计划、教学总结、抽阅有关的工作日志、备课日记、作业试卷等获取最基本的调查素材；用测验法测试学业成绩或学习能力，考察所取得的主要成绩；召开各种类型的座谈会，收集教师、家长、学生、社会的反映，获取第一手资料。经调查所收集的材料不仅是具体的、丰富的，而且也是比较可信的。它是总结者的直接体会，也是对某一特定范围的深入细致的观察。

3. 查阅。总结过程中所收集的经验事实材料，除了经过研究者本人亲自观察和调查外，还可以充分利用其他人的记录、调查、资料汇编和有关论文等，在鉴定其可靠性之后，加以收集。

在总结经验中，使用卡片是登记经验个别事实的最方便的方法，每一位教师都应积累这样的卡片，共同建立一个先进经验事实的卡片库。

◆ 对经验事实进行理论分析与实践筛选

> **重要观点**
> 收集经验事实不是目的，而只是一种手段。

经验事实虽是形成科学理论的前提和基础，但事实本身或事实的简单堆砌不等于科学。事实只有系统的概念形式表现出来，并作为现实规律的依据时，才能成为科学知识的组织部分。对经验事实进行理论分析和实践筛选是经验总结法的重要环节。

1. 理论分析。理论分析超越了对教育现象的描述，借助于概念、判断、逻辑推理、分析综合、归纳概括等逻辑思维的方法，对具体的经验事实进行一番去粗取精、去伪存真、由此及彼、由表及里的思维加工，透过现象指导具体经验事实的内在本质联系及规律，并使之条理化、系统化、理论化。

2. 实践筛选。在实际教学过程中，将收集的大量描述性经验进行实施，组织有经验的教师亲临教学现场，对施教情况进行系统考察和评价，判明哪些教学措施对教学过程产生了效果，根据考评效果对原有经验进行淘汰、提炼和优化组合，从而使描述性经验成为受经验背景制约少，体现一定的教学规律，有普遍推广应用的价值的经验。

联系"相关链接"中"理论分析的方法介绍、实践筛选的具体做法"的相关内容学习。

3. 实验验证。通过上述步骤总结出来的经验还须进行实验验证。即将总结出的经验在各类型学校和班级中运用，采用自然验证法，通过与对比班比较，验证其经验的可靠性和实用性。

4.组织论证。以经验总结者为主体,邀请教育管理部门的领导、教育专家、教育理论工作者,教师和学生代表参加,在深入实地考察的基础上,召开大型或小型总结经验论证会议,针对经验总结的草稿或提纲,通过小组讨论和个别征求意见的方式、广泛听取他们的意见,集思广益,最后作出正确抉择。

5.总结研究成果。这是经验总结的最后阶段。一般应在经过论证阶段的经验总结初稿的基础上,进行精心的加工修改,从内容到形式反复推敲,写出正式的书面经验报告,并根据经验总结的性质,或呈报上级教育行政主管部门审定核批,或印发有关单位和个人,或向教育专业报刊推荐发表,以获得经验总结的社会效益。

(五)经验总结法的基本要求

经验总结的基本要求,应贯穿在总结经验工作的全部过程之中,这对于选择总结对象,制定总结计划、实施方法步骤以及经验的推广都有重要作用。

✦ 选择有代表性和典型性的总结对象

经验总结的范围相当广泛,总结对象的选择具有代表性、典型、现实性。在选择总结对象时要权衡总结对象本身所提供的主要内容,是否具有广泛的群众基础,能否对现实中提出的问题给予

> **重要观点**
> 总结对象的代表性和典型性主要取决于其经验的实际效果。

比较有说服力的回答或说明;要预测总结对象在教育教学改革中的现实意义,能否起到典型示范作用。任意拔高经验或树立假典型,都会在实践产生消极影响,带来不良后果。

✦ 详尽占有事实材料,以客观事实为根据

经验总结首先要收集足够的事实材料,包括现成的文字材料,教育活动现场的观摩材料,研究者的调查材料。材料的收集要注意客观、完整、全面。其次,在经验总结的过程中,必须尊重客观事实,事实求是,不能先入为主,夹杂任何暗示的教育教学的实践活动,提供什么事实,就总结什么经验。再次,为了提高教育经验总结的可靠度,不仅要进行定性分析,而且应重视定量分析,尽可能用数据来说明研究的问题,将定量和定性分析结合起来。

✦ 多方面考察,注意整体联系

在总结教育、教学经验过程中,要了解教育的外部联系,即教育的纵向与横向之间的相关因素的依赖与制约;又要把握教育的内部结构,即教育各层次之间要协调一致,合理布局。这样总结出来的教育、教学经验,才能产生良好的社会效果。

✦ 建立可靠的理想支撑点

在经验总结中,如果不借助现有的科学理论的指导和启发,就会使总结停留在粗浅的认识和朴素的感性水平上。为了对教育经验进行合理的解释,需要有科学理论的指导和支撑。指导教育经验总结的理论首先是正确的认识论和教育思想,其次是教育与心理专业理论。

✦ 正确区分现象与本质,得出规律性的结论

在详尽占有事实的基础上,经验总结要先对先进经验作出客观的、公正的评价,注意抓住本质的、主流的东西,严格区分现象与本质、支流与主流,真正总结出能有效指导实践或能充实理论的有规律性的结论。

✦ 要有创新精神,不受因循守旧思想观念的束缚

经验总结必须有广阔的视野,从不同的视角以创新的精神,不断发现教育新问题,总结新的教育经验。在经验总结的方式方法上,不要受旧框框的束缚,应当探索教育科学研究方法的新途径,使经验总结向前发展。

(六)先进教育经验的推广

将总结出来的先进经验加以推广,既是现代教育信息与传播的一种方式,也是经验总结接受实践检验、取得反馈信息的一种有效的途径。

✦ 先进教育经验的特征

1. 时代性。一项先进的教育经验应该是符合社会发展的趋势和需要。先进的教师能够对现实生活向教学和教育提出的要求作出敏锐的反应,并根据这些要求找到完善和促进教学和教育过程的办法。

2. 具有稳定的良好效果。教育效果反映在学生身上是指导学生的知识、技能掌握水平,以及学生的心智、体能发展水平和思想道德水平。在这方面,先进经验的标准是:学生不仅能更好地实现学习目标,而且能够独立地学习和在实践中加以创造性地运用;学生在一般素质发展上获得重大进展;对自然现象和社会现象,学生具有正确的思想认识,行为符合社会道德准则等。这种良好的教育效果,经得起实践反复的检验。

3. 最优化。教师和学生的时间、精力和资金的消耗达到最优化程度。先进经验的效果应不以过度劳动和损害健康为前提。

4. 包含新颖性的因素。先进经验应在人们的原有认识有所发展。解决实际工作中的问题时,在内容、形式、方法上有所创新,有典型性和代表性。

5. 可推广性。所总结的经验在加工提炼后,应具有可推广性,具体包括总结的经

验应在更广泛的范围内得到认可,并且是切实可行的。

✦ 推广先进经验的主要条件

1. 经验本身是先进的,具有可接受性。

(1)创新性。即具有教育的新内容、新形式、新方法,提高教育效果的新规律和科学原理,在实践中指导教育革新。

> **重要观点**
>
> 推广先进经验的主要目的是以先进教育经验为榜样,指导教育、教学实践,改进教育、教学工作,促进教育、教学质量的提高。

(2)代表性。先进教育经验不只是个别教师的优秀成果,而是所有应用这种经验、采用该方法的教师都能取得优良的成效,即对教育、教学实践活动有普遍的意义。

(3)效益性。总结形成的教育、教学经验,已经在实际工作中引起强烈的反响,取得了一定的效果和良好的社会效益。

(4)稳定性。总结形式的教育经验揭示了教育的规律性,经得起实践上的检验和理论上的辩驳,并经受住了时间的考验,具有相对稳定性,不带偶然性、随意性。

(5)现实性。或对提高教育质量或推动教育改革有积极促进作用,或对教育、教学领域内长期难于解决的重大问题有所突破,提供具体的途径和方法。

(6)实用性。在一定的范围内已被教育实际工作者普遍接受或采用,用之有效,有公认的实践效果。

经验本身一旦具有上述特征,并且经验传播者具有一定的社会地位和个人威信,便会成为一种巨大的精神感召力,推动先进经验的推广。

2. 接受者的经验背景和认识倾向应适合于所传递的经验。教育经验的传播和推广的过程实质上是一个选择性接受的过程,经验只有通过接受者的自愿选择和接受,才能推广成功。经验接受者的经验背景和原有的认识倾向对外来经验的适应性,直接影响着对经验的采纳和排斥。经验的传播与推广要取得实效,必须从每个教师原有认知的实际出发,区别对象、分清层次,在不同对象和不同层次上确定经验推广的内容和水平。

✦ 推广先进经验的形式

1. 直接推广。是由教育组织通过各种会议和教学观摩活动等形式的直接交流或推广,或教师与教师之间的面对面的人际交流和推广。主要有三种形式:①召开先进教育、教学经验交流会或经验专题研讨会;②组织教育参观和教学观摩活动;③开展先进教育经验传、帮、带活动。

2. 间接推广。直接推广的形式主要限于本地区或本学校,覆盖面不广。间接推广的方式或进行书面经验交流,或制发教学录音、录像等形式,以大众传播媒介为途径广泛宣传先进教育经验,扩大影响,促使先进经验的传播与实施,以弥补直接推广形式的不足。

✦ **推广先进教育经验的基本要求**

1. 教育经验的传播不宜采用强制手段,而应自愿选择。人们接受教育教学经验是有选择的,具有选择性的特点,经验的传播和推广不能仅仅依靠传播媒介这种外在形式的灌输,以及行政命令强制执行,而应重视经验传播与接受者在各方面的"贴近",努力提高经验的可接受性,使人们自愿选择适合自己的经验。

> **重要观点**
>
> 对接受者来说,教育经验的接纳是一种再创造。

2. 教育经验传播不能照搬,而应通过内化。任何一个教育经验的生动实例只能用来表明哪些教育、教学原理可以运用,以及运用这些原理的方法;同时它在运用中出现好的效果,凡是以当时当地的原有基础、现有条件为前提的,所以对已经取得成功的教学实例,如法炮制不一定能取得成功。首先应努力运用正确的教育思想、教育原理去认识、鉴别各种经验成果,然后结合自己的经验、特长,对他人的经验作一番改造和再创造,并在实践中检验修正,内化为自己的东西。外在的经验只有通过内化,才能进入接受者内在认知结构中,成为指导实践的依据。

活动 8.6

1. 研究罗列问题:

①有效备课;②有效提问;③有效倾听;④有效讲授;⑤有效激励。

2. 从上述研究问题选择一个问题作为课题。

3. 根据经验总结法的基本程序与要求就选定的课题总结自己的教育经验。

五、案例展示

[案例1] 弱智孩子家庭教育个案研究

摘要:本文通过温州市区一个普通家庭对弱智孩子教育状况的研究,探讨一致的家庭教育问题,证明一致的家庭教育对弱智孩子的教育具有十分重要的意义,并提出在此问题上具有普遍意义的一些可操作的方法和途径。

家庭是培养人才的摇篮,家庭教育更是培养弱智孩子重要的奠基教育。父母和家庭其他成员(祖父母等)是弱智孩子的最早教育者,他们一致的家庭教育,对改变弱智孩子的弱智程度、促进他们的成长有着重要意义。但是,目前尚有相当数量弱智孩子的家长未认识到这一点。为了提高弱智孩子家庭教育的效能,使弱智孩子家长主动关注一致的家庭教育问题,作者选取一个普通家庭对弱智孩子实施教育的过程,采取家庭访问、学校调查和谈话等方法,对一致的家庭教育状况作了调查研究。现将研究结果撰写成文,以供弱智孩子家长参考。

一、研究对象状况

肖某某,男,汉族,温州市人,现年 21 岁,在温州市新码道小学八年级就读(该校为九年制培智学校),他生活在一个和睦的家庭里,其祖父母和父母均是个体商人,其父母亲虽未受过高等教育,但对孩子的教育却非常重视。该孩子自幼体弱,面貌及神态等均具有重度弱智孩子较明显的特征:说话很晚,7 岁时尚不能说一句完整的话;10 岁时也只能说单句话,并一直有口吃现象;手的功能落后,自理性的生活还需他人帮助。虽然如此,但其家人,特别是其母亲对他仍倍加爱护,不仅在发音、说话方面给予极大的热情和耐心,反复训练,并在生活自理技能获得中不厌其烦地手把手地教。由于祖父母和父母等家人耐心的、一致的教育,肖某某在 10 岁以后逐渐有了信心。11 岁以后智商有所提高,在各方面均有了较大进步,不仅能说整句话(还有些口吃),而且在生活自理方面也有了提高,并有想上学的要求。15 岁时到温州市新码道小学插入二年级就读。此后在家长及教师的培育下不断进步,学习能达标,劳动积极,并有了进取心,从四年级下学期一直到现在,曾多次被评为劳动积极分子。凡教过他的教师们均有同感:"肖某某刚来校时呆头呆脑的,现在进步可真大啊!"

二、分析与讨论

肖某某之所以有较大进步,根据其家长(特别是其母亲)介绍,有几条经验值得重视。

(一)重视一致的家庭教育,真爱融心灵

文中把家庭成员的一致教育,称之为"一致的家庭教育",是与"矛盾的家庭教育"相对而言的。就做人而言,孩子如果经常处于家长的言传与身教的矛盾中,处于家庭成员不一致的、分歧的矛盾教育中,这对弱智孩子的不良影响更甚于正常孩子,使之不知听谁的好,莫名其妙、不知所措,这不仅影响了弱智孩子的学习积极性和上进心,更为减轻其弱智程度设置了障碍与阻力,影响了他们人格的健康成长。所以,一致的家庭教育对弱智孩子尤为重要。本文阐述的"一致的家庭教育"包含家长的言教和身教的一致,家庭各成员的教育目标和要求的一致两方面,其核心是对弱智孩子的"真爱融心灵"。

1.真爱融心灵。肖某某的面貌及神态虽丑且傻,但其父母从未另眼看待,相反地却对他给予特殊的爱和关心,甚至超过对他那又活泼又聪明的老二弟(计生委允许生二胎),不论是在语言训练方面,还是在学习、生活和待人接物等方面都不厌其烦地反复训练。肖的祖父母也对孙子十分关心,常常热情帮助他训练。肖某某的妈妈曾说过:"做妈的哪能厌恶和嫌弃自己的孩子呀!""孩子太可怜了,他需要特别的爱和耐心的培育,也需要不间断地反复教育。"她是这样说的,也是这样做的,她总是不厌其烦地对肖进行耐心、艰苦的教育。一个"爱"字,赋予她救助弱智孩子的莫大勇气和毅力。正是因为这种真爱,才使她在艰难的育子过程中克服了重重障碍和困难,在提高儿子的素质上有了可喜的收获。

2.言教与身教相结合,做到言行一致。模仿是孩子的重要学习方式,父母则是孩子模仿的主要对象。因此,父母的言行、待人接物和人际关系等都是孩子的表率。特别是对弱智孩子,家长的言行一致所起到的示范作用,比心智正常的孩子更为重要。肖某某的发展,特别是他品德进步的主要原因,就是其家长注意了规范自己的言行,让弱智儿子看到父母说的和做的是统一的;从而为弱智儿子树立了一个好榜样。肖的母亲及祖父母经常教育他:"你在学校是大哥哥,就要有哥哥的样子!"并教育他要尊敬老师,爱同学,有礼貌。事实上,他妈妈本身也是这样做的,在家对公婆很尊敬和孝顺,经常问寒问暖,从未发生过口角,并且十分关心老人的生活及身体健康等。几年前,在一次学校募捐扩校基金时,肖母就主动赞助1000元,肖感到光荣,并从此效法母亲的行为。有一次,当一位女同学没钱买新校服时,他征得母亲的同意,把自己的压岁钱拿出来替那位女同学缴了校服钱。又如每次班级到校外春、秋游时,他总是带很多食品,分给寄读的同学和带食品少的同学,慢慢养成与同学团结友爱、关心他人的良好品德。

3.祖、父辈间充分交流,达到对孩子教育要求的一致。一致的家庭教育包含着家庭成员(父母、祖父母等)对孩子的教育要做到要求一致、态度一致、方法和步骤一致。因此,与祖父母、父母之间对孩子的教育问题要经常和充分交流,达成对孩子的教育要求的一致。肖的家长在对孩子教育过程中,探索出只有家庭成员对孩子的要求和教育步调一致,才能促使孩子进步。因此,他们(不管是父母,还是祖父母)很注意在施行家教前,两代人之间,同代人彼此之间共同分析肖的实际情况,充分交流各自的看法和意见,最终达成共识(统一目标、要求、方法和步骤),决不你搞一套,我搞一套。并且对每一达成共识的方面,都会尽可能细致地订出具体的措施来。制订统一的目标、要求、步骤。如入学前,教写字时,先教他坐的姿势→拿笔的姿势→写字的姿势和方法;在生活技能训练中,教他拿筷子吃饭、穿衣和扣纽扣的方法等。入学以后,肖母及祖母每天除了督促与辅导其完成作业外,还要求他汇报当天在学校的学习情况、发生的事情以及同学们的表现情况等,通过提高他口头的复述能力来促进他的言语表达能力,逐步矫正他的口吃。在此基础上,大家再一致训练他朗读课文。劳动方面,先是全家一起教会他在家学会扫地,然后要求他在学校参加值日劳动等。在教育中还强调家庭成员人人都要对肖某某有信心,要坚持表扬和鼓励的教育方法。肖某某在一个宽松的教育环境中,从祖辈、父辈那里感受到亲情,感受到期望,自己对学习、生活自理能力的提高和劳动技能的掌握也有了信心。

4.走出家门,开阔眼界接受外界教育。肖的母亲认识到社会是个大课堂,能学到家庭和学校都学不到的知识。她常常带肖走出家门,以开阔眼界接受外界教育。虽然肖的外貌和神态比正常的孩子丑而呆,但其母亲及祖母从未厌恶他,也不怕"丢人现眼"。只要有休息日节假日就带他到外边玩,带他坐公共汽车看城市建设、逛商店,带他参加亲友聚会等,以扩大他的视野、了解人际关系、增长生活知识,也增长了社会经验。现在的他不仅知道父母的朋友,也知道祖父的朋友,并懂得要讲友情。如有一次班内有一位同学与他发生了矛盾,并打了他,当老师问到他时,他说:"他爷爷是我爷爷的好朋友,没关系。"现在的他已经知道坐几路公交车可以到桥儿头祖父母家,坐几路公交到牛山父母家,还知道坐哪路车省钱。此外,在家时能帮奶奶或父母买些日用品等,智商明显提高。

综上所述,可见一致的家庭教育对塑造弱智孩子人格的健康成长,比对正常儿童有着更加重要的意义,而这种一致的家庭教育的核心就是家长对弱智子女的真爱。

(二)重视家庭教育与学校教育的沟通,争取家校教育的一致性

对于弱智孩子的教育,除一致的家庭教育外,还离不开与学校的紧密配合,争取家校教育的一致性。肖某某的家长认识到这点后,马上付之行动。肖某某在4年级以前,母亲经常接送他,因此经常有机会与教师沟通孩子的表现情况。四年级以后,其母因生意忙,改由祖父母接送,但她也未忘与教师沟通信息。在每学期末,其母坚持与教师取得联系,沟通孩子的表现情况,与教师取得对孩子的一致教育。如肖某某在家由祖母教会扫地的方法和技能后,就告诉老师,并请老师分配他多做值日生。从四年级下学期起,肖不仅坚持而且主动做值日,还主动做一些打水、倒垃圾等重的、脏的活。四年级时,又主动扫学校楼梯,一直坚持数年,为此他多次被评为劳动积极分子。在学习方面由于家庭和教师的紧密配合,肖已能写出整齐的字。在朗读课文时,虽仍有口吃,但已能朗读下来。在计算方面,他已能运算四位内的加减法、百位内的乘除法和小数点后两位数的加减法等。肖对烹饪课特别感兴趣,他祖母知道后,就教他洗碗的方法,使他在烹饪课上还能当老师的助手。肖每次在家兴奋地谈烹饪课时,

祖母都会在原有基础上再教孙子一手,比如学会洗碗后,又教他学开煤气炉,再教煮鸡蛋等。因为注重家校教育的结合,现在他已经会煮鸡蛋和面条了。总之,肖某某在人生的道路上又迈出了可喜的一步。

三、结论

肖某某的家庭教育,给我们的启示很多。择要言之是:

1. 弱智儿童家庭环境不可忽视。家庭各成员之间的和睦相爱,互相尊重,和谐气氛都有利于弱智程度的减轻,良好行为、品德及健康人格的形成。所以,必须给弱智孩子一个宽松、和睦、愉快的家庭,而此环境的形成又与家庭教育的一致性密不可分的。

2. 必须重视一致的家庭教育。家庭中的品德教育虽与家长的素质水平有关系,但家庭成员特别是父母对孩子的教育一致,有其更重要的关系,为此必须重视一致的家庭教育。同时还必须做到家庭教育的一致性、一贯性和持久性,不可随意改变,也不能因故破例,否则就会前功尽弃。

3. 家长必须客观、理智对待弱智孩子的教育。弱智孩子的教育是一项细致而艰巨的教育任务,由于他们弱智的心理特点,常常会有较大缺陷,如缺乏信心,记忆力差而学到的东西和养成的良好习惯不巩固,在受到外界不良影响后,经常出现反复。因此,家长要客观和理智对待,还必须有耐心和恒心,反复教育和训练才能收效。

[案例2]　藏、汉儿童数学思维能力发展差异性的比较研究案例

为了帮助我们对比较研究方法有更具体的理解,下面以《藏、汉儿童数学思维能力发展差异性的聪较研究》案例加以说明。

(一)确定比较的问题

教育受儿童身心发展规律的制约,所以必须了解儿童身心发展的特点。而我国是一个多民族国家,在我国的少数民族中,藏族人口最多,居住面广,有悠久的历史和独特的文化,在国际国内有很大影响。藏族教育是我国少数民族教育的重点,同时也是我国教育的难点,而对藏族儿童和藏区其他民族儿童思维发展的特点与规律的研究是解决藏族教育这一难题的关键。所以该案例选择藏、汉儿童进行比较研究。但是为什么要选择数学思维能力作为比较的问题呢? 这是因为数学是人的"思维体操",以其特有内容、形式和方法概括显示出人的思维水平。

选好了比较的主题,接下来要确定比较的范围。该案例选择了9~15岁七个年龄组的藏、汉在校儿童。其中藏族儿童选自甘肃省甘南藏族较集中的碌曲县和夏河县的民族中小学,汉族被试选自碌曲县、夏河县的普通中小学。各年龄组藏、汉被试各20名,男女均各半,按数学成绩上、中、下三个等级分层随机取样(上30%,中

40%,下30%),并尽可能使年龄组与年级相对应。

(二)确定比较的标准

比较的指标有三个:数学思维能力;文化背景;个性特征。数学思维能力分为比较能力;分类能力;概括能力;运算能力;问题解决能力等五个标准。文化背景分为父母亲的职业;文化水平;对子女学习的关心程度;对子女学习的指导程度;对子女学业的期待程度;对数学的态度;家庭学习环境;学校教育环境;教师对学生的期待水平等标准。个性特征分为数学学习动机、兴趣、态度等标准。

(三)收集和整理资料

资料的收集通过两个途径来进行。一是应用国际通用的瑞文标准推理测验(Raven Standaxd bogessive Mautees,简称R. SPM),另外编写数学思维能力测验题目测试被试。各组测试题按照试题范围的大小、抽象程度的高低赋以不同的权重。二是问卷和访谈、文献分析(查阅学生档案、作业等)、实地观察收集相关资料。

拥有了大量资料以后,把它们加以整理。剔除那些无效的样本,然后根据不同的标准进行分类处理,并对数据进行统计,最后汇总,必要时要制成表或图。

(四)比较分析

根据以上资料该研究从如下几个方面进行分析:藏、汉儿童思维能力发展趋势和水平的差异性;不同年龄组藏、汉儿童达到数学思维各级水平的百分比的比较;藏、汉儿童文化背景与学习动力的比较;藏、汉儿童数学思维能力与文化背景和数学学习动力因素的相关比较。

通过以上比较发现藏、汉儿童的数学思维能力有明显区别,原因何在? 这需要进一步分析。本案例从教育水平的差异;语言的影响;个体意识倾向性的差异几分方面进行分析。

(五)结论

根据以上比较分析得出结论:藏、汉儿童的数学思维能力发展存在显著差异,这种差异与儿童的家庭、学校环境以及语言等文化背景因素和某些个性特征有关,而与民族性无关。

(六)总结

比较研究是根据一定的标准,对两个或两个以上有联系的事物进行考察,寻找其异同,探求教育之普遍规律与特殊规律的方法。其发展大约经历了萌芽阶段、形成阶段、发展阶段、成熟阶段。

比较研究有助于认识事物的本质和教育的普遍规律,有助于更好地认识本国、本地的教育状况;有助于获得新的发现;有助于教育政策的制定。

[案例3] "我能行"教育研究
——让每个孩子说"我能行!"

在推进素质教育的探索中,光明小学自1996年初提出:让每一个孩子从小说"我能行"的口号,拉开了"我能行"教育的序幕。经过多年努力,初步构建具有自己特色的实施素质教育的新模式。

一、"我能行"教育思想的提出

(一)提出的背景

素质教育是面对未来的教育,今天培养的学生要迎接明天的挑战。那么,未来要求个体具备什么样的素质呢? 目前,大城市中的独生子女意志比较薄弱,缺乏自信、进取之心和抗挫折的能力。这样的一代人要面对国际竞争的挑战,国民经济可持续性发展的挑战,也面对择业的挑战,生存的挑战,而这样的心理状况,又怎样能迎接明天的挑战呢? 新世纪需要的公民,不仅需要有坚定的政治方向,良好的道德水平,扎实的文化科学知识,而且必须具有适应社会环境的优良的心理品质和人格特征,而自信心和进取精神是心理品质重要的部分,是人格的核心,这将是一生做人的基础。因此,我们提出"我能行"教育,明确了以培养学生自信心和进取精神为重点,开展素质教育。

(二)教育的宗旨

让每一个孩子都有获得成功的体验,从而自信、自尊、自爱、自强,满怀信心地迎接明天。

(三)教育的目标

让每个孩子在成长中都能说:"我能行";让每位教师在教育教学活动中都体验"我能行";让每位家长在培养孩子中相信"我能行"。

(四)遵循的原则

1.平等原则:平等地对待每一个孩子,为每一个孩子提供平等地表现"我能行"的机遇;建立平等的师生关系,使学生感到安全、平等、民主。

2.差异原则:承认学生个体原有的差异和发展中的差异,对不同的个体应采取不同的教育方法及评价尺度;要最大限度地发挥学生的潜能,力求达到上限;承认学生在原有的基础上进步就是能行。

3.激励原则:对学生关注、赞赏,善于发现学生点滴进步,相信每一个孩子都有比别人强的"闪光点";运用"正强化"理论,强化学生的良好行为。

4.主体性原则:学生是教育教学活动的主体,尊重学生,给予学生参与表现的机会与力,让学生在参与中充分体验自我价值,树立信心,感到"我能行"。

5. 创造性原则:学生在教育教学活动中的"再创造"是活动的灵魂,要让学生拥有创造的权利,给学生留有创造的时间和空间,使其获得创造的体验,得到鼓励、启示,引发创造的兴趣,从小敢于创新。

（五）教育的特色

1. 从儿童心理发展的角度,强调尊重学生人格和个性发展,尊重人的基本权利,强化学生"自我意识",注重学生情感领域的需求,让学生在各方面有充分的表现机会,挖掘学生的潜能,培养自信,保护自尊,激发其勤奋努力,从而帮助学生完成小学阶段的心理发展和学习任务。

2. 教师要用自己的情感,自己的爱心点燃起孩子心中自信和进取的火花,努力为孩子创设一个宽松的支持性的成长环境,即:从心理上,行为上给以充分的支持、鼓励。为孩子的成长创设一个欢乐、和谐、宽松的环境气氛,帮助每一个学生都有成功的体验。

3. 让儿童有成功的体验,并不是"我能行"教育的终极目标,而是培养儿童自信心、进取精神的途径和手段。特别要教育儿童正确面对成功与失败,既能从成功中获得自信,也能从失败中正确地评价自己,不丧失信心。

对学生进行"我能行"教育可以概括为以下"八句话"。即:相信自己行,才会我能行;别人说我行,努力才能行;你在这点行,我在那点行;今天若不行,争取明天行;能正视不行,也是我能行;不但自己行,帮助别人行;相互支持行,合作大家行;争取全面行,创造才最行。这八句话概括了"我能行"教育的内容和应达到的目标并包含了递进的四个层次。第一层引导学生首先要相信"我能行",并且需要通过努力争取达到"我能行";第二层是承认差异,要每个学生看到自己的长处,正确对待挫折与失败,客观评价自己;第三层是引导学生学会竞争、互助、合作,共同进步,打好做人的基础;第四层强调全面发展,并且敢于创造,善于创造。

二、"我能行"教育的实践活动

（一）让每个孩子在成长中都能说"我能行"

1. 为孩子创设宽松的支持性成长环境

孩子只能成长一次,成长需要体验,谁也代替不了孩子的体验、孩子的成长。我们相信每一个孩子都是一座待开发的"金矿",为孩子的成长创设一个宽松的、支持性的环境,努力帮助孩子树立自信,增强自信,从而找到自我,表现自我,展示自我,在各种体验中感到"我能行"。

(1)提供机遇,让每个孩子都有平等的表现"我能行"的机会。在"我能行"教育实践中,光明小学的教师尊重学生的平等权利,在各项活动中力求为每一个孩子创设平等表现,平等展现,平等参与的机遇。光明小学的学生是幸运的,他们拥有了当半年中、小队长的"权利",这种"权利"成为学生学习他人、服务集体,学习合作,锻炼自己,展示自我的机会,使孩子们相信"我能行"。学校教室内外的展示板给每一个孩子提供了自由展示自己才华的空间。"无声的墙壁"每时每刻在讲述着孩子们的才艺,成为孩子们表现自己,体验成功的天地。学校的各项教育活动,强调"每一个学生"都有权参与。歌咏比赛、文艺汇演、合唱节、新年联欢、自理能力展示、运动会都努力做到是每一个孩子的节日。学校组建管乐团,一下就有230名同学参加。学校假期组织慰问驻港部队,一下子也是200多人参加。学校的《中国少年报》小记者团现有230名小记者。

(2)承认差异,帮助每一个孩子体验"我能行"。学生是有差异的,光明小学的教师对待不同的学生采取不同的教育方法,最大限度地挖掘学生的潜能,使其达到上限,让学生看到自己在原有基础上的进步,从而体验"我能行"。

我们的教师坚持对不同的孩子提出不同的要求,采用不同的评价标准;我们的教师对学生坚持自己和自己纵向比较,我们的教师注意鼓励孩子的点滴进步,而不求尽善尽美;我们的教师强调在原有的基础上有进步就是"我能行"。我们的教师对正在努力的学生,不但看结果,更看重过程;我们的教师热心帮助有困难的学生,使其感到老师对他充满了信心。为此。每年3月5日,我们结合学习雷锋,表扬"十佳"少先队员,每到这天,校级、班级有几百名某一方面表现突出的孩子受到嘉奖。

(3)恰当鼓励孩子认识自己的长处。每个孩子在成长过程中,总有一两个长处优于其他的人。教师的工作就是要运用"正强化"理论,恰当鼓励,让孩子认识到自己的长处,从而激活孩子的进取心,在鼓励中不断上进。

学习评价是学生遇到最多的评价,教师们认为成绩评定仅仅是一种手段,老师决不能和学生分分计较,而应让学生看到进步,感受成功。平时作业一般不给"差分",错题改对后也可以得优。特别对于"学困生"仅仅是及格也给予表扬,使这些同学感到"及格"与"优"有同样的分量。

在教育教学实践中,更多的老师采用写"便条"、"送喜报"、写"连心卡"、"知心手册"、"家长联系本"(只记正面的事情)等做法,及时地把学生的优点汇报给家长,让孩子感到老师对他们的进步有信心,让家长感到我的孩子能行。

对于学生的缺点、错误,要给予恰当的批评,批评坚持分清行为(事)与行为者

(人),即使学生做错了事也要尊重他们,要给充分的谅解和信任。教师们设法让犯错误的学生很快有表现其优点和良好行为的机会,让学生感到错误一经改正就会"晴空万里",从而感到被接纳、被信任,在成长中有安全感。

2.感受"我能行"的课堂教学改革

课堂教学教改是学校推进素质教育的主要内容。课堂是学生在学校生活中与教师交往最多的场所,课堂教学活动不仅是教师对学生传授文化知识培养、学生能力的过程,而且是师生思想、信息、感情的互相传递交流碰撞的过程,课堂教学的每个40分钟都应该是师生生命的一部分,都应该有积极的情绪体验。

在课堂上表现自己存在的价值是每一个学生的本能需要。学生在参与课堂学习,强烈希望自己是成功者。我们教师在教学中坚持运用"无错原则",提出课上"让敢于发言的学生不带着遗憾坐下","让每个积极参与的学生都画上满意的句号",鼓励学生积极参与,敢于质疑,使学生在课堂学习活动中有"安全感"。我们强调教师要积极支持并参与学生发起的教学活动,注意引发师生之间、生生之间思维的碰撞,鼓励学生敢于争论,敢于发表自己的见解,增强主体意识,在课堂教学活动中充分体现"我能行"。

教学活动是学生知、情、意的综合体现。学生参与教学活动不仅是认知活动,还包括情绪体验,这种情绪体验会激发学生兴趣和求知欲,增强自信心。因此,我们在课堂教学中,注意师生之间的心理沟通,保护和满足学生情感的需要,教师要满腔热情地上好每一节课,让学生从老师的"精神中受到激励,感到振奋,课堂是充满人的生命活力的地方,老师要从自身做起,让课堂充满青春的活力"。教师运用倾听原则、反馈原则、交互原则等教育心理原则,理解、热爱每个学生,鼓励帮助学生,对学生参与活动给予及时、积极的评价;要注意给每一个孩子表现的机会,使每个孩子感到:老师在期待我。教师还要认真听学生的讨论,引导学生不仅要表现自己,还要倾听别人,从而引发思维的碰撞和情感的交流,从参与中体验成功的乐趣,从参与中感到"我能行"。

3.体验"我能行"成功感觉的考试与评价改革

在"我能行"教育中,我们对考试和评价进行了改革。淡化了考试的评价作用,强调了它的激励作用,保护学生的自信,培养学生的勤奋,让学生在考试中体验"我能行"的成功感觉。

我们在一、二年级实施"乐教、乐学、乐考",取消了分数,平时作业用"红旗"、"红花"、"火炬"表示,并加上简单的批语。单元练习,期末考试则用"很好"、"可以"、"再努力"进行模糊评价。期末根据不同的学期分别采用游艺式、自选式、自测式等方式，对语文、数学进行"乐考"，帮助孩子通过考试尝试学习成功的乐趣，从而完成由幼儿园"以玩为主"到小学"以学为主"的心理过渡。

我们在其他年级早就取消了百分制，实行等级制，并改一张试卷定乾坤为化整为零，按月分项分阶段考核，综合评定成绩；同时，允许学生觉得考得不理想，经过准备还可以重考。这种考试是把考核的过程变成再学习的过程；目的是让学生学会，而不是让他们以失败者的心理完成一学期的学业。

学校各年级在期末都有一项特别的考试——"我能行"展示。目的是让每个学生在全班"露一手"。同学的绘画、弹琴、献歌、跳舞、朗诵、小制作等，由同学自己当评委，评定"我能行"展示的成绩。

(二)让每位教师在教育教学中体验"我能行"

1.强调教师生命的价值——找准自我

我们引导教师敬业爱岗，帮助教师在教育学生的同时有积极的情绪体验，认识到教育教学活动是师生共同生命活动的过程。在这过程中教师不但在提高学生，也在提高自己，从而获得共同发展。

引导教师认识自己的角色，在教育学生的过程中自己是常人，又不是常人，因而不能以常人的心态、情感对待教育教学中的问题，而应以教师的角色去审视处理。

2.引导教师自觉纠正自己的教育教学行为——批判自我

(1)我们的引导教师通过自评教学看到自己的进步和不足，自觉调整自己的工作，提高自己的素质。在教师中开展"自录自评"、"四自教学"、"教学知心话"、"自设公开课"、"骨干教师献课"等教学活动。这些活动，把教师做评价的主体，引导老师自己钻研、自我检查、自我鉴定，从而达到自我激励、自我提高的目的。

(2)学生参与评价老师。一名成熟的教师应该学会能及时纠正自己的不良教育行为，特别是从自己的教育对象——学生那里获取信息，获取评价，不断调控自己的行为，以适应孩子的需要，使学生感到安全、平等、民主，从而热爱自己的老师，喜欢学习，积极去探索知识。老师请学生来评价自己。有的"设监督员"，在课上用提示牌，当老师言语、行为出格时，随时提示；有的利用"小纸条"或利用周末，请同学们将意见写在纸上，课间放在讲台桌上。有的利用班会设"自由论坛"，全面"评说"老师的工作。我们还规定每学期第十周全校开展"老师我想对您说"的活动。老师把自己放在与学生平等的地位，充分尊重学生的意见，真心实意地改正自己的教育行为，以适应"我能行"教育的需要。

3. 强化教师的科研意识——超越自我

面对新世纪,面对培养未来公民的需要,今天的教师必须具有科研意识,以及科研能力,成为科研型的新型教师。

我们从高校引来了专家,北师大副校长董奇教授在光明小学建立了教育科研实验基地,我们聘请博士为科研副校长,我们参与完成了国家重点课题——学习与心理促进工程的研究。全校一线教师122人全部参与"我能行"课题的研究,分为各个子课题组,开展研究活动。我们觉得端正教师的教育思想,必须通过课题这个"载体"来进行。我们规范教师的科研行为,成立了科研室,建立了资料室,人人设立了"科研夹",围绕总课题,每人每学期有自己的研究子课题,我们定期召开正规的研讨会,我们强调注重过程,注重体验。我们用科学的现代教育理论培训教师,每学期组织系列讲座,我们曾有33名教师坚持两年多周日到北师大参加课题理论培训,目前又有42名教师周日参加北师大研究生课程班的学习,为的是提高自身素质,以适应教育发展的需要。

4. 改进对教师工作的评价——悦纳自我

要想让教师充满自信,就必须善待教师。在评价教师工作中,我们淡化了评价的"鉴定功能",强化了评价的"导向、激励"和"改进功能";承认不同职务教师的差异,区别地对待,使教师在自己的基础上有所进取;我们增加了以家长、学生的反馈意见为考核教师"工作效绩"的标准之一;我们强调了评价结果为本人保密,并且不和奖励直接挂钩,以淡化评价的"功利性"。我们采用自评,知情者评,学校领导评,三个评价结果共存的方式评价教师工作,引导大家反思。

(三)让每位家长在培养孩子过程中相信"我能行"

1. 帮助家长掌握科学的教育方法

我们请专家培训家长,并组织教育子女的专题咨询活动,让家长参加"心灵之约"交谈活动,从孩子们的口中了解自己子女的心声,并且通过办刊物(家长版)宣传教育思想,交流教育方法,帮助家长掌握科学的教子方法,学会赏识孩子,在家庭中为孩子营造良好的成长氛围。

2. 组织家长参与孩子的教育活动

我们请家长到校听课,请家长参加运动会,组织为家长专场文艺演出,请家长参观学校的"军营生活体验活动"。许多班级还组织了丰富多彩的"亲子活动",加强家长与子女心灵沟通。去年又开通了各班的"语音信箱",使家长及时了解学校和班级的教育要求,共同支持孩子成长。

3. 永远给家长希望

教师改善自己的教育行为,用科学的方法和家长交往,采用多种交流方式,帮助家长看到孩子的进步,永远给家长希望,相信自己的孩子能行,相信自己在教育孩子过程中也能行。

三、初步成效

"我能行"教育激发了同学们在思想、学习、生活中满怀信心地去积极进取。不少同学碰到了困难,能主动地去战胜,向自己的目标奋进;有些学习困难的学生,由于树立了信心,改变了学习落后的局面;有的积极参加课外活动发展了特长;有的在集体中展示自己,得到了同学们的信任;有的克服了自己的缺点,取得了进步;有的家长看到了孩子的"闪光点",改变了教育方法……

我校开展"我能行"教育,全面贯彻教育方针,推进素质教育取得了一定成绩。学校获得多项市区荣誉称,十几家新闻单位对学校进行多次报道。1998 年 3 月《中国教育报》记者在"素质教育特别报道"中,两次全面报道了我校开展"我能行"教育的情况。同年 4 月份《北京日报》头版也全面报道了我校的这项教育改革。中央电视台、北京电视台都多次以此为题拍了专题片。国家教育总督学柳斌同志为我校题词:"我能行",并高度评价"我能行"教育是素质教育的一种新的教育思想、教育观念,是素质教育的一种模式。我们将继续探索,为深化素质教育改革,为我国基础教育发展谱写新的篇章。[①]

资源 中心 活动	1. 阅读与本章相关的文本、网页资源。
	2. 与其他教师合作,运用比较法和经验总结法进行对学校的教学实践的研究。
	3. 与同年级教师一起对年级的某一位学生或某个学生小组进行学习成绩提高的个案研究。

本章小结

本章较为详细地阐述了教师在教学实践研究中常用的三种研究方法:个案研究方法、比较研究方法和总结研究方法。

个案研究是对个案的行为特征提出描述性报告,为研究提供现实的依据。在学

---

① 案例作者刘永胜,北京崇文区光明小学校长,特级教师.

校教育中,个案研究可以促进学生的全面发展,可以为证实理论或假设提供依据,可以为解决某类教育问题提供操作性的策略与步骤,可以将其研究结论适度地推广到更大的同类群体中,其信息的积累有助于总体归纳。同任何其他研究方法一样,个案研究有其长处也有其局限。从一般的角度看,一项完整的个案研究要经过如下步骤:认识对象,确立个案;搜集个案资料;诊断与假设;分析整理资料;实施个案指导;形成结论。个案研究操作的重要技能有"个案记录法"和"问题描述与分析"。

无论在理论研究中,还是在实践研究中,比较研究都是不可或缺的方法。因为它能帮助人们更好地认识事物,把握教育规律,它能更好地认识本国、本地及本人的教育状况,它能为教育政策制定提供依据。在教育研究中,比较是一种有目的有计划的认识活动,其对象涵盖教育所有领域,真正追求"同中求异,异中求同"。比较研究或从属性的数量,或从时间的区别,或按目标指向,或比较性质等角色进行分类。运用比较研究教育问题,一般要遵循如下步骤:"明确比较主题和标准,提出比较问题","搜集、整理比较材料","作出比较结论"。教师运用比较研究方法要达到若干要求:"资料的可靠性与解释的客观性","全方位多角度进行比较。"

教育经验的特征是来源于教育实践过程,是对实践的感性的初步认识,有待进一步上升为理论认识。教育经验总结是以事实为研究对象,需要做一番总结验证、提炼加工的工作,经验才会具有普遍的指导意义。"以经验事实为研究对象"、"研究客观、真实、自然"、"进行'回溯'研究"、操作简便易行,运用广泛,"主体性和主观性强"以及"研究结论具有不确定"是经验总结的特征。从途径看,教育经验总结可以在教育实践中进行研究,可以运用教育理论分析和研究经验和灵活运用多种具体研究方法去总结经验。从层次来看,教育经验总结从低到高有三个层次:具体实践经验的总结,一般经验的总结和科学经验的总结。这个层次的经验总结是相对独立,又是相互联系的。事实证明,教育经验总结在发展教育科学、传播推广先进的教育经验,帮助提高教育质量方面发挥着其他研究方法不可替代的作用。根据经验总结的经验或具体实践过程,经验总结有如下步骤:"确定总结的课题及选择研究的对象","掌握有关参考资料","制定总结计划","收集具体事实","对经验事实进行理论分析与实践筛选","实验验证","组织论证"和"总结研究成果"。将总结出来的先进经验加以推广,既是现代教育信息与传播的一种方式,也是经验总结接受实践检验、取得反馈信息的一种有效的途径,其主要目的是以先进经验为榜样,指导教育教学实践,改进教育、教学工作,促进教育、教学质量的提高。

⌨ 本章重点

❖ 在运用研究方法时必须注意研究方法与研究(性质、类型、规模、对象、目的等)相一致。

❖ 个案研究是指采用各种手段,搜集有效、完整的资料,对单一对象进行深入细致的研究方法,其任务是对个案的行为特征提出描述性的报告,为最终判断提供现实的依据。

❖ 个案研究的特征为:研究对象的单一性、研究目的针对性、研究过程的精细性、研究方法的综合性以及研究时间的长期性。

❖ 个案研究所根据研究对象的客观实际,提出有针对性的建议和对策,又能把研究对象放在社会文化背景中加以考察。

❖ 个案研究能够提供有关个别对象发展的具体材料,丰富的感性认识;同时,通过多次同类问题的个案研究所得的"案例",能为以后研究假设的形成提供参考,为解释同类事物提供依据。

❖ 个案研究的运用,既强调个人某个个案作详细的追踪研究,又有集体性的成组的"个案"统一分析。

❖ 个案设置必须明确研究的目的和任务,考虑选题的价值和可行性。

❖ 比较是认识事物的基础,是人类认识、区别和确定事物异同关系的最常用的思维方法。作为一种思维方法,比较研究贯穿于教育研究的全过程。

❖ 比较研究法是根据一定标准,对两个或两个以上有联系事物进行考察,寻求其异同,探索教育之普遍规律与特殊规律的方法。

❖ 事物的同一性与差异性是进行比较研究的基础。

❖ 比较不能十全十美;比较研究总是有选择地对某些事物的某些方面或一个方面进行考察,暂时有条件地撇开其他方面。

❖ 使用比较研究是有条件的:其一,研究对象的数量必须存在两种以上事物;其二,研究对象必须有共同基础;其三,研究对象必须有差异。

❖ 在教育研究中,绝不能为比较而比较。

❖ 提供比较研究的资料必须具有感情、真实,最好是第一手资料,而且要有代表性。

❖ 事物不仅有抽象的异同,更有本质的异同;比较研究不能仅抓住表面而忽视本质,否则就难于准确地认识事物。

❖ 教育经验来源于教育实践,又高于教育实践,包含着教育实践活动这一客观存在,又含有教育者的主观认识。

❖ 经验总结法是在不受控制的自然形态下,依据教育实践所提出的经验事实,分析概括教育现象,认识教育措施、教育现象与教育效果之间的必然与偶然的关系,从中得出规律性的认识,上升到教育理论高度的一种研究方法。

❖ 经验总结法的重要特征是不控制研究条件,不干预正常的教育教学活动过程,不对被研究者施加某种影响,使之发生变化,以求得某种预期的效果。

❖ 经验总结法总是在实践效果已经显示出某种效力,某种经验大体形成,实践过程告一段落之后,才能对这些经验进行回溯研究,不以果索因,采用分析归纳法和实践验证的方法,从而取得研究成果。

❖ 同一经验事实,不同的人进行总结,结果截然不同,受主观因素影响大,在一定程度上影响经验总结的科学性。

❖ 经验总结中取得的因果关系具有不确定性,缺乏严格意义上的科学论证。

❖ 在教育体系中,教育实践是教育体系的出发点,也是教育体系最后、最重要的归宿。教育经验总结于生动的教育实践活动之中,其结果最后又返回到教育实践中去,在教育实践中得到验证和新的创造,产生新的教育经验。

❖ 教育经验总结的目的一是教师对自己的教育实践进行思考和分析,以便进一步完善教育实践,一是研究者对优秀的教育实践经验进行研究、总结,推广先进的教育经验,普遍提高教育教学质量。

❖ 教育经验总结是与学习、掌握教育理论有机结合在一起的。

❖ 教育经验是由教育者的实践活动和主观认识共同构成的;教育实践活动是指向教育者的实践行为及其反映在学生身上的结果。

❖ 教育经验总结是教育科学研究的起点,有效地推动了教育研究活动,并且是提高教师素质和教育质量的有效手段。

❖ 只有善于分析自己工作的教师才能成为优秀的、有经验的教师。

❖ 经验总结法有如下基本要求:"选择有代表性和典型性的总结对象"、"详尽占有事实材料,以客观事实为依据"、"多方面考察,注意整体联系"、"建立可靠的理论支撑点"、"正确区分现象与本质,得出规律性的结论"和"要有创新精神,不受因循守旧思想观念的束缚"。

❖ 时代性。具有稳定的良好效果、最优化、包含新颖性因素以及可推广性等是先进教育经验的特征。

❖ 推广先进教育经验必须具备这样的条件：经验本身是先进的，具有可接受性和"接受者的经验背景和认识倾向应适合于所传递的经验"。在推广先进经验活动中一是不宜采用强制手段，而应自愿选择；一是不能照搬，而应通过内化。对接受者来说，对教育经验的接纳是一种再创造。

📖 本章学习反馈

自 我 学 习 评 价

疑问和没有解决的问题

🎧 相关链接

个案研究的基本步骤

一般说来，个案研究的过程，从实际操作程序上可分为下列 6 个步骤。

1. 确定问题性质

问题是什么？必须加以确认及界定。有时候问题性质并不如问题表面上所显示的那么明显易察，因此确认问题性质时，研究者不要"以偏概全"来界定问题性质。

2.把握问题关键

问题的关键是什么？必须透过资料的收集,从问题的性质中找出相关资料,再加以核对、评估及分析,进而确定问题要解决的答案。

3.了解问题背景

个案问题的发生有其独特的背景和缘由,实际问题的状况与理论上或理想上的普遍情况不尽相同,其间会有差距。因此研究者必须通过各种渠道了解问题发生的过程、条件,了解个案的内在动机和社会环境等外在因素。

4.提出解决方案

为了达到解决问题的目的,研究者可以根据过去处理类似问题的经验及方法提出处理意见,也可以独特的创新方式,提出解决问题的方案。

5.付诸行动检验结果

解决问题的方法会有许多,这些方法中哪些富有实效,则要在行动过程中加以检验。当解决问题的方法无效或出现新问题时,可以回到前一步骤,重新探究解决问题的方法。就这样不断地循环重复,直至问题的最终解决。

6.形成最佳决策

研究者在比较评价各种结果的基础上,选择解决问题效果最好的方法形成最佳的研究决策。

以上6个步骤是互相联系的整体,前一步骤是后一步骤的基础,一旦哪个步骤出现问题,可以返回到前一步骤,重新探究。个案问题解决程序见下图:

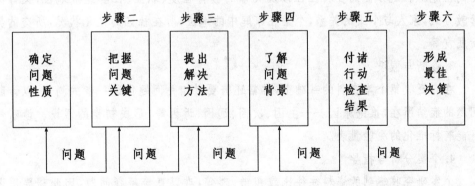

图8-1 个案问题解决步骤流程图

如果个案研究的对象是某位学生的话,也可参照下列基本步骤进行。

1.确定研究对象

研究者应根据个案研究的目的和内容,以及对个案问题行为的界定,选择典型的人或事为研究对象。例如,研究的目的是了解超常儿童的特点,探索超常儿童的成长规律,那么就应该选择智商高的、学习成绩出众的学生作为研究对象。在教育教学研究中,个案研究的对象通常是:生理心理障碍者、学习成绩差的学生、行为偏差学生、情绪异常学生、资优学生等。

2.收集个案资料

全面地收集个案资料是个案研究有效性的重要保证。全面系统的个案资料有助于研究者对个案的完整认识。收集资料的方式是多样的,可采用书面调查、口头访问的方式,也可采用观察、测验、评定的方式,还可以通过查阅个案的个人资料的方式获得信息。个案资料的来源大致有:

(1)个案的个人资料。个人资料众多,除了收集个案的基本资料,如姓名、性别、年龄、出生年月、籍贯等,常常还涉及个案的身心健康状况,如身高、体重、病史、性格、气质等。另外,还要收集个案历年来的学习手册、考试成绩、作业、日记、周记等相关资料。

(2)学校有关记录。个案的学校记录资料比较规范,又有延续性,易作前后对比。资料包括各种情况登记表,成绩记录,能力、兴趣、人格、智商等测验结果,操行评语,奖惩情况,教师和学生的评价等。

(3)家庭和社会背景。家庭和社会背景涉及个案的个人生活史,是个案研究的重要的信息源。这方面的资料往往涉及父母的教育程度、职业、社会经济地位,父母的管教方式,家人与个案的关系,个案在家庭中的地位,所在社区的文化状况,所交的男女朋友等。

3.诊断与假设

在广泛收集个案资料的基础上,常常还需要对相关问题作进一步的测试,以诊断问题的症结所在,推论原因——主因、次因、远因、近因等,形成初步的假设。诊断最好能有标准化的测验量表。

4.个案分析与指导

个案研究收集到的资料往往比较粗糙、琐碎,难以直接解释问题,因此需要用逻辑思维的方式对有关资料进行理性的加工。个案研究不仅仅要提出研究的问题,还需要提出解决问题的策略和指导性意见,因此在对个案问题作出明确的诊断和假设后,接下来需要针对性地提出解决问题的策略和行为矫正的方法。

5.实施个案指导

通过跟踪、观察、记录等方式验证先前的诊断和假设。在个案研究的诊断与假设、分析与指导过程中难免会有错误的判断和推论,因此需要在实际的个案实施过程中,通过多方面的信息和资料来检验先前主观推断的合理性。

6.形成结论

对个案的表现进行讨论和评估,提出建议,得出结论,撰写个案研究报告。

个案研究除了收集个案相关资料外,还需与个案进行沟通,以达到辅导、咨询、解决问题的目的。沟通方式可以是一对二的,也可以是多对一的。沟通形式可以是正式场合,也可以是非正式场合。在沟通过程中,研究人员要特别关注个案的非语言信息、动作、表情等,以了解个案反映的真实性。

个案研究毕竟是定性研究,无论是个案的资料的收集,被试个人的陈述,或是他人的判断,以至研究者的决策,都不能避免主观因素的影响。如果判断错误或处理不当,将使被研究者蒙受莫大的损失,这是值得注意的。[①]

个案研究的报告撰写

研究的目的不是为了最终写一个报告,写报告的目前是为了更深入地研究问题。研究报告形成的过程,实际上是问题分析、思考和解决的过程。撰写个案研究报告,就是将对典型案例的研究工作进行深度的思维、信息加工,进行反思和再提高。可以说,撰写报告的过程就是自我提高的过程。科研工作者都有这样的体会,一个研究报告改了许多次,最后的报告和初稿差别很大。这种差别,就是一种质的提高。所以,撰写个案研究报告,不要怕修改。修改过的报告未必是好报告,但不曾修改过的报告肯定不是好报告。

一个完整的个案研究方案,应包括研究背景(或提出问题)、研究目标、信息和资料的收集与分析、实施计划与方案、具体研究活动、对研究结果的自我反思、评价和修正。当然这只是研究过程中的一个轮回。个案研究是一边研究,一边实践,新的问题需要进一步的研究。教育教学工作不止,研究就不应该停止。因此,根据具体的研究实际,不断地修正研究方案是个案研究一个重要的方面,也就是说,自我反思和评价应该是贯穿研究过程各个环节的行为。一个案例的研究刚结束,新的案例研究也就开始了。

至于研究报告的撰写,从一般的规范意义上来说,它应该包括题目、作者与单位署名、摘要、文献综述、问题、假设、方法与过程、结果、结论、小结、参考资料等部分。

---

① 郑金洲.学校教育研究方法.北京:教育科学出版社,2003:192-195.

当然这并不是说在实际的撰写过程中,都要将这些部分作为必备部分一一点明,可以具体情况具体对待。我们可以根据不同的研究内容,将相似或相近的内容合并,最后见诸于文字的可能只有题目、作者、研究问题、研究方法、研究过程、研究结果与讨论等。

从文后所附的这份个案研究报告可以看出,作者已开始有意识地进行个案研究,对弱智幼儿的教育开始从感性层次、经验层次的教育行为走向理性的、科学层次的教育分析。应该说,这是值得肯定和赞赏的。从研究本身的开展和最后研究报告的撰写来看,这是一个不错的个案研究报告,值得一线教师借鉴。下面,我们就结合此文来谈谈个案研究报告的撰写。

第一,关于题目。个案研究是对典型案例的研究,内容十分具体,研究的操作性很强。所以,报告的题目一定不能空泛,需实在而具体,否则会给阅读者无主题、无重点的感觉。这位作者用了"弱智孩子家庭教育的个案研究"这个标题,应该说是比较具体和有针对性的。读者通过报告的题目,大概能把握住研究者的研究目的。

第二,关于文章摘要和关键词。这是目前学术界发表文章的惯例。先把自己文章的摘要告诉大家,便于读者在最短的时间内把握和了解研究的主要内容,也是一种礼貌和负责任的态度。同时,摘要也是自己文章精华的缩影。所以,不可轻视这一部分。如果摘要写得不好,读者也许就和正文说再见了。另外,关键词也叫主题词,是本文中最重要的词素。列出关键词,便于读者查阅文献。这部分所选报告交代得比较清楚。

第三,关于正文。这位作者将研究分成"问题提出"、"研究对象情况"、"分析与讨论"、"结论"四大部分来展开和论述。应该说,这种表述方式是基本清楚的,但报告的规范性尚有不足。笔者认为,一个更为规范的研究报告应包括如下几个方面:

1. 问题提出。报告已经有陈述。

2. 研究目标。研究目标和研究目的是有区别的,研究目的比较宏观,一般在"问题提出"部分就阐明了。但研究目标比较具体,是操作性的指标,是衡量研究状况的标尺。本部分为该报告所欠缺。

3. 研究方法。欠缺研究方法,是该报告的一大缺陷。虽然文章在题目中声明了该研究是个案研究,但如何收集的资料,怎样进行研究等等,都没有交代。该部分应主要阐述两个问题,一是研究中所涉及的具体研究方法,如该文作者用的方法包括观察法、访谈法;二是研究中所涉及变量的操作定义。"研究方法"是研究者得出研究结论的一种途径,也是研究结果可靠性的一种保证,而且也是感兴趣的读者对此进行模仿或验证的一个途径。

4. 研究对象。对于个案研究而言,对研究对象的描述是必不可少的。作者对研究对象的状况进行了描述,如,"肖某某,男,汉族,温州市人,现年 21 岁,在温州市新码道小学八年级就读(该校为九年制培智学校),他生活在一个和睦的家庭里,其祖父母和父母均是个体商人,其父母亲虽未受过高等教育,但对孩子的教育却非常重视。该孩子自幼体弱,面貌及神态等均具有重度弱智孩子较明显的特征:说话很晚,7 岁时尚不能说一句完整的话;10 岁时也只能说单句话,并一直有口吃现象;手的功能落后,自理性的生活还需他人帮助"。本文对"研究对象"自然情况的描述比较清楚。

5. 研究过程。是研究,总有展开的过程。何时开始,何时结束,分几个阶段,每个阶段的内容是什么,采用的什么方法等,都要交代清楚。

6. 问题分析与讨论。这是研究报告的主干部分。针对个案状况及实际教育问题特点,我们可以依据研究过程,将主要研究内容进行分解,针对不同的部分进行讨论。这是研究报告中的重中之重,必须详尽而具体;问题的提出要有凭据,问题的分析要到位,问题的解决要真实。分析透彻,结论才有说服力。

7. 结论。结论部分是文章的精华所在,要短而精,字字珠玑才行。

8. 讨论。

9. 参考文献。[①]

结构与半结构描述法

1. 结构描述法

结构描述法在个案研究中运用比较普遍,即按某种框架结构(可以是大纲形式,也可以是摘要表格形式),将个案资料加以分类,然后将有关的资料重新组织,形成一个比较完整的个案记录。这种记录方法便于检索有关个案的资料,除可以从记录中发现资料的缺乏或遗漏之处,还可以进一步收集更详尽的资料。

结构描述法除了按规定的框架内容描述个案情况外,有时可以将个案资料相关部分归类,制成表格形式,这样对个案的情况可以一目了然,可以简便地查检到个案的有关资料,形成有效的推论。下面就是根据某一个案情况拟订的表格。

专栏:个案 A 资料记录

• 个案名称:个案 A

---

① 谢春风,时俊卿. 新课程下的教育研究方法与策略. 北京:首都师范大学出版社,2004:134-136.

- 二、记录方法：结构描述法
- 个案资料：

早期家庭关系：

1. 父母：父亲事业忙碌，母亲操劳家务无暇与个案
   A充分沟通及陪伴个案A。
2. 弟弟：个案A有一个相差十岁的弟弟，在心理、
   情感上无法产生互动。

   教育：个案A高三即将毕业，已获得音乐学院入
   学通知。

年龄：17岁。

社交关系：

1. 同伴：同学眼中的优秀学生，又肯主动帮助同学，
   与同学相处关系融洽，并与好友组织乐队。
2. 老师：个案A是老师心目中的好学生，对他的期望
   非常高，但无法了解他的内心世界。
3. 父母：无法与双亲沟通，不能向双亲倾诉心中苦闷，
   而父母又很信任他，很放心地认为他是好孩子，应
   该没有任何问题。

自我概念：

1. 对自己期望甚高，凡事力求完美，但对自己的能力
   却因无法达到自己的自我要求而失望。
2. 因为周围的人元人能理解他而异常苦闷。
3. 感受到老师、父母、同学对他的压力，而觉得无法
   承受。

行为偏差：由于压力过大，出现对抗教师和其他同学的一
些行为（具体表现……）。

未来策略：

1. 老师：(1) 对学生的期望应适度，不可过高，不能要
   求其能力所不及。
   (2) 学生的意见应让其有充分发言的机会与渠道，并要
   时时鼓励。
2. 父母：不要只忙于工作，应时常抽空多与孩子沟通，
   陪伴孩子，了解孩子的需求。

表 8-4　个案资料表格

	问题叙述	诊断分析	矫治策略	效果建议
行为	①旷课 ②破坏课堂纪律 ③有偷窃行为 ④出手大方乱花钱 ⑤结交异性 ⑥常去卡拉 OK 舞厅 ⑦抽烟喝酒 ⑧……	离异重组家庭、行为无人管教、结识不良朋友	老师找他谈心了解交友情况,安排同学接近他强调校纪校规。反省自己不良行为,要求家长配合,断绝与不良朋友来往	……
学业	①学业成绩不良 ②经常不交作业 ③上课不专心 ④数学物理不及格 ⑤考试作弊 ⑥……	智商中等水平、任课教师补缺补差、没有足够学习时间、家中学习环境不好、学习挫折太多	创设学习环境、保证做作业的时间、多给予鼓励和赞扬……	……
认知	①认为老师有偏见 ②家长不理解他 ③自暴自弃 ④对一切都无所谓 ⑤……	需要理解和帮助、需要成功和表扬	老师与个案交朋友,家长与孩子多沟通,发现个案的闪光点,鼓励积极向上	……
情感	①总想表现自己 ②爱打扮,穿名牌 ③挑衅、惹事生非 ④讲义气打抱不平 ⑤……	要树立正确人生观、更多给予关注	多给予表现的机会,尽量从个案的角度考虑问题……	……
人格	①倔强,易冲动 ②直爽,无心机 ③不愿受拘束 ④爱吹牛,狡辩 ⑤……	教育要晓之以理,动之以情	承担一定的班级任务,培养责任,遇事要冷静心	……
其他				

2.半结构描述法

有时研究者为了了解个案的基本资料,可以采用半结构式的个人评定记录方法来描述个案问题,即根据实际情况逐项填写个案清单中的项目内容,从而获得个案身份、人格等基本资料。下面是半结构式个人评定记录的项目内容。

(1)身份和外表:姓名、居住地、职业、个案来源、相貌特征等。

(2)生活史:个案史、过去经验、现在发展等。

(3)目前状况:目前个人的处境、如何形成目前的情境等。

(4)未来透视:未来需掌握的是什么? 环境的机会及限制? 采取行动会导致什么结果? 将来会有哪些变化?

(5)习惯活动:生活习惯如何? 如何支配时间和金钱?

(6)经济状况:经济来源和物质供应来源。

(7)实际事件:从实际发生事件中显示出的个人心理特征的是什么?

(8)身心健康:个人目前生理及心理健康状态,有哪些不正常的想法、感觉、行动或欲望。

(9)普通人格特质:平常个人表现如何? 较持久性及一致性的行为举止是什么?

(10)特殊人格特质:在特殊情况下的行为表现如何?

(11)表达能力:个人如何表达其感觉及态度?

(12)动机状况:个人需求、企图、欲望、惧怕、喜欢或不喜欢的东西。

(13)能力:个人能做些什么? 不能做些什么? 适应环境的能力是什么?

(14)处事的倾向和感觉:个人对所遭遇的情景,感受如何? 有何期待或想法?

(15)理想与价值观:个人的基本信念、价值观和道德原则。

(16)自我概念:个人对自己的态度如何? 想法如何? 如何描述自己?

(17)兴趣:个人认为重要的事情是什么? 相关的事情如何影响的?

(18)社会地位:个人的社会地位如何? 别人对他的看法如何?

(19)家庭亲属:个案与谁关系最密切? 行为上最像哪些人?

(20)友谊和忠诚:谁是他的最要好的朋友? 对哪个人最忠实?

(21)对他人的反应:个案对他人的反应如何? 如何想法? 如何期待?

(22)他人对个案的反应:别人对个案的反应、想法、期待如何?

(23)与他人的交互关系:与他人分享的兴趣及活动是什么?

(24)与他人共同或相异的观点:个案与他人比较? 与他人相同及相异的看法?

好的个案记录应该具有的特征是:准确、客观、完整,并且是简明和清晰的,易于理解和查阅。个案记录可以按时间顺序记录,如,按年月先后顺序记录,或按研究进程的阶段(起始、调查、诊断、治疗、跟踪)记录;也可以按专题内容分项记录,如家庭状况、社区环境、文化背景、教育、娱乐活动、兴趣、健康状况、精神状态、职业、经济收入等。

在教育系统中个案记录常采用累积记录的方式,即对个案学生在相当长的一段时间内进行跟踪记录。这种记录形式既可以满足教学需要,利于发现学习成败的原因,识别特殊的才能,又有助于个案诊断和提供矫治策略。在学校可用于累积记录的内容有:各门课程的成绩、能力倾向测验、性格气质的评定等级、出勤率、健康状况、体检、资料、参加活动情况、学生的轶事材料、兴趣、态度、同伴关系等。

个人个案研究

(一)个人个案研究的概念

个人个案研究是以个人为研究对象,对特殊个体的历史,现状及发展进行的研究,个人个案研究原指医学领域中对精神病患者的研究,后来扩展到法学领域,指对犯罪人员的研究,扩展到心理学领域则指对个人选行心理分析,咨询、诊断与治疗等。在教育领域中,个人个案研究主要指对个别学生、教师等进行的研究。如对某学生的成长发展过程进行研究,对智力超常或落后学生的研究,对学习或品德发展的差生的研究,对问题学生和行为不良学生的研究,对学习困难、情绪障碍学生的研究,对某教师的创造性教学进行研究等。个人个案研究可以通过调查访问、实际测验,也可通过自传、传略或别人介绍的相关材料进行研究。

在个人个案研究中,下面的 20 个问题可作为评价研究的准则,并可作为团体或机构个案参考。

表 8-5

1.是否忽略了任何重要的数据?
2.是否不只用一种方法收集数据?
3.在资料的解释中,曾否考虑到多个学派的思想?
4. 对数据的来源是否加以详细说明?
5.曾否运用测验、判断以及别人所提供的行为描述,做过独立判断?
6.是否提出了统计分析的参考点?
7.曾否考虑到受试者作弊的可能性?
8.提出的文化情况是否详细?
9.是否提出了一份家庭情况说明?
10.是否说明了与个案有关的发展经历?
11.对于当前的行为趋势是否引起了足够的注意?
12.对于未来的计划是否有充分的考虑?

续表

13. 进行预测时,是否提供出作为证据的资料?
14. 在说明受试者的动机时,曾否予以充分注意?
15. 是否为一般的类型提供了具体说明?
16. 曾否回避了检查项目?
17. 写作完整吗?
18. 曾否力求简明扼要?
19. 前言是否与研究内容一致?
20. 当读完个案研究时,你是否感到对该人已有真正的了解?

（二）个人个案研究的例证

有研究者曾运用典型的个人个案研究法进行了"对一个早慧超常儿童的研究"。该研究运用测量、调查、谈话等方法,对智力早慧超常儿童刘××通过长期的个案追踪,从各方面搜集了大量的关于其智力早慧发展的丰富资料。通过所搜集资料,从其心理超常发展的特点、表现及其发展水平等方面进行了科学分析,探讨了其早慧的原因及教育经验,为培养智力超常儿童提供了经验材料。该研究共分五个部分:第一部分"前言",主要介绍了该研究的目的、研究方法和主要研究工具。第二部分"研究对象",简要介绍了刘××的家庭及其教育和超常表现的基本情况。第三部分"特点及表现"是该研究的主体。主要从超常儿童刘××所具有的卓越认知能力和非智力的特点进行了具体分析,通过对搜集到的别人介绍的经验材料和具体的智力测验材料的分析,得出其认知能力发展的主要特点是:①记忆能力好,记得快、准、牢,掌握了记忆策略;②空间关系的观察、理解、想象能力强;③类比推理能力发展突出;④创造性思维能力发展优异。非智力发展的特点是:①强烈的求知欲、广泛的学习兴趣;②好胜心强、进取心切;③喜欢冒险;④有更强烈的攻击性、反抗性和恳求帮助的表现……。在家里,其行为倾向更为霸道、富有攻击性和趋向于较少听从;在夏令营,其行为显得有教养、情绪表现得更为积极、强烈和丰富多彩。[①]

对教育经验总结法的认识

（一）关于教育经验总结性质的几种观点

对教育经验总结性质问题的认识,关系到对教育经验总结法在教育研究中,所处地位和作用的态度问题,因此,理清在教育经验总结性质问题上的多种观点,是十分必要的。

在肯定教育经验总结的科学性的前提下,对它是项研究活动还是一种研究方法

---

① 刘电芝. 教育与心理研究方法. 重庆:西南师范大学出版社,1998:316-318.

有三种观点。

　　一种观点倾向于把教育经验总结作为一种方法加以考察和完善。持这种观点的人看到,第一,群众性教育科研广泛发展,它在科学共同体中是有地位的,是有科学意义的,当前面临着如何提高水平的问题。第二,教育科学迫切需要找到一种适合自己的独特方法。所以,重要的是对教育经验总结法从概念上加以界说或严格定义,并对它的研究程序和操作方法加以规定。

　　目前国内出版的关于教育科学研究方法的教材和著作中,大部分把教育经验总结作为教育研究方法中一种常用的、有效的方法,与调查法、实验法等并列,尽管这些方法也许并不是同一层面的。例如,由北京市教育科学研究所(现北京市教科院基础教育研究所)组织编写,范小韵主编的《中小学教育科研方法指导》一书中,明确提出总结经验"是一种创造性的脑力劳动",总结经验的"过程是科学的过程","成果是科学研究的成果"。"科学研究就是通过某种手段来揭示各事物之间的内在联系及其规律,总结经验法是教育科学研究的一种常用方法。"北京市丰台区教科所所长赵慕熹在他所著《教育科研方法》一书中也指出:"如果我们能够将经验总结作为一种重要的科研方法的话,就能够保存人类更多的经验,为科学研究的宝库增添无数瑰宝。"

　　另一观点认为,难以把教育经验总结作为一种具体研究方法与实验法、观察法等并列,因为教育经验总结过程中需要综合运用多种方法,又不一定以何种方法为主。经验总结若作为方法考虑,其质的规定性尚不明晰。

　　第三种观点认为经验总结本身不是一种方法,不是一种相对独立的方法,如果把它作为一种方法去加以完善,虽然可以罗列出一定步骤等,但概括出来以后,方法就不存在了。与其说它是一种方法,不如说是一种"研究活动"或"研究路线"。其实,在经验总结过程中,多种方法综合运用,所以,只有经验总结的方法没有"经验总结法"。

　　可以说,这三种观点基本包括了目前教育界对教育经验总结法的认识和看法。我们以为,教育经验总结法是否属于教育科学研究中的一种研究方法,首要的还是要从教育教学活动的特点以及教育经验在教育活动中所起的作用,也就是要从教育活动以及教育科学研究的特殊性,分析问题和研究问题。

　　(二)教育经验总结法是教育科学研究中一种重要的研究方法

　　教育科学研究的目的在于探索教育活动的客观规律;发展教育科学理论,指导教育实践活动。教育经验总结法是教育科学研究中的一种重要的传统研究方法,是积累教育知识、改进教育工作、发展教育科学的重要手段之一。这是由于经验不仅对教育实践起着重要的作用,并且是形成教育科学理论的重要基础。

　　1.教育活动的实践性特点决定了经验在其中起着重要的作用

在人类的生产和生活实践领域,充满着各种各样的经验,正是由于经验的一代一代延续,才使得人类由茹毛饮血的动物演变为现代的人类。经验在人类社会实践活动中起着不容忽视的作用。

教育是指社会通过学校对受教育者的身心所施加的一种有目的、有计划、有组织的影响,以使受教育者发生预期变化的活动。教育活动是种特殊的社会实践活动。教育活动的特征之一是它的实践性。教育活动的实践性特点决定了经验在其中起着重要的作用。

在第一节中,我们对经验已作了解释。经验泛指由实践得来的知识和技能,通常指感性认识。是人们在实践过程中,通过自己的眼、耳、鼻、舌、身等各种感觉器官,直接接触客观外界而获得的感性认识。

丰富的教育经验,是教师极其宝贵的财富,它帮助我们有效地从事教育、教学工作,提高教育质量。教育自产生以来,由于前辈许多人的长期实践,积累了大量的、有科学根据的理论和实践经验。这使我们每一个教师不必再从零做起,我们可以享用前人丰富的智慧成果,仅此而言,成功教学经验的总结和积累有不可替代的价值。

教育科学理论是在对经验理性认识的基础上高度抽象出的概念、原理和法则,它只是指出了达到教育目标的一般途径。教师工作的特殊性在于:面对的是活生生的而不是抽象的学生。因此,教师不可能只是一个既定方案的机械执行者。在教育和教学过程中,随时都会出现任何现成方案中都预料不到的偶发情境。教师在每一种新的情境中,都需要独立行动和当机立断,而这种即时处置往往来不及考虑其足够的逻辑根据,只是凭着直觉行事。这种直觉,事实上就是教师丰富教育经验积累的结果。我们会发现,有丰富教育经验的教师,非常善于利用偶发情境这个契机,调节教学气氛,调动学生情绪,强调学习的重点和难点,使学生的学习始终处于最佳状态,从而有效地提高教育质量。

经验直接来自教育实践活动,生动实在,可以直接模仿、学习,容易被一般教师接受。教育科学理论虽然揭示了教育的规律,对教育教学工作具有普遍的指导意义。但其抽象性强,直接应用性差。例如,教育原理:应当及时发现学生中闪光的东西,并把它作为典型在班级中推广。虽然这条教育原理指导面很广,但其应用的直接性就差。特别是缺乏经验的青年教师虽然掌握了这条教育原理,遇到具体问题仍然会手足无措。用教育理论指导教育实践,一定要借助教育经验这个桥梁。理论只有具体化,只有转化为经验,才能被直接采用。例如,将这条教育原理具体化。如优秀班主任小艾的经验:初一学生刚入学,大多数学生不懂得对老师讲礼貌的时候,她表扬和奖励了一个向自己的老师行队礼并问好的学生,不久她又表扬和奖励了一个向别的老师问好的学生,从此这个班形成了讲礼貌的风气。她的这条经验,别的人在遇到同样场合的时候就可以运用。所以,许多教师特别是青年教师愿意学习他人的经验,甚至不远万里到外地去求经。教育行政部门在贯彻教育方针、政策过程中,也大多采用"典型(经验)引路"方法,收效都很好。例如,北京市为深入贯彻十八字总要求,号召全市小学认真学习"快乐教育"的经验,为北京市小学教育的发展指明了方向,在不断深化和完善小学教育的整体改革方面取得了显著成效。

实践证明,总结和学习经验,是推动教育事业向前发展,提高教育质量的有效手段。

2. 教育经验是教育科学理论发展的材料和基础

文艺复兴时期的著名画家和科学家达·芬奇曾经说过:"我们在种种场合和种种状况下,只有向经验求教,才可以从那里引出一般的规律。"经验是人们在实践中获得的,所以,它就成了进一步上升为理性认识的材料和基础。在科学研究中,经验的重要性是不容忽视的。一切科学概念的形成,科学假说的建立,都离不开人们的实践经验。各种科学理论,也只有经过实践的检验,才能正式成立,并为大众所接受。教育科学研究亦如此。

教育和教学的实际经验是教育科学研究的对象,是发展教育科学理论的源泉。离开了实际的经验,教育理论就会成为无本之木,无源之水,只有认真地、科学地总结教育经验,并上升到理论高度,才能在更广的范围内指导教育实践。同时,教育理论只有经过教育实践的检验,才能普遍为大家所接受。

在古今中外教育发展史上,有许许多多关于教育教学经验总结的著述。这表明在教育发展历史长河中教育经验总结始终是一种重要的研究方法。以《学记》为例,它是两千多年前我国古代教育经验的总结。它从宏观的教育制度教育目的、教育作用,到微观的教学思想、教学原则和教学方法,都有精辟的论述,成为我国教育史上最早的一部教育专著,也为我们总结教育教学经验开了先例。《学记》问世一百多年之后,即公元一世纪,古罗马演说家和教育家昆体良系统地总结罗马修辞学校和文法学校的教学经验,写出了12卷的鸿篇巨制《修辞术规范》,被称誉为"第一个极详尽地研究了教学法的教育理论家"。《学记》和《修辞术规范》是总结古代教育实践经验的名著。在近代和现代的教育史上,也有很多具有远见卓识,率先进行教育实践活动,系统总结教育经验,积极开展教育教学改革,为推动文化教育事业发展做出卓越贡献的教育家们,例如,前苏联的马卡连柯、苏霍姆林斯基,美国的杜威、布鲁姆,我国的人民教育家陶行知、著名的教育家徐特立等,他们的教育实践经验、教育理论观点,以及他们对教育实践经验的总结,既是当代教育工作者学习和借鉴的典范,也为教育理论工作者的进一步研究提供了丰富的史料。

以教育教学实践为基础,总结教育教学经验,并上升到理论高度,用以指导教育教学实践,产生新的经验,如此形成良性的循环,可以不断地促进教育质量的提高,更为教育理论的发展注入新鲜的血液。

(三)教育经验总结法与其他研究方法的关系及其特性

教育经验总结法与教育实验法、教育调查法同为教育科学研究中常用的三大基本方法。它们在教育科学研究中各有所长,也各有其不足。对教育经验总结法特性的认识与对它与教育实验法和教育调查法的区别和联系的认识是分不开的。

教育调查是指研究者通过对教育事实有关材料的收集、整理、分析,从而了解教育现状,发现教育现象之间的联系;认识并探索教育发展规律的方法,它是教育科学研究中使用较多的一种方法,这与其固有的优势和特点分不开。但是,教育调查也有它自身的局限,这就是调查获得的结果一般不能直接判定其因果关系;教育实验是研究者根据一定研究目的、计划,在控制条件下,对被试(教育对象)施加可操纵的教育影响,再观测被试者的变化及教育效果,以此推断所施加教育影响与教育效果之间是否存在因果联系的一种研究方法。教育实验不仅是教育改革的先导和顾问,而且是教育科学理论发展不可缺少的基石。随着教育科学的发展,教育实验越来越被人们重视,但实验方法需要逐步完善并走向成熟。

分析和比较教育经验总结法、教育实验法和教育调查法,这三种方法在其研究对象、研究目的和研究过程三方面都有着不同的特点。

首先,在研究对象方面,教育经验总结法的研究对象是"教育经验",是人们从事的教育实践活动以及所获得的感性认识,而教育调查法是一种间接地研究当前教育现实的方法,它以"教育现状"为研究对象,是教育过程中的人、事物以及它们之间的内在联系和它们的发展趋势。而教育实验法的研究对象是"教育现象",是经过研究者创设一定的条件,施加一定影响前后的教育现象。

其次,在研究目的方面,教育经验总结法的目的在于把教育经验从具体上升到一般,从感性认识上升到理性认识,获得对教育活动规律性的认识。教育调查法的目的是为了了解教育现状,掌握第一手的数据、材料或事实依据,以发现教育现象之间的联系,预测其发展趋势。教育实验法则重点在于推断教育现象(研究者施加给教育对象的措施和影响)与教育效果之间是否存在因果关系。

再次,在研究过程中教育经验总结法和教育调查法都不强调事先的科学假设,不控制教育条件,而是依据自然的教育进程出现的客观事实和人们的感性认识,进行分析、比较,从中找到教育现象间的本质联系,发现教育客观规律。而教育实验法则强调事先建立假设,强调控制教育过程,即操纵自变量和控制无关变量。

此外,在研究项目的具体实施、数据处理等方面,因采用的方法和具体研究基础不同而有不少差异。

唯物辩证法告诉我们,任何事物,区别都是相对的。教育经验总结法、教育实验法和教育调查法作为独立的三种研究方法,其区别是明显存在的。但是,作为教育科学研究中的三种具体研究方法,它们之间又存在着共性和密不可分的联系。这表现在:

"有目的、有计划"是一切科学研究的共性。教育实验法和教育调查法具有这一特性自不必多言。教育经验总结作为一种重要的教育研究方法,也是一种有目的、有计划地认识教育客观规律的活动。当然,进行经验总结,我们事先不可能确切知道会得到什么样的规律性认识。但我们可以依据实践的客观需要和初步的事实,提出期望目标,并依据期望目标制订搜集资料和进行科学分析的工作计划(即本书中的"研究设计"),只有这样,才能有效地进行科学的经验总结。

教育经验总结法、教育实验法和教育调查法都属于实证性研究范畴,都遵循从实践到认识的规律,因此,这三种研究方法的基本程序和最终目标是一致的,如它们的基本程序都按下式所示:

教育理论→教育实践→提出研究课题→制定研究计划→实施研究计划→总结→研究成果。

这些方法的最终目标都是为探索教育的客观规律,为教育实践服务,也可以说为指导和改进教育工作,提高教育质量服务。

教育经验总结、教育实验法和教育调查法在教育科学研究过程中经常要配合、交叉使用,以其各自的优势,互相补充,相辅相成,共同完成科学研究任务。例如,北京一师附小"快乐教育"实验研究中,综合运用了经验总结法、调查法、实验法,测量法等研究方法。此外,在经验总结研究中,也会用调查法搜集资料,用实验法进行经验的验证、筛选等;在教育实验研究中,也会用到经验总结法和调查法,辅助实验研究的顺利进行。

随着现代科学理论的发展,在教育科学研究中,提倡用综合的方法,或者以一种方法为主,其他多种方法为辅。只采用单一的方法,往往只获取部分信息,而遗漏许多其他有用信息,难以做出全面准确的结论。

因此,教育经验总结法、教育实验法和教育调查法在教育科学研究过程中的互相配合,互相补充,不仅是由这三种研究方法的特性决定的,而且是教育科学研究的不断发展所要求的。基于这一认识基础之上,我们对教育经验总结法的特性简要概括如下：

第一，教育经验总结法的特点之一在于准确地描述经验，然后经过归纳、分析、抽象和概括，使之成为一种理性认识。能否上升为正确的理性认识，是衡量经验总结成败的关键。因为只有上升为正确的理性认识，才能克服经验的片面性和局限性，使之具有普遍的指导意义。可见，在教育经验总结法中，非常重视理性的思考，定性的分析和研究是其核心内容。这是由教育经验总结法的研究目的决定的。

第二，教育经验总结法不强调事先假设，不干预教育的自然进程，为研究活动提供了更广泛的空间。这是因为由于教育的特殊复杂性，教育实验常常会对教师、学生、家长带来各种心理影响，对各种复杂的无关因素进行严格控制也比较困难。而经验总结以实践为基础，不影响教育自然进程，在研究对象和内容选择上灵活、机动，特别对处于教育实践岗位上的广大中小学教师，就地取材，材料丰富，具体操作简单易行，容易出成果，因而更为现实、有效。

理论分析的方法介绍

理论分析超越了对教育现象的描述，借助于概念、判断、逻辑推理、分析综合、归纳概括等逻辑思维的方法，对具体的经验事实进行一番去粗取精，去伪存真，由此及彼，由表及里的思维加工，透过现象揭示具体经验事实的内在本质联系及规律，并使之条理化、系统化、理论化。

分析综合是理论分析的一种重要方法。经过广泛收集的事实，如果不进行分析综合，使之条理化、系统化，就如同一堆杂乱的"散装货"。因此，在充分占有大量事实的基础上，应采用分析综合的思维方法。首先，要按照经验总结的目的和要求，分门别类加以整理，删繁就简，区别真伪，核实必要的数据，查对引证的实例，以求如实反映总结对象的全貌。其次，要认真分析事实本身所提供的普遍意义和社会效果，从而以现象作为人们的向导，揭示具体事实的内在本质联系，寻求教育措施与效果之间可能的因果关系。

归纳分析在经验总结中有特别重要的作用，它是从个别或特殊到一般，寻求事物普遍特征的认识方法。它侧重于对经验事实的概括，从个别的、表面的、缺乏普遍性的经验中抽出一般原理。经验总结法具有回溯研究的特点，因此，科学归纳法在经验总结中应用十分广泛。它运用求同法、求异法、求同求异结合法、共变法和剩余法，通过对现象之间的因果关系的分析，理论上描述和揭示教育与心理规律，建构理论体系。

1. 求异法。在两个或两个以上事物中寻求产生不同现象的差异点。例如，顾泠沅数学教改小组比较了各方面条件基本相同只是运用了教学方法不同的两个班级的教学效果,发现运用"变式练习"的班级比不用该方法的班级教学效果好。运用求异法归纳出了"变式训练"的经验。

2. 契合法(求同法)和契合差异法。在两种或两种以上事物中寻求产生共同现象的共同因素,并结合差异法进行比较。如课题组由调查可知,凡是采用提问方式、自学指导方式、分组学习交流方式及讨论方式上课的班级,单纯讲解方式往往是教师的单边活动,教学的针对性都比较强。所有这些教学方式与单纯讲解方式有明显的区别,这里的几种方式都重视了师生之间的多边活动。因此可以认为,组织多边活动应是课堂教学针对性强的原因和条件。

3. 共变法。寻求与某种现象相伴随而变化的某事物中的某一因素。如"及时回授调节"的经验,就是通过对回授调节的措施在程度或时间间隔上加以变化,从而考察相应效果的变化而确认的。

4. 剩余法。逐个排除引起某一现象产生的可能因素,剩余的因素就可能是该现象的原因。如课题组曾对共同实施某几条经验措施的五个班级进行比较,发现某班入学时成绩低于其他班,但以后很快赶上并超过四个班的平均成绩,而且差距较大。经调查发现,数学教师与学生感情特别好,由此运用剩余法认识到"师生情感交流"的经验。[1]

实践筛选的具体方法

在实际教学过程中,将收集的大量描述性经验进行实施,组织有经验的教师亲临教学现场,对施教情况进行系统考察和评价,判明哪些教学措施对教学过程产生了效果,根据考评效果对原有经验进行淘汰、提炼和优化组合,从而使描述性经验成为受经验背景制约少,体现一定教学规律,有普遍推广应用价值的经验。

具体做法如下:

(1)淘汰,即根据有效性评价,对各种教学措施决定取舍。经过实施、考察和评价,可以知道众多教学经验中,有些明显无效或不适用,应加以舍弃;有些有效性不清楚,需继续实施和考评;有些对解决实际问题有显著效果,就重点研究,使之趋于完善。例如,上海青浦县数学教改小组的研究人员,在调查中发现一位教师经常根据授课需要重新组织教材,特别注重运用学习迁移的规律,把已经学过的知识导入新的情境中运用,以旧引新。在训练中则采用分步设置障碍的办法,一题多变,前后呼应。每节课各个层次之间以及课与课之间均有一定序列关系,教师和学生协调一致,循序渐进。于是他们将这条"有层次地组织教学进程的"经验进行实践筛选,采用平行班

---

① 刘电芝.教育与心理研究方法.重庆:西南师范大学出版社,1997:153-154.

作对比的方法进行考评,发现效果明显,既有利于学生深刻理解教学内容,又可以通过知识迁移解决新问题,学生能力提高快。经过一段时间的实践,终于选出"组织好课堂教学的层次(序列)"这一条有效教学措施。

(2)提炼,即在实践中通过反复比较,从众多的、纷繁复杂的经验中筛选和提炼出有效的经验。如顾泠沅教改小组在一次全县教学质量调查和数学竞赛中发现该县某农村中学的一个班成绩异常优秀。为了探求原因,他们把它与其他班级进行比较,发现这个班的任课教师采用与众不同的"一本练习本"的做法,学生的练习不是两本交替使用,而是用完一本再用另一本。研究者通过反复考察发现一本练习本或是两本练习本,是经验的表面现象,它的实质是可促使教师及时批发作业,了解学生对知识的掌握情况,及时解决存在的问题。该经验曾在别的学校试验,收到同样的效果。他们让这条经验进入筛选回路,仔细比较了按学期调节、按单元调节、按日调节的效果特点,发现了平时练习按日调节的突出优越性。从而提炼出了教师"及时获取教学效果的信息,随时调节教学(简称效果回授)"这一有效经验。

(3)优化,即对肯定有效的教学措施进行优化组合。如顾泠沅教改小组为了解决学生在学习中总是处于被动地位,难以发挥主观能动性,难以养成积极思维的习惯等问题,对讲练结合、启发思考、要求学生动口、动手、动脑等经验进行分析,然后按照《学记》上"道而弗牵,强而弗抑,开而弗达"的要求,试着让学生自行"尝试",也即是自己通过究其原因、试其难易来获取知识能力;教师则根据"尝试"需要予以指导。经过多次反复地实践筛选,从而提出了"在采用讲授法的同时辅之以'尝试指导'的方法"这条有效的教学措施。①

---

① 刘电芝.教育与心理研究方法.重庆:西南师范大学出版社,1997:155-156.

第九章
教师研究成果表达形式

本章学习任务

☞ 把握中小学教师教育研究及其成果表达形式的特色,发挥教师自身独特的优势。

☞ 运用"教育日志"、"教育叙事"、"教育课例"、"教学反思"、"教学案例"进行研究和表述自己的研究成果。

☞ 学习以"教学论文"的形式表达自己的教学研究成果。

一、引 言

在我们讨论中小学教师教育研究成果表达形式之前,有必要回顾本书或以直接或以间接涉及的一个基本问题,即研究对于中小学教师意味着什么。学校教育作为一种正规的教育制度,在办学理念、培养目标、教育内容、教育方法及组织形式上都必须带有它的预设性。但无论怎样的预先的规划设计,都有一个结合具体的教育情境加以调整与充实的过程。要求教师忠实地执行既定的教育方案,将实施过程变成"按图索骥"的过程,既不现实也不应该,尤其是课程与教学领域,动态生成性表现尤为显著。真正的课程是教师与学生联合创造的教学经历,预设的课程计划与教材知识只是这种经验创生过程选择的工具而已。正是基于教育过程的预设性与生成性这一对矛盾,教育改革实践、教师专业发展的内在需求赋予教师"研究者"的角色。教师研究可以为教育科学研究提供素材,但它主要是为教育实践服务。因为教师的研究是内生的,并不是某种外部力量强加的东西——教师经常处于充满危机、困境与尴尬的"压力情境"中,这些压力主要来自于已有的教育经验与新的岗位要求之间的差距、习惯了的教学节奏与新教育理念之间的矛盾、个人教育信念与公共教育准则之间的对立,成人世界的教育意愿与儿童文化之间的紧张关系等。

> **重要观点**
>
> 教师从事研究的过程,是其生命活力的激发与唤醒的过程,是对教育信念的质疑与确认,对原有教育习惯的不断突破走向"无蔽"、"自由"的过程。

教师的工作兼有科学与艺术,学习与施教、实践者与学者的双重性质,感受到的是一种情境的"不确定性"、职域的"无边界性"和责任的"无限性",一种何去何从的生存危机。教师的问题解决不单是一种求知、一种理智行为,而更多地反映出某种实际的生命遭遇、艰难的处境与困惑,一种关于教育教学生活的矛盾、苦恼。教师的研究更多地意味着对学生发展可能性的寻求,对自身专业命运的,对已有的教学经验、个人教育理念的澄清、质疑,对教育应然的追寻;意味着教师将"不确定性"、"无边界性"、"复杂性"作为创造的契机加以把握,给予积极的应答,如此的研究过程绝不是感性与理性、认知与行动割裂开来的抽象分析、推论,而是全身心的投入,于行动中感悟,在行动中思索。其"感悟"、"思索"的表达就是把自己呈现给他人,从他人这面镜子中关照自我,在与他人对生活中促进自我的更新。教师作为实践者的研究,其研究成果同样有着特殊的表达方式,如活动案例、成长故事、反思笔记等,甚至一堂课、一次活动等实践方式,而非一定以研究报告、论文的形式出现。教师科研的价值在于收获教育的智慧。

二、教育日志

(一)教育日志的概述

中小学教师的研究是对自身实践所作的持续不断的反思,其日志就是表达教师研究成果的重要方式之一,且随着人们教师观和教育研究观的转变,它引起了大家的关注。因为在日志中,展现的是教师对教育生活事件的定期记录,在他(她)把真实的生活场景转化文字、语言符号加以记载的时候,他(她)也就是在梳理着自身的行为,有意识地表达着自己。通过撰写日志这种方式,教师可以定期地回顾和反思日常的教育教学情境,在不断回顾和反思的过程中,教育对教育教学事件、问题和自己认知方式与情感的洞察力,也会不断加强——教师将会更加理解学生的问题,从多个维度来认识教育中的特殊现象;教师将更加了解自己是如何组织教学的,了解最适合于自己的教学方式,了解如何获得那些支持教学的各种教学资源等等。

教育日志,或称"教学日志"、"研究日志"、"工作日志"、"教师日志",与其他形式的研究成果相比较,它的撰写最为简单和便捷,只要有纸、笔,有时间就可以写,或直接在电脑上撰写。日志不是只罗列生活事件的清单,而是通过聚集这些事件,让教师更多地了解自己的思想和相关行为。在日志中,记录的是教师在实践活动过程中,所观察到的、所感受到的、所解释的和所反思的内容。日志的主题部分是教师对观察的记录和白描。自己的每一次撰写都包含一些基本的信息,如事件的日期、时间、地点、参与者以及其他看起来可能对研究是重要的事。以这样的方式来记录日志,日后要重读日志的内容,会得心应手很多。日志通常需要每天或几天记录一次,至少是每周记录一次。

例 9.1

今天是紫色的一天!我在孩子们画的图画上写下他们的故事时,从手指到肘部都染成了紫色。与孩子们在一起可能是最值得做的事,也可能是最令人厌倦的事;是最令人激动的事,也是最令人惊慌的事。我想他们是太单纯了(也许是太幼稚了),以至于他们常会不假思索地说出他们的所想。当写这个故事的时候,如果你认为人具有原始的创造性,那么你是对的——他们知道他们的语言和图画互为补充,且这二者的结合使他们以及他们父母生活中的某些东西成为"真的"。他们不愿让你错过图画的任何一部分,他们现在竟然想将画带回家!

如果仅仅是想象,其他人对这种感觉可能会闭口不谈。他们不经意地画着或者是乱涂乱抹,或者一连四天画出同样的画来(并且在四天里不断地告诉我同样的故事)。他们不像是在画画,他们更像是在做实验——仅仅是在做他们喜欢"做"的事。尽管我不懂孩子们的艺术,但我喜欢和他们在一起。我想,在他们能够讲述某个故事并把它画出来之前,这可能是他们的一个必经阶段。

这则日记是一位教师在他教学生涯的早期写的。在这里他记录了教室里的活动情况、他自己的行为、他对特定学生或学生群体的观察以及正在进行的工作;他还记录了他从实践中弄明白的道理——"他们不像是在画画,他们更像是在做实验。"在日记的最后,他思考了他所观察的情景是如何与理论想呼应的——"我想,在他们能够讲述某个故事并把它画出来之前,这可能是他们的一个必经阶段。"

当你重读几天或几个星期的日记时,这些基于日常行为的反思为你洞察自己的个人知识提供了帮助。在这段时间里,有什么明显的线索可寻吗?有无重复出现的事件和想法呢?

一位教师写了几个星期的教学日记。下面是一次考试后她所写下的一些想法。她的记录围绕着一个主题:

例 9.2

"时间"的要素在我的资料中是一个重复出现的主题:计划的时间、反思的时间、实验的时间以及在不对自己或他人施加压力的情况下提炼答案……又一个无效表达和时间压力之间的关系在某一天出现了:当时一个男孩试图做出解释但遇到了困难,他脱口说出:"我知道它是什么,但就是表达不出来。"当我还是一个大学生时,在课堂上,我有时也会有这种恼怒的表达。我在 2 月 10 日的日记上写道:"当你费劲地想准确、令人信服、清楚明白地回答问题时,你的头脑里却乱作一团。这时候,你为什么不把问题放一放,轻松一下呢?"为什么不这样!在我的教学中,我经常遇到这样的情况。凭直觉知道一些东西,但却不能把它表达出来。这是因为有时找不到表达我的教育观的恰当词语;有时是在教职工会议上,因为时间紧迫所致——还有很多会议议项有待讨论,而同事们又在不时地看表。无论是当学生时的我还是现在当教师的我,都有过与这个男孩类似的情感,洞悉这些相似的情感使我对他的行为有了更多的同情和了解。记得我在第一周的日记里提到他有一副"挥之不去的厌倦表情",而我应该努力反思自己,以便理解他。现在我认识到了有意识地关注自己正在做的事情的重要价值,比如在这件事上,它为我更好地理解这个学生提供了帮助。

记日志没有固定不变的规则,但有以下一些在通常情况下普遍适用的要求。

1. 我应该用什么记? 如果是文本记录,需要一本装订在一起的而不是活页的日记本。

2. 我应该写什么? 在日志中写出尽可能多的东西。可以是对行为、学生、事件的描述,也可以是"我"在教学过程中和教学后的反应。要记录"我"在实践中的感受,以及发生的各种各样的事件。特别要留意这样一些经历,当它们在"我"的脑海中浮现时,会引起你情感和道德的反应。

3. 我应该多久记一次? 经常记。每隔几天记一次,如果有时间或有一些特别的事情发生,更需要经常记。作为一种有用的反思的方法,记日记需要成为一种对思想的即时记录。

4. 我要回过头重新读它吗? 我要时不时地重新读自己日志,并试图弄明白那些对"我"来说重要的事情,这是非常有用的,可以寻找出那些对"我"头脑中产生某些想法和模式的事情,可提供一些可供选择的行为。

(二)备忘录

备忘录是最常见的日志形式。它通过研究者试着去回忆,写下特定的时段的经历,而再现教育实践中的生活场景。在备忘录中,通常有比较明显的时间信号提示。在撰写时,需要注意的是:(1)在一个事件后,越早写备忘录越好;(2)在靠记忆写备忘录前,不要和任何人讨论,因为那样做有可能影响和修改你的记忆;(3)最好是依事件发生的先后次序记录,能完整记录很重要,能以日后想起来片段,都可以把它附记于后;(4)可在活动过程中用编写符号、片语简记一些重点,可摘要记录某一时段,有助于记忆;(5)早一点进行回忆,记忆会更清晰。

例9.3

生命的作业

苏霍姆林斯基在帕夫雷什中学当校长时,每年开学,总要在校门口打上一条横幅:"爱你的母亲吧!"旁人觉得讶异,问他缘由,他说,倘若一个人连生养自己的母亲都不爱,那还谈什么爱国。是的,只有学会爱自己母亲的人,才有资格说爱他人、爱家乡、爱祖国。一个连自己母亲都不爱的人,是没有资格说爱的。爱心的培养应该从爱自己的父母亲开始。

2002年9月,父亲永远离开了我,这个世界上最疼爱我的人的突然离去,让我有一种被遗弃的感觉。我时时沉浸在忧伤之中,常常睹物思人,触景生情。有一回上《荔枝》这一课,当读到"而今荔枝年年红……"时,我哽咽了,我想到了父亲,只是如今"人面不知何处去,桃花依旧笑春风"。我噙着热泪,顿了顿,对孩子们说,有好多东西,拥有的时候要好好珍惜,不要等失去之后才后悔……我说不下去了,丧父的痛楚紧紧地攫住了我的心,几个孩子低头不语,一些孩子在窃笑,还有几个孩子面无表情地望着我,他们的冷漠让我的心更痛了。

毕业复习时,我又以"亲情"为话题,要求学生写一篇文章。

作文交上来了,内容大多虚假、空洞,只有陈菁的作文让我震惊,她的题目是《残酷的亲情》,里面的内容大致是这样的:爷爷得了癌症,医生说要开刀,可医疗费要十几万,爸爸一人无法承担,于是便和叔叔、姑姑们开会商量办法,可叔叔和姑姑都不愿意出这份钱,要爸爸一个人承担,说是平时爷爷、奶奶偏爱爸爸。她听了他们的话哭了,最后,她在文章中写道:这样的亲情太残酷了,连自己的父亲都不要,要钱还有什么意义。叔叔、姑姑,请你们行行好,救救爷爷吧,等爷爷有一天离开我们,你们哭得再大声,丧礼办得再隆重,又有什么意义呢?

我心痛,却不知该怎样来帮助这个无助的孩子。

2003年9月,我又开始带一年级的班,一年级的孩子在家里骄横、霸道,更难以体会父母的艰辛,于是,在2004年3月8日这一天,我给孩子们讲了两个故事——《小乌鸦和大乌鸦》、《这就是母亲》,那是开学以来最安静的一节课,故事讲完了,那一双双清澈如泉的眼里满是泪水。于是,我问:能告诉老师,妈妈都为你做了哪些事吗?小手林立,每个孩子都想说,我点了几个据家长反映在家颇让父母操心的孩子发言,他们都说得很动情,也许是因为有之前那两个故事的感染。没轮到发言的孩子急得直跺脚。我说:"今天是'妇女节',是妈妈的节日,妈妈平时很辛苦,老师今天教你们给妈妈写信吧,算是你送给妈妈的节日礼物。你可以把你想对妈妈说的话写在信里,对妈妈表示感谢,并祝她节日快乐,好吗?"听我这么一说,孩子们欢呼雀跃。我把准备好的信封和信纸分发给他们,并抓紧时间讲了信的格式。我一讲完,孩子们更迫不及待地动手了,他们把写好的信装进信封,有的还在信封上用彩笔点缀了些童稚却真诚的图案。放学铃声一响,孩子们便似鸟儿般飞出教室,直奔等候在校门外的妈妈。我提着包回家,远远就看见几个家长低着头在看信,见我走来,晨叶的妈妈抬起头,眼含泪水,激动地说:"丁老师,谢谢您!这是孩子给我的第一封信,我会好好珍藏。我太激动了。"边说边用手揩眼角的泪水,同时还把信递给我。晨叶的信是这样写的:

　　我最亲爱的妈妈:

　　首先祝您妇女节快乐!我爱您!妈妈,您辛苦了!白天要上班,还要接送我上学、放学;晚上,要做家务,还要帮助我学习。我以后要好好学习,不再让您伤心了。长大后,我要好好孝敬您,买好多好多您喜欢的东西给您。

　　祝越来越漂亮!

女儿:晨叶
2004 年 3 月 8 日

　　在我看信的时候,身边围了好多家长,个个都激动万分。我的心情又何尝不是这样,课堂上看到了孩子们脸上的喜悦,此时又看到妈妈们一脸的幸福,我知道自己走的路是正确的:老师不仅仅是教学生知识,更重要的是教学生如何做人。

　　2005 年 2 月,我又接了六年级的班。六年级的孩子,正处于青春初期,他们的生理和心理都发生着微妙的变化,开始出现顶撞和忤逆父母的行为。于是,在"母亲节"将至时,我布置了一项特殊的作业:回家深情地拥抱你的父母,并对他们说:我爱你!然后把父母听到后的反应记录下来,第二天到课堂上来交流。尽管把爱当作一项作业来布置有些不妥,但我仍想试试。

　　我的话音刚落,全班像炸开的锅一样嚷开了,有的说:"哇!好恶心!"有的说:"多难为情呀!"有的甚至吐出舌头做恶心状。

　　看着他们一个个痛苦的样子,我茫然了:对一个孩子来说,拥抱自己的父母,对自己的父母说"我爱你",竟有这么难吗?

但有了上一届毕业班的前车之鉴和教一年级时的尝试，我准备了一些资料。

第二天反馈时，全班 65 位学生，完成这个特殊作业的只有 5 个，其余学生说是太恶心了，不好意思做。

我无奈，但我想唤醒孩子们沉睡的心灵，唤醒他们心中的那份真情，因为我相信那里不是荒漠，而是亟待开垦的绿草地，更因为我从事的是"以生命唤醒生命，用生命点燃生命"的神圣职业。

于是，我深吸了一口气，说道："知道父母生日的同学请举手。"

举手的有十几个，不到五分之一。

我又说道："不仅知道，而且在他们生日时还给过他们祝福的同学请举手。"

我一看，才 3 个。

没有人注意，我在向他们提问的时候，眼眶里噙着热泪。那时那刻，我心里想的是我那可敬可爱的父亲，可如今，"子欲孝而亲不在"了。我强忍着，没让眼泪流下来。

我顿了顿，说："这也许不能怪大家，我们中国人太含蓄，太矜持，爱了都不敢说出来，可你们是否想过，有些东西拥有时不知道珍惜，可一旦失去了之后，后悔就来不及了。"

我又停顿了一会儿，忍不住讲起了我的父亲和我的愧疚。我说："现在，我好想对我爸爸说'我爱你'，可他已经听不见了，'爸爸'这个词我再也没有机会喊出口了，假如可以，我真想'偷'一个爸爸。"说到这，我哽咽了，全班鸦雀无声，我听到了唏嘘声，我知道他们受了我的感染，有些忧伤，或许也为自己的年少无知感到后悔。

紧接着，我又说："现在，我只剩下母亲了，因为我的种种原因，她为我操碎了心，我现在的最大愿望是，攒够钱，带她到她向往的地方去旅游。我工作太忙，平时陪她的时间太少，我是个不孝子，你们可千万别学我。我现在给大家读一封信吧，这是一个考上清华的贫寒学子王克伟，在他报到后的第一个夜晚，写下的一封并没有准备寄出的信，题目叫《写给在街头卖唱的父亲》。信是这样写的……"我开始读——

爸爸：

今天，是我走进清华大学的第一天。今晚，是我将要在新生宿舍楼度过的第一个夜晚。趁着同学们还没有来报到，我要在今晚把积压在心头多年的夙愿向您袒露。

爸爸，在我们这个贫寒的家里，您是最苦最累的一个。由于妈妈痴呆，在我和妹妹出生之后，您只得又当爹又当娘，里里外外全靠您一人张罗。家里的 8 亩责任田靠您一个人收种，我和妹妹及妈妈的生活都要由您料理，我们兄妹俩的学费靠您挤牙缝供给。在我 3 岁那年，您病倒了，病得很重很重。您本来就有严重的类风湿病，加上几天高烧不退，您整个人好像一下子垮了。一连好几天，您昏昏欲睡，不吃不喝，嘴里反复说着一句说:"小伟,我不行了,你就是挨门讨饭,也不能停学,不然,爸爸死了也合不上眼呀!"第二天,有人问我:"你爸爸还说胡话吗?"当时我虽嘴上没说什么,心里却陡生几分气恼,我在心里说:"谁说我爸爸说的是胡话,他在病危的时候还不忘我的学习,他是天底下最明事理的爸爸。"

有好几次,乡邻劝您说:"乡下学校出不了状元,让两个孩子多少上几年学,会记个账就行了。看你家这个样子,就让两个孩子早点退学帮你干点活吧!"每当这时,您便显得异常地严肃,您回答说:"谁说乡里中学出不了状元,毛主席还是在山沟里读的书呢。"无疑,您的话换来的只有嘲笑和讽刺。我曾亲耳听人说您是"癞蛤蟆鼓肚皮——想充牛皮大鼓"。自从听了这话,我就暗暗下决心:一定让穷乡村的中学里出个状元,让我可怜的爸爸舒心地笑一次!

于是,我卧薪尝胆,面壁苦读,不论大考小考总是全年级第一。在初三那年,我满怀信心地报名参加了全国中学生数学竞赛。为了凑够到武汉参加短期培训班的路费和辅导费,您拉着我的手,挨家挨户叫门,用颤抖的声音求告:"您行行好,借给孩子几块钱的路费,您的大恩大德我们永世不忘!"可是,您谦恭的笑脸迎来的不是委婉的拒绝,便是冷言冷语的抢白。一次,我记得在一户人家门前站了好久,人家才从屋里出来,您刚开口说话,对方就毫不留情地说:"我说老王呀,你也太宠这孩子了,任着他折腾吧,你见过几个傻子生的孩子能竞赛得上奖的?"说罢,又把我"教训"一番:"你这孩子,你家穷成这样,你还在这里折腾搞什么竞赛,真不懂事!"听了对方的话,我的眼泪像断线的珠子一样落下来,擦也擦不干。这一个下午,我们跑了十多户才勉强借到20元钱。回到家里,望着双手抱头苦苦思索的您,我心如刀绞,我说:"爸爸,我不想再参加竞赛了。"不料,这时您猛地抬起头来,瞪大眼睛训我道:"没出息,这两句话就受不了啦?人家韩信是大将军,还受过胯下之辱呢,咱这村借不来,我明天上外村借去。"第二天,您在怀里揣上两个馍,独自出发了。这一天您一连跑了3个村,才借来60元钱。第三天,您又悄无声息地上路,为了凑够这200元的费用,您早出晚归,整整奔波了一星期!当您把这200元放到我手里时,我再也忍不住了,一头扑在您怀里,哭着说:"爸爸,要是这次竞赛得不上奖,您罚我跪3天!"您却笑了,摸着我的头说:"傻孩子,得不上奖,爸也不怪你,只要你有这个志气就好。"听了您的这番话,我感动得心里颤颤的,一股抑制不住的自豪感涌上心头:我有一个天底下最好的爸爸!正因为有这样一个意志坚强而又深明事理的爸爸,我才得以比那些中途辍学的学生幸运百倍!

两个月后,我得了全国数学竞赛一等奖,被国家教委选拔到北京理科实验班重点培养。当我把这个消息告诉您的时候,您先是高兴地哭了,接着又笑了,再接着就是长时间地发呆。我知道,您又为我上学的费用愁上了。因为去北京,又要花钱,可我们家当时连3块钱也拿不出来了！为此，您愁得几天几夜吃不下，睡不着，全家人都陪着您犯愁。忽然有一天早上，您高兴地把我从梦中晃醒，两眼透出孩子般的欣喜："小伟，爸爸有办法了，我小时候跟人学过二胡，还学过几个古戏的段子，我到大城市卖唱去！"

从此，您走上了卖唱之路。1996年8月，我带着您卖唱挣来的100元钱踏上了去北京的路。

到了北京，班主任考虑到咱家的困难，把我的学费、书费和被褥费全免了，除此之外，又对我"格外开恩"，让我每顿交一块钱随便吃。尽管如此，这种无法再降的伙食开支，家里依然付不起。初到北京的两个月，我与您完全失去了联系，后来从小妹的来信中才知道，您把我送到学校后，便到南方卖唱了。在第三个月，我接到了您寄来的150元钱。捏着那张汇款单，我哭了。透过模糊的泪眼，我似乎望见了您在寒风料峭的街头卖唱，似乎望见您赔着笑脸拉二胡，又把那一堆硬币换成大票给我寄来。我把那张汇款单贴在面颊上，心中像打翻了五味瓶。我在心中一遍遍地呼唤着："爸爸，出门在外苦上加苦，您要多保重啊！"

我在理科实验班提前一年学完了高中的课程，便被免试送到清华大学化学系82班学习。暑假回来，我把这个消息告诉您的时候，您又一次破颜微笑了，您心地实在，语言木讷，从不会用恰当的语言表自己的愁苦悲乐，只有您的儿子最清楚，您这次的笑，是最开心的笑。

前天，当我挎着书包离开家门的时候，我是多么希望您能出现在我的面前啊，然而，您当时还在广州街头卖唱！我只好含着眼泪，面向广州向您深深地鞠了3个躬。儿子实现了当初对您的许诺，走进了全国最高学府，然而，儿子深深地懂得，"清华"、"成材"之间是不能划等号的。清华园可以传授给我们知识，但却不能保证我们一定成材。要成材还得靠个人的奋斗和努力。我这里，儿子没有必要再向您许诺什么保证什么，爸爸，您的儿子从来就是个不吝啬汗水的人，我会在这块土地上下大力气耕作的。不久的将来，在我迎来人生的春华秋实、花芳果香的丰收年景时，第一杯酒应当敬给您——我可怜、可敬而又可爱的爸爸！

到这里，我已经哽咽得读不下去了，泪水顺着脸颊肆意地流了下来，教室里安静极了，似乎响起了抽泣的声音，当读完这篇课文时，快下课了，教室显得更肃穆了，孩子们都沉浸其中。稍停片刻，我说："我还有几篇文章也想和你们一起分享，可是下课了。我真不想下课，可是不行，下节课的老师会有意见。我把这些文章放在这儿，你们有空时可以看看。"于是，我把朱自清的《背影》、老舍的《我的母亲》、毕淑敏的《孝心无价》和《母爱》、陈果的《拐弯处的回头》这些文章的复印件留在了讲台上。最后，就在下课铃响起的一刹那,我说:"让我们好好爱爸爸妈妈吧,大胆地表达我们的爱意,也让我们写一写关于父亲、关于母亲、关于亲情的文章吧。"当我说完的时候,孩子们没有异议,我知道,此时此刻,他们的心里有太多太多的话要对他们的父母说。当我离开教室时,孩子们仍静静地坐着,没有一个人离座,我再次望了他们一眼,千头万绪涌上心头,只觉得鼻根酸极了,胸口堵得难受,我赶紧低下头,转身走了,留给孩子的不仅是一个拉得长长的忧伤的背影……

第二天,作文陆陆续续地交上来了,一篇篇充满深情的文章打动了我,每一次翻阅,都是泪水涟涟。张帆作文的结尾是这样写的:

如果上帝能让我许个愿望的话,那么,我希望她能够永生,因为母亲的存在是我最大的幸福!

一本书上曾经说过:"母爱是一排篱笆,虽有疏漏,但却无微不至地保护着你的一片土地;母爱,是含蓄的,是执著的,是浓于血的!"

我要对我的母亲说一声:"我爱你,妈妈!"如果还有下辈子的话,那我希望我们再当一对母女。但要换一换,您来当我的女儿,我来当您的母亲。这辈子,您已经为我操心太多太多了,下辈子,就让我来照顾您吧![①]

(三)描述性记录

> **重要观点**
> 描述性记录要抓住细节的生动"深描",要尽可能是真实的记录。

描述性记录包含对环境活动的说明,教育事件的描述,个人的肖像特征(如外表,说话与动作的风格)的叙述,对话、手势、表情的描写,时间、地点与设备的介绍等。而身为一个参与行动的研究者,研究过程中特定的情境和个人特征,当然是重要的内容。它通常只能作为一篇的一部分。

例9.4

为人师表是需要放下为师之"尊"的

一天语文课上,我板书"毕竟"时把"竟"写成了"竞。"当时,我没有发现,过了一会儿,我隐约听到一个极小的怯生生的声音说:"老师,'竟'字写错了!"我吃了一惊,瞪大眼睛回头看黑板自己的写的字,"真糟糕,我怎么也在学生面前写错字!……"我心里这么想着,脸也不由自主地发热。我连忙抓起板擦迅速把错字擦去。我边重写

---

① 张文质.迷恋人的成长.上海:华东师范大学出版社,2006:1-8.

"竟"字边想：是谁还真细心，能及时发现这个错误，我得表扬他一番。于是我高声说："刚刚是谁给老师指出的错误？"没想到同学们紧张地你望望我，我看看你，默不出声，有的甚至害怕似的低着头，我顿时发现自己犯了一个错，导致学生误以为老师要追究那个诚实的指出老师错误的同学。我急忙温和地笑着说："老师真粗心啊，幸亏有一位细心认真听课的好同学为老师及时指出错来。我们一起用掌声来'谢谢'这位同学！"我的话音刚落，教室里顿时响起了雷鸣般的掌声。此时学生们向我投来了热情的赞赏的眼光，我的脸不由得再次红了。看着同学们一张张纯真可爱的笑脸，我的心情激动不已。心想，孩子们就像一朵朵娇美、朴实的花朵，需要老师如春雨般的爱滋润。在他们幼小纯真的心灵里老师是威严不可冒犯的，以至于学生不敢贸然指出老师的错。我想老师若不能以平等的身份对待学生，往往就会在不经意之间伤害到这一颗颗纯真的童心，新课改中所倡导的改变教师和学生的角色，其原因也真是如此吧！我很高兴今天我能放下教师高高在上的尊严，虚心、诚恳地自我批评，此行为一定会在学生心目中起到真正的"为人师表"的表率作用，教会学生诚实做人，敢于直言。同时，我也相信那个悄悄给我指出错误，而又缺乏勇气的学生在今后一定会更勇敢、更自信地去学习和生活。[1]

　　就描述记录来讲，需要强调的是在任何可能的时候，有人说了什么话，最好直接记录，并用引号表示，或用独立的一段文字说明。即使当时的情景不允许即时记录，也要尽可能在事后的第一时间把记忆中尚比较鲜明的细节、研究对象的话语记录下来。要做到详尽记叙事件的场景，还要关注两点：第一，要重视日常观察。日志的写作始于观察，通过观察并把观察到的事实记录和表达出来，也就大致形成了教育日志。在日志文字表达的过程中，要尽量把看似零碎的片断和事件整合在一起。第二，对于需要记录的一些重要细节，最好在口袋里准备一个本子及时记录。如果时间许可的话，那么越快记越好，记得越详细越好。

（四）解释性记录

　　在日志中，还会有解释性记录，如感受、解释、创见、思索、推测、预感、事件的解说，对自己假设与偏见的反思、理论的发展等。解释大致会发生在以下情况：写下经验时，写完经验不久之后，在写日志对（如观察笔记）有所反思时引发。在每一日的生活里，任何日记的撰写都宜于日后不断地重复阅读，如此一来，可以发现与修正错误，许多事情也会变得更为清晰。在重复阅读所写的内容时，会比在撰写时更容易判断

---

[1]　案例作者：云南省宜良县清远小学李红梅.

哪些资料是重要的或是不重要的。你也可能会发现某些观念与观念之间的新关系。通常一些新的体悟也会接踵而来,开放式问句会浮现,并且容易看到哪些仍然是需要去做的事,平常、原先做事中的思想表达,可能被重新建构。

例 9.5

没有特别注意到第三组,因为第一次看他们时,他们都表现得非常好,他们不太会离开座位——而且小朋友会常在教室里走来走去。我建议小朋友可以离开座位,和其他小组讨论如何使用电脑;第三小组没有离开座位,可能他们坐得离电脑很近。王阳(课堂观察员)也同意。这个小组的人容易和其他小组使用键盘的小朋友说话、讨论。

评论:使用电脑进行合作性写作时,在电脑写作与桌前作业的组员需要来回走动,移动着进行讨论,并产生嘈杂声,是合作的必然结果。若要减少移动与噪音,可将电脑放在教室中间,小组则围绕而坐。这需要增设、延长一些电脑用的线——我想我会试一试这种做法。①

通常而言,解释性记录不能单独构成一篇完整的研究日志,解释性记录可以是一个短句或几个短句构成,也可以由一个段落或几个阶段组成。

活动 9.1

1. 教师撰写教育日记时需要注意的几点:

第一,有些教师不钟情于教育日志,并不是因为他们没有能力撰写,而是一些惯性因素的阻碍。要破除这种障碍,最好的方法就是硬着头皮去写日志,在撰写日志的过程中,体会日志带给自己在整理思路、积累资料方面不可替代的作用。同时,以写日志的方式获得个人的一种成就感。当然,要达到这样的状态,需要长期的努力。

第二,日志具有隐私性,其中的有些内容不宜直接公布于众。当要将教育日记出版时,对于其中涉及的隐私部分,必须征得研究对象的同意,或者作一些必要的技术处理。

第三,如果可能的话,教师可以和同事们分享自己的日志。分享日记的方式可以直接把日志拿给别人来看,也可以在休息时间里与别人谈论日记所记的内容。这是因为,通过与他人的讨论与交流,可以帮助日志撰写者理清思路,找出解决问题的方法。

---

① 孟庆茂.教育科学研究方法.北京:中央广播电视大学出版社,2001:236.

第四,教育日志的书写要持续(两次记录的时间间隔不能过长)地写,最好每天或隔几天安排一个特定的时间来专门写教育日志。在一段时间内,教育日志的撰写可以紧紧围绕某个主题,也就是说,可以结合某个研究的重点来写作。如,就探究某种教学方式调动学生学习积极的影响讲,在每一节课之内,可以就这种教学方式引起学生变化、你自己的感受、课堂气氛等方面来撰写教育日志;也可以定期记下你与班上某位特殊学生的接触;也可以每天或隔几天地记载你新接手的一个班级学生的情况等等。

第五,撰写教育日志将事件记录与事件分析结合起来,并要在形式上保证有一定的分析。需要强调的是,对日志记录作一些暂时性的分析是非常有必要的。对于研究成果的表达来说,这样做可以减低在研究的最后被资料淹没的危险。而教师在对资料进行分析时,有时需要发挥知觉的作用,而不能仅仅依靠理性。因为仅仅靠理性来分析,很有可能会被繁琐的细节所累,而散失了偶尔闪现的灵感。

2. 你在撰写教育日志方面,属于上述注意事项中所描述的哪一种情况?

3. 如果属于第一种情况,你就需要"硬着头皮去写日志"了,在坚持一段时间的写作后,体会日志给你带来的变化,进而杜绝"三天打鱼,两天晒网"的情况。

4. 如果你已经具有撰写教育日志的习惯,不妨到学习资料中心去,与同学们分享自己的日志,从中体悟撰写者通常是"当局者"的身份,往往会"迷"于熟悉的事物之中,难以清晰地看到问题的本身。

5. 为做好该项活动,你再阅读下面的案例。

例9.6

评价日记

基本理念

评价没有最好,只有更好。评价也要与时俱进,评价要"以人为本"。

三月二日

今天是开学的第一天,我信心十足地走进了教室,新学期不但自己要有新的开始,孩子们也要有一个新的开始。第一节课,我宣布了这一学期的计划,学生们的表情很严肃,很认真地听着,我感觉到一种自发、上进的力量。

三月八日

开学已经一周了,孩子们的变化太小了,刚开学还信誓旦旦,现在却依然如故,我的心情越来越沉重,屡次对学生发火,孩子们在我的高声呵斥下,惊恐、木然地看着我。我似乎体验到了威慑的作用,但效果并不好,该不写完作业的还是不写作业,作业乱的还很乱,一切照旧。难道是我错了,整整一夜,我辗转反侧,始终没想出好办法,突然我想起了教研室曾经给我们讲过的"学生访谈",这也是没有办法中的办法,抱着试一试的想法,准备了明天的访谈。

三月九日

访谈结束了,结果让我特别沉重:

张明:我的作业本上,不是"良"就是"中",我非常想得"优",但无论我怎么努力,也得不上。

王一朋:前两天的开卷考试,我得了89分是"良",同桌得了90分是"优"。我看了非常气愤,就因为一个字错了,但这次得了一个"良",反正是"良"了,就这样吧!

马在众:每当我把作业本拿回家,妈妈就会一篇一篇地翻,并且不停地在数着"优、良、中、差"的个数,我深深地低下了头,表情也顿时紧张起来,等待着一场暴风雨的来临。

……

结果令我万分沮丧,我意识到盲从的可怕:提倡的素质教育使得老师对于分数有着一种禁忌,似乎分数就是应试教育,于是开始取消百分制,改用等级制。似乎这样就可以把学生从应试教育的牢笼中解救出来,可以访谈结果来看,并没有达到目标,我们的评价只注重形式,没有真正理解"百分制到等级制"的内涵。"等级"是从教师心中的"分数"折算成的。90分以上为"优",80~89分为"良",60~70分为"中",60以下为"差",自然就有了这种现象:89分只能为良,而90分则为优。难道一分之差就决定是"优"是"良"吗?这种等级与应试教育有什么区别?还不是人为地制造"差生"吗?

三月十二日

这几天我一直在寻找促进学生发展的差异性评价方法,一个偶然的机会,我看到一份关于学生评价的文章,文中提到:"采用星级评价,呵护孩子自尊心。"我深受启发,于是决定从作业评价开始尝试,打破一项定终身的做法。

实施星级制,重新设计作业本,下面是作业本设计:

```
┌─────────────────────────────────────────────┐
│                    题  目                      │
│  写字水平:_____ 字数:_____ 错字:_____ 星级:_____ │
│  改错:_____ 总星数:_____  │
│  评语:_____ │
│                    正  文                      │
└─────────────────────────────────────────────┘
```

早上,我介绍了使用情况,前三项"写字水平、字数、错字"等批改完后,由学生自己来画星,但必须写完检查完作业才允许画,而且每项不超过三颗,不低于一颗。

听完我的改革计划,孩子们精神振作,从他们的眼神里我又看到了"希望的曙光"。课上孩子们查字典多了,写完作文自改的学生多了,认真写字的学生多了。但我的心情不平静,任何一项改革都有利有弊,到底怎么样,让我们拭目以待。

下面就是"我最行"的评价设计,日期从四月五日至四月十二日。

表 9-1

	姓名	赵苏	王鹏程
规定项目	读书		
	背诵		
	读课文		
	背古诗		
	考生字		
自设项目	迟到		
	卫生		
	发言		
	佩戴红领巾		
	绘画		
	唱歌		
	体育锻炼		
	写字姿势		
	总星数		
规定项目	我的反思(一个星期)		
	家长汇报在家情况		

每一项不见得每天画星,可以两天三天,但每一个星期必须统计一次,写一份反思,反思要求简短,家长汇报在家情况必须一个月写一次,多写不限。

对孩子们来说,这一做法是新奇的,富有挑战性,每天他们忙着设计着自己的"蓝图",互相争论,兴趣盎然,我置身其中,似乎感到这种新的"规则"会使学生对自己各方面表现有一种自主把握和主人翁的意识。

三月十三日

一个星期过去了,今天我利用晨读让学生互相看看,一个星期来共获得了多少颗星,两个小脑袋靠在一起快乐地数着自己的星,说着自己的不足、优势,看着想着"我到底行不行",并在本上每人写下了自己的反思和努力方向,我也仿佛回到了自己的"童心世界",从与孩子的谈话和争论中孩子们分明流露出对自己行为的一种评价。

三月十八日

今天,孩子们听说发了作业本,争先恐后地跑回教室趴在桌上快乐地"数星星",

互相询问有几颗星,脸上洋溢着无法言表的笑容,就是互相差上一两颗星,他们也会说,下次我会努力的。

看着孩子们快乐的表情,不由地想到:几天来,我做了好几次作业,每当发本时,我就观察学生动态,头一次的变化不大,过了几天,我发现他们变了,因为"差生"和优秀学生的总星数并没有拉开差距,尤其是"差生"对这一方案非常支持,他们似乎找回了自信,满足了他们的成就感。

星级制的根本所在是从儿童的差异性出发,根据学生现在水平和发展程度对他们的学习状况进行评价,让学生在反思中断进步,让学生在反思中不断进步,而不是人为地制造等级。

"数星星"得到了学生的认同,但又会出现什么问题?我拭目以待。

四月一日

今天是一月一次的发奖日,根据考试、作业星星的多少,评出了28个同学,看着28名学生从我手里领走奖状,我内心非常高兴。发完奖状,我例行公事让学生谈一谈感受,我先叫了几个得奖状的学生,又叫了几个没得奖状的,快下课了,我又叫一个我心目中的"差生",他忸怩了半天,最后说了一句:"我不同意职森得奖状。"

我一震,"为什么?"他说:"职森经常不戴红领巾,值班生经常说他。别的同学学习多么刻苦,上课又能积极回答问题,你看你……"他不服气地说:"我又没给班里扣过分。"似乎有很多学生都不服气,一种打了败仗的感觉油然而生。

四月三日

两天来,我什么也不想跟学生说,当学生问到发奖的事,我总是绕开,看到这种情景孩子们也不提此事,这次"评奖风波"好似平息了,但我明显感觉到评奖并没有起到应有的作用,反而听到"老师的奖状就是给学习好的学生发的!"我们可以骂脏话,不认真上操,反而也不得不上奖状,更有甚者有好几个学生竟结帮结伙,想着法子玩新奇。班里,学生的常规越来越差,我又一次陷入了沉思:问题出在哪儿?

四月五日

"你们班张德忠的写字姿势很到位","你们班武杰打扫环境区很认真","你们班张师在公交车上给别人让座",在和一些老师的交流中无意获得的信息,使我又一次"如履薄冰",因为这些学生在班里学习处于中、下等的居多,静坐桌前,思绪翻飞,想起了我的学生——英雄刘业(一位舍己救人的英雄),他成为英雄也并不是因为学业成绩优秀,而是由于综合素质高,我们对学生的评价是不是过于注重了学生成绩,于是我又进行了第二次改革——建立开放、个性、多元的学生评价体系:同桌评奖——自评奖——家长评奖。具体办法如下:同桌两天准备一个本,首先给本起一个名字;里面内容有规定项目,自设项目,规定项目由老师设定,自设项目由同桌互相商量,原则是要有责任感和诚信意识。

四月二十日

由于"非典"蔓延,我决定提前评选四月份的奖状,当28名学生从我的手中领到了奖状时,我看一半的学生已不是上次得奖的学生了,发完奖,同桌在高兴地谈论着自己的感觉,这使我深切感受到:评价不仅要关注学生的成绩,而且要发现和发展学生的多方面的潜能,了解学生发展中的需求,帮助学生认识自我,建立自信,发挥评价的教育功能,促进学生在原有水平上的发展。可是我也认识到此做法也不是很完善的。如会不会给学生家长增负,学生本身有惰性,会不会坚持不下来等。这就需要教师坚定不移地按新课标的要求,不停在探索寻找"最好"的差异性评价方式。

本案例的做法问题依然很多,我只是想介绍在探索学生差异性评价中,所经历的从探索中发现、从发现中体验、从体验中发展的全过程。

在这个过程中,我和学生共同成长。

启示:①评价的影响力和感染力不言而喻。

②评价是手段而不是目的。

③教师应善于激励,三思而后评。

④评价是为了发展、促进,不是为了打击。

⑤评价的好坏与效果绝对成正比。

在教学中,喊得最响的是评价,最为困惑的也是评价。教师好像为评价而教,为评价而改。如今提倡发展性评价、赏识评价,有人就马上想到"表扬、表扬、再表扬",表扬成了评价的主要途径,成为评价的主要内容。

发展性评价不只是一种"方法",它包含着对孩子人格的尊重,对孩子成长的信心,也包含着对社会的真正的责任感。当然,"玉不琢不成器",发展性评价不等于一味地夸奖,不等于闭眼不看缺点和不足。

发展是称赞他在原在基础上的进步,是鼓励他在已有成就上再提高一步。今天能用英语说三句话,不错呀,明天你可以更棒!一窍不通的学生也可以说四句、五句甚至六句。这种赏识,不仅是一种方法,更是一种理念。

但是,发展不是对已有成绩夸大其词的赞扬,更不是对缺点和错误不分是非地加以肯定。过度的溢美,说严重点就是"捧杀",不但起不到鼓励作用,还会使孩子飘飘然起来,不思进取,或者使他们感到你的表扬本身就不真实、不诚恳,当然也就无法从中汲取力量。[1]

---

① 张行涛,李玉平.走进校本教研.北京:开明出版社,2003:190-194.

三、教育叙事

重要观点

叙事研究大致可以理解为"讲故事",人总是在听故事中长大,人长大后又给自己的小孩讲故事。"叙事"是人类基本的生存方式和表达方式。

教育叙事(包括教学叙事)可以理解为一种研究方式,即叙事研究,也可以理解成研究成果的表述形式,其主要使命是将整个教育问题的提出与解决过程完整地"叙述"出来,作为行为研究的一份完整的研究的报告,同时又作为行动研究的一个基本途径,所以,有人称之为"叙事的行动研究"。"叙事研究"是以"叙事"的方法改变教师的写作,因而有人将"改变教师的写作方式"与"改变教师的提问方式"并列为行动研究过程中的另一条基本策略。

(一)教育叙事的意义

教育叙事的基本诉求在于,它不只是关注教育的"理"与"逻辑",而且关注教育的"事"与"情节",由此开发出一条新的教育研究的道路。

✦ 教育叙事重视了"叙事者"的处境和地位

在由校外研究者和中小学教师合作的研究共同体中,教师作为"叙事者"得到充份的尊重。而在以往的研究者与实践者的关系网中,实践者往往被作为研究的被试而长时间地保持沉默,实践者在研究中一直不能发出他们的声音,就此而言,"叙事研究"鼓励的是一种真正合作精神的研究方式。

教育叙事使教师在"叙事"中增强了个人的自我意识。叙事首先并不是一种文学概念,而是一种人类在时间中认识世界、社会和个人的基本方式。每个人都有一部个人的历史,有自己生活的故事,这些故事使每个人能够解释自己是什么,以及自己被引向何方。"叙事"对于个人的自我理解和自我认识至关重要。

✦ 教育叙事对教师发展教育理念具有重要意义

叙事研究肯定了"叙事者"的个人"生活史"和个人"生活经验",一个人理解和发展教育具有重要的意义。教育研究在进入中小学校展开实地研究或实践研究时,容易满足于为教师提供理论"讲解"和研究方法的"指导"。但由于这些"理论讲授"和"方法指导"往往远离了教师的个人生活经历和个人生活经验,致使个人生活世界之外的"理论讲解"和"方法指导"失去了生长的基础。实际上,每个人总是以独特的个人生活经验和个人生活史为基础去认识世界。"教育研究"是教师的个人"生活史"和

"个人知识"的证明；反过来说，没有教育研究中的个人生活经验，对个人知识的关怀，就没有"叙事研究"。

◆ **教育叙事恢复被科学话语遗忘和压制了的"故事的合法性"**

叙事研究与传统意义的科学研究的不同之处在于：它重复普通人的日常"生活故事"，且重视这些生活故事内的"情节"，而不是以抽象的概念和符号谋害生活的"情节"与"情趣"。

教育叙事首先鼓励研究者"面向事实本身"，从自己亲身经历的教育过程中"理清"、"寻找"出自己的教育故事，同时又提醒研究者在"理清"、"寻找"自己教育故事时，需要形成自己的眼光。

(二)教育叙事的特点

教育叙事尤其是教师所作的教育事实陈述的是教师在日常生活、课堂教学、教改实践活动中曾经发生或正在发生的事件，也包括教师本人撰写的个人传记、个人经验总结等各种文本。常见的叙事类型有：按照事件发展的时间顺序逐件陈述，注重突出其关键部分；着重强调教师个人对问题的认识，夹叙夹议地陈述事件过程；从学生教育角度陈述故事，注重使用学生的语言和文化。

例 9.7

最幸福的信仰

南方的初春是湿冷的，天空中弥漫的是迷离的而寂寥的景色，2003 年的许多往事此刻正像这初春的焰火，突然在这漫无目的思绪中大放异彩，而后又慢慢沉淀……有一种浅浅的幸福漾在心头，可能都是些浮光掠影的细节，但希望有心的你可以看出更多。

一、"老师，如果我能像尼莫一样，那该多好呀！"

那是在秋季，一个阳光灿烂的午后，我和朋友约了我的两个学生去郊游。登完小武夷，我们来到七马槽的河滩边，欣赏这金秋时节的湖光山色。朋友随手拾起一块小瓦片，只听"嗖"的一声，瓦片在水面打起五六个水漂，两个小家伙高兴得拍起手来，对朋友佩服得五体投地，朋友竟也得意地当起师父来。

"哇噻，7 个！"

"1、2、3、…12 个，太牛了！"

"再来一个，再来一个！"

"我也试试！嗨，水平太烂了！"

……

不一会儿，大家都玩累了，惬意地坐在岸边休息，这样的下午，有阳光、蓝天、白云、河水、树林、清风，有孩子的笑声，还需要别的什么呢？"老师，如果我能像尼莫一样就好了！"智敏没头没脑的话，打断了我沉醉的思绪。"什么，尼莫？"我不解，"对呀，《海底总动员》里的小丑鱼尼莫，它上课就是坐在鱿鱼老师的身上，游到这儿学一课，游到那儿学一课，多爽啊！"智敏的表情都有些陶醉了，面对小家伙美好的憧憬，我突然为自己以往课堂上的一些所谓的高谈阔论而感到些许惭愧，只好报之以无奈的一笑。

默默地想：我又何尝不想那样呢？我们都太需要阳光的沐浴，太需要大自然的抚摸，我们比地球上任何一种生物都更渴望有自由的空间，能自由地呼吸，并且自由地绽放生命的活力……现在的我常常抱怨自己的心灵正遭受扭曲，可在某种不自觉的情况下，我也成为许多"习惯霸权"的制造者。更可怕的是这些"遭遇"将再一次降临到天真的孩子身上，我不敢往下想了。

记得那天，我们还到郊外已经收割完的稻田里看农家的鸡舍，躺在稻草垛子上睡觉，还捡了路边的红叶……

二、"老师，如果我们是水，您就是盆。"

冬日的早晨，我站在洒满阳光的走廊上，看着班上那群小家伙快乐地跑呀、跳呀，男生、女生脚勾着脚，嘴里唱着"编、编、编花篮……"边唱边拍手，多么和谐，多么纯真呀！

上课后，我突然想把原本要讲的内容搁在一边，微笑着说"孩子们，刚才余老师看到你们下课玩耍的情景，不由得想起一部电影《我的兄弟姐妹》里头有一段旁白很美，可是我记得不太全。""老师，你说吧，记多少说多少！"孩子们纷纷睁大好奇的眼，表示愿意倾听，我不忍拒绝，接下去说："里头说兄弟姐妹是天上飘下的雪花，他们到了地面融化成水，连成一片，就谁也离不开谁了。你们想，世界那么大，偏偏咱们56个人分在一个班，多有缘分呀！在这个大家庭里，你们就像兄弟姐妹一样互相关心互相爱护，真的很让我感动，真的，你们就像那天上的雪花一样纯洁，你们是最可爱的天使！""老师，那您也是天使，"孩子们乐得哈哈大笑，突然有个稚嫩的童声冒出来，老师，我们是水，那你就是盆喽！哎呀，多好的比喻呀！我真喜欢，谢谢，我兴奋地回答，霎时，把你们装在我的心里，悄悄地看你们一天天长高，一天天长大，直到有一天，我会幸福地看到盆里的水快乐地奔向广阔的海洋……

三、"老师，他把卷子折成纸船，扔了！"

期末考试的前一天中午，我听说吴超把几张复习卷子扔了，心里甚是恼火，只见他耷拉着脑袋站在我的面前。"听说，你把卷子扔了，是吗？"我强压怒火，他低着头仍旧不吱声。"他把卷子折成纸船扔到校门口的小河里，还说许什么愿。"一边看热闹的同桌插嘴说。听完他的话,我心里突然明白了八九分,于是试探性地问:"真折了纸船,许什么愿了? 是不是希望期末考得好些?"刚说到这,一向成绩不理想的他"哇"的一声大哭起来,边哭边点头,特别委屈的那种,我的心里陡然一酸,拍拍他的肩,示意他回去。我想,这时任何形式的安慰也弥补不了我刚才对他的伤害。

下午第二节课是我的,我知道自己该说什么。我清了清嗓子说:"同学们,上午余老师批错人了,我向吴超表示深深的歉意,他扔卷子的出发点没有错。"孩子们纷纷把诧异的眼光投向吴超。我继续说:"他把卷子折成纸船,扔到小河里,是想给自己许个愿,他希望明天的考试能成功,单从这一点就可看出他有上进心,应该得到肯定。吴超,一学期以来,我们清楚地看到你一直在努力,你在进步,虽然很小,但我们都相信你,并且一直会为你加油的!""哗……"一阵热烈的掌声为他响起,"是啊,我们相信你!""明天的考试一定没问题!"同学们真诚地鼓励着……此刻的吴超正悄悄地抹泪呢,他想表现得很坚强,可越是这样,泪水越是不争气地流出来。看得出来,他真的被大家感动了……

是啊,谁不希望次次成功呢? 可那种来自于学习的巨大的精神压力,让我们的孩子有些无所适从,也让我这当老师的感到无可奈何,我怀疑自己所谓的"道歉"与"鼓励"能否解决吴超目前的所面临的一些问题,姑且也许个愿吧,但愿能。

一直害怕提到那句"教师是太阳底下最光辉的事业",那"光辉"深深地刺痛着我的双眼。我无法挣脱自己那种成人的虚伪与贪婪,以及那种种可怕的东西。我该拿什么去面对那一颗颗纤尘不染的心呢? 思考是否有用? 反省是否有效? 在我们还未思考未反省之前,那种种错误的言行所造成的后果,该由谁来承担和弥补呢,我的心灵有一种无法承受的沉重,可我又的的确确热爱我的这份职业啊! 泰戈尔说过:"孩子的眼睛里找得到天堂。"我已记不清楚自己感动过多少回,一次次的心潮澎湃,一次次的热血沸腾,让我发现自己从事后这份职业是何其浪漫。长久以来,我就这么被他们吸引着,然后牵引着,似乎一种恋人的默契,在那种稚嫩而又天真的儿童国度里,我真切地嗅到了那种甜美的芬芳……菲茨杰拉德说:"青春是一场梦,一种化学的发疯的形式。"说这话的人,具有一种多么可敬的勇气啊! 我的青春是和孩子们在一起,倘若能真正放纵自己的情感,抛弃种种的琐碎,拒绝种种的屈从,在孩子堆里轰轰烈烈的"疯"一场,说不定会留下许多美丽而又璀璨的化合物来!

记得有位学者说过:"世界上的许多事,做到极致都是相通的,比如恋爱,比如行销。"在此不妨多加一个比方:最高的境界,不是我想要给对方什么,而是对方需要什么。此刻,这漫天的礼花不知为谁而绽放,但它的确给很多在这寂寞的夜晚守望星空的人一丝温暖和安慰。我想,就让自己在孩子们中间当一个幸福的收藏者吧,不论是柔美的泡沫,还是惊心的浪花,我都愿意悉心收藏!

　　这些"故事"样式的实践记录,具体地、情景性地、活灵活现地描绘出教师的经验世界,记录的是教师心灵成长的轨迹,道出的是教师在教育教学中的真情实感。

　　教师自我叙述教育教学故事,既不是为了检验某种已有教育理论,也不是为了建构一种新的教育理论,更不是向别人炫耀自己的研究成果。教师叙事研究的主要目的,是以自我叙述的方式来反思自己的教育教学活动,并通过反思来改进自己的行动,不断提高教育教学质量。它不直接定义教育是什么,也不直接规定教育应该怎么做,它只是给读者讲一个或多个教育故事,让读者从故事中体验教育是什么或应该怎么做。主要的具有如下特点:

✦ 叙事的故事是已经过去或正在发生的教育事件

　　教育叙事所报告的内容是实际发生的教育事件,而不是教师的主观现象。它十分重视教师个人的处境和地位,尤其肯定教师的个人生活史和个人生活的重要意义。在教育叙述中,教师既是说故事的人,也是他们自己故事里或别人故事中的角色。

　　叙事故事中包含与事件密切相关的具体人物。教育叙事特别关注教师的亲身经历,不仅把教师自己置于事件的场景之中,而且注重对教师个人或学生行为作出解释和合理说明。

✦ 叙事的故事具有一定的情节

　　叙事谈论的是特别的人和特别的冲突、问题或使生活变得复杂的东西。所以叙事不是记流水账,而是记述有情节、有意义的相对完整的故事。

　　教育叙事非常重视教师的日常生活故事及故事细节,不以抽象的概念或符号替代教育生活中鲜活生动的情节,不以苍白的语言来描述概括的教育事实。这种研究方式和成果表达形式对教师来说有着显而易见的优点,同时其局限性也是非常明显。详见表9-2:

表9-2　教育叙事优点和局限性的对比

教育叙事的优点	教育叙事的局限性
• 易于理解 • 使读者有亲近感,具有人文气息 • 可帮助读者在多个侧面和维度上认识教育实践 • 更能吸引读者 • 能创造性地再现事件场景和过程 • 给读者带来一定的想象空间	• 一旦与传统的研究方式混淆,容易遗漏事件中的一些重要信息 • 收集的材料可能不太容易与故事的线索相吻合 • 读者容易忽略对故事叙述重点问题的把握 • 难免使读者有身临其境的"局内人"的感觉 • 结果常常不够清晰明确

活动9.2

1. 认真阅读下面的案例。

记得有一次,我在批阅作文时,发现一位男生的作文流露出一些才气,于是在作文讲评课上,我点名让这位男生上台朗读。然后,意想不到的情况发生了。这位男生有轻微口吃,即使平时也不愿多与人交际,此时更是有些手足无措,面红耳赤。看他忸怩地上讲台,我开始后悔了,甚至有些自责。他越不自在,讲话就越发紧张,一张口,便卡住了。台下终于哄笑起来,他再也不开口了。台下的同学们紧紧注视他,课堂里寂静一片。沉默中,我突然从后悔自责中省悟:初为人师的我不是也有过临场时的恐惧和冷场时手足无措的尴尬吗?是自信战胜了这一切。有时候,一次小小的成功能够激活一个人潜在的巨大自信。可一次难忘的失败也往往可以摧毁一个人仅有的一点自信。眼前的这个男孩会不会陷入后一种情形呢?不,决不能。我终于微笑着开口了:"既然他不太习惯在众目睽睽之下说话,那索性我们都趴在桌子上,不看。只用耳朵听吧!"我带头走到教室后,背着讲台站定,同学们也纷纷趴下头来。终于,我背后传来了轻轻的羞怯的声音。那的确是篇好作文,写的是他和父亲的故事。因为动情的缘故,我听到他的声音渐渐响了起来,停顿也不多了,有的地方甚至可以说是声情并茂了,我知道他已经渐渐进入状态,涌上心头的阵阵窃喜使我禁不住悄悄回头看他。我竟然发现台下早已经有不少的同学抬起头,默默地、赞许地注视着他。朗读结束后,教室里响起一阵热烈的掌声。我知道这掌声不仅仅是给予这篇作文的。我仿佛已看到了这位男生长大后,在大学的演讲台上慷慨激昂,挥洒自如的情景……我心里感到一阵感动,我相信这堂课对于他的意义。我总在想,语文教学绝不仅仅靠嘴和粉笔,它更需要你用心去感受、去捕捉,用情感去灌溉、去融合,奇迹往往诞生于其中。我还在想,语文教学的最终目的也绝不仅仅是看书写字,它更应该是贯穿学生全部生活中生存能力的培养和对事物审美鉴赏能力的塑造。我一直在想,要让我的学生成为一个能够融入社会,并在此中展现个人魅力的高素质的人。

2. 从写作方面分析、归纳教育叙事写作的特点。

(三)教育叙事的写作

教育叙事就是叙说教育故事,往往采用"深描"的写作方式。"深描"即教师比较详细地介绍教育问题或教育事件的发生与解决的整个过程,留意一些有意义的具体细节和情节,在叙事研究的报告文本中引入一些"原汁原味"的资料。这种"深描"使叙事显得真实、可信而且富有"情趣"。

教育叙事追踪并记录某种教育事件，提交一份教育故事，重视整个教育事件的过程的描写，而不做玄虚的理论阐释。关于某个教育事件的叙事本身已经显现某种教育意义。甚至不需要过多地"论证"其理论意义。在真正有意义的教育叙事不一定需要大量的"分析和解释"，由教师自己讲出来的教育故事，本身已经是有意义的研究。当然，某个教育事件的"叙事"本身已经显现某种教育意义是有前提的。这个前提就是，"叙说者"已经将这个教育事件的"事"与"情节"叙述出来。

◆ **教育叙事写作的基本内容**

这种特殊的"叙说"方式鼓励读者对教育生活事件进行"阅读理解"和"解释"，而尽量避免自然科学研究所坚持的对读者提供大量的概念、原理、命题或抽象的结论，并进行冷冰冰的"说明"。教育叙事的写作把结论留给读者自己去理解或重构，把理解的权利还给读者。

教育叙事的报告是叙述某个人或某件事的故事，这个故事必须具备一些基本特征，比如所叙述的故事必须是教师自己亲身经历、即教师"参与"其中并引起了某种"改进"。按教师"参与"和"改进"的程度，叙事的内容可以分为三类。

1. 教师对某个教育问题的解决过程的直接记录。

例 9.8

给你一双善于发现的眼睛

往常检查学生的读书情况时，通常都是指名学生起来朗读，其他同学评价。而这样做的结果是多数学生都只注意挑毛病，而忽视了这个同学朗读的优点，打击了这个学生的积极性。

今天的语文课上，我对这一要求做了小小的改动。"今天小朋友们评价的时候，只能说优点，不能提缺点，当然你也可以向对方提出挑战。"呼啦一下，小手林立。我叫了平时成绩良好的一个同学，准备来个良好的开端。但不知是紧张还是没有充分预习，她竟然从课文的第二自然段就开始加字、漏字。她好像感觉到了自己的糟糕表现，小脸泛红，抿紧了嘴唇，不自在地站着，倾听同学的点评。不提缺点，这回学生可得沙里淘金了。

"她声音很响亮，我们听得很清楚。"

"她很勇敢，第一个站起来读。"

"老师，我想向她挑战，请她听听我从第二自然段开始读对了没有。"

刚才还尴尬的小脸舒展开了，笑容在脸上弥散开去。只提优点，不提缺点的要求竟然让学生放开了胆，争着抢着去读。

可见，以往学生一味以批评、挑剔的眼光来点评同学的朗读，让孩子们兴冲冲地举手，灰溜溜地坐下，甚至对朗读失去了自信。今天的新要求，为学生卸下了精神负担，失败的孩子也是英雄，听着一句句赞美的话，孩子们的心旌摇动，勇敢地亮出自己。愿我的孩子们一直能拥有一双发现美丽的眼睛，永远生活在鼓励、表扬、认可声中，慢慢地学会自信、感激和自爱。愿他们心中永远春暖花开，对明天充满信心和渴望。①

2. 叙事是教师对某个教育事件的"反思"

某个教育事件最初并没有引起教师的注意，但这个教育事件在其发展的过程只能感受到教师的关注，于是，教师开始回头思索、记录整个教育事件发生和发展的过程。

例9.9

那天，是周三课外活动时间，我参加了初三语文组的教研活动。在老师们的专题讨论转入比较轻松话题的时候，我随后翻看着桌上一摞厚厚的作文本。突然，一篇作文中出现了"校长"的字眼。我回眼一望，赶紧接着看下去：

"……我和娟娟碰见了校长，几乎异口同声地向他问好，可校长只随便地向我点点头，却热情地向娟娟问这问那。我尴尬地犹豫片刻，只好先向教室走去。等我下意识地转身看过去的时候，只见校长还在跟娟娟面对面谈着什么……我的心很疼，是自己这个学习委员在校长的心目中不及娟娟那个班长的位置重要，还是因为校长已经知道了这次中考模拟考试我的成绩不如娟娟？也许是在校长的印象中我做错了什么……但是，我也希望校长能跟我说句话，哪怕是我走后只回头看我一眼呢?! ……"

看到这里，我停住了。句末组合在一起的3个标点里，有难言的自责，有深沉的愧疚，也有纯真的期盼，也有些许淡淡的不平。

平日里，我很注意尊重每一位老师，总认为他们是大人，可我实在没完全弄明白，一个十五六岁的孩子，会把"看自己一眼"想得那么深。一个自己并不在意的细节，竟伤了孩子一颗稚嫩、敏感而又易碎的心。

自责已经太晚，我只能通过向孩子道歉的机会，让自己震颤的心灵记住：在心灵的天平上，自尊，不分成年还是未成年；并时刻提醒自己，要蹲下来，多看孩子一眼。

---

① 案例作者：云南省宜良县清远小学许秀芳.

3. 自传叙事

叙述自己的个人教育经历,个人如何生活,这种生活方式和生活经历如何影响人的发展,自传叙事是从个人生活世界中自然而然地讲述具有连续性的教育故事,使读者与听者有一种亲切感,容易引起阅读的"共鸣效应"。

例 9.10

我的教育自传

我出生于一个小镇,一个渔港,我的幼年是在大海边度过的,从 1 到 5 岁之间的事情我记得不是很清楚,只留下零碎的画面。父母亲不在我的身边,我寄养于亲戚家,我很乖巧,喜欢跟着那家人的姐姐玩。她们做什么,我就跟着她们做什么,我觉得那时自己是一个听话得有点笨的小孩。我跟着那些姐姐去打耳洞,现在这耳洞成了我没有思想的标记,那时,我最喜欢母亲,而父亲的形象却是模糊的,父亲在遥远的广州,我从妈妈的口中知道,父亲跟我的皮肤一样黝黑。

我喜欢大海的日出,讨厌大海的日落,更害怕夜晚在长堤边看到一片漆黑,听到海浪汩汩作响的冷冷的海风,它容易让我联想起老人们说的鬼神的故事。

小镇被一座山包围着,我常上山去找一些奇怪的植物和小虫子,我喜欢压树叶和找可以吃的野果,还有访问菩萨。山上有些庙宇,里面供奉的神佛表情严肃,令人敬畏,在那里我初步知道宗教意味着什么。在山上我知道花生是植物的根,快要下雨时候会见到漫天飞舞的蜻蜓。我与邻居小朋友做各种游戏,学会了合作的指挥。

我在山上认识了一个女孩,我和她玩煮饭。用铁盖做锅,用野草做菜。有一次"炊烟四起",差点引起山火,幸亏我们够机警,把火给扑灭了,没让大人知道,但从那时起,我不敢再玩火了。

不知从什么时候起,我带着五彩的贝壳,依依不舍地离开乡亲去到广州,在广州我进了幼儿园,父母去工作。一切都这么陌生,根本不一样的环境,我的家小了,不认识左邻右舍,语言不通,我甚少说话。开始时,我觉得父亲陌生,但相处下去,发现他对我很好。

在幼儿园里我整天都不说话,依然那么"乖"。过了一段时间,我交上了一个叫 M 的朋友,她是我在城市里交上的第一个朋友。不久我因病退学,离开了那个幼儿园。

我在家乡养病,又过上了寄人篱下的生活。在家乡我去上学前班,学习画画和写字。我记得画过向日葵,写过"厂"字,为什么我只记住了"厂"字呢?因为我指出老师教错笔顺。那时我好像经常逃课,喜欢吃口香糖,过着无人约束的生活。后来到了 6 岁,我又回到了广州上学。周围的同学都大了,我发现自己很久才真正融入那个集体。其中那个叫 M 的同学已经不认识我了，我第一次尝到被拒绝的滋味，很不好受。

因为全家户口迁到了广州，我就在广州读小学。以前我习惯了无人管的日子，很受不了小学这样那样的作业。我记得父亲给我买的第一个书包，第一个文具盒，第一支活动铅笔。我有一个坏习惯，就是不爱惜自己的东西，爱丢三落四。时而不见作业本，时而弄坏铅笔。那时母亲不在身边，我是跟着父亲过日子。从小便自己洗衣服。可总洗不干净。女孩子所特有的干净斯文整洁的优点我一概没有，如今偶尔还能看到我这些缺点。等到我意识到衣服不干净会被同学笑时，我才开始认真洗衣服，并注意玩的时候小心点，以免弄脏衣服。父亲常唠叨我不叠被子和衣服，这令我很烦恼。除了喜欢听他讲故事外，我最怕见到他。因为他老爱挑我的毛病。

小学时我成绩不好，记忆力差，数学学得不好，直到现在还是这样。我曾怀疑我的智力有问题，我几乎天天被老师罚留堂。考试拿到六七十分我就高兴得很，我当时还不知道总分是 100 分。我爸让我学书法，可我从第一节课就逃学，如今对此事仍后悔。我不交数学作业，常受老师惩罚，不过尚有值得骄傲的地方，就是我不用父亲接送，每天走 35 分钟的路。我会做家务，功课虽不怎么样，可自理能力很强。

三年级时，我们一家团聚，搬了新家。住的是那种家家户户闭门的高楼。少了许多玩伴，但能静下来看书。父亲给我挑了几本参考书，看过参考书后，老师在课堂上提问我对答如流，无形中养成了预习的习惯。老师不断地表扬我，我开始喜欢学习。从四年级到六年级我的学习是一帆风顺，老师给了我许多锻炼的机会。接触的事物多了，我的性格也变得开朗，习惯了城市的生活节奏，城市人思维方式和审美情趣，渐渐地我与周围的同学融为一体，完成了"城市化"的进程。

初、高中经历了人生的许多挫折和迷惘，使自己变得成熟，理想也越来越现实，心情不好时常翻一些谈人生的书，我发现自己走了很多弯路才总结出来的道理别人早已写在书上了。

渐渐长大后，我开始理解父母，我与他们像朋友一样无话不谈。在我最需要关怀的时候，他们给我帮助和鼓励。我亦知道父母和我一样，也要面对困难。我童年时他们不能常伴左右，是有他们的苦衷。

……

这份"自传"实际上是叙述自己的个人教育经历，个人是如何生活的，这种生活方式和生活经历就如何影响人的发展。正因为"自传"叙事是从个人的生活世界中自然而然地讲述具有连续性的教育故事，它才使读者或听者有一种亲近感，容易引起阅读的"共鸣效应"。

在行动研究中,"自传"似乎只是一个不起眼的"叙事"类型。但如果将行动研究的所有的"问题解决"、"合作研究"作为教师真实的日常生活的一个部分,那么,行动研究的研究报告都可以用第一人称"我"的方式讲述自己的故事。这种研究报告可以视为宽泛意义上的"自传"或"个人生活史",它所讲述的故事就是教师自己的生活。①

✦ 教育叙事写作中的注意事项

1. 多项收集资料。教育叙事的写作离不开丰富的素材和详细的原始记录。在资料的收集与整理过程中,或许就会初步形成教育叙事报告的思路。与资料收集密切相关的研究方法,通常是观察、访谈和问卷。教育叙事作为一种质的研究,在收集资料中所使用的具体研究方法,主要是参与式观察和深度访谈。在此基础上,教师可以及时地作一些记录,而一旦教师形成记录的习惯,这些记录也可以看作"教育日志"。通常而言,撰写教育叙事报告需要积累大量的第一手记录,除教师自己的记录之外,还应包括学生的周记、各种活动的图片、相关的文件等。

2. 把握事件主线。撰写教育叙事报告的第一步是对收集的各种材料进行仔细比较,筛选和辨别,从中发现可用之处。接下来的一步要根据故事内容的安排将材料连贯起来。一个完整的故事,应该有一个明确的主题,这个"主题"应体现相关的教育教学理念,一定要从某个或一连串教育教学事件中产生,是从事件中梳理出线索,而不是将某个理论和几个教育教学事例嫁接在一起,即采用"观点+材料"、"事实+总结"的模式。教师在讲故事的时候还需要展现真实的自我,展示出具体的、独特的、情景化的日常教育生活。这样才会使讲述的故事生动形象、富有感染力,才能紧紧地吸引读者的眼球,深深地打动读者的心,并引起读者的共鸣。

3. 注重事件的细节。教育叙事的对象就是教师和学生,所"叙"之"事"就是教学事件。事件在教育叙事报告中有着极其重要的地位,发挥着不可替代的作用。或者说,教育叙事报告就是由一系列事件细节组成的,因而撰写教育叙事报告必须时刻注意回到事件本身,用"事件"来说话,来讲故事。在教育叙事报告中,对事件细节部分的精细雕刻,除了能使读者了解故事的来龙去脉外,还能提供给读者隐藏在由细节组成的画面之中的潜在含义。如此一来,教师通过讲述自己的故事,叙述教育事件,描绘事件细节,本身就能显现出某种有价值的成分,甚至不需要过多地用理论来阐释事件的意义。

4. 关注事件的分析阐释。对所叙之"事"进行分析与解释,在很多情况下是必不可少的。从研究成果的表达形式来看,教育叙事报告既有对故事细致入微的描述,又

① 刘良华. 校本行动研究. 成都:四川教育出版社,2002:214-217.

有对教育叙事的深刻阐释；既要求日常的教育现象详尽地展现在读者面前，为读者创设一种身临其境的感觉，又要解析隐藏在教育现象背后的教育本质，使平凡的教育故事蕴含不平凡的教育智慧。

活动9.3

教育叙事与教育日记一样，是教师用自己的语言记叙身边的事情。根据资料的丰富程度，选择你的一份教育日记为基础，做一份教育叙事报告。

四、教育案例

教育的专业知识在很大程度上是靠教育经验的积累而形成的，而这些教育经验又是以具体的教育案例形式出现的。有经验的教师，在处理真实的教育问题的过程中，增长自己应对他们将来有可能遇到的问题的认识，使自己搞清楚问题的实质和原因，决定采取什么样的解决措施才具有生成性。因此，教育案例给教师产生替代性经验的形式，扩展并加深对教师对职业内涵的理解，让教师从不同的角度去寻得教育教学的问题，学会如何富有成效地思索和提升已有的经验。在20世纪70年代后，"教师即研究者"的呼声日益增高。在这种情境中，教师如何去从事研究，用什么方式来展示自己的研究就成了一个问题。显然，长篇大论的理论探讨并非教师所长，而生动的、鲜活的事例又是教师宝贵的资源，认识到这点，以发生在教师身边的事作为研究对象的案例就逐渐进入了研究者以及教师的视野。同时，为了解决教师培训效率低下、不能适应教师的实际需求、不能真正培养教师实际解决问题的能力的问题，案例也就逐渐纳入教育工作者的视野，成为教师培训中重要的工具和手段。

(一)教育案例的含义

✦ 案例的定义界定

关于什么是"案例"至今仍然没有权威性的统一界定。从教育的角度，以下几种关于"案例"的阐述是值得关注的。

1. 案例是对一个复杂情境的记录。一个好的教育案例是一种把部分真实生活引入课堂从而可使教师和全班学生对之进行分析和学习的工具，它可以使课堂讨论一直围绕只有真实生活中才存在的棘手问题来进行。

2. 案例就是一个蕴含教育信息的故事，一个好的案例要含有需要解决的两难困境。

3. 所谓案例，就是包含有某些决策或疑难问题的教学情境故事，这些故事反映了典型的教学思考水平及其保持、下降或达成现象。

4. 一个案例就是一个包含有疑难问题的实际情境的描述，是一个教育实践过程中的故事，描述的是教学过程中"意料之外、情理之中的事"。

5. 一个案例就是实际情境的描述，在这个情境中，包含有一个或多个疑难问题，同时也可能包含有解决这些问题的方法。它一般是从学校管理者或教师的角度来描述的，涉及学生是如何按照学校管理者或教师提出的解决问题的方案，一步一步向前运行的。

以上对案例是什么的阐述所用语言不完全一样，反映出对案例的内涵与特征的认识程度也不一样。但是在界定什么是"案例"时，都反复用了"故事"、"情境"、"典型"、"描述"等关键词。把握这几个关键性的词语，可以给教育案例下这样的定义：

叙述发生在真实教育情境中，蕴含一定教育道理、能启发人思考、具有一定典型性的教育故事，在这个故事中可能也必须包含有一个或多个教育疑难问题或矛盾的冲突，并且有不同的解决办法。

◆ **教育案例的内涵特征**

1. 好的案例要具有真实性。案例首先是对某种真实的教育情境的记录，是对教育教学实践中真实发生的描述。在这点上，案例要求对确定发生过的事实进行记录，在它的叙述部分，要求多用白描手法，不要掺杂撰写个人的分析与评论。案例本身就是一个日常教育工作环境的模拟仿真，可以让读者置身于事件的情境之中，去体验处理问题的感受。

> **重要观点**
> 从案例自身的价值来说，缺乏一定典型性不能说是一个案例，至少不能说是一个好案例。

2. 好的案例一定要具有典型。教育实践是复杂的，任何单一的教育案例，都不可能涉及教育科学的所有方面、所有环节，只能解决较为有限的问题，涉及有限的方面和有限的环节。所以在撰写案例时，一定要注意到它的典型性，要对原始案例材料，根据一定的教育目的，进行叙述技巧的处理，将所要解决的主动教育问题展开，形成案例自身的个性。

> **重要观点**
> 好的案例要求对教育事件展开多角度、细致的描述，而且不是一般的、笼统的、说明式的描述。

3. 好的案例一定要具有故事性。案例必须是一个故事。故事有有两个特征，一个是矛盾冲突，一个是问题情境。"故事性"就是要求案例要具有可读性、完整性、具体性等，在叙述、描写一个案例时，要将整个事件发生的时间、地点、经过、结果讲清楚,一般要有一个从开始到结束的完整的情节。案例应当被置于一个特定的情境之中,需要交代特定的时间、特定的地点、特定的任务和特定的细节等,这些对情境的描述能够为读者提供足够的信息,是读者理解案例的重要条件。

4. 好的案例一定要具有鲜明的目的性。在撰写一个案例时,一定要围绕一个鲜明的主题进行剪裁,以便能够达到典型性,从而体现目的性。

5. 好的案例的表达方式多是叙述性的。一个好的案例应当围绕某一个或某一些中心问题进行详细描述,有开头,有结尾,有情节,在一定背景中展开。案例的叙述除了要满足上面所说的真实性、故事性、典型性、目的性等要求以外,还应当尽可能地丰富,使读者能够从多个角度、多个层次进行解释。

上述的教育案例的内涵特征实际也是一个好案例的标准,为案例的开发提供可资衡量、评判的基本的参照框架。

这里还需强调的是,以教育案例的内涵特征来避免出现的案例内涵过于泛化的现象。案例内涵泛化的典型例子就是不少人常常将课堂实录当作一个案例。案例是现实问题的缩影,它有时虽然描述的是课堂教学实况,但是,因其作用于案例使用的目的不同,一个好的案例必须对课堂教学实录的信息有所取舍,有所侧重,根据案例使用实际需要进行整理加工。最明显的是,案例要求对涉及课堂教学的教师、学生的背景,甚至学校的背景和当前整个教育的背景都应当有所介绍,而这一点是课堂实录时显示不出来的。

例 9.11

课堂:生命中的一种美丽探险

王安石说:"世之奇伟、瑰怪、非常之观,常在于险远……故非有志者不能至也。"我有志于探求语文课堂之新奇,然而却始终未曾涉足险远,从未与"瑰怪"照面,不知"非常之观"隐于何处。

2004 年,我才猛然发现,我虽有小志但却无心,有志而无心者徒劳;有心者能于平中见奇,能于细微处遇"瑰怪","险远处的非常之观"其实就在每节课的细微处,能够成为教育的记录者、反思者,就能享受奇伟之美。回顾自己对生命尚缺乏感悟之前的教学历程,我没留下哪怕是只言片语的记录,就是有奇观照面,也如流星闪过,瞬间消失,能够忆起的少之又少,醒悟时头脑里也只存一个大大的"悔"字。如今,从记忆中不断浮现的星星点点已经成为我难得的课堂发现。

(一)同一节课在不同地方探险

都说"水中望月,雾里看花"最有意味,忽明忽暗、若隐若现,不能穷尽其形,但可感受其美,朦朦胧胧里的神秘会闪现出好奇、期待、想入非非,甚至探个究竟的心态,课堂的神奇也恰恰在于朦胧的神奇，也恰恰在于朦胧中探险。

倘若教师自认为对学生已了如指掌，课堂教学尽在自己的预测之中，走进课堂就能明了走出课堂的效果，这样的课则如喝白开水。课堂的美妙其实就如同苏格拉底的"产婆术"比喻一样，老师是产婆，她能肯定产妇会产出新婴，但产下的是怎样的新婴、怎样产下这个新婴，是男是女，是健康的还是有缺陷的、是强健的还是虚弱的，是顺产还是难产，全在期待之中，此时就有了探险的意味。老师与学生对话、交流，在互动的碰撞中能否生成新知，能创生出怎样的个性化知识和智慧，课堂效果的满意与否，也是一种期待，也是教师小心翼翼的探险。

2004 年 10 月 16 日，我出差到实验校——泉州洛红河市中心小学，学校教师突然提出要我上一节作文指导课，我想反正 10 月下旬要到福州的连江去上课，不妨先试试，但我想万一上砸了，以后可就不好意思再来了。我没有立刻答应，由于她逼得很紧，于是我故意提出条件：她也必须上一节。在相互激将一番之后，终于达成各上一节课的协议，她先上阅读课，于是，我有了事先观察课堂的机会。我发现学生素质不错，但是由于有陌生人听课，学生没有经历过这样的场面，所以课堂上显得特别拘束，发言时声音很小，而且也不大敢举手。在听课过程中我思索出了对策，同时也抱着课堂不特别"出彩"的心理，上了一节"我也能当老师"的作文指导课。在教学中我小心地与学生磨合，顺着学生的思路引导、点拨，尽量给学生营造一个自由表达的宽松氛围。结果出乎我的意料，课堂一反上节课的沉闷，不少学生个性的表达令老师们惊讶不已……。

到了另一所学校，校领导介绍说：我借用上课班级的学生很活泼，不仅学习好，而且很大胆，听到这样的介绍后我放心了。上课时，我放松了对课堂氛围的警觉，照猫画虎地搬用在河市中心小学时的课堂教学思路，心里一直期待着上次那种效果的出现，结果出乎我的意料，这里的学生集体回答一直没能出现，于是我茫然了，头脑一片空白，课越上越闷，探险"迷路"。

课后，我结合张文质老师的点评细反思，又有了美丽的发现：

首先，老师心中是装着学生上课，还是装着我要教的内容上课，其注意的指向是不同的，装着学生上课，注意集中在学生的精神状态与智能的开发上，教师是顺着学生的表现加以引导的，意在帮助学生深入思考和挖掘个性潜能；而装着要教学内容上课，注意则指向于课的任务和进度，教学引导是努力地把学生引向自己的思路中，期待学生能答出我们想要的"精彩"。

其次，教师的心理期待不同。心中装着学生上课，教师的期待是对学生及知识未知的期待，是期待学生超越自己创生新知，把学生引向其潜能处；而心中装着要教学的内容上课，教师心中的期待是期待已知，期待学生进入教师设想的储备中，此时最容易忽略学生的个性,忽略学生的情感,当然更忽略了学生获得知识之外的如胆量、勇气、自信、大方等应该得到培养的素质。

第三,教师教学的灵气也取决于教师心中是否装着学生上课。注意指向学生时,获得满意的答案是结果,教学意向在获得结果时便立刻停止;而注意指向学生时,获得满意的答案便是肯定学生并进一步挖掘其潜能的好时机。同时,教师教学的灵气也在于此,教师如若一个劲把学生引向想要的答案,则教学生许多生成性的信息,而把注意放在学生身上,就会对学生和的个性回答产生敏感,及时捕捉到学生灵性的表达,而巧妙地加以引导,就可能获得令学生、令教师吃惊的美妙表达。

第四,事先是否能了解学生,把握学生在特殊情境里的精神面貌,对教师顺利上好课十分重要,教师上课的激情与智能表现也因此而定下了基调。

其实教师日常上课在愚钝与机敏之间往往也是一念之差,全力关注学生我们就机灵了,全心关注教学环节我们愚钝了,看来要让课堂富有生命的活力,教师必须做到如苏霍姆林斯基所言的:只有当教师所要教的教材在他看来浅显得如同识字课本一样时,他才能把精力从教材上转到学生身上,才是一辈子来备课,对此张老师评课时进一步延伸,他认为教师教学要从关注"错"与"对"中转向关注差异,只有关注学生的差异才能成全学生,才算尊重个性,才是"目中无人"的教学,反过来学生的差异也成全了老师,一个教师的成长必是在错综的学生差异中获得成就的。让不一样的学生都有相应的发展,是对教师的挑战,挑战使他变得敏感、聪慧、富有才华;关注学生差异的课堂是开放的、是无法预设的,它只能凭教师的才情、文化的底蕴、教学的素养、生活的积淀,依学生的个性艺术化、个别化地处置,在与学生的交往中成长。关注"错"与"对"的教学,只能使教学的匠气日益加深,教学会使教师没有灵气,甚至走向反教育的一面,自然对学生是一种摧残。因此,生命化教育课提倡成全学生就是要成全学生的差异,做到"目中无人"的教学、生命在场的教学。

从学生的角度思考,我还发现两个地方的学生表现有一个非常大的差异,从表面气氛看,河市中心小学的学生很胆小,课堂极少集体大声回答问题,一定要老师指名才敢发言,感觉缺少热闹,但当被教师指名回答问题时,学生却回答得很好,而且学生的个性很强,不会因一个同学被老师表扬,然后大家都朝着这一思路思考,而第二次上课时所在班级的学生集体发言很响亮,课堂气氛较活跃,然而一旦要单独发言时,举手的学生却很少,而且发言时声音很小,当一个学生的回答得到老师的夸奖后,便会有许多相似的答案接二连三的冒出来,需要教师进一步的说明才会有新的思路。开始觉得奇怪,后来仔细思考,可能与孩子的生活环境有关,与孩子日常所接触的大人们有关,与教师的日常教学、导向有关,从这两处学生的课堂表现,可以想象教师教学引导任务之艰巨。

对教师个体而言,每一节课都是宝贵的财富,我们在小心翼翼地探险中检验着惊奇与瑰丽。

(二)同一课文,不同教师的探险

我执教《永生的眼睛》的课堂实录很快就要拍摄了。《永生的眼睛》写的是琳达·里弗斯一家三口捐赠器官的感人故事。琳达14岁时母亲就去世并捐赠了器官,36岁时父亲去世,没想到两周后亲爱的女儿也离开人世,他们都无偿地捐赠了器官。为了把这一课上得更好,我把自己的教学设想告诉张文质老师,请他参谋,可还没等我开口,张老师看完课文就否定了:"太悲惨的人生,让我们的孩子怎么承受。"我一听心就凉了,我还正想从最悲惨切入,定下课文基调,由此去引导学生体悟课文中人物的崇高思想,我露出了不舍的表情,轻轻地叹了口气。张老师看出来了:"要么你就把最后一件事删去。"我猛一震,醒悟了。

其实,北师大版的教材就灵活在这里,它给老师们提供了很大的创造空间,让教师可以依据生活及学生的实际,大胆取舍教材。于是,我静心重新调整思路,这时,张老师很兴奋地出谋划策:"到开课时,我与你同上一篇课文,你上第一课时,我上第二课时。"我听了很吃惊,当然更多的是兴奋。

上课实录时,我走进教室观看学生的预习笔记,尽管我观察过这班学生上课的情形,知道他们很不错,特别是查阅材料的能力很强,可是,当我看了他们的预习笔记后,还是吃惊不小,我发觉自己的备课全属"盲备",许多我认为学生难以体会出的答案都已写在了预习本上,我立刻产生了一种莫名的紧张,开始琢磨着怎么边上课边备课,一种新的探险历程开始了。然而课开始后,又出乎我的意料:学生原有不好的学习习惯一直难以调整过来,过分依赖所查找到的材料,在课堂上照搬照读,对问题的感受力很弱,不论老师提什么样的问题,他们都去套,少有现场思考,我急得有些不知所措。可想而知,这堂课的探险失败了,师生的思路是分离的,教学只限于课文文字的表层理解上。我非常后悔没有事先跟学生聊天,摸准他们的学习习惯,现在只能期待张老师的高招了。

张老师上课一开始就让学生简要复述一下课文的主要内容,结果学生只说感受,换一个又是谈感受,同样的毛病在这节课里再次发生了,我想着这回该看张老师如何解决。这是我此时最想学到的策略。张老师评价学生后,开始和学生聊家常了:"你们平时在家里和父母亲聊天吗?一天聊几次?都聊哪些方面话题?"学生一下子放松地回到了自我状态。我猛然醒悟,我缺少的正是这个,我完全被教材限制了,只一个劲深挖教材,读出自己的感悟,并希望通过引导、让学生也读出自己个性化的理解,于是头脑尽是思考对策。倘若我能在学生较拘束、只知一个劲地给我抛结论、期待我的肯定的情况下,也能从日常的生活着手,让学生先走出要展示结论的心理误区,然后再学习,那堂课就不会停留于字面的浅表理解。张老师的课最后在与学生谈论人生生与死的意义中结束,课上得自然、深刻。

同上一节课后,我更加体会到课堂真是美丽的探险。对比这两节课,我还发现,课堂的质量不仅在于教师自身对文本能深刻体悟,并能有效地转移文本,还在于教师的视野和文化功底,单从知识层面上看,教师的教学至少要达到3个层次:一是底线知识,即一节课下来所有的学生都有必须掌握的知识;二是特殊知识,即不同老师的不同文化底蕴给学生留下的特殊知识,以及学生在教师的指导下,他特殊的经验里所派生出的新知识,是学生个性化的产物;三是探索性知识,课上完后,学生还余味无穷,还有对学习生活、对人生特别有意义的问题,值得长期甚至可以一辈子思考的,在不同时期咀嚼会获得不同的感悟。

课堂就是如此美妙,有心就有发现,有心就有花的盛开和艳丽。

(三)探险之后的顿悟

在全省上多次上作文教学观摩课,因为总想把最好的一面展示出来,所以每次上课的内容与课堂结构,都是我教改实验成熟阶段的课型,只是情境不断变化而已,这自然无法满足多次听到我的课的教师,他们希望我的作文课堂能更深入些、课型能更多样些,这不仅让我,也让张文质老师深思。

在深思中,我还带几分自信,因为我还有其他阶段的课型可以凑合,虽不是特别好,但也还是有可借鉴的东西,因而反思略有懈怠。可是张老师却不同,他从更高的角度审视,有一天他提出,我的作文指导课从未有过阅读的影子,我听后很纳闷,难道作文课上还需要再教阅读,那阅读课还有何意义? 我反复琢磨这个建议,后来在一次听课中,突然开了窍:作文课有阅读的影子,并非如我想象的要在作文课插入一个阅读教学片断,而是教师要运用自己已有的阅读积累,依据作文课题和当时的课堂状况,带领学生进入美妙的文学殿堂,产生怡情效果,在赏析大师、作家及优秀作者的作品中启迪学生,让他们产生写作的兴趣和追求的欲望。这样的课堂也会因教师的博学而大气、生动,学生因教师的功底而折服、而追随。习作教学应该是建立在这样的基础之上的。习作方法指导并不需要教师费太多的口舌,不需要教师在课堂上过于劳力,它更需要的是教师内心的丰富,出口成章、字字珠玑、吟咏陶醉、赏析入木三分,无需多教授什么招术,学生就能自然妙悟,"笔有千多任翕张了"。[1]

(二)教育案例的撰写

从某种意义上说,案例撰写的过程就是反思教育实践的过程。

---

[1]　张文质.迷恋人的成长.上海:华东师范大学出版社,2006:105-110.

✦ 案例撰写的重要意义

> **重要观点**
> 一个精彩的案例撰写,不亚于一项教育理论的研究,只有备战在一线的教师自己才最适合于做这种研究。

1. 内化教育理论,走出"技巧"误区。案例撰写的过程就是研究某种教育现象,把教育理论与实践具体融合的过程。在具体的案例编写过程中,教育事件常常是被当作一个"整体"来详细的加以描述、理解与诠释的。这样就不至于使被研究对象或题材在研究过程中失去本身特有的"性格",使之帮助教师掌握个别教育想象在其特定教育情境中,存在或发展的特殊意义。从教育技术与技巧的角度讲,成功撰写的案例对教学技巧和技术的介绍,是落在具体的教育情境中的。教师会明白一般在那些情境下,才适合使用这些技术,进而更明智地分辨时机,恰当地运用这些方法或技巧打下良好的基础。

2. 促进有效沟通交流,形成新型教师文化。教师所编制的教学案例,多是取自教师自身经历过的教育情境中的叙事。不同的教师,对教育案例会有不同的解读。案例的故事与多角度解读的可能性,决定了案例十分有利于学习者彼此之间的沟通和交流,可以引发不同身份的人参与分享、谈论与探究,从而成为教研活动和教师培训的有效载体。基于案例形式的沟通和交流如果能够经常发生,一方面将有助于教师充分认识到教育情境的复杂性,把那些只可意会不可言传的情感、态度、价值观等知识,提升到促进教师发展的"意识阀"中来;另一方面,也会促进教师与教师形成一个持续的、多元的、健康的"实践共同体",促进新兴教师文化的形成。

3. 积累教育实践智慧,提升教师的生命感。案例是对真实教育实践的反省,编制教育案例,就需要深入、细致、具体,这个具体化的过程,实际上就是教师有计划、有系统地搜集、分析并解释资料,以获得可靠的解决问题的过程,是教师对教育进行一种反思,提出问题要求各方面的诊断和支持,进而调整或改进的过程。因此,教师通过编制大量的、丰富的案例,可以积累解决特定的、典型的教育教学问题的实践智慧。如果说教师展示其生命价值的主要场所是在课堂,在学校、在与学生的交往中的话,那么案例在一定程度上就是教师生命之光的记载。如果能够坚持把教师的日常教学中遇到的一些事情,以案例的形式编制出来,其实就是把一个教师教学生涯中的点点滴滴的困惑、沮丧、兴奋、激动记录下来;其实也就是在记载自己的生命里程;从更深一层意义来说,其实也就是提升教师自己的生命感。

✦ 案例撰写的基本过程

案例撰写的基本过程大致可以分为收集整理案例素材,拟写案例初稿,修改加工不断完善等三个阶段。

1. 收集整理案例素材阶段。在案例编写过程中,大量的时间和精力都用于案例素材的收集和整理。作为案例的编写者,必须要懂得什么是案例素材,收集之后如何整理这些素材等等。编制案例人员身份不同,收集整理案例素材的具体方法和要求也是不同的。如果是研究专家深入教育实践进行案例的编写工作,必然要经过确定研究对象,拟写调研提纲,实地访谈阶段,才能收集到大量详细、生动的案例素材。例9.10是顾泠沅先生所说的"在专家引领下的以课例为载体"的案例编制方式,这种方式要求专家深入学校,与教师密切合作,并且成分发挥教研组的功能。

例 9.12

一课两上,全程录像,两次反思

第一次上课:要求教师上一堂公开课,但是并不可以雕琢。要求教师完全按照自己的理解,在自然状态下,自己怎么想的、怎么设计的、就怎么上课,但是也要全程录像。

第一次反思:这里的反思,是在专家引领下的反思(这里的专家,除了可以是教育研究专家之外,也可以是教研组长或资源教师等),可以通过开教研会的形式来开展。首先可以让主讲教师说课,让专家了解主讲人教授本课的重点、期望达到的目标、教学设计的过程、课堂中可能出现的主要问题及解决策略,目标达成程度等。其次,可以请参与讨论的教师通过"角色换位",从任课教师的角度来寻求课堂教学中发生的主要问题,并没想解决策略,与会者通过对各种策略加以批判讨论,在互动中凸现可能编制的案例主题。其三,专家可能站在现代教育理念的高度,对问题加以归类,汇总成不同的范畴,然后找出需要注意改进的几个主要问题。最后,专家与教师一起学习有关现代教育理论,深入研究教材和学生,重新设计该课(这时要求安排专人作出记录)。

第二次上课:这时仍然要求上公开课,但是与第一次相比,这节课要经过精心设计,能够体现大家讨论后的教学思想,仍然需要全程录像,相关人员要深入堂观察听课。

第二次反思:同样是要求召开教研会,共同总结梳理研讨。这样上课时就有了可以比较的样本,便于开展比较研究。教师可能觉得经过专家参与、集体讨论之后再来上课,与自己平时上课的风格有些不同,也许刚开始还会觉得有些别扭,可以是那些成功的地方,也可以是那些需要改进的地方。但是不管怎样,都需要深入问题的背后,挖掘整理相关的大量细节背景信息,以便为下一阶段拟写案例初稿打下基础。①

---

① 孙军业.案例教学.天津:天津教育出版社,2004:55-56.

2. 拟写案例初稿阶段。在专家引领下以课堂教学观察、诊断、比较与反思为基础,我们将得到撰写案例的大量素材。在将这些素材根据一定逻辑进行组织,具体编制案例的时候,需要考虑结构安排(下一节再展开具体讨论)与一些具体的细节问题。以下就是在撰写案例初稿阶段,需要考虑的一些具体问题。

(1)选择一个有冲突的事件。一节课这样几次下来,肯定有较多的事件可以写。那么究竟该选择哪一个事件? 哪一个对于自我发现更有潜力? 要撰写的案例的主题是什么,是关于教学策略方面的问题,还是关于学生的行为方面的问题? 案例的目的怎样,是为了增进理解,还是为了职业发展? 尽管没有一个选择事件非遵循不可的规则,但下面的一些建议,对编制一个高质量的案例还是非常有益的。

事件对你有情感力量吗(心灵是否受到震撼)? 事件呈现的是一个你不能确定怎样解决的进退两难的境地,还是你成功地解决了一个他人可能进退两难的问题? 事件需要你作出困难的选择吗? 事件使你必以一种不太熟悉的方式抑或是不太确定的方式进行应对吗? 事件暗示一个与道德或道义相关的问题吗? 如果有冲突的事件满足以上各条,那么你的选择对案例的编制就会更加有帮助。

(2)对事件背景进行描述。要注意把重要事件放在它发生的"上下文"中,因为事件只有在"上下文"中才能得以理解。这里所谓的"上下文",其实就是案件的相关背景。为了适量提供案例的相关背景,在具体编制案例时要考虑:这种情况以前出现过吗? 第一次引起你注意是什么时候? 是如何改进的? 改进以后发生了什么? 事件发生的上下文(即情境)是什么? 开始的场景中你的反应是什么? 你的反应怎样使事情的发展变得更加顺利或怎样使之恶化? 影响那个事件的心理的、社会的因素是什么? 物质环境因素是什么? 教育因素是什么? 历史因素是什么?

仔细思考以上问题并试图作出明确回答,可以为即将发生的事件设置场景,做好铺垫,便于案例的使用。

(3)确定事件中的"演员"。每个案例中的人物都有不同的角色。在案例具体撰写时需要考虑:谁是主要演员和次要演员? 出场的演员是谁? 幕后的演员是谁? 每个人都扮演了什么角色,相互之间关系怎样,与你的关系怎样? 要考虑到每个角色的情感、动机、目的、期望,同时不要忘记把自己放进演员表之中;不仅要通过情感、动机、目的、个人价值这面多棱镜来审视你自己的角色,而且要审视你可能作出的这种决定源出何处,它将怎样影响你的行动?

(4)关注主要事件以及你的反应。当事件展开时,一个各种事件堆积并"达到高峰"的冲突就发生了。这时应该考虑:发生了什么? 有哪些选择供你使用? 所做的选择有什么危险? 你做了什么反应? 是什么情感因素导致你作出那种特定选择? 隐含于原则之后的假设是什么? 你把谁看成是反面角色? 影响你作出行动选择的价值是什么？到目前为止，是什么东西仍在使你烦恼？

教师所做的每一个行动，其实都会产生一系列的反应。要仔细考虑这些反应，你要清楚你的行动引起的其他反应是什么？对学生的影响是什么？对班级的气氛，对其他的"演员"如何？你所采取的行为或未采取的行为对自己的影响是什么？

（5）假设你再次遭遇该事件。由于这里强调通过"一课三上，两次反思"等方式来收集案例素材，因此在反思阶段集体研讨的教研上，很可能会提出执教者假如再次遭遇该事件该怎么办的问题。对这一问题，你要思考你将会以怎样不同的观点看待这个事件。如果再进行一次，不同之处在什么地方？现在允许你重新进行，你心中有什么新的想法？有什么会阻碍你改变以往的行为吗？

在考虑把一些主要问题之后，真正动笔时应当尽力放开手脚，大胆写下去。不要在细枝末节的问题上太耗费时间和精力，如果遇到一些问题一时无法解决，可以暂时放在一边，继续写下去，争取做到一气呵成。

3. 修改加工不断完善阶段。修改加工属于最后的案例定型阶段。在这一阶段的开始，不要一下子就进入字、词、句的修改加工，而应当首先从案例的纲目着手，重新思考整个案例的基本思路是否正确，结构安排是否妥当，必要的信息是否提供充分；反问一下自己在多大程度上已经超越了表面现象而窥视到了更深层次、更复杂的问题；整篇案例达到沟通交流的目的了吗？是否突出了最初的主要想法。只有认真思考以上这些问题，并适当增删调整之后，才能进入案例修改加工的第二阶段，即对具体的字、词句修改加工，当然，在案例修改加工阶段，如果发现哪部分事先收集的案例素材还不够丰富，提供给读者的信息还够明确，这时还可以根据案例编制的需要，适当增加相关的信息。

关于修改加工的时间问题，在学者提出，应当在初稿完成至少 48 小时之后，再重新阅读修改，在重新动笔修改之间的这一段时间，案例的编制者可以主动争取和专家进行书面和或面对面的交流，特别是上述问题进行讨论，看它们有没有在案例中得到澄清，通过和专家的深入交谈，案例编制者可以逐渐明确这是一个什么样的案例，这个案例表征了什么样的教育基本理论，从而重组自己的教育经验，形成一个真正有明确教学目的的案例。

为了便于案例教学，在案例编制的修改完善阶段还应该撰写教学注释和案例分析等。它们的内容具体包括建议读者需要思考的相关问题，需要在课堂上深入讨论的相关问题，建议者需要阅读的相关理论著作，案例的可能用途与教学目的，建议使用的教学方式、辅助手段与教学进度安排，要点总结与多角度分析，附表与附录等。当然这些工作也许短时间内靠一个人的力量无法完成，但是必须列入案例编制的日程，抓紧实施，不断完善，以不断提高案例编制的质量和水平。"案例经过三稿、四稿乃至五稿、六稿的修改,也是常有的事;经过一个阶段的试用,还要再次修改,甚至动大手术进行彻底修改,也不是罕有的事,所有案例写作是辛苦的劳动过程。"

✦ 案例的结构安排及撰写要求

从案例的内容安排和叙述角度来说,案例的结构安排需要遵循两条大的原则:一种是按时间顺序原则安排结构,表现出的样式即为实录式案例;另一种是按逻辑顺序原则安排结构,表现出的样式即为条列式案例,选择不同的结构安排,案例撰写的要求也随之不同。

1. 案例的结构。有的学者主张不要太固定,应该走向松散化,案例的编制者完全可以根据个人的喜好来安排结构。这种说法有一定道理,因为行文的至高境界就是行文如流水,达到文无定法,但是,对于经验并不丰富的教师,特别是对初次编写案例的教师来说,掌握一定的关于案例结构安排的知识,还是必要的。

如果将案例作一具体解剖,以下几种关于案例的结构是需要用心考虑的。

(1)时间结构。不管什么样的案例,它总是发生在特定的时间背景里,同一案例中的不同事件,总是有一个发生的先后顺序,案例的编制者必须要对案例中事件发生的时间顺序有一个相当明确的认识。一般来说,案例的结构可以根据时间的先后来安排,也就是按照事物的产生、演进直至今后的发展方向,来交代案例的来龙去脉。虽然有时为了吸引读者,一些案例会采用倒叙的手法,但是,总的来说,时间结构是需要遵守的,这一点,案例的编制者心中应当十分清楚。

(2)叙述结构,所谓叙述结构,就是以时间顺序为基础,将事件与其环境背景等因素相融合,用一种易于理解的方式进行叙述,使读者感到案例的描述中蕴含着一种文学色彩。从某种意义上说,案例就是叙述真实的故事,既然是故事,就要讲究叙述内容的曲折性、文字的生动性,换句话说,叙述案例故事要善于娓娓道来,避免晦涩难懂、枯燥呆板,要有一定的生动性和通俗性。

(3)情节结构。所谓情节结构,也就是力求将对案例的描述生活化的手法。为了让案例变得活灵活现,让学生忘记它是人为的,就必须加强案例的戏剧性。设置一些悬念,越是能够加强这一点,就越是能够激发读者的兴趣,增加读者身临其境的感觉,使案例的读者很容易进入到案例的情境中去,一起去思考。

(4)说明结构。除了上述几种结构之外,还有一种结构也是不能忽略的,那就是说明结构。案例的编制,要考虑到读者的接受能力,案例的读者一般不是写案例者一起经历这些事件的当事人,因此,如果要想使案例读者能够理解案例事件发生的来龙去脉,有许多细节需要加以说明,比如学生的家庭背景、学校的背景以及教师的经历等。案例的说明结构与案例的叙述结构有时不是一致的,满足了叙述结构,并不一定同时能够满足说明结构,这点在具体编制案例的时候,需要用适当方式加以处理。

当然,在具体案例写作中,这几种结构是相互交织在一起的,例如前文所说的,在案例的开头,通过倒叙的手法叙述某些的发生的事件结果或场景等。表明某种情景已经开始,然后回过头叙述早些时候发生的事情。或者在各种关键信息都已经给出,将要结束的时候,又可以写某种急转直下的形势,以引起读者的特别关注与思考。总之,高超的案例编制者,应当能够安排处理好这几种结构之间的关系,从而将它们有机地整合在一起,形成一个高质量的教育案例。

2. 案例结构的格式。在当前的教师教育案例中,案例的格式主要有两种:一种是实录式;一种是条列条。前者只是把发生的事件原原本本地记录下来,在最后提出一些需要讨论的问题,这种案例,一般虽然能够真实反映当时事件发生的情况,但是缺乏足够的背景信息,问题的陈述一般也隐藏在事实材料之中,这给案例的阅读与使用都带来一定的困难,可以说,这是没有经过深入加工整理的案例,后者同是按照事物各部分内在性质的同异和横向关联的疏密来划分不同的类别,把案例所涉及的材料背景、问题、情境、解决的方法、评论等类别排列出来,形成一个完整的案例。这种格式的编制案例常常采用设置小标题的形式,使层次与节奏呈现出来。相比较来说,后一种格式案例的编制,显然要困难得多,因此,这里主要探讨后者。

条列式案例的基本模式与撰写要求条列式案例的基本模式如图 9-1 所示。

图 9-1　条列式案例模式

3. 案例撰写要求。案例不同部分的撰写要求:

(1)题目。一个好的案例,必须首先要有一个好的题目。题目是文章的眼睛,透过题目,应当可以窥见文章的灵魂。如果能够想到一个好的题目,可以说这个案例成功了一半。给案例拟制标题的技巧有很多,通常来说,可以把案例的内容与你要表达的主题,一般是一个比较能够吸引人的场景、人物、事件,或者提出自己的疑问以及两难情境等。而副标题一般总是与案例所要讨论的主题有关。如"吵闹的教室——如何处理无效率的争论"、"他真的是一个孩子吗——关于孩子的欺骗"、"秘密——改变一个问题学生"、"不仅仅是扔扔球——合适的体育课程"、"坚持还是放弃——"、"注意紊乱症(ADD)学生的处理"等等。当然,案例标题的拟定还有一些其他技巧,比如说巧用修辞格(对比、呼告、设问、反问等)、引用著名人物的话或教育至理名言,甚至巧用标点符号等。这里不再赘述。

(2)开场白。中国人写文章有"龙首凤尾"之说,这个比喻告诉我们,不管是一篇文章,还是一篇案例,它的开头都非常重要。就案例来说,开场白部分最关键的一点,就是要点明案例所涉及的主要对策者与其面临的主要问题,迅速引起读者的阅读注意,激发读者的学习兴趣。好的案例的开场白,能够产生一种"自己推销自己"的效果,使读者看一眼就能抓住案例的要领,为读者进一步阅读提供一个印象深刻的"参照点","如果一个案例"的开始段落写得较为得当的话,那么在初步准备中所讲的那些关键问题,都会得到回答,所以对篇首的段落要给予特别的关注。

有案例的开场白部分,一般要回答好这样几个问题:谁是关键事件的决策者、他作出了什么样的决定、存在着什么的问题、这种问题是何时何地出现的。通过交代谁是案例的决策者,暗示了在实践中可能要担当的角色,通过交换决策与存在问题,可以引导读者很快进入分析状态,思考没有更好的决策,通过交代何时何地出现该问题的情景,但暗示读者在具体化分析案例时需要掌握哪些相关经验。这些问题很复杂,但是具体处理起来,必须干净利索,简单明了。一般来说,开场白部分一小段文字即可。

(3)故事发生的背景。一般来说,案例在开篇三言两语之后,就需要转入对背景的叙述。背景的描述一般涉及事件发生的地点、组织机构、时代背景、学校背景、案例相关人员生平背景等。背景的范围可能比较大,比如说素质教育的背景、"减负"的背景、创新教育的背景等;也可能比较小,只需要涉及某一个教师在一个学校或者一个教研的情况,或者某个班级学生的组成即可。"案例的作者必须要决定需要多少背景材料来说清楚环境和事件的来龙去脉,但与此同时,又不至于因为信息太多而妨碍学生深入把握当前事件所蕴含的问题。"总之,背景资料应当剪裁适度,恰到好处,过少,将会给使用者分析与决策时带来困难;过多,则会颠倒主次,误导方向。一般我们应多提供一些与特定场景相关的背景、与你讨论的主题相关的背景信息。例如,某位校长抓住这个契机不放,整顿了学校一些基本规范,取得了很好的效果,如果就这件事情编制案例,关于素质教育的背景等就可以少说甚至不说。虽然该校长后来一系列的做法,都是为了使学校有一个实施素质教育的良好环境,但这些背景信息与该校长为什么要牢牢抓住这个事件不放,一定要"讨个说法",甚至抱着这个问题如果处理不好,就要引咎辞职,恐怕关系就不是非常密切了。重要的是这位校长通过认真调查研究,认为学校要发展,首先必须要创"新规范",在这点上必须要采取"法制"才有可能奏效；另外，该校长刚刚走马上任，正愁着找不到一个"烧三把火"的机会，如今正好送上门一个，岂能放过。再比如，如果一个案例涉及的教学事件主要是发生在一堂课上，那么，这是一堂什么样的课，是公开课还是常规课？是有经验的资深教师上的课还是一个刚踏上讲台的年轻教师的课？就很有必要介绍。因为这些背景信息与这件事情的发生有必然的联系，是深入了解案例中关键事件及其他有关决策时所需要的重要信息。

（4）问题情境及其行动策略。在叙述了背景材料之后，就要转入文章开头段落中所提到的问题或者事件发生的具体经过和解决策略的结果上了，也就是要叙述清楚关键事件发生的情境及采取的行动策略等。这部分是正文部分，也是案例的主体，需要花费较大的心思。

叙述的时候要处理好前文所说的几个结构关系：即时间结构、叙述结构、说明结构和情节结构。一个案例的当事人要把一件事情真实地转述给别人听，又要让别人感兴趣，不至于产生厌烦情绪，这里就有一个结构的安排、材料的处理、重点的把握以及技巧的运用等问题。不管怎样，我们在叙述案例这部分的时候，必须记住这一点，要善于抓住矛盾冲突，将事件的双方或几方的言谈举止、思想感情、行为举动等具体描述出来，换句话说，也就是要力求详细描述关键环节与关键问题，叙述清楚采取了哪些行动策略来具体处理该问题，产生了什么样的结果，有没有达到理想目标等。

（5）多角度的分析和评论。一般来说，一个完整的案例对所反映的主题和内容，包括教育教学的指导思想、利弊得失等，要有一定的分析和评论。可以是案例作者自己独立完成，也可以请有关专家或其他教师一起完成。"舒尔曼的案例要求在每个叙述之后至少附加两个评论，通常一个来自其他教育实践者，一个来自专家。"这种评论被当作案例的有机组成部分。但是，关于这一部分，理论界是有分歧的，有人认为，案例就是要引起别人思考的，如果有了这部分，岂不是禁锢了读者的思维，限制了读者的视角？

但是笔者以为，从教师作为案例编制的主体及对案例的使用来说，这部分是非常必要的，这种评论可以在前面叙述基础上，上升到一定的理论高度，从多个角度进一步深化对案例本身的认识，揭示案例的普通意义和价值。从案例本身来说，只有做好了这一步，案例才能在更大的范围内产生更为深刻的价值，其作用至少体现在以下三个方面。

其一，评论可以为同一个论题提供多种不同的视角。同样一个论题，每个人从不同的角度和经历出发，可以提出多种不同的认识，而且每一种认为都是可能引起大家对案例进行更有价值的思索。需要说明的是，有的教师在写这一部分的时候，总是习惯要告诉别人一个固定的、正确的答案，这是不大妥当的，其实这部分的目的主要是开阔思路,引起大家进一步讨论。

对于案例的阅读者来说,你编制的案例能让他在走出教室或者放下书本的时候,头脑中仍然盘旋着你提出的问题,这就很成功了。

其二,评论可以把案例与研究联系起来,有些教师总是认为研究是高深莫测的,自己离教育研究的距离还远着呢,通过撰写案例的这一部分,教师可以体会到研究本身并不神秘,其实从编制案例开始,编制者就已经在进行教育科学研究了,案例作者撰写的过程,其实就是进行教学反思的过程。这样的反思研究,是提升教师自己专业理论水平的一个好的途径。

其三,评论部分可以提出不同的行动策略,帮助案例的当事者找到更佳的解决问题的途径,案例的当事人在案例中所提供的解决问题的办法或行动策略,往往由于受到自己的学力、能力等的影响而具有一定的局限性,而在案例的评论部分,经过"深度会谈"之后,可以更多地找出不同的解决问题的途径和行动策略,为当事人提供其他更为切实可行的行动方案。

(6)提出需要进一步思考的问题。一些学术著作对案例的结尾是否列出思考题也是有争论的,一些人认为,列出思考的问题,可能会限制案例阅读者的思维;另一些人认为,在案例的结尾列出一些思考的问题,可以帮助阅读者更好地利用案例,促进问题的讨论和解决,不管怎样,这里还是具体阐述一下案例的格式。

提出的问题的数量:可以三五个到十几个不等。

提出问题的依据:从某种意义上说,提出问题是最难的。具体可以参照下列这些标准。

案例反映的核心问题是什么?哪一个问题最为迫切,最为关键?

案例中的当事人应该去做些什么?什么时候做?如何做最合适?为什么?

案例中的当事人实际上做了什么?产生了什么样的影响和后果?

学校里的其他有关人员,如学生、家长、领导和社会上的群众等,他们会如何看待这个事情?

案例中面临的具体困境是什么?我们怎样才能克服这个困境?

从这个案例中我们可以学到些什么?

例如有这样一个案例,案例具体叙述的是一个叫简的美国老师的故事。这里简单转述如下:

简刚从师范毕业,到一个叫做伯斯比的学校教授"社会研究"科学。对她来说,开始面临的一个最大难题,就是如何评价她的学生。这所学校采取是等级制评价办法,这就需要把百分制化为等级制,但又不像我们有一个具体可参照的标准,从多少到多少就是 A,从多少到多少就是 B,这个标准掌握在老师的手里。一般新教师都不大掌握得好这个标准,但她们都接受了这样的评价理念。评定学生成绩的方法可以不大相同,但差的评价系统可能会比其他事情更快地埋葬掉好的教学。因此,简也在努力学习、请教与摸索。她向学科负责人请教,但是这位负责人几次给她的建议都是不同的,甚至是矛盾的。他一会儿说:"不管这种做法给孩子带来的是快乐还是忧伤,但是,简,这毕竟是美国的评价方法。我们的社会以及大学,都是以竞争为基础建立起来的,也就是说,要有成功者和失败者。"一会儿又说:"如果你的测验难度确实较大,你可以在给每一位学生加上 20 分之后,再分等级。不要太僵化,尝试一些新的想法,对一个新教师来说,这是非常有意义的。"一会儿又说:"无论什么时候,当你看到比尔和贝思(成绩并不怎么好,爸爸是学校的董事),这样的好学生经过了努力仍不能取得好分数,那么,你就要审视你自己的评分系统,并且考虑如何去修订它。"

简的做法随着他的建议而左右摇摆,最后校长找她谈话了。校长说:"简,有几位家长指责有的老师评分太严了,他们找督导反映情况,并要求把孩子转到你的班级上去。有些教师抱怨你评分太松了。你的学科负责人说,你在评分上没有按学校有关评分政策去做。"简克制着自己告诉校长说:"史密莱女士,您大概不会相信我在评分上的经历。一开始,我被指责评分太严了,现在您又告诉我评分太松了。事实上,在评分上,我一直与我的学科负责人紧密合作……"

对于这样一个案例,对应上面的参照标准,在编制案例的时候,可以尝试提出以下若干问题:

评分与评价有什么区别? 教师在课堂上怎样才能最好地应用评分系统? 在教师的评分系统之间,需要哪些是相同的? 哪些是不相同的? 简应该怎样做,才能避免给自己带来麻烦?

在简的案例中,她给学生的等级较高,这是不是意味着她的评分就较松呢? 一个教师应该去做些什么? 才能使得评分不会成为比学习更重要的事情呢? 像比尔和贝思这样成绩并不太好且身份特殊的学生,教师对待他们的最好评分方式是什么?

对一个学生来说,如果将失败看作一种惩罚,那么评分这种惩罚手段对学生可能会产生什么样的影响? 向家长报告学生取得进步的最有效的方式是什么? 应该让家长参与学校对学生的评价吗?

简今后应该怎样做才能摆脱目前的困境,使她的教学更有趣?

从这个案例中,你还能学会什么?

总之,在提出可供思考的问题时,应当紧紧扣住案例的主题和涉及的基本教育原理,激发思考,点明方向,以能起到向导作用为宜,应引导读者自己去进行比较、判断、发现、尽量不要限制读者想象力的发挥和向更深层次开拓思考的步伐。

案例编写应当遵循一定的格式,但格式并不是僵死的教条,许多好的案例也并不是按照以上固定格式编定的。有人认为,案例的具体撰写是一个非常"私人化"的过程,带有鲜明的个人色彩,具体写作时会由写作者进行变通。但是不管怎样安排案例描述,要能够促使案例读者进入"角色",产生"现场"的身临其境感,知道所面临的主要"问题"是什么,明确解决这些问题需要了解的相关"信息"。角色、现场、问题、信息构成了案例编制的四个要素。

例9.13

我想成为一名好教师

李老师毕业于一所师范大学中文系,今年应聘成为某市重点中学的教师。开学前,在学校的工作会议上,学校领导对这一学年的工作做了安排,李老师的工作是初中二年级(3)班的班主任兼语文老师。

散会后,李老师主动找到这一班级的原班主任了解情况。原班主任张老师说:"我们班是全年级最活跃的班级,学生的情况十分复杂,学生成绩的两极分化现象比较严重。大多数学生上课时的表现较好,但有几个学生总是违反课堂纪律。"

回到家里,李老师想,我在师范大学的教育学、心理学成绩都是优秀,又喜欢教师这个职业,我应该能为一名好教师。李老师找了几本教育学、心理学的书籍,又找出了当时在在大学里的笔记,开始认真地翻阅。

"教师应热爱教育事业,关心、爱护学生、为人师表、以身作则。"

"要教育好学生,首先必须了解每一位学生。"

"学生在认知、情感、意志等心理过程中存在个别差异。"

"学生的个性倾向性(需要、动机、兴趣等)、心理特征(能力、气质、性格)对他们的发展有着深刻的影响。"

"教育应遵循年轻一代的身心发展的规律。"

"教学原则有:科学性和思想性统一的原则,理论联系实际的原则、启发性原则、直观性原则、因材施教原则……"

"课堂上,师生之间应建立平等、民主的关系。"

李老师认为,她的工作应首先从认识、了解学生开始。她翻阅了学生档案,对本班学生的成绩、表现有了一个初步的认识。然后,她想起了上大学时教育老师曾经说过:"在见到学生的第一眼,如果你能叫出他的名字,你会给学生留下很好的第一印象,学生会认为你关心他,重视他,这样容易使师生之间建立良好的关系。"为了做到这一点,李老师花费了很多时间,将学籍档案中的学生照片和学生的姓名对应起来。

接着,李老师开始准备语文课的教案。她根据上学期本班学生的语文成绩,结合有关教育理论,精心确定教学目标,设计教学过程。开学前天,李老师拿着他自己的教案向学校中的一位优秀语文教师请教,依照这位教师的意见,李老师又对教案进行了修改。修改后,李老师多次在家里进行了模拟教学,直到自己完全掌握教案为止。

开学的第一天,李老师很早就来到学校,做好了上课前的准备。第一节课是语文课,李老师踌躇满志地走进初二(3)班的教室,刚一进教室。原本吵闹的学生立即坐好,安静下来,看着她。李老师很满意,微笑着走到了讲台上,说:"各位同学,早上好,我是你们的新班主任和语文老师,我姓李,我希望能和大家成为朋友,一起拥有一个愉快的新学期。现在让我们彼此认识一下,我开始点名,叫到名字的同学请站起来回答说'到'"。

点名时,学生们十分安静,李老师觉得自己已完全控制了课堂,然后她宣布了本学期语文课的要求和学生在课堂上应遵守的规则,接着开始上课。不久,情况发生了很大的变化,有的学生开始小声讲话,有的做小动作,有的学生和同桌打闹、嬉戏,有的学生看小说……虽然多数学生仍安静地听课,李老师还是很生气,她不停地大声喊:

"张扬,坐好!"

"朱力,我希望这是我最后一次看见你讲话,你如果再讲话,我要请你出去了。"

"岳清海,你不要把语文书画得乱七八糟!"

"大家安静一下!"

"王星,你不要总是玩你的铅笔盒!"

李老师喊的声音越大,她越深刻地感觉到自己丢失的东西越多。她拿起教棒狠狠地敲着讲台,巨大的声音回响在教室中,学生们一下子安静下来,都看着李老师。突然之间,李老师开始恨这一切,恨她自己。……

噩梦般的第一节课,使李老师在做教师的第一天觉得万分沮丧,她感觉自己的班级是一个战场,她越是想在与学生的争斗中取胜,课堂就越失控。李老师觉得她已为这一次课准备了很长时间,但还是很失败,她问自己,在师范大学读书时,教育理论考试成绩都是优,为什么就不能应对课堂教学的问题呢?

大多数教师在开始他们的职业生涯时,都充满希望,都认为能体验到成功与喜悦。但是第一天的教学常常使教师们发现生活充满对方,教师和学生在课堂上时常会发生冲突。一旦教师遭受了这些挫折,他们会询问这是为什么。为什么教学工作并不像他们所预期的那样愉快呢? 在案例中,李老师在师范大学的教育课程十分优秀,但是她的优异成绩并不能使她很好地应付课堂教学中问题,这并不是十分个别的现象。

有时,教师们会将责任归咎于师范院校的教育学教师,责怪他们没有让他们理解"教学的真实状况";有时他们会说:"今天的孩子和我们在学校时已完全不一样了或我教的班级人数太多,设备太差。"有的教师甚至断定自己不应做教师。

问题的关键在于教师对教学工作的认识还不深刻。一些有经验的教师说:"在教学的第一天,你仅仅开始学习教学,而在你的教师生涯中,你会不停地学习教学"。教学是一项复杂的、具有挑战性的工作。作为教师,必须接受。事情从来不会都按你所希望的方向发展,教师要时刻准备着意想不到的事情的发生,无论准备得如何充分,不管把活动的过程安排得如何清晰,总会有一些问题发生,并要求教师重新思考、重新决定、重新计划。高质量的教学,意味着教师能够考虑到教学的每一个步骤,掌握每一个新出现的情况的大部分资料,意味着教师坚信教育是变化的,意味着教师能够提取积累的知识并运用它,意味着教师要在不断地解决问题和作出决定的过程中运用知识,意味着教师要能从未曾预计的,发生在每次课堂教学的大量经验中观察、聆听、理解。

教学工作是有目的、有计划的活动,但是教学中只有"完美"的计划是不够的,要使得教学工作顺利进行,实现教学目标,教师必须善于机智地处理各种课堂问题,实施有效的课堂管理。所谓课堂管理是指在课堂教学过程中进行的管理,即在课堂教学中教师与学生遵循一定的规则,有效提高教学效果,促进学生发展,实现教学目标的过程,它包括一整套的教师行为和课堂活动,这些行为和活动主要是用来促使学生在课堂教学中与教师密切配合,认真学习的。课堂管理对教学工作起着核心的作用,常被看作是实现教学目的和完成教学任务的关键。①

五、教 育 反 思

教师职业生涯是一个不断探索、实践和反思的过程。反思应当自然而然地成为教育的一部分。区分一个教师是感性的实践者还是理性的研究者,其根本标志在于教师是否能够对自己的教育教学行为进行持续不断的反思,从这个意义上说,反思应当自然而然是教师的基本研究行为。如此,教育反思涵盖范围甚广,上述的教育日志、教育叙事、教育案例等无不在其内。这里的教育反思概念,更多的是从其狭义上来使用,指的是教师以体会、感想、启示等形式对自己教育教学行为进行的批判性思考。它不同于日记、叙事的一般性的记录和白描,也不同于案例有着明确的问题发现、分析、解决线索,而是在记录教育事实基础上所进行的思考和批判。这种非日志、叙事和案例的形式在教师的教育研究中占有很大的比重,尤其在研究的初期更是如

---

① 孙军业.案例教学.天津:天津教育出版社,2004:139-143.

此。

教育反思是一种批判性思维活动,而把这些思维活动记录下来,则可视为一种写作文体。它作为研究方式,运用简便,可贯穿教育过程始终;它作为研究成果表达形式,写法灵活,可成为教师成长、发展的真实记录和反映。

(一)教育反思的类型

教育反思应用范围广泛、形式多样,从日常教育教学行为来看,至少有以下几种不同类型:

◆ 专题反思与整体反思

1. 专题反思。专题反思有着明确的问题取向,常常围绕一个特点的问题进行多方面的思考,这种反思目标明确,针对性强,分析也相对较为深入。在教育教学中,可作为反思对象是很多的。

> **重要观点**
> 凡是教育教学中存在的问题,都可成为专题反思的对象。

活动 9.4

填写下表——一节课反思的主要问题。

课的环节	反思主要问题
备课阶段	
上课阶段	
课的总结阶段	

一位语文教师围绕如何正确评价学生对自己的教学进行了如下反思:

例 9.14

10月份,在我们一年级四班刮起了一阵流行风:编写科幻小说。起因是我向同学们推荐了褡裢男孩儿边金阳写的《时光魔琴》与《秦人部落》。

班里有个男生在日记本上连续写了四集。头两集交上来后,我在后面写了这样一句评语:这是你的大作吗?! 第二周收日记,我一看他又写了两集,于是连续给了两个对勾,没有写评语。恰恰就在这周我出了作文题:《××,我想对你说》,这个男生就写了一篇《老师,我想对你说》。他在文中写道:

语文老师，我想对你说，也许你太低估同学们的实力了。

最近，我在日记本上写了几集小说。这些都是自己编的，由我的大脑亲自导演出来的。可是，我在交给您后，等日记本发下来，只见您在上面写了几个大字。由于太草，我花了好几分钟才看清，原来上面写的是"这是你的大作吗?!"颇带有讽刺意味。好像这是我从哪里抄的。我看了就气不打一处来，在后面写上"是我写的"。几分钟后觉得太过火，便在旁边又写个挺大的"是"字。

看到这里，我被强烈地震动了。很显然，我的评语下得过于轻率，虽然那并不是我的本意。评语中充满怀疑，缺乏信任，更没有激励。新课程强调建立促进学生全面发展的评价体系，在综合评价的基础上更关注个体的进步与多方面的发展潜能。教师要重视评价的激励与改进功能。

这篇文章接着写道：

老师，您应该看电视了吧？一个九岁的孩子写了两本科幻小说，可是没有人怀疑他是抄的。如果说是因为他学习好写出那种小说是理所当然的，那我又不是世界上最笨的人，为什么我就不能写呢？每个学生都有自己的潜力。我写出来，又有什么稀奇呢？

他在文中告诉我，续写的两集目的就是为了证明这几集小说确实是他写的，而不是抄的。并且强烈地要求我表明对他写小说的态度。

这时候，展现在我面前的不再是坐在班级最前面那个瘦小、文质彬彬、颇有女孩子气质的小男生了。而是个极具个性、充满活力、充满创造力而又十分执著的小男子。他强烈地希望我承认他的创造力、丰富的想象力。他需要我的认可，需要我的承认。换一个孩子，他的创造力或许就此被我扼杀了。我被他的执著坚韧所感动。孩子需要激励，需要尊重，需要信任，这是发自他们内心的需要，这是使他们的想象力、创造力得以充分展示的内在动力。换言之，激励性的评价首先是学生成长的需要，所以才是课程的需要。

老师啊，你的评语千万不要伤害了孩子的心啊！①

上述反思，教师以评价学生为主题，围绕新课程强调建立促进学生全面发展的评价体系以及建立正确学生观的这一主张进行的。

2. 整体反思。常常不是把反思的对象集中在教育教学的某一个具体问题上，而是总体把握教育教学各个方面的行为，就其中突出的问题进行思考。比如，一堂课

---

① 韩军. 教育有悟. 福州：福建教育出版社，2005：8-9.

后,教师可以分析自己教学中以下行为:

(1)这节课是否达到了预期目的教学目标? 如果说达到了,标志是什么? 如果说没有达到,标志又是什么?

(2)这堂课在哪些方面是成功的? 在哪些方面还可以进一步改进? 后续的教学打算有哪些?

(3)这堂课的教学设计与实际教学行为有哪些差距? 我在课堂上是如何处理这些差距的? 处理的方法是否恰当?

(4)这堂课上发生了哪些令我印象至深的事件? 这些事件对我来说意味着什么? 我以后需要关注什么?

这些行为涉及教学的各个方面,虽然缺乏专题反思的针对性,但可以对自己的教育教学有较为完整的认识,有利于改进日后的教育教学行为。

例9.15

提高认识 开拓创新

2005年6月16日早上,省教厅、市教育局、县教育局、进修学校、大河镇中心学校的各位专家,以及部分老师在我校进行"2+2"模式的调研。我被安排上一节公开课,我选了一节复习课——《百以内数的加减、法》。课后,组织了评课,各位专家及教师分别提出了两条称赞和两条建议。各位专家对我的评价使我受到了很深的启发,他们的评价使我教学中的优点得到肯定,教学中的缺点更加明晰化,使我看到自身有待于改进的地方。在这次活动中,我有以下几点思考:

1. 教学观念更新,体现新的教学理理念。在教学中,我采用了小组合作学习的教学方式,改变了以往过于注重教师的教,而忽视了学生的自主学习的教学方式,让学生去思考、讨论。这样做,既培养了学生的主体意识,又培养了学生的合作精神。他们能共同探讨,共同解决问题。教师在教学中扮演了组织者、合作者、参与者的角色,让学生发现知识、发现问题、总结算法,而不是教师把现成的答案告诉学生。值得思考的是:是不是几个同学围在一起就是小组合作学习呢? 我想这应该不是,更重要的是共同讨论、共同探究、求同存异,需要的是小组成员的共同参与,不是旁观者,使每一个学生都成为学习的主人。使小组合作学习落到实处,共同发挥作用。当然,这不是一朝一夕的事,需要长时间的探索、总结,逐步实现教学过程的优化。

2. 改变了以往练习中的板演形式,让学生在作业本上练习。这是一个值得争议的问题。这是一个值得争议的问题。很多教师认为:新课教学后,应让几个同学上黑板上去练习,检测一下学生的学习效果。这真的有效吗? 我认为,这样做似乎不妥当,板演的学生做好后,下面的一部分学生会照抄黑板上的答案,形成懒惰的学习习惯。我让学生就在下面练习,教师巡回辅导,发现问题,采取个别辅导的形式。这样,保证了学生的全体参与,学生会主动完成作业,形成了学生的全体参与,学生会主动完成作业,形成独立思考、独立完成作业的好习惯。同时,通过教师和学生面对面的接触,使学生感到亲切,拉近了师生之间的距离,更有利学生的发展。

3. 关注学生的思考过程,体现算法多样化,培养学生的创新精神和创新能力。让每位学生都能大胆说出自己的想法,并对学生好的做法给予肯定。例如:教学 36−8 时,学生通过讨论,说出了以下几种算法:

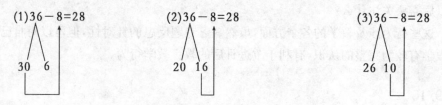

(1)36−8=28   (2)36−8=28   (3)36−8=28

30 6   20 16   26 10

对于学生提出的这几种做法,我都给予了肯定,并让他们用自己喜欢的方法计算。有的教师提出:教师应带领学生总结最简便的方法,然后要求学生用简便的这一方法做题。我认为,学生的思维方法不同,你认为最简便的方法,他不一定认为简便,还是应该尊重学生的选择,他理解的方法,他就觉得最简便。让他们根据自身的特点去做,才能激发学习热情,从而培养其创新精神和创新能力。

4. 加强教学资源的挖掘,使学生体验到生活中数学。教师仅仅是教书本上的数学吗?这应该是很多的教师的通病,我也不例外,很多时候,都是按部就班地去教课本,这是有很大缺陷的,造成知识狭窄,严重脱离生活实际。在生活中,有着丰富的数学教学内容,教师可以根据课本上的知识点,联系生活实际,举一些例子,让学生体会到生活中的数学,使数学知识更易于理解,使数学更好地为我们的生活服务。

5. 练习形式多样化,体现教学中的趣味性。值得思考的是:教学中的游戏会耽误教学时间吗?仅仅是玩一些花样让人欣赏吗?我想:只要应用得当,应该是有益无害的。学生如果只是一味地练习,就会感到枯燥、乏味,怎能取得好的效果呢?当然,一味地做游戏,只是几个同学参与,多数同学当旁观者,也是华而不实的。我想,在必要的时候,结合实际做一点游戏,让学生的心里激起一点点的浪花,应该会激发学生的学习热情,使学生乐学,产生好的学习效果。当然,练习形式应该多样化,使学生产生新颖的感觉,才能激发学生的学习兴趣,全身心地投入到练习过程中,达到好的练习效果。

6. 加强教学语言的训练。特别是对一年级学生,很多语言是不是易理解的,只有多采用儿童化的语言,学生才容易理解。这是我教学中存在的一个不足之处,讲课时,讲到一个"本质区别",有的老师提出来了。我也认为,这不符合学生的年龄特征。学生知道什么是本质区别吗? 这就向我提出了要求,加强语言训练,使教学语言尽量得到精、准、富有情感性。

7. 对学生的点滴成绩及时给予肯定。孩子很喜欢得到称赞,教师应关注学生的点滴成绩,及时给予肯定。上课时,我经常会忘记表扬学生的成绩,仿佛学生就是应该会做的,有的得到表扬,有的没有。使学生产生错觉:"是不是我回答不好,老师不表扬我?"所以,教师应关注每一位学生,使他们得到应有的称赞,培养学生的自信心,激发学生的学习热情。

总之,通过这次活动,我收获很大,我意识到自己有许多不足之处,应该自觉掌握各种教学技能和策略,才能在教学中游刃有余。只有当教学的水平达到一定的境界,才会呈现出随处生景、行云流水的状态,才会在课堂教学的花园里出现神奇的风景。我发现自己的不足,其实就是开拓自己的成长空间,这将成为巨大的动力,推动我积极探索,不断改革,使我在教学工作中做出更优异的成绩。[①]

这是一个较为全面的反思,深刻到对教学理念,学生学习过程,学习资源等方面的反思,既有对教学"闪光点"的反思,也有对教学失误的反思。

✦ **即时反思与延迟反思**

1. 即时反思。即时反思是教师在教育活动结束后立即对活动过程中的现象、问题或活动的成效等进行反思。这种反思紧跟着教育教学活动进行,反思者可以在头脑中详尽地再现活动的场景等细节,对活动本身作出分析和评判。

例 9.16

教学"估算"一课的反思

教学源于生活,生活中到处有数学,到处存在着数学思想。只要我们善于结合课堂教学内容,去捕捉"生活现象",去采撷生活中的数学实例,为课堂教学服务。如在上"估算"一节课时,我首先出示了三个思考题。让同学们以 4 人小组讨论,看哪个小组的讨论结果准确性高:

1. 你每天上学途中单程用多少时间?

---

① 案例作者.云南省富源县大河镇脑上小学刘桂福.

2. 你外出旅行需要多少费用?

3. 开学买书,文具用多少钱?

讨论题出示不到一分钟,同学们就提出了问题,老师这三个问题都不好讨论。问题 1 与家的远近和走路的快慢有关;问题 2 与旅行的远近,乘坐的交通工具都有关;问题 3 买文具与文具的档次、价格有关,怎样算呢? 大家异口同声地说着。顿时教室里突然十分安静,同学们多么想得到教师的指点。我说,那你们能不能按你们小组的要求去讨论去计算,比如说:你们小组的同学放学回家的路上不让爸爸妈妈担心,要走快一点;去旅行时要想走远一点,想坐一坐飞机,或走近一点,想走路去;你的文具要买好一点或买一般的,差一点的能用就行。就按照你们自己的想法去找到与计算有关的数据。计算完了请打开课本 23 页看一看,把你们的算法跟书中的小朋友小方和小亮交流一下,有不懂的请教一下他们,凭你们的聪明和智慧老师相信你们能行。不过算完了老师和还想知道你们是用了哪些知识解决问题的,从中学到了哪些方法,根据内容给这节课加个标题,再完成 24、25 页的作业,你们就不会有困难了。这样利用征求各学生估算的技巧,迁移到数学课堂中学习估算的数学知识。利用捕捉到的生活现象,引入数学知识,使学生对数学知识有一种亲近感,感受到数学与生活同在,积累数学知识;使抽象的数学概念在学生的脑海中与其具体的意义相对应,让学生体验到数学的价值所在。这有利于更好地激发学生爱数学、学数学、用数学的兴趣和能力。[1]

2. 延迟反思。有的时候,教师可能由于这样或那样的原因不是马上对课堂或其他教学情境中的事件作出系统的思考,而是以其他教育事实对其进行综合性的批判分析,这种反思因其反思时间的落后,可以称为延迟反思。

例 9.17

学生行为教育反思
——凳子的哭诉

这一次班上出现了一个很特殊的现象,部分学生的凳子有不同程度的损坏,像小宇、小芬、小龙同学的凳子,第一个已经坐坏,从家里搬来的凳子又坐坏了。部分男生的凳子坏了之后,其他同学帮着用钉子修过,但也是不行。我注意地观察了两天,发

---

① 案例作者.云南省宜良县清远小学李梅芳.

现部分同学的坐姿不端正,有的方凳是两只脚落地,有的一只脚落地,还在那儿前后摇晃。

这时,我感觉到学生已经充分体会到了凳子的"痛苦"和"悲惨"的生活,再究一下原因,一定能取得良好的教育效果。于是我又问,是什么原因造成凳子的"不幸生活"? 同学们略沉思了一会儿,很多很多的同学都举起了手。小星说:"平时下课时没有事干,就把凳子当玩具,你推给我,我推给你。"小宇说:"下课时我会把凳子放倒,坐在凳子脚上玩,凳子的腿是承受不住我85公斤体重的。"小强说:"自己考试没有考好,和同学闹矛盾,心情不爽时就会用凳子出气,用脚去踢凳子。"小龙说:"下课时我会拿着凳子跟同学闹,两个凳子多次'亲密接触',岂有不早'退休'的道理。"

为了让学生有一个明确的价值取向,于是我再问:"如果你是凳子,承受如此非人的待遇的,你会怎么想怎么说?"一个同学说:"小祖宗,求求你不要如此折磨我,我是为你服务的。"一个说:"如果我是校长,立即把不爱护我们凳子的同学开除。"一个同学说:"如果谁再损坏我们,就取消坐我们的资格。"……

我看时机成熟,于是叫全班坐下。这时我发现同学们放凳子时,都非常小心,几乎没有一点响声,同学们坐凳子时已"温柔"了许多,于是我在黑板上写了几个大字"凳子的哭诉"。同学们会意了。半小时内,作文大部分都写好了,不用说,这次学生的行为培养和作文的效果肯定是"OK"。从此以后,同学们的坐姿端正了,不但学会了爱护凳子,爱护公物,也体会到了对人对事换位思考的重要性。

教师如果善于把握偶发现象,特别是班主任语文老师,把语文教学融于德育教育,变不利为有益,有助于学生德育的培养及语文能力的提高,真正做到"文道统一"。"塞翁失马",把失最大限度变为得,在教育机智的指导下,何乐而不为呢?①

◆ **课前反思、课中反思与课后的反思**

1. 对备课中的反思。反思可以贯穿教学的全过程,体现在教育活动的始终,在课堂教学的实践中,既可以在备课时思考是否遇到什么困惑,是否对教材进行二度开发,对学生实际需要的估计是否合理,是否为学生创设了实际支配的时间和空间,能否联系社会实际生活,实现知识与态度想统一、过程与方法相统一,即课前反思。由于备课是整个教学的一个总的设计和谋划,而且教师在备课时总有自己的"缄默知识"在起作用。这种缄默知识将影响教师如何理解教材,选择教材或调整教材。又由于教师的缄默知识总是个人化的理论,它蕴含了教师个人对教材的独特理解,所以,缄默知识往往导致教师在备课时对教材有所调整,有所改变。因此,教师自己的备

---

① 案例作者. 云南省宜良县清远小学张继萍.

课,实际上是教师说出自己的"缄默知识"。总体上看,在任何真实的"备课"中,教师在阅读课本、阅读参考资料时不可避免地会形成个人化的理解,并对教材做出个人化的选择和调整——任何真实的、真诚的备课都将形成个人化的"课程"——对这种选择和调整的反思,主要在于教师的缄默知识,对教师的教学理念的转变,尤其是对教师的教学行为的改善有着什么重要的意义。

2. 对教学过程的反思。在课程教学过程中思考学生在课堂上实际参与的热情和程度如何。师生或生生互动是否积极有效,课上是否发生了预想不到的事情,如何利用课上的资源改变原有的教学设计等,即课中反思。不少教师习惯于基本上遵循了"备课"所形成的"教案"预先设定的程序与步骤。在他们看来,教学越遵循了教案的设计,说明教学越"规范"、越"科学"。满足于一种"一切都在预料之中"的先见之明。从这点出发,对"是否发现了预料之外的问题"及其发现了的处理进行反思,冲击教师因对教案的过分依恋所发生的"教案刷"、冲击教师满足于"先见之明"的传统标准。因为这种"教案刷"和作为标准的"先见之明"往往使教师容易以自己的教案程序为中心而"目中无人",忘记了眼前是一群充满不同的情感与知识期待的学生。因而,在课堂教学中不易"发现了预料之外的问题"(即在备课中和教案中没有讲到的问题),题解不谈不上及时地处理这些问题、利用这些问题作为课程资源了。

例 9.18

我们今天欣赏的曲子是补充内容——实验教材第 13 册上的电影音乐《泰坦尼克号》的主题音乐。随着电影《泰坦尼克号》的上演,这首美丽的曲子也被人们所熟悉,有不少学生都能唱它的英文歌词。

当我们从电影到电视音乐、电影人物、情节的时候,大家都沉浸在这美妙的旋律之中。忽然间竟传出一阵口哨声,和着音乐的旋律,很美、很美。同学们那惊异的目光让我一下子回味过来,这是在课堂上,这是在我们欣赏音乐的时刻,怎么就突然冒出了这么响亮的哨声呢? 真是不懂规矩! 我本想批评他几句,当我的眼光与那位羞红了脸、面露惶恐的同学的目光相遇的时候,我突然间改变了主意:何不把它引入到课堂教学之中呢?

我微笑着问道:"是谁吹出了这么美妙的音乐?"我的话音刚落,同学们响亮的欢呼声便把他——小宇,请了出来。看到他窘迫的样子,我用煽动性的语言问同学们:"小宇吹得好不好?"同学们异口同声地说:"好!"我又问:"想不想再听一遍?"同学们的掌声取代了回答,我用琴声给略显紧张的小宇伴奏,慢慢地他不再拘束,他的口哨声变得舒展、流畅起来,教室里静悄悄,我们大家完全沉浸在这种美妙的音乐里。

当教室里爆发出热烈的掌声的时候，同学们欢腾了，我及时地插入了这样一个问题："听了这段口哨吹奏的音乐，谈一下你的感受，好吗?"同学们争先恐后地举手发言，有的说："我觉得用口哨演奏，更符合故事中男主人公的剧情，简直是太酷了。"有的同学则说："用口哨吹奏，有一种很舒服、很亲切的感觉。让人回味无穷。"听到同学们精彩的谈话，看到同学们积极参与的热情，我也被这种热情所感染，动情地用英语唱起了这首歌，不知何时，同学们的歌声、用手掌轻轻和着拍子的节奏声，汇成了一个美妙、和谐的乐章，我们在一起度过了一节美好、醉人的音乐欣赏课。[①]

由于教师面对的一群学生有着不同的情感期待和知识准备，他们在教学中会以"插嘴"或"解答联系题"的方式提出不同的困惑和疑惑，不同的见解，教室里学生作为教学中"人的问题"，将使教学不可避免地突破教师的"教案"程序，使教学不断涌现出"意料之外的问题"。这样，真实的教学总意味着一种"与人打交道"的探险，意味着一种既

> **重要观点**
> 教师反思在整个教学过程中"是否发现了预料之外的问题"，真正的目的在于引导教师"倾听学生"的声音，关注学生的情感与知识的需要。

有确定的"教学目标"又充满不确定性"学生插嘴"的"对话"。而所有这些"不确定性"，都因为教学中存在着学生的不同的情感期待和知识准备，是学生作为一群群活生生的"人"渴望教师给予个别化情感关怀和知识准备。

3. 课后的反思。上课后思考课堂教学效果如何，有哪些比较满意的地方，有什么困惑或需要进一步改进的问题，以及课堂上的一些事件对日后的教学有何意义等。其目的在于通过教师的自我评价、自我表现和自我欣赏而形成教师的"自我意识"。通过这样的课后反思的积累，教师理解的"好的教学"的标准对于教师的后续教学是有帮助的。而且，更重要的是，通过教师自己教学中比较成功的地方，便于教师在欣赏自己、表现自己、评价自己的反思过程中形成恰当的、积极的"自我意识"。这种恰当的、积极的"自我意识"将成为教师理解教学实践、提升教学理念的"生长点"。

(二)教育反思的注意事项

反思本身并不是一件复杂的事情，只要具有批判分析的眼光，善于发现教育教学过程中的问题，随时随地都可以开展相关的反思工作，使自己的教育教学活动变得更具有理性色彩。但是为了提高反思的质量，更好地为教育教学服务，使反思切实成为教师发展的工具和桥梁，在反思过程中还要注意以下几个方面。

---

① 案例作者. 山东省高密市教科所赵微.

♦ **秉承新教育理念,形成反思的参照标准**

反思只是教育教学的一个手段,可以用来达到这样和那样的目的,也可以成为实施"正向"教育的帮手,也可以成为背离"正向"教育的"帮凶",教师在开展反思活动时,应以新教育理念为出发点,以新课程的基本主张为参照点,注意形成反思的框架标准,进行教育教学活动的评判、思考活动。下述实例大体可作说明。

例 9.19

"生活即课堂,课堂即生活"。语文新课程标准将人们对语文课程资源的认识提高到了一个新的高度和广度,即生活和语文应紧密联系在一起。我在小学语文第三册第22课《初冬》这一精读课的授课中,听了各位教师对我的点评及教学自我反思,让我认识了自己在教学中存在的问题。

首先,不能有效地开发校本资源。如在导入课题时,我采用了看图创景破题,图中却是北方冬天的雪景,与我们西南方的冬天格格不入,加上山里的孩子视野不开阔,言语又少,开课一片沉寂,学生没能回答我提出的问题,当然也偶能激发起学生的学习兴趣。人们常说"导入课堂教学过程的重要环节,良好的开端是课堂成功的一半"。我开课就没有取得成功,我想原因就在于没有结合本地冬天实际,从学生生活经验入手,所以激不起学生学习的兴趣。

其次,没有教给学生学习的方法。中国有句古语叫"授人以鱼,不如授人以渔"。"渔"是简单的传授,还是独立自主的发现呢? 显然后者是更明智之举。如:读、说、听,山区的学生阅读能力弱,我忽视了这一点。一开始就提出问题,没有让学生细读,学生怎会回答我的问题呢? 任我说破了嘴学生照样收获甚微,达不到所要求的效果。面对这种情况我觉得应该"少讲、精讲、多读、多练",这样才能"授人以渔"。这个问题我认为毛病还是出在备课上,只管备教材,忘了备学生,只管备知识的传授,忘了备知识的发展,忽视了学生的学。

再者,没有建立多种形式的学习。语文课程标准把改变学生的学习方式作为教学改革的重点,教师要尊重学生的个性差异,学生有选择学习内容、学习方式、学习伙伴等权利,但在本节课中一直没有体现出来,教学中忽略了小组合作学习机制。

尽管存在许多问题,我还是看到了自己的优点,对学生的回答能给予肯定,对他们在课上的种种表现,始终满怀热情,且上课时思路清晰,循序渐进。

根据我存在的不足,我制定的整改方案为:

1. 在这次活动中最大的不足在于教学设计上,即没有由浅入深地去设计。今后一定多看些教学设计、教案设计,多观看优秀课堂实录,注重其他课堂资源。

2. 小组合作学习没有充分体现出来,没有真正体现教师为辅,学生为主,达不到教学目标。在今后的教学中,注重学生学习中自主性,建立小组合作学习机制,达到师生互动的效果。

3. 强化训练提高普通话教学水平。由于地方方言的存在,使得本次教学不够生动活泼,这也是我的不足之处。

4. 阅读上没有读到位,没有多读,熟读成诵。今后的教育教学中,应注意少讲、精讲、多练、巧练。

5. 在今后的教学中,要尽量发挥学生的主体地位,多给学生一些思考的时间、空间,挖掘每个学生的闪光点,使学生体验到学习的成功和愉快。①

例9.20

在这节文言文教学中,存在许多问题,其中最突出的问题是:

1. 未能承上启下。即在上一个环节转入下一个教学环节时,缺乏过渡性的教学语言,产生了下一个教学环节未建立在上一个教学环节的基础之上的不良效果,导致了教学环节不紧凑、过渡不自然。

2. 在理解文言文句子意思时,未体现由扶到放的过程。整篇文章的理解,教师仅是平均用力,只用同一种方法带着学生分析句子的意思,教学方法单一。未把学习的主动权还给学生,未能充分发挥学生的学习自主性。

整改方案:

1. 通过多听有丰富经验教师的课,观看优秀的教学录像片,阅读有关教学环节过渡用语的资料,多实践,多总结,着力改善教学环节过渡用语,使过渡语言起到承上启下,教学环节紧凑的良好效果。

2. 在阅读课教学时,我要充分体现学习的递进性,方法的多样化,要充分体现由扶到放的教学层次。首先指导学生学习方法,并由教师示范,在此基础上学生进行小组合作学习,教师相机指导,体现教学的"扶"字。最后让学生自主学习,从而体现了教学中的"放"字。只有这样,才能激起学生学习的欲望和培养起自主学习的习惯,才能有效提高教学效果。②

◆ **具有鲜明问题意识,捕捉反思对象**

有问题有障碍才会有思考有分析,教师在开展教育反思活动时,要注意形成自身

---

① 案例作者. 云南省澜沧县上允那阮小学毕劲娟.
② 案例作者. 云南省澜沧县上允完小石航.

的问题意识,要善于从稍纵即逝的现象中捕捉问题,在貌似没有问题的地方发现问题,有问题的系统反思是研究性反思,区别于日常反思。一个有明确的问题意识的教师,就可能在教学的方方面面发现问题。如表9-3所示:

表9-3

反思的问题	教学要素
教学目标	目标设置是否合理?目标是否完成?未完成,原因是什么?
教学内容	重点、难点的处理是否适合学生的实际情况?单元教学内容在学科体系中的位置是否合理?能不能补充完善一些新的教学容?什么样的教学内容是学生感兴趣的?
教学方法	什么样的方法适应本节课?学生对于讨论法、小组学习法是适应?在选择、使用不同的教学时要注意什么策略?
教学程序	教学环节是否衔接到恰如好处?各个环节花费时间是否合理?
师生互动	教师是否过多占用了课堂教学时间,是否过度使用了预设?是否过分强调了课堂纪律?学生在课堂教学中是否积极参与?学生是否敢于提出自己的看法?学习困难的学生是否处于师生互动的边缘等?

联系已有经验进行综合分析,构建个性化理论。

活动9.5

1. 整理以往自己反思的材料。
2. 对自己反思活动作一次综合性评价。

六、教学课例

重要观点

一个优秀的教师不仅善于分析自己和他人的课堂教学,而且善于从课例中学习如何提高教学水平。

教育日志、教育叙事、教育反思、教育案例等研究方式与成果表达形式,这些形式不同的方式和文体反映着教师在实践中的思考和研究,分别用某一特定因素凝聚研究活动和研究成果。在研究实践中,教师还常常综合地使用以上方式,将多个不同方面汇总在一起,全方位、多侧面地体现研究成果,教学课例就是其中之一。课例的撰写与开发一般由教师完成,是教师职业责任的表现,同时,课例的开发与使用也是为教师更好理解课程与教学,提升职业水准服务的。

(一)课例的基本含义

一个课例至少包含一个有疑难问题的实际教学情境和解决上述疑难问题的具体方法。它描述的是教学过程中"意料之外,情理之中"的事,即课例展示的课堂情节,总是带一定的"故事性",能让读者感觉到有些曲折,甚至意想不到;在课例的情节中渗透着某种规律性的东西,可以用某一思想或理念进行阐释。

✦ 课例与课堂教学实践

不管哪种类型的课例,都与特定的课堂教学实践相关。它们一般都是情景性的,是基于课堂教学实践而建构的特定情景,课例离不开对课堂教学情景的描述和分析。

✦ 课例与教学问题

课例描述的是具体的、特殊的,需要进行探索和解决的两难境地和紧张状态。它蕴含了教学问题的复杂性和问题解答不了的确定性。

✦ 课例与其他相关的研究方式和成果形成方式

教学实录或课堂实录虽然也是研究的一种方式,但如果仅是限于实录本身,没有相应的反思行为,也就不能反映该教学所具有的典型性,缺乏"例证"的价值,降低研究本身的功用,称之为教学课例也就不恰当了。教学课例与教学案例的区别在于案例自始至终是围绕特定问题展开的,是以问题的发现、分析、解决、讨论为线索的,而课例展现的是某节课或某些课的教学实际场景,虽然其中也包含着问题,但问题可能是多元的,没有明确的问题指向的,并且实际情况的叙述、师生对话的描述等常是列举的,没有像案例那样细致加工,两者在文体的结构上也有一定的区别,案例的表达形式一般为"背景+问题+问题结局+反思讨论",课例的表达形式一般表现为"教学设计+教学实录+教学反思。"

活动 9.6

1. 阅读下面的课例《找座位》。
2. 就该课例分析上述的几对关系。

找座位

教学内容

《找座位》是义务教育课程标准实验教科书数学(西师大版)一年级下册的内容。

教学目标

1. 掌握找座位的方法,能将自己所学知识运用于生活实际,初步能在同一场所办认自己或他人所在的位置与方向。

2. 发现数学就在身边,积极主动参与位置与方向的认知过程,发展积极学习情感体验。

教材分析

新教材强调从学生的生活经验和客观事实出发,在研究现实问题的过程中学习、理解和掌握数学。在"空间与图形"这一内容中,增加了对现实三维空间的研究,如:从不同角度观察物体、认识方向、描述路线图、确定位置等。

《找座位》一课是确定位置第二系列的基础内容,是在学生已经掌握了上、下、前、后、左、右等方位基础上,通过找座位的方式,向学生渗透平面直角坐标的有关知识,以体现新的课程理念。

教材通过教室里的学生座位这个生活画面,形象地呈现平面直角坐标系中的一个象限,其中图中的组别为横坐标,排号作为纵坐标,非常直观形象。学生去寻找座位时,也要先找出几组(横坐标),再去找几排(纵坐标),找到横纵标对应的交点,才能确定自己的位置。

但是,这里的座位图还不是一个完整的标准的平面直角坐标系,而是以课桌以坐标点直观地反映横纵轴对应的交点关系。图中仅展示了平面直角坐标系的一个象限,且横、纵坐标反映的是组别与排号的序数关系,并从学生观察的方位出发,把讲台设在图上方,这样使图中基准点(玲玲)的左右位置与观察者的左右方向一致,减少学生描述方位的困难。可是这样的安排就使图中的排号变成从上到下的编号,与平面直角坐标系中纵轴下小上大的数量关系刚好是相反的,所以,教学并不要求给学生建立明确的坐标概念,也不能出现"坐标"之类的超越学生认知水平的名词术语。

另外,我校学生实际生活中课桌椅是双人座,与书上单人座不同,因而分组的形式也不一样,这对学生描述书上的座位图带来一定的难度。所以,在教学设计上要考虑到实际情况。

设计思路

"找"是本节课的重点,也是本节课的难点。根据教材的特点,结合学生已有的现实经验和"数学情境与问题提出"课题研究思想,对本课作以下设计:

1. 由学生的实际生活空间切入教学,吸引学生主动参与,突破学习的难点,发展学生的个性。

"找座位"这一活动来源于学生所熟悉的生活空间。学生对第几组、第几排有了一些初步的认识,但存在一定的局限性、模糊性。为了让学生获得空间知觉,建立正确的表象,教学例题前,先以班上学生位置作为学习的素材,引导学生把平时找座位的经验用于本节课的学习。

开课后,先让学生联系对实际空间的观察,通过各种活动形式,从找第几组的同学到找第几排的同学,再找第几组第几排的同学,在学生积极投入的活动中,逐步建立"组"和"排"的正确表象,随后采取个人说、同桌互相说等形式,让人人都来说一说自己现在的座位在第几组,第几排,做到每一个学生都能准确说出。

学生有了良好的空间知觉,并建立了清晰正确的表象,描述平面座位图存在的困难就迎刃而解了。在用多种方式引导学生找座位的同时,让学生选择一个自己喜欢的空位置,借此发展学生的个性,激发学生的学习兴趣。

2. 捕捉儿童心里,鼓励学生提出问题。

从心理学的角度讲,由于学生个性中的"尊重的需要"和"自我实现的需要",迫切需要得到承认和赏识(老师的表扬和同学的肯定),希望充分地展示自己。所以,当他的提问得到老师和同学的肯定时,会有一种成功的自豪感,从而激发其学习和提问的积极性。据此,在最后描述书架上各类书相对位置的练习中,先请学生进行考查性的提问,如:数学上的上面是什么书? 美术书的右面是什么书? 提问的学生自己明白问题的答案,只想提出来考考其他同学。由于是考查式的提问,又是面向全班同学,强烈的好胜心和不甘落后的心理激发其他学生认真听讲,积极思考,主动解答问题,在问题的分析解答过程中,探索发现更高层的问题:美术书在什么位置? 第二层第三格是什么书等等。

3. 注重数学学习过程中其他学科学法的渗透。

数学是为了形成学生的素养而教,学生得到的知识应当是全面的、综合的。根据这一理念,在设计本课时,注意了语文学科学法的渗透。学生在描述书架上各类书的相对位置时,有许多书名学生不是全认识,在此我运用了语文阅读识字的教学方法,放手让学生自己去作去认,不懂的不可猜,可以向小伙伴询问,向老师询问,应用各种方法去识字,进而把猜想、交流等方法应用到数学学习上,加强了知识之间的联系,学科学法上的沟通,使学生能综合应用各科的知识技能。

教学过程

片段一:

引导学生分组:先找到第一组在哪,第二组在哪,然后请第三组、第五组、第八组的同学分别起立,比比谁的反应快,活动中让学生分清自己是在第几组。接着换一种要求,请第三组左边一组同学起……加深学生对组的认识。(在最后这个巩固的"起立游戏"中,部分学生对左右方向分不清,表现出对前阶段所学的左右方位知识的应用有欠缺)。

引导学生分排:先请第一排的学生起立,学生和教师一起描述第一排的概念——和讲台面对面,距离最近的一排。然后请第四排同学起立,接着请第四排后面的同学起立,并说说是第几排的同学;请第四排前面的同学起立……加深学生对排的认识。

先请个别学生说说自己坐第几组第几排,然后请同桌之间相互说说自己的座位在第几组第几排,让人人都有表达自己看法的机会。

出示座位平面图,请学生观察教室,找出观察方位,分别标出组别、排号,先请学生找玲玲所在的位置,再根据书上的要求,结合自己刚才学的知识,用连线的方式,帮书上的小朋友找座位,找得快、找得好的,可以到黑板上贴"小朋友"图片。

学生贴完之后,有学生议论某同学贴错了。教师抓住此机会让学生质疑:"对同学生贴出的图你有意见吗?"学生说:"我对××同学贴的图有意见,她把红红的位置贴错了,红红应该在兵兵的右边。"她没有主动用所学的知识描述清楚红红所在的位置。教师只好提示:"兵兵的右边是第几组第几排?"

片段二:

1. 课堂活动一:送小动物回家。

学生在书上先自己连线完成,有什么疑问可问老师和同学。在做的过程中,有学生对我提出:"小动物回家后,为什么还有空的房子?"对书上题的编排提出了质疑。

2. 课堂活动二:找书。

呈现情境之后,我先提了一些问题,如:数学书在第几层第几格?第三层第四格是什么书?连环画的左面是什么书?右面是什么书?想给学生自己进行考查性的提问做一个引导。

学生提出的问题多为与上、下、左、右有关的数学问题,如:政治书的下面是什么书?画报左面的下面是什么书?体育书的上、下、左、右各是什么书……只有一个学生是这样问的:少儿读物在哪里?还有一个学生问道:这些书一共有多少本?提问的氛围十分活跃,但感觉思路不是很开阔,独创性的、有一定价值的问题不多。

课后反思

上完这节课,感想颇丰,除了对本课教学环节、学生活动安排、教态教法的反思外,我反思得最多的还是如何让"生活数学"走进数学课堂,避免问题流于形式和肤浅。

确定位置的知识来源于生活,学生感到很亲切,学起来非常有兴趣,进入新课以后,100%的学生都能正确描述自己的座位,然后运用自己已有的经验,准确完成"送小动物回家"、"找书"的课堂活动,而且在"找书"活动中还提出了不少数学问题,很好地体现了"数学情境与问题提出"课题的实施对学生学法的指导作用。如果在今后的数学教学中,将学生的生活与学习有机地结合起来,让学生熟悉的生活事实进入课堂,能使数学教学更具体、更生动、更直观,更能使学生体验数学,学会用数学的眼光观察世界,有助于提出有价值的数学问题,训练学生创新思维能力。

反思一:语言要富有童趣。

"找座位"、"送小动物回家"、"找书"这些语言体现一种生活情境,而且"找"、"送"让人感到了动的过程,学生们非常感兴趣。过去在确定数学的课题、例题内容、练习题时,教师的教学语言过于成人化、专业化、理性化,使教学远离丰富的社会生活和儿童的精神世界,让学生们感到索然无味。因此,今后的教学要注意结合儿童认知特点、兴趣爱好、心理特征等个性倾向,在不影响知识的科学性前提下,对教学语言进行加工、修饰,使其通俗、生动和富有情趣,有利于学生积极主动地探究知识。

反思二:充分利用实际经验。

小学生年龄虽小,但在教学中反映出他们在生活中积累了一定经验,形成了一些数学表象。这节课,教师利用教室内学生的座位,先在实际中自己找,再换一个场景,到图上找。用实际经验解决新知,突破了难点,收到了很好的学习效果,学生的主体性得到了充分的发挥。这为我们今后在数学教学中,提供了一种培养学生自主探索能力的思路。

反思三:避免问题形式化。

这节课,学生提出的问题基本是:"某一类书的上下左右分别是什么书?"只有一个学生问:"少儿读物在哪里?"这才是运用本节课的知识,经过深入思考后提出的问题。为什么仅仅只有一个学生提出来? 课后教师反复观看录像,发现问题在自己。当学生提出这个问题时,教师应该利用准确到位的语言进行评价,给学生一个提示:像这样的问题才是有价值的,是积极思维的结晶,是我们力求达到的。可惜教师当时的评价语言不到位,导致这个问题提出来之后,没有发挥它高质量范例的作用。结果学生接二连三仍旧提问的都是上下左右类似的问题,没有再出现深入思考的问题。

这提示我们,在今后的课题实验中,教师要重视对学生提出问题的合适评价,经常启发学生改造、重组和重新诠释他们自己的经验和知识,在这个过程中不断提问,不断否认和超越自己。并向学生明确,提问是思维成果的外显表示形式,要经深入思考后再提问,不要泛泛而淡,为问而问,避免提出的问题走形式。①

(二)教学课例的形式

从设计到反思,是教师研究运行的基本过程,涉及到教学研究的基本环节,在实

---

① 案例作者. 贵州省贵阳市南明小学张瑾.

际操作中,有着形形色色不同的变化。下面的变化只是其中几种:

✦ **教学设计总体思路＋教学情境细微描述＋专题教学反思**

这种形式在介绍教学设计意图的基础上,对教学过程中的详尽场景加以叙述,再现课堂教学全过程。使读者有身临其境之感,并且就教学中发现的某一问题进行专门思考和讨论。

例 9.21

画规则图形
——小学信息技术课教学设计

教学内容

小学信息技术课中的"规则图形"一节。

教材分析

本课主要介绍画图软件中常用的三个基本图形:矩形、正方形、圆。结合数学课中学过的有关图形,以帮助学生确立对图形的直观认识和理解为目标,对这节课教学的整个过程进行设计。本课所介绍的这个基本图形都是日常生活中经常见到并且经常应用的,因此,在讲这一课时,应紧密结合生活实际,让学生去想、去收集有关的信息,再加以应用。如对学生进行提问:"同学们喜欢吃水果吗? 想一想你喜欢吃的水果中,哪一种是圆的?"

本课包括三部分:第一部分介绍矩形的画法;第二部分介绍正方形的画法;第三部分介绍圆的画法。

学生分析

一年级的学生因年龄小,组织教学时,难以使每一个学生的注意力都很集中,因此在备课和设计练习与问题时,应尽量照顾到一位学生,调动起每一位学生共同参与的积极性,尽量满足学生的表现欲,尊重学生的个体差异。在教学中尽量营造不同的气氛,如教矩形和长方形时,用形象的比喻;学习画圆时,用音乐和实物相结合。

教学目标

1. 学习视窗环境下画图软件中的圆、矩形、圆角矩形、多边形工具的使用方法。

2. 能运用画图工具画简单的规则图形。

3. 发展观察能力与综合应用能力。

教学准备

1. 启动电脑,打开画图软件并最大化。

2. 复习画图工具箱中画线工具的名称及使用方法。

教学流程

一、导入新课

师：同学们，请想一想，我们都见过哪些形状的物体？（学生回答）。同学们知道的可真多啊！那么你们想不想把这些物体在奇妙的画图中画出来呢？

二、讲解

许多规则的图形，大多是由正方形、长方形、多边形、圆形、椭圆形等基本图形构成的。在画图软件的工具箱中有圆、矩形、圆角矩、多边形等绘画工具，利用它们可以画出一些基本的几何图形。

（在此要与数学课中的"图形"一节相结合，帮助学生理解并加深记忆。）

三、教学矩形工具

1. 讲解：单击"矩形"，移至画图区，指针变成"＋"形状。按下左键，再拖动至另一点，放开左键，一个矩形就画出来了。

2. 学生练习：同学们，你们想想什么物体是矩形的，我们现在是不是可以把它画出来了呢？那就赶快来试一试吧！

（出示图片）启发：同学们请看图上的两个图形是否一致呢？对了，这两个图形一个胖一点，一个瘦一点。刚才我们已经画出了"瘦子"，现在让我们来看看这个"小胖子"怎么样画吧！

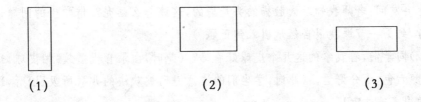

　（1）　　　　　　　　　　（2）　　　　　　　　　　（3）

（引导学生注意观察，用比喻：长为腿，宽为胳膊。）请同学们注意看：胖子的腿和胳膊是不是一样长呢？瘦子的胳膊和腿一样长吗？（结论由学生得出。通过实践，学生在此处得出的结论是不一样的，有的学生说图(1)的腿最长，有的学生说图(1)和图(3)一样长，图(3)只不过是图(1)的瘦子在睡觉）

3. 讲解：如果要画正方形，可按住 Shift 键，再用刚才的方法画，画出来的就是正方形了。（在此着重强调：按下 Shift 键和不按 Shift 键的区别。应反复练习，加深学生的记忆和理解。）

4. 学生练习：画什么物体的时候要请小胖子帮忙，画什么物体的时候要请小瘦子帮忙呢？现在就赶快请他们俩来帮助我们吧！

四、教学圆形工具

启发：有了小胖子和小瘦子这两位朋友，我们难道就不需要朋友了吗？（出示第二张图片）请同学们看图上是不是又出现了位新朋友？那就快到工具箱里找一找有没有跟我们这位新朋友长得很像的工具吧！

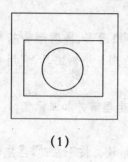
（1）

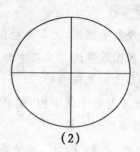
（2）

（设计图（2）的目的，主要是与上节课所学知识结合起来，综合应用。）

1. 讲解：单击"图形"，移至画图区，指针变成"＋"形状。按住 Shift 键，按下左键，再拖动至另一点，放开左键，一个圆形就画出来了。

2. 学生练习。

（1）同学们，《大脸猫》动画片看过吗？（学生回答）现在想一想，大脸猫的头是什么形状的？需要哪一位朋友来给我们帮忙呢？（在此处为下节课打下埋伏。如细心的学生会发问：老师我知道大脸猫的头是扁的，这该怎么画呢？借学生的问题让他们先思考，到下一节课就很自然地引入到正题。）

（2）同学们，看我拿的这几个皮球好看吗？（此时，由录音机播放《拍皮球》这首儿歌）五颜六色，十分好看。（此时，学生们的注意力已被欢快的儿歌所吸引）听，这些小朋友拍得多欢快啊！

突然音乐没有了，学生们会发问：老师怎么没有《拍皮球》的歌了？帮帮他们吧？同学们都乐于助人，那就快快动手帮助他们画一些皮球吧！我相信，经过同学们的一双双巧手，一定会帮这些小朋友画出更美的皮球来。（在此，加强综合应用能力的锻炼，请同学们用涂色工具，给皮球涂上颜色，培养学生的色彩感、审美观和观察力。有效地利用一年级学生的无意注意规律组织教学）

五、综合应用与巩固

目的：培养学生的综合应用知识的能力和动手能力，在练习方式上，不拘一格，充分发挥学生的想象力和创造力，给学生充分展示我的机会。

形式:以小组讨论、合作的方式展开,在组与组之间进行竞赛活动,给优胜的组员发大红花,鼓励。怎么才算是获胜的组呢? 必须是组内每一位同学都完成了,才算是本组完成,以此提高学生的相互协作能力和集体意识,从而达到共同提高的目的。

做习题:

1. 师:同学们,现在充分发挥你们的想象力,比如:你是一位设计工作者,设计出了超能机器人;或者你是一名宇航员,飞上了太空,正在遨游宇宙等等。看谁能把我们今天交的这三位好朋友都请出来,给我们帮忙。

(培养学生的创新能力和想象力,尊重学生的个体差异和个体才能的充分发挥。)

2. 放一首儿歌,请同学们听一听,在这首儿歌里提到了哪些事物? 请同学们根据自己的想象或通过与本组内的同学相互讨论,把听到的事物想象一下,看看它会是什么样子? 然后画下来。(此题在选音乐时,要紧密结合学生的实际情况而定)

最后,对各组完成的作品进行展览,让大家共同讨论与交流,吸取别人的经验,发现自己的不足。

板书:画规则图形。

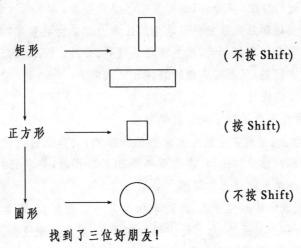

找到了三位好朋友!

课后总结

上完《画规则的图形》这一课,我感觉良好。这种良好的感觉应该来源于课前充分的准备和合理组织教学,充分体现了学生的主体地位。这个准备包括以下几个方面的内容:

一、认真研究教材

　　研究教材的目的是为以后做好准备,在此环节最重要的一点是把握这一课与前后课的关系及与其他相关学科之间的关系,而不应当把它当作孤立的一课来上,以增强课堂过程的紧凑性和教学的目的性。比如:在备这一课时,我了解到数学课中也有一课专门介绍"有关的几何图形",因此在设计教学过程时,就与数学的有关知识结合起来,为相关学科的学习打好基础。同时根据不同的教学内容,为学生创设不同的教学环境,以尽量克服学生注意力不能长时间集中的问题。

　　二、根据学生特点创设教学情景

　　学生是整个课堂的主体。学生的主体性发挥得如何,是决定整堂课的好与坏很关键的一点。小学生的注意力不稳定、不持久,容易被一些新奇刺激所吸引,计算机演示中多变的图形画面、绚丽的色彩,强烈刺激着学生的视听感官,吸引了学生的注意。它化抽象为形象,变静态为动态,以其新颖性、趣味性、艺术性引发学生产生旺盛的求知欲。根据这些特点,我就在教学的整个过程中,不断地创设情景,使整个课常气氛都很活跃而且充满新意,使教学在愉快、轻松的环境中进行。比如:在讲矩形与正方形时,请出了一胖一瘦两位好朋友,比较形象,学生觉得很有趣。再比如:讲圆时,整个课堂已进行了 20 多分钟,这时学生已经很疲劳,为了再次调动起学生的积极性,我应用彩色皮球和放儿歌来吸引学生的注意力。学生喜欢学,愿意听,觉得好玩,有兴趣,就能够学会和理解知识,就能够增长搜寻、分检、提取、加工信息的能力,主动去发现问题、解决问题,从而培养创新精神和实践能力。

　　三、教学方法的设计

　　在这节课中我采取了以下几种教学方法:

　　1. 比拟教学法:用现实生活中大家熟悉的事物,对知识进行说明讲解,以达到加深印象、帮助理解的作用。比如:在讲到矩形和正方形时,将它们的长和宽分别比作人的腿和胳膊,使学生比较容易理解。

　　在采用比拟教学法时应注意,两种事物在某一方面相似,而其他方面未必相似,不可将两者混为一谈。另外,所打比方要贴切妥当,切勿生搬硬套。

　　2. 比较教学法:将两种或多种相近或相似的要领加以对比,形成鲜明差别,以加深理解、避免混淆。如:在讲矩形与正方形的区别时,通过两组腿与胳膊的长与短的比较,使学生仔细观察,达到分清概念的效果。

　　3. 实物演示法:对有些问题,单纯采用语言叙述难以讲解清楚,而一旦辅之以适当的图形说明,则能起到事半功倍的效果。例如在讲圆时,用彩色的皮球就可以启发学生的思维。①

　✦ **教学设计说明＋提炼后的教学场景＋总体教学反思**

这种形式首先对教学对设计作简要说明,然后对教学过程中产生的实际素材进行加工,呈现出教学的总体进程,最后再对教学做总体评估性的反思。

例 9.22

识字 6

教材说明

《识字6》选自义务教育课程标准实验教科书语文(人教版)一年级下册,是数量词的归类识字。教材把数量词集中在四幅不同的画面中,让学生感受美好的景色,感受美好的生活,并初步感知不同事物的数量词表达方式。

学生分析

对一年级下学期的学生而言,识字课并不陌生,他们已经积累了许多识字的方法和经验。本班学生当中,有三分之一的学生能够认识生活中常用的汉字,具有主动识字的愿望,但也有个别学生识字量少,在认记汉字上缺乏灵活性。所以在教学上要以点带面,让他们在互教互学中扩大视野,体验与伙伴合作的乐趣,增强集体凝聚力。

教学目标

1. 通过本课的学习认读 14 个生字,掌握"海、军"两个字的读写及运用。

2. 根据书中提供的数量词的用法,能把身边的事物用数量词表达出来。

3. 通过朗读,感悟情境,发挥想象力,在叙述的同时,语言得到训练。

4. 能用自己喜欢的方法识记生字,有主动识字的愿望和兴趣。

5. 在小组交流中,体验合作的乐趣,增强竞争意识。

设计思路

本课共四个小节,通过每一小节不同的内容展示出四幅不同的画面,而四个小节的形式都是相同的,所以在这设计这一课时,我采用"教、扶、放"的方法。首先,以第一小节为例给学生创设情境,让学生在朗读想象中感悟景色的美丽,然后引导学生在特定的情境之中自主识字,在第二小节的处理上,我辅助学生在想象、质疑中感受画面,再渗透前一个小节的学习方法,让学生摸清思路后自己学习第三、四小节,体现教师的主导作用,突出学生的主体地位,并将自主、合作、探究的学习方式贯穿其中。

---

① 案例作者.陕西省西安市海伦·斯诺小学郭芹.

在巩固识字上,让学生在游戏中学,在轻松、有趣的玩耍中学,激发兴趣、巩固知识,增加参与的积极性。

在指导写字上,注重学生的写字姿势、执笔方法,并进行笔画笔顺、偏旁部首、间架结构的书写指导,培养学生良好的写字习惯,使每个学生掌握写字的基本技能,做到正确、端正、整洁。

教学准备

卡通生字卡片、多媒体课件。

教学流程

一、激趣导入。

师:小朋友们,我们刚刚度过了五一长假,在这个假期里,老师跟随旅游团出去旅游了,这节课我想把我旅游的景点介绍给你们,如果你们觉得景色优美,还可以向别人推荐。

二、朗读、体验情境。

1.师:请同学们把书翻到《识字6》,看看都要去哪几个景点参观。你们先试着自己读读课文,要是遇到不认识的字,我们就请拼音帮忙,或问问你的同桌,把它读会,看看谁读得又快又好。(学生自己试读)

2.师:同桌之间互相读,仔细听一听他哪里读得好,你要向他学习,读得不好的地方,你要帮他纠正,看看哪桌的同学合作得最出色!

3.师:刚才同学们读得很认真,现在谁愿意站起来读一读啊!其他同学边听边想象一下,你都看到了哪些景色?(指名每人读一节)

师:同学们,你们可真了不起,没用老师帮忙,就把课文读会了。用你们自己喜欢的方式夸夸自己吧!

(通过几种朗读方式,让学生感知文中所描述的不同画面。)

4.师:老师也想读读这美丽的景色(范读第一小节),你想象到了什么画面?(指名说。)

(发挥学生想象力,让学生充分练说,尊重鼓励学生在学习过程中的独特的情感体验。)

三、随情境自主识字。

1.师:同学们想象的景色真美,看看你们想象的和老师想象的一样不一样?

出示多媒体课件,教师对画面加以描述:这是一幅美丽的海边景色,蔚蓝的大海上行驶着一艘威武的大军舰,岸边停靠着一条小帆船,海鸥在大海的上空自由飞翔,海滩上有许多美丽的贝壳。同学们,来到这里你最想干什么呀!

(点击出:句→词→字。)你们要把他们的名字记住。

师:去掉拼音帽子,你们还认识吗?谁愿意当当小老师教教大家。(指派学生黑板前领读。)

用你们喜欢的方法记住这几个字,在小组内交流一下。

(通过小组内的交流,强化已掌握的识字方法,培养学生良好的合作意识。)

男女生比赛读,并给予评价,及时鼓励。(师鼓掌加油)

2. 师:我们刚刚欣赏完大海的景色,现在又到了一个景点,我先来问问大家,你们去过农村吗?请同学生读读第二小节,看看这里的农村和你见到的一样不一样,而且要一边读一边把生字朋友和不懂的地方用你们自己喜欢的方法画出来。

(尊重个性化学习,培养学生分析和解决问题的能力。)

师:你遇到了哪些不懂的地方?那我们就一起走进这个小村子去了解一下吧!(利用课件帮助学生理解"一畦"、"一方"的意思。)你圈出了哪几个生字?这几个生字已经离开了课文,出现在大屏幕上,你们还认识它们吗?(出示"秋"、"稻"、"塘",齐读、组词。)

你们觉得这个小村子美吗?如果你认为它很美,回家后就把它画下来。

(关注个体差异,满足不同学生的学习要求。)

3. 师:同学们,刚才我们游览了两处景点,我们不光看到了秀丽的景色,还学到了一种学习方法:先把每一小节读会了,再展开想象,感受画面的美丽,又认识了生字朋友,还给它们找了好伙伴,下面两个景点,老师想让同学们自己去游览。分小组自己选择你们喜欢去的景点,希望你们能用到刚才咱们共同学习的方法。回来后,老师看看你们谁的收获最大?

师:哪个小组游览第3处景点,先派个代表读读这一小节,其他小组来当裁判,看看有没有读错的地方(指名读)。

师:通过交流,你们想象到一幅什么样的画面?(指2名学生)说说"一群"是什么意思?

你们想象得可真美,那咱们到那个地方去看看吧!

出示多媒体课件,师对画面进行描述:这是一幅江南水乡图,石桥下一条小溪静静地流淌,小鸟在林间欢快地歌唱。这时画里来了两上生字朋友,也急着要考考你们。学第三小节的小朋友站起来齐读一下,你们谁想当小老师,教教其他小组的小朋友们。(指2名学生)用"小溪"说句话。

教师小结:刚才游览第3处景点的小朋友,收获可真大呀!教师把漂亮的小米奇(图片)送给你们。游第4处景点的小朋友们,老师知道你们也很想得到奖励,快派个代表读一读第四小节,其他小朋友也给他们当当裁判。说说看到了什么,也奖给你们一只小米奇(图片)。

刚才我们游览的时候,有一位叔叔扛着摄像机也跟你们去了,把你们看到的都录了下来,我们再来看一看。

出示课件。

师:你们看到的是这样的情景吗?画面上的铜号知道我们小朋友都很喜欢它,它走下来了,大家看看。(出示实物)摸一摸,记住它。但是"铜号"还想让你们记住它的名字。(课件点击出"铜号"两个,学生把字读一遍。)

师:画面上还有一群红领巾呢,出示"领"字,想想怎样记住它,"铜号、领",开火车读一遍。

(三、四小节放手让学生自学,突出学生的主体地位,充分发挥学生在教学中的主动性和创造性)

我们的列车旅游归来了,小朋友欣赏了四处不同景点的美景,我们的祖国真美啊!大家走了这些地方,一定很累了,我们来轻松一下,跟老师做一做动作。

四、巩固识字。

师:老师知道小朋友们最喜欢"宠物小精灵"了,今天老师把它们都带来了。(在板中出示"宠物小精灵"卡通图片)你们想和小精灵们交朋友吗?但是小精灵有个要求,谁想和它交朋友还必须把它背后的生字读出来,你们有信心做到吗?

指名读自己喜欢的小精灵背后的生字。

(让学生在自己喜闻乐见的游戏中巩固生字,增强识字兴趣,体现主动学、玩中学的编排意图。)

让学生把教室里的物品用数量词说一说。

(对文中出现的数量词知识进行巩固,同时规范学生的语言。)

五、总结。(略)

六、作业。

师:请同学们回家后,把家里的物品用上数量词,说给爸爸、妈妈听。

(让学生能够学有所用,既是对原有知识的巩固,也是一项课外扩展活动,为学生提供广泛的发展空间)

课后反思

本课通过引导学生想象画面、观察画面来领悟文中所体现的美丽景色。但文中的四处景物都是南方的景色,离学生的生活较远,使得学生的想象具有局限性,说得不够到位,在这一点上教师还缺乏指导。如能"以讲促说"可能比看画面效果要好些。

课间游戏我设计了一项师生互动环节,不仅达到了休息的目的,而且也是对数量词的巩固,在巩固生字一环节上我选择了学生最喜欢的"宠物小精灵"卡通图片,激发了学生的兴趣,活跃了课堂气氛,达到了预期的效果。

教师是教学的组织者、引导者与合作者。我认为我对学生的组织还不够,不能收放自如,在关注学生方面还需大大加强,真正走近学生,融入其中,才能建立师生平等关系,让学生成为学习的主人。[①]

✦ 教学设计＋教学片断＋教学反思

这种形式与前两者最大的区别在于,是在教学实录中截取一些代表性的片断,在呈现这些片断的基础上,着重对其中蕴含的问题进行反思。它既不同于第一种形式原汁原味地再现教学整个过程和场景,也不同于第二种形式将实录素材作剔去的处理,是择其要者展开分析。

例 9.23

以演代讲的一点尝试
——我教《登山》

备课时的设想

我静静地坐在桌前,心中一遍又一遍地默诵着《登山》这篇课文,皱着眉头思索着:以对话为主的叙事性文章,采取怎样的教学方式才能激起学生的兴趣,并发挥其主动性呢?分角色朗读,在读中理解词语,不如以演代讲,让学生用表演的办法学习课文,不仅锻炼学生的理解课文和朗读表演的能力,还培养他们合作学习的意识。这瞬间的灵感激活了我的思维,笔尖在教案本上沙沙地写着。片刻,一篇引导学生合作、探究学习的教案"出炉"了。看着它,我仿佛看到了一张张求知的面孔,一双智慧的童眸。

课堂上的尝试

伴着清脆的铃声,带着我的设想方案,我精神抖擞地走上讲台。"同学们,今天我们用一种新方法——"表演"学习第 17 课《登山》。"只见学生的脸上流露出好奇的神

---

① 案例作者.黑龙江省大庆市直机关四小关宏荣.

情。正如我所预料的,学生对表演有着浓厚的兴趣,有了兴趣教学就能取得好的效果。我随后提出:"要表演就要熟悉课文内容。请大家默读课文,边读边思考课文写了一件什么事?"学生都兴致勃勃地读了起来。几分钟后,一只只小手举了起来,举手的人比平时多了一倍多。我一看,连平时寡言少语的××同学也举起了手,我连忙叫起她来,"《登山》讲的是列宁登山看日出两次走过靠近深渊的小路的一件事。""概括得既准确又精炼。"我连忙给予肯定,并用赞许的目光看着她。看到她双眼流露出的喜悦,心中暗暗高兴:"兴趣真是一位最好的老师。"

排练

"自由组合,利用已有学习方法,在共同分析、理解课文内容的基础上排演。"我的话音一落,学生三人一组立刻投入到了学习中。朗读声、分析声、指导声,此起彼伏。我来到第一组同学跟前,看到他们正用逐句分析法在理解句子。我又走近第二组,他们更了不起,已经把体现小路险的句子纷纷画了出来。潘敏的发言把我引了过来,她说:"路宽只能容一只脚,一边是峭壁,一边是深渊。写出了小路的险,在读'一只脚'、'峭壁'和'深渊'这三个词时读得重一些就能把困难、危险表现出来。"说着她就示范着读了起来。我连连称赞。正在这时,三个脑袋的扎堆引起了我的注意,他们在干什么? 走过去一看,原来他们在一句一句地指导 XX 同学朗读呢! 平时说话结结巴巴的他,也跟着同学们有板有眼地读着巴果茨基的话……

表演及评论

"谁来演?"我话音刚落,各小组的学生已小手如林,跃跃欲试,都想一展风采。"XX,你们组表演。""哎!"高举的手放了下来,一个个像充了气的皮球。我马上为其鼓励。"评论家才是最了不起的角色,谁想当?""我!""我!"学生的劲头又来了。我又说:"我们都来做评论家,仔细观看表演,结合自己对课文的理解进行评论,看谁能戴上评论家的桂冠"。

表演开始了,他们简单地画了背景,黑板作为峭壁,一条粉笔画的线就是小路。从"演员们"的句句台词和举手投足中,可以看出他们深刻地理解了课文的主要内容。只见,扮演巴果茨基的同学双臂伸开着,扭转了头,用碎小的步子向前移动着,那小心谨慎的神情好像把我们带到了悬崖峭壁的险路了。我心想:学生们真了不起,自主、合作、探究的能力超出了我的想象。就在这时,一声"往回走"吓了大家一跳,定睛一看,"列宁"双手扶头,表现出头晕目眩的样子,在最危险的地方停住了。紧接着他手捂胸口,像定了定神,小心地向前移动。"……一股柔和的阳光正好穿透黎明前的薄雾。远处蔚蓝的湖水开始反射出耀眼的光芒。"伴着声音我仿佛看到了阳光、森林、湖水,感受到了大自然的无限美好和列宁战胜困难后的愉悦之情。精彩的表演在热烈的掌声中结束了。激烈的评论紧接着拉开了序幕。

——他在读"路宽只能容一只脚,一边是峭壁,一边是深渊。"这句话时,重读了"一只脚"、"峭壁"、"深渊"这三个词,使我从中感受到了这条路的危险。

——表演者伸开双臂,扭转了头,用碎小的步子向前移动着。这里扭转头、碎小的步子可以看出巴果茨基虽然走过这条小路,但还是有些提心吊胆,更突出了小路的险,他把这一切都表演出来了。

——旁白在读"……一股柔和的阳光正好穿透黎明前的薄雾。远处蔚蓝的湖水开始反射出耀眼的光芒……"这部分写景的段落时,语调高昂,给人一种喜悦的感觉,这样正好体现出了列宁战胜困难后观赏到日出的心情。

我为学生有如此强的领悟人物情感的能力而惊喜。我说:"你真棒!你能读一遍吗?让我们大家也从你的朗读中感悟一下列宁此时此刻的心情。"于是,激昂的声音在教室里回荡,掌声便响亮地爆发出来……

——老师,听着他的朗读,联系时代背景,我认为这里除了体现列宁顺利通过小路的喜悦外,还体现出列宁看到了革命的胜利。阳光就像革命的力量,黎明前的薄雾好似沙皇已薄弱的统治。

我更加兴奋了,说:"你真了不起!能够联系时代背景,挖掘文字中的内在含义。老师都要向你学习。"

——在第二次走过险路时,他没能把列宁毅然决然的态度表现出来。这里应该体现出列宁锻炼自己意志的坚决态度。

"你来表演一下,好吗?"他走上讲台,表演了这精彩的片段。

一个个表演者在讲台上尽显风采,一个个评论者各抒己见。"丁铃铃!"下课铃响了,可学生兴趣不减,还在说着、议着、演着。看着这充满生机的情景,我欣慰地笑了。以演代讲,充分调动了学生学习的积极性和主动性,让学生在自主、合作、探究中寻找到了学习的乐趣。

案例分析

教师讲读起始,要学生用表演的方法学习这篇课文,立即激起学生极大的兴趣。教师随即提出"利用已有的学习方法,在共同分析理解课文内容的基础上,排好、演好"。学生根据要求开始了排演,这里真正地体现出了兴趣是最好的老师,学生认真分析每一句话,课堂上出现了浓厚的自主、合作的学习氛围。就这样,学生在体会情境、描绘情境、演示情境的活动中,深刻地理解了教材的主要内容,受到具体生动的形象感染。在评论中,能够准确地抓住文章的重点句。在学习中,学生思维能力和想象能力也得到了发展。[①]

(三)教学课例撰写注意事项

以上三种课例都是将课堂教学作为研究对象,运用几种不同的方式来透视课堂、探寻教学的。在这些课例中,有教学反思,有教学事件的描述,甚至有时会有像案例那样对特定问题的把握,是将多种不同研究方式的目光聚焦在某一节课上。教师在运用教学课例进行研究时,一是要注意选择的课要具有一定的代表性、典型性,能够说明一些问题,确实会给自己带来一些新的思考,能从中提升自己的教学智慧;二是注意较为详尽地介绍自己的教学设计,要把新课程的相关观念转变为具体的教学方案,用新课程的理念指导自己的教学行为;三要注意运用录音、录像,委托他人现场记录等多种手段全面收集课堂上的各种信息,只有充分地占有这些信息,才能为自己的提炼概括、选择教学片断等打下基础;四要注意对照设计意图反思课堂上的教学行为,分析教学实际进程与教学设计的差距,把课堂上存在的某个问题某些问题作为深入思考的对象。

活动 9.6

1. 与同事合作,撰写一篇教学课例。

2. 总结撰写课例的收获。

七、教 学 论 文

(一)中小学教师论文写作的定位

撰写教学论文就是在调查研究或实验实践的基础上,经过分析论证,深化认识,把研究成果文字化。它是中小学教学研究活动中一个环节,其作用在于深化研究、深化认识,深化创新。

---

① 案例作者.山西省太原市海边街小学郭秀蓉.

✦ 常见的教学论文类型

表 9-4　常见的教学论文类型表

类型	定 义	特 点	结构要求
学术论文	也叫科学论文、研究论文，是反映有系统、较专门的学问的理论文章。是一种提出新认识、新理论、新观点，以理论为核心	要能够提出新认识、新思想、新理论，以理论为主要材料。它有时也要写到实践的内容，如列举事例等，但那只是为论证观点服务，其核心和重心仍然是理论	引论、本论、结论三大块。引论要简短，一般包括：研究的方向和范围、写作的动机、选题的意义、研究的方法和依据，以及对研究成果的提示等。本论是主体和重心部分，要丰满、充实。周密地论证自己的基本思想和独创性见解。结论要与引论呼应，根据本论所作的分析、论述加以综合概括而得出结语
实验报告	为了印证某种理论或假设而实施实验，从中发现问题的实质和规律。将实验的过程和结果写成书面报告，就是实验报告。也就是把教育教学改革实验课题进行总结的文章，包括终结性的和阶段性的实验报告	主要是对实验作总结，以实验为文章的主要材料。主体是实验本身。有关认识、理论都是作为实验的理性依据，或对实验的规律性的认识评价	(1)问题提出(引言)：包括实验的背景、动机、理论依据和预期目标等，要非常简要。(2)实验方法和过程。即实验是怎么操作的，分几个方面、分几个阶段展开，被试的选取，变量的控制等。内容要翔实、清晰，能让人仿效操作。(3)实验结果：要简明扼要，坚实有力。尽可能量化，最好用图表说明。(4)分析讨论：分析和揭示实验结果的原因，要有深度和广度，逻辑性要强。(5)结论：对实验所得下最后结论。文字要简明扼要
调查报告	也叫考察报告。是一种把调查情况、研究问题取得的材料提炼出规律性认识后所写成的文章。重在写教育教学客观存在的现状	调查报告是"由果及因"的研究，即从大量的事实以及数据中找出规律。具有显著的新闻性、典型性	内容一般包括调查的目的、对象和方法、结论、对策等等。其语言有叙述、说明及议论，要准确生动，简洁明快，有时也需要数字图表的辅助

类型	定　义	特　点	结构要求
说课方案	是由执教者解说自己的教学所形成的文字。重点解释说明自己教学设计和教学操作的思想依据，即回答为什么这样，让教师们透过教案或教学现象看清教案或教学本质	说课方案(说课稿)不同于教学方案(教案)，后者只考虑"怎样教"，说课方案则要着重说清"为什么要这样教"。其理论依据为：(1)《教学大纲》中的指导思想、教学原则、教学要求等；(2)《教参》中的编排说明、教学建议等；(3)教育学、心理学中的原理、原则和方法等。说课方案要准确把握学科和教材特点，并且摸清学生实际，做到有的放矢。不管运用哪种理论，都要具体、适当、令人信服，切忌理论堆砌不实用和理论空洞不管用	说课方案通常包括：(1)简析教材：明确教学目的、教学重点和难点等。(2)阐述教学方法和手段，包括其理论依据等。(3)指导学法，包括举例说明如何根据教材特点来适当地选择学法等。(4)教学程序和教学环节的确定。这部分内容实际就是课堂教学设计，既要有具体步骤的安排，又要把有针对性的理论阐论融会其中。说课有教前说和教后说之别，如果是后者，就不必再多说教学过程和教学手段等的具体安排了
评课意见	对听过的课所发表评论意见形成文字形式，即写成的文章，它是鉴定教学效果的一个重要依据	评课意见属于教育评论的范畴，只不过是对课堂教学的具体评价。评课意见如果是为一个教改实验课题的研究积累资料，一般应写得全面些，成败得失均作出相应的分析。如果准备作为独立成果投稿发表，则大多只取其中一些典型做法、成功经验加以评价，不足之处略加说明即可。它还可以和成功的课堂教学实录或教案相配合，相得益彰	评课意见没有固定的写作模式，但要注意以下三点：(1)不仅要评论教得怎么样，更要提出该怎么教的意见。这就需要听课者有较高的教育理论修养和教学水平，同时还需要听课前就做些准备，包括看看教案，听听说课等，熟悉对方教的内容。(2)评价要从大处着眼，详略得当。要着重看教课所反映的教学思想怎样，是先进的还是陈旧的；所遵循的教学思路怎样，是清晰的还是杂乱的；所采取的教学方法怎样，是引导式的还是灌输式的；所产生的效果怎样，即在多大程度上实现了教学目标。至于枝节问题，则可以点到为止。(3)态度要求真务实，实事求是

续表

类型	定　义	特　点	结构要求
工作总结	是概括叙述和反映主观实践活动的一种文体。也可以说是一种将工作实践中片断和零碎的材料集中起来,使之条理化、系统化,上升为对事物规律性认识的文体	总结和调查报告很相近。都要全面、深入地掌握材料,通过分析和综合,反映事物发展过程并揭示其内在规律,从而回答现实中的有关问题。由单位或个人自我回顾而写成的。总结用第一人称	内容一般包括基本情况概述、主要经验、存在的问题和今后努力的方向等等。总结除专题经验总结以外,一般都应把基本情况、工作过程、成绩、收获和缺点、问题都写到,进而分析经验教训,并提出努力方向
经验文章	经验文章是通过总结成功经验而写成的文章	经验文章实用性较强,自由活泼。只要说明经验的价值和如何运用该经验即可,经验是陈述观点,重在专题,文体上自由化	包括三大块:论题、事例、分析。(1)论题要有价值,要新颖,要化大为小。(2)事例要上升到规律,例子不能太单调,要能够从不同侧面充分说明经验。(3)分析要找出事例和结论之间的必然联系,看它们是怎样成为经验的。不仅要说出它的操作方法,还要说出它的适用范围和普遍意义
教学随笔	属于广义的经验文章范围,是对自己教学过程中反思、感悟、得失以及心得体会的记录。也可以记下自己没有参与的事实现象和行为过程等	教学随笔灵活、短小,一般是为一个材料而叙而议。常常是作者自己的"思维体"和"技术自修"。除写自己的经验以外,也写失败的教训和其他心得体会等,但不以理论性、思辨性为追求。有时也重在客体色彩,但它是以记叙现象、过程为主,议论只是点睛之笔	教学随笔有的以记叙为主,重在记下有关教育教学的现象和过程,篇末简单表明自己的观点;有的以议论为主,叙事简略,只是议论的引子,着重要说的则是感受和感想、典型,内涵丰富,议论要科学、精辟,水到渠成

续表

类型	定 义	特 点	结构要求
教育评论	是对有关教育教学的思想、现象、言行和教育教学个例等进行评论的文章	教育评论涉及的对象不是以和整个教育有关的对象为外延；着重对主体以外的事物作客观评价，说长论短，激浊扬清，分析出好坏。带有一定的理论和思辨色彩。但不需要有完整的理论系统，大多是一事一评的小型之作	评论的结构类似于学术论文，但大多是针对一个事例、一种现象的"小评论"。评论的对象必须有价值，即有典型意义，有丰富内涵，有新异色彩。要注意选准角度，深入发掘，找出其多种属性中最本质的属性。语言表述也要分寸适当，发人深省
考试评析	考试评析包括评析考卷和评析考情两种文章。一是评考卷，包括对整卷的分析评价、单个题目的评价、试卷结构的分析评价等；二是评考情，包括考试基本情况、考试的得失、改进教学的意见等	考试评析属于教育评论的范畴，只不过是对考试的具体评价。评析考卷既可就整个考卷来评，也可以只评单个题目。评析考情是通过分析考生的考试情况和结果来评估教学质量，以使教师改进教学，学生改进学习。其实，考情评析类文章还可以仅仅选取其中某一方面甚至某一道题的答题情况来分析，以此来透视教学中的长短得失。这种写法更具体、灵活，容易写出新意，写出深度，更受有关报刊欢迎	(1)评析整卷：要求所有考题内容均不超出大纲。整卷的难度要合理，应有高、中、低三个等次的题目区分度，并且一般是中间大，两头小。试卷的结构要合理，覆盖面要广，不能有严重遗漏和偏废；题目次序编排一般应当由易到难。(2)评析个题：一要按照教学大纲的标准，看难度是否合适。选拔考试题目难度可以稍高一点。二要看是否有一定的智能含量，即看是单纯的考试记忆知识，还是主要为检测能力而考相关知识。检测能力还要看这种能力在实际工作、生活中有无意义。(3)评析考情通常包括以下内容：a. 考试基本情况。包括应考人数；整卷平均分、各分数段考生人数、考生最高分和最低分；各题平均分、考生最高分和最低分等。b. 考试的得失。分析原因，从中找出经验教训。c. 要具体、实在，有较强的可操作性

✦ 发挥中小学教师论文写作的优势

与专门从事科学研究工作的专家和研究人员相比，中小学教师在撰写教学的学术论文方面比较缺乏理论功底。所以，中小学教师撰写论文要定好位，要突出自己的特色，发挥自己的独特的优势。

1. 从实践出发。中小学教师置身于教育实践之中,积累了一定的实践经验与体会,如果将这些行之有效的经验与体会按一定的规范写下来就形成了鲜活的教育论文。

2. 有意识地将教育理论运用到教学实践。实践是检验真理的唯一标准。目前的中小学教师大都受过正规的师范教育和在职培训,都具有一定的教育理论素养,具有将教育理论运用到教育教学实践的机会,这为教师撰写教育教学论文提供了贯通理论与实践的桥梁。

3. 中小学教师有自己独特的研究与总结的范式。中小学教师所从事的工作具有实践性强和自身需要具备一定的教育理论素养的特点,因而中小学教师在问题探索式和行动研究式两个方面具有优势。问题探索式,就是从发现教育教学实践中的问题入手,结合理论学习,在实践中寻求解决问题的对策,并把实践探索的结果写下来。其范式结构为:发现实践中的问题——学习教育理论,提出解决问题的对策——探索实践,对照教育理论,总结提高——发现新问题,不断总结。行动研究式,就是从学习现代教育入手,发现教学实践或理论与实践的矛盾之处。其范式结构为:学习教育理论,形成新的教学观念,根据教育理论制定解决问题的实践方案,探索实践,对照教育理论,总结提高。

✦ 如何撰写论文和报告

关于教学论文和报告的撰写,除了注意上述论文类别、特点和结构外,还要注意具体程序。

1. 确定标题。标题就是我们要写的论文题目。确定的依据就是:一是素材最熟悉;二是感受最深刻;三是实际最需要;四是想写的欲望最强烈。如果不符合上述要求的不要硬写。接着要拟好标题,好的标题要做到准确、简明、新颖、切实。标题的表现形式常见的有:以主要内容为题。这种形式很常用,如《教师专业化发展的基本途径》、《培养青年教师的爱岗敬业精神》、《用系统的方法解决学生学业负担重的问题》等。以论文主题为题。如《也谈创新》、《新课程理念》、《只有继承才能创新》等。有加副标题的。如《认真打好词句基础——学习香港小语教学经验有感》等。

2. 资料收集。要写好一篇论文,作者必须占有丰富、准确、全面、典型、生动、具体的材料,即资料。要占有这些资料,就必须收集资料,具体途径有:平时探索成果的点滴积累;查阅教育理论名著和工具书籍;调查研究,收集有关的数据、论据;查阅有关的报刊、文件,从中摘录。

3. 拟好提纲。提纲是文章思路的具体框架,有的实际是论文中的小标题。古今中外作家都非常重视列提纲。拟提纲除了要求符合标题要求以外,还力求周密,也就是一定要周全、严密、具体。一开始文字可以列详细些,以后可以简单些,但对其中的小标题要字斟句酌,力求精当、贴切。并且,标题之间,文字的字数和句式要力求一样，如能"对仗"更好，并要照应大标题，对仗的题目一样给人以一种美的享受。

4. 精心行文。精心行文，就是非常认真地组织文字以表达论文的中心论点。论文基本按序论、本论、结论三部分安排。

5. 写好序论。序论就是论文的开头部分。文章要求"凤头、猪肚、豹尾"。要使论文的开头成为"凤头"，可从如下方法入手：

(1)开门见山法：就是单刀直入，直接提出中心论点。

(2)目的入手法：就是一开始简要地叙述写作动机，然后再提出问题。

(3)设问引入法：即通过设问句，引出中心论点。

(4)列举事例(现象、实验)法：就是先列举事例或实验、现象，再由此生发出议论。

(5)引用名言法：就是引用著名人物、书籍等名言、精辟论述作为开头。这种写法也很常用，还常用于段落的开头。

(6)总领全文法：就是先论述中心论点，以后在本论和结论中再一一分述或论证。

6. 写好本论。本论就是论文的正文部分，主要是围绕中心论点从正、反两个方面进行论证，分析、解决问题。按所谓文章"猪肚"的要求，本论要写得充实、有力、具体。另外，根据论文的特点，要求段落之间、层次之间、论据之间要有严密的逻辑性，论述、说理的先后次序要按照事物的内在联系和说理的周密性以及效果来安排。且要以准确的关联词语把论文的各部分组织起来，使论文逻辑性和说理的周密性充分表现出来。

本论的全文或段落论证思路或构段方式一般有以下几种：

(1)总分式。即先总述后分述。

(2)总分总式。即先总述再分述，最后总结。

(3)概例式。即先概括地写，再举一二事例来具体论证。

(4)并列式。这是本论行文常用的主要结构方式，就是围绕中心论点所涉及几个方面，分别进行论述。

(5)对比式。先正面说理，再反面说理，最后小结。

在写每一个段落或层次的开头时，可以灵活采用上述的六种开头方法，一般常用的是第(3)、(4)、(5)三种方法。

7. 写好结论。结论就是对本论所论证的问题进行总结，并对下一步的打算作简单表述，可以不写结论。结论一定要简短、精练、强化、照应中心，千万不要拖泥带水。可以引用名言结尾，以加大力度，升华主题；可以赋诗结尾，以烘托气氛，抒发激情；也可以以表态或展望结尾，以表明决心，展示意向。总之，根据自己的爱好、实际需要灵活采用。

◆ 修改润色

论文的初稿写成后，还要耐心修改。一般有两种方式：一是初稿完成后立即进行修改,对完善、补充和拓展论文有好处。一是初稿完成后,放置一段时间,再以清醒的思路重新审视内容、进行修改,这对论文布局、结构等大的方面修改有好处。修改的重点是:重审论点,是否表述得正确、清楚;核实论据是否正确,充分;斟酌布局,修正论文的结构;推敲语言是否通顺、规范、精练,是否恰如其分地运用修辞手法,尽量让语言美不胜收,使读者爱不释手!

✦ 如何展示科研创新成果

1. 通过网络发表。很多教育网为教师发表文章留了空间,只要登录这些网站,在帖子空间就可以粘贴文章。

2. 通过报刊杂志发表。即通常所说的投稿。注意先了解杂志栏目是否与自己的文章对口。通过会议交流。在校内外的经验交流会上,尤其是国家和省市县主办的教育教学会议上,提交或宣读论文,让更多的人分享自己的成果。

3. 通过展示牌。在大型会议或成果展览会上一般设有展示牌,可将自己的科研创新成果放到展示牌上,让更多的人分享自己的成果。

4. 通过其他媒介。比如:板报、内部资料、集体备课等,与更多人分享自己的科研创新成果。

(二)教学论文的病例与修改

中小学教学论文常见的病例与修改,举例如下:

✦ 题目病例与修改

1. 大题小作。题目涉及面太宽,而论文内容却较窄,这就叫"大题小作"。这种现象在初学论文写作的教师当中占有相当的比例。

[病例1]有一篇论文,写的是对义务教育阶段考试命题的改进意见。文题却为《对义务教育阶段考试改革的思考》。"考试改革"包括很多方面的内容,如考试制度,考试频率,考试结果,考试形式,考试命题等,考试命题只是考试改革的一个子项。因此,这个标题就应该改为《对义务教育阶段考试命题的思考》。

2. 题目过旧。好的题目,应该在一定程度上反映出作者的心境和新意,使别人一看到题目,就能引起对论文的注意。题目的陈旧,有两种情况:

一是题目本身是重复别人用过了的标题。

[病例2]《实施素质教育,促进学生全面发展》、《加强中小学生心理健康教育》、《素质教育与教育观念变革》、《校长在学校管理中的重要作用》、《谈创造性思维的培养》等这类题目,人们一见,似曾相识。虽然题目本身并无问题,但却已是别人用过了的,你拿来再用,就缺乏新鲜感,读者的接受心理势必受影响。

另一种情况是题目的用语陈旧。

[病例 3]《教育改革者的形象之我见》、《师范者:学高为师,身正为范也》、《充分发挥教学中学生的主体作用,业已行动起来》等。用的是半文半白,不中不洋的句子,读起来叫人感到别扭。

题目的陈旧,问题并不简单在于遣词用语上,它说明作者对课题研究得还不够深透。胸中尚未涌来新潮,当然重弹老调。

此外,还有题目不明、题目过长的弊病。

✦ 材料病例与修改

1. 有理无据。有理无据,是指只有理论分析,没有任何事实为依据。这种情况见于全篇论文者是个别的,表现在论文的局部内容上,却为数不少。

[病例 4]心理素质的能动性是人才素质形成的基本条件。人的成长发展过程是一个内外因相互作用的过程中,人才素质的形成是个体在一定外因作用下的内部矛盾运动的结果。辩证唯物论的教育观与机械唯物论的教育观所不同的地方,就在于承认人的主观能动性。从这一角度来分析,在人才素质结构中只有心理素质具有主观能动性的特征,它主要表现在两个方面:一方面它可以在主客体相互作用的过程中对外部影响起到能动的选择作用;另一方面它还可以对内部环境起到重要的调节与事例作用。因而在素质形成过程中可以起到决定整体素质水平的重要作用。一个人具备了良好的心理素质,就可以充分发挥其主观能动性,就能够充分挖掘自身的潜能,就能够有效地促进自身各项素质水平的提高。

这段分析说明由于缺少必要的事实,因而也就是没有雄辩的力量。

2. 理据相悖。理据相悖,即作者所使用的论据与论点自相矛盾,不能全部地印证要说的道理。例如,用一件教育事例去判定某现象的对错;用一篇作品论述某教育家的教育思想;用一次观察的所得来说明实验的可靠性;用少量调查数据来分析某一类事物等。

[病例 5]有一篇论述小学教师素质的论文,用的是作者所在学校的事例。事例说,该校专科学历的教师的教学效果评估高于本科学历的教师的教学效果评估,由此得出结论:专科学历的教师最适应小学教育、教学,本科学历的教师不适应小学教育、教学。

这个结论,显然缺乏充分的事实根据,只凭发生在某校的一个具体事例去说明带有普遍性的道理,其结论是不可靠的。

3. 有据无理。有据无理,一是只有材料,没有观点。作者只是罗列现象、列举数字,没有对材料的分析,也没有结论。文章中往往很长,篇幅是用来堆砌材料,既不表示反对什么,也不表示赞成什么。二是观点与材料不统一。

[病例 6]《学校应坚持以爱国主义教育为主线进行德育》一文的一部分:

以身边发生的国内外大事为题材,组织讲座。引导学生正确认识和评价有关国家利益和民族尊严的事情,激发爱国情感。

……1996的知识产权谈判问题,"美国人开口就说与骗子谈判",我们的外经贸部长吴仪则立即回应"我们与强盗对话"。美国人趾高气扬地列出一系列的限制入口商品。吴仪随口说出一串比他更长的商品名称,理直气壮,针锋相对,大长中国人的志气,大灭美国人的威风。

……我国驻南联盟大使馆被炸事件后,举国上下群情激昂,学校及时报道此事,引导学生认识帝国主义和野蛮行径,大大地激发了学生的爱国热情。

以上的材料应是最好的爱国主义教育材料……

"学校应坚持以爱国主义教育为主线进行德育"这一论点,仅引用几个事例,分别作以简单的说明,罗列在一起,能充分地引证吗?像这样"一观点十事例"的写法,在我们中小学教师的论文写作中十分常见。要把道理讲出来,讲清楚,必须表明观点与材料的统一的过程。这个过程,就是要对材料进行具体的中肯的分析,不仅告诉读者结论是什么,而且还必须告诉这个结论是怎样得来的。

✦ 论证的病例与修改

1. 概念不清。阐释也是一种论述,写作时对文中所用的概念,特别是新概念,如果是大多数读者感到陌生的,就应加以必要的解释,以减少阅读障碍,也使自己行文更显流畅。

[**病例 7**]人格心理学家阿尔波特认为:"人格是个体的心理物理系统的动力组织,这种动力组织决定人对环境独特的反应和思想。"例如当人们产生一种自卑感时,即当人们感到弱小无助时,就会作出活动来弥补此不足,而追求优越,但是这种人格的动力组织过强或过弱对创新人才的培养都是不利。如,某县中学一位男生 D 某,平时成绩都是中上,1992 年参加高考仅一分之差落榜,眼看平时成绩比自己差的同学都上大学了,不服输的心理支配他又连续考了两年,每年都是差那么一点点而不能跨进大学之门。家里也无钱再送他读书了,他还是不服输,自己到广东沿海打了两年工,积攒了一点钱,于 1997 年 9 月又回到原来的中学去参加复习。像这类高中毕业生,各中学都有,他们一次或几次没考上高等学校,不是老师知识传授的问题,也不是学生学科知识的欠缺,而是心理品质的脆弱。我们都不希望自己的学生像 D 某那样曲折而艰辛地走求学之路,那么,塑造学生健全的人格就是当务之急。

这段文字涉及到关键词"人格"的解释。病例开始引用阿尔波特的话来说:"人格是个体的心理物理系统的动力组织",这个解释是从心理学的角度来说的,超出理解范围。论文引用阿尔波特的定义来作解释,对读者来说有点"你不说我还清楚,你越说我越糊涂"了。作者一定要引用也可以,那你得对"心理物理系统"、"动力组织"再作一番解释,才让人好理解。下段开始说"动力组织过强或过弱对创新人才的培养都不是不利"，于是列举 D 生两考不中来证明。那么这位学生到底属"过强"还是"过弱"呢？行文中也没有相应的解释，又给读者留下一个疑问。再说 D 生的例子根本不是对"创新人才"培养不利的问题，而是对所有人才的培养都是不利的。短短一段文字在逻辑上不周密的地方就有三处。

2. 归纳不当。一般议论的结构都是小"三段论"式，先总提，再论证，后归纳。那么这个归纳该顺着论述作总结，有水到渠成之势；而且这个结论又是全段中心的一个深化。可是有的论文却把结论作偏了，似乎另立出一个中心来，使人读起来难抓要旨。

[病例 8]家庭环境包括家庭的社会地位、家庭成员关系、生活方式、价值观念及家庭文明修养等，家庭不仅是孩子成长的摇篮，更是孩子健康心理养成的基础。好的家庭氛围，为子女心理健康和成长进步奠定了良好的基础。反之，如果家庭矛盾，父母长期不和甚至离婚，则会使孩子经常笼罩在混乱的家庭环境中，心理机能受到恶性影响，产生恐惧感，导致心理失衡，行为失常。某学生原来学习成绩较好，期前曾获得双百分，深受老师们喜爱，但自从父母因第三者插足关系闹僵后，在家经常听到他们争吵，有时甚至被父母当出气筒。父母离婚后，这位学生性情完全变了，精神恍惚，上课发呆，拖欠作业，学习成绩大幅度下滑。还有位学生因父母离婚时都不要她，造成她自尊心受损、学习分心、性格脆弱、沉默寡言。班主任老师看她愁眉苦脸的样子，痛在心里，就用师爱去弥补母爱。还有些父母分开了又和好，和好后又分开，如此反复，视家庭为儿戏，待孩子冷漠，上辈的不慎，造成了几代的不幸。一位心理学家指出："对孩子来说，父母离婚带来的创伤仅次于死亡。"

有些学生中途弃学，流浪社会，跟不三不四的人学坏去偷去犯罪，犯罪低龄化的问题日益严重，应引起广大社会人士的忧虑和深思。

这段文章说父母离异造成家庭环境的恶化，因此影响了孩子的健康成长，作了分析后，举了例子来证明，又引用心理学家的话作理论论证，论证算是比较充分了。可是结论性的一句话却说："犯罪低龄化的问题日益严重，应引起广大社会人士的忧虑和深思。"这样就引出另外一个问题来：如何控制犯罪低龄化的趋势蔓延。这个问题与本段中心虽有一些关联，但绝对是另外一个问题。为了归一，最后这个结论必须重写。

3. 逻辑不清。推理是由一个已知的判断推导出一个新的判断的思维过程，它在论文的写作中经常用到，要得出一个正确的推理，必须要有充分的前提条件，条件不足，而又硬推出结论来，就犯了形式逻辑的错误。

[病例 9]学生果真没有什么东西可写吗？答案是否定的。生活是文艺的源泉。所有的大道理、大观点都能在生活这部无字之书中找到鲜活的解释。灵活地抓起生活的一鳞片爪，都能写成有血有肉的文章。他们只是把作文看作一道比较复杂的数学试题。写作无非是用教师传授的技巧章法去演绎一番而已。如果实在还需要什么

素材,那就只能搜肠刮肚或者引经据典了。因此,即使是我们认为写得较好的文章,也大都是四平八稳,一副干瘪的样子,毫无灵性、个性而言。

　　这段文章的结论是:学生应该可以写出好文章。这个结论的大前提是:有生活就能写出好文章;那么小前提应该是:学生有生活。文段里就缺少了对这个小前提的表述。全段的思路是:先用问答式提出论点:学生有东西可写;接下去第二层讲生活对写作的重要意义;再接下去第三层讲学生只会套用技巧,所以只能写出干瘪的文章来。全段三层意思,后两层属论证,都只打擦边球,并没有回答出因为学生有生活,所以他们可以写出好文章这个结论。为此,必须在第二、三层之间插进几句话,弥补缺少小前提的缺陷。

资源中心活动	1. 阅读与本章相关的文章和网页。 2. 开始并坚持撰写教育日记、教育叙事、教育反思,并定期与其他教师交流共享。 3. 与其他教师合作撰写教育案例、教育课例和教学论文。

📑 本章小结

　　真正的研究应该包括公开发表研究成果,其价值在于:一方面它为批评打开了一扇窗户,使经由批评而得到改进成为可能;另一方面它将传播研究的成果,以便他人利用已有的研究成果。因此,参与研究的教师必须将研究成果的表达视为自己的责任和权利,在成果撰写中提升自己的反思水平。教师作为实践者的研究其研究价值在于收获教育智慧,因而,其研究成果同样有着特殊的表达方式。据此出发,本章介绍了以教师实践研究的六种成果表达形式,即教育日志、教育叙事、教育案例、教育反思、教学课例和教学论文。每一种表达方式的介绍,重点放在"是什么"和"怎样做",并附以相关的案例和相关活动的设计,便于教师学习与运用。

⌨ 本章重点

　　❖ 教师的工作兼有科学与艺术、学习与施教、实践者与学者的双重性质,感受到的是一种情境的"不确定性",职域的"无边界性"和责任的"无限性",一种何去何从的生存危机。

　　❖ 教师的研究更多地意味着对学生发展可能性的寻求,对自身专业命运的叩问,对已有的教学经验、个人教育经验的质疑、澄清、对事业应然的追求;意味着教师将"不确定性"、"无边界"、"复杂性"作为创造的契机加以把握,给予积极的应答。

❖ 教师作为实践者的研究,其价值在于收获教育的智慧,其研究成果同样有着特殊的表达方式。

❖ 教师日志是教师所见所闻所感所思的自由写作。它所展示的是教师对教育生活事件的定期记录。

❖ 备忘录是最常见的日志形式,它通过研究者试着去回忆,写下特定时段的经历,而再现教育实践中的生活场景。

❖ 描述性记录要抓住细节的生动"深描",要尽可能是真实的记录。

❖ 通常而言,解释性记录不能单独构成一篇完整的研究日志,它可以由一个短句或几个短句构成,也可以由一个段落或几个段落组成。

❖ 教育叙事大致可以认为"讲故事",人总是在听故事中长大,人长大后又给自己的小孩讲故事。"叙事"是人类基本的生存方式和表达方式。

❖ 教育叙事的意义在于它重视"叙事者"的处境地位、使教师在"叙事"中增强个人的自我意识,对教师发展教育理念具有重要意义,以及恢复在"研究中叙事"的合法性。

❖ 教育叙事的基本特性是以叙事、讲故事的方式来表达对教育的理解和解释。

❖ 叙说教育故事往往采用"深描"的写作方式,即教师比较详细地介绍教育问题或教育事件的发生与解决的整个过程,留意一些有意义的具体细节和情节,在叙事研究的报告文本中引入一些"原汁原味"的资料。

❖ 教育案例发生在真实的教育情境中,蕴含一定的教育道理,能启发人思考,具有一定典型性的教育故事,对这个故事中可能也必须包含有一个或多个教育疑难问题或矛盾的冲突,并且有不同的解决办法。

❖ 教育案例的内涵特征是:具有真实性,具有典型性,具有故事性,具有鲜明的目的性和表述方式的叙述性。

❖ 一个精彩的案例撰写不亚于一项教育理论的研究。只有奋战在一线的教师自己才最适应做这种研究。

❖ 区分一个教师是感性的实践者还是理性的研究者,其根本标志在于教师是否能够对自己的教育教学行为进行持续不断的反思——反思是教师的基本研究活动。

❖ 教育反思是一种批判性思维活动,而把这些思维活动记录下来则可视为一种写作文体。它作为研究方式,运用简便,可贯穿教育过程始终;它作为研究成果表达形式,写法灵活,可成为教师成长发展的忠实记录和反映。

❖ 凡是教育教学存在的问题,都可以成为专题反思的对象。

❖ 在整个教学过程中,教师反思"是否发现了预料之外的问题",真正的目的在于引导教师"倾听学生的声音,关注学生的情感与知识的需要"。

❖ 一个优秀的教师不仅善于分析自己和他人的课堂教学，而且善于从课例中学习如何提高教学水平。

❖ 在研究实践中，教师常常综合使用教育日志、教育叙事、教育反思、教育案例等研究方式与成果表达形式，教学课例就是这种综合运用形式之一。

❖ 一个课例至少包含一个有疑难问题的实际教学情境和解决上述疑难问题的具体方法，它描述的是教学过程中"意料之外，情理之中"的事。

❖ 教师在运用教学课例进行研究时，所选择的课要具有一定的代表性、典型性，能够说明一些问题，确实会给自己带来一些新的思考，能从中提升自己的智慧。

❖ 撰写教学论文是教师研究活动中的一个环节，其作用在于深化研究、深化认识、深化创新。

📖 **本章学习反馈**

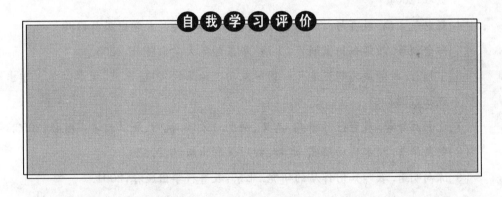

自 我 学 习 评 价

疑问和没有解决的问题

参考文献

[1]郑金洲,陶保平,孔企平著.学校教育研究方法.北京:教育科学出版社,2003.

[2]谢春风,时俊卿编著.新课程下的教育研究方法与策略.北京:首都师范大学出版社,2004.

[3]孟万金,宫祥编著.教育科研——创新的途径与方法.上海:华东师范大学出版社,2004.

[4]刘电芝主编.教育与心理研究方法.重庆:西南师范大学出版社,1997.

[5]郑金洲著.教师如何做研究.上海:华东师范大学出版社,2005.

[6]宁虹著.教师成为研究者——国际互动理论路径实践.北京:首都师范大学出版社,2002.

[7]汪利兵等著.教育行动研究:意义、制度与方法.杭州:浙江大学出版社,2003.

[8]刘良华著.校本行动研究.成都:四川教育出版社,2002.

[9]陈向明著.教师如何作质的研究.北京:教育科学出版社,2001.

[10]孙军业著.案例教学.天津:天津教育出版社,2004.

[11](美)C. M. char/es 著.教育研究导论.张莉莉等译.北京:中国轻工业出版社,2003.

[12]张文质著.迷恋人的成长.上海:华东师范大学出版社,2006.